U0681212

冯天韬　徐金森　等著

提升中心城区可持续竞争力研究报告

TISHENG ZHONGXIN CHENGQU
KECHIXU JINGZHENGLI
YANJIU BAOGAO

经济管理出版社
ECONOMY & MANAGEMENT PUBLISHING HOUSE

图书在版编目（CIP）数据

提升中心城区可持续竞争力研究报告/冯天韬，徐金森等著．—北京：经济管理出版社，2016.9

ISBN 978 - 7 - 5096 - 4595 - 6

Ⅰ. ①提…　Ⅱ. ①冯…　②徐…　Ⅲ. ①城市—核心竞争力—研究报告—世界
Ⅳ. ①F291.1

中国版本图书馆 CIP 数据核字（2016）第 214263 号


组稿编辑：张巧梅
责任编辑：张巧梅　杨国强
责任印制：黄章平
责任校对：超　凡

出版发行：经济管理出版社
　　　　　（北京市海淀区北蜂窝 8 号中雅大厦 A 座 11 层 100038）
网　　址：www. E - mp. com. cn
电　　话：（010）51915602
印　　刷：北京晨旭印刷厂
经　　销：新华书店
开　　本：710mm×1000mm/16
印　　张：24
字　　数：471 千字
版　　次：2016 年 9 月第 1 版　　2016 年 9 月第 1 次印刷
书　　号：ISBN 978 - 7 - 5096 - 4595 - 6
定　　价：78.00 元

# 前　　言

　　"城市是人类最伟大的发明与最美好的希望"，"城市让我们变得更加富有、智慧、绿色、健康和幸福"①。城市的兴起是经济社会演变的巨大推动力。城市化是人类社会发展的客观趋势，是现代化的必由之路。改革开放以来，中国经历了世界历史上规模大、速度快的城市化进程，城市发展波澜壮阔，取得了举世瞩目的成就。国家统计局数据显示，2015 年中国的城镇化率已达到 56.1%，目标到 2030 年达到 65%。按照"两个一百年"的奋斗目标，到新中国成立一百年（2049 年）时，人均国内生产总值达到中等发达国家水平，而中等发达水平国家和地区的城市化率现在是 85%，西方发达国家的城市化率都在 95% 左右。在城市化过程中，中心城区发挥着核心的、关键的、不可替代的"龙头"作用。

　　现代社会，竞争已无处不在，城市间的竞争也十分明显。竞争战略之父迈克尔·波特断言："强大的国内竞争者是一项难以衡量的国家资产。"他认为激烈的国内竞争会使竞争者有强烈的取胜欲，使所有参与者更高效、更节约，最终使它们能够更好地应对外国的竞争者。现实当中，因竞争失策，直接导致城市空壳化、商业萎缩、失业严重、贫困加剧、治安混乱等一系列经济社会问题的案例已不鲜见，有的甚至导致了城市破产。2014 年 7 月，中共潍坊市委、市政府高瞻远瞩、审时度势，作出了提升市区的战略部署，积极引导、推动城镇化健康发展，努力争取未来发展的主动权。我们积极回应这一决策，提出了提升中心城区可持续竞争力这一研究课题，以国际化视野，采用对比、分析、论证等研究方法，着眼于从实践中来，到实践中去。本着"为城市构思，为发展着墨"的初心，分总论、综合、经济、城建、社会和文化六个部分，从与提升中心城区可持续竞争力紧密相关的理论指导、构成基石、指标体系和城市更新等 25 篇文章，逐一展开分析研究，提出发展对策建议。

　　第一篇文章是："用科学的理论指导实践，让中心城区提升迈入正途。"理论是行动的先导，是实践的灯塔。研究城市可持续竞争力，需要先进的理论作指

---

① ［美］爱德华·格雷泽. 城市的胜利［M］. 刘润泉译. 上海社会科学院出版社，2012.

导。城市建设包罗万象，复杂的城市建设不能由单一理论作指导，否则会以偏概全。如何建设城市？首先需要城市建设理论作指导；研究竞争，进而需要竞争理论支持；支撑城市的核心是经济，需要研究经济发展理论；经济发展的主体是企业家，需要研究企业家理论；经济发展和企业家都受到制度的影响，需要制度经济学理论作指导；而制度与政府以及公共政策一脉相承，不能不研究政府治理理论；研究问题不能脱离实际，必须符合国情区情，中国的事情必须符合遵循中国特色社会主义理论；城市问题错综复杂，俗话说"拽拽耳朵腮帮动弹"，是一项系统工程，还需要系统论、协同论作指导。国内外关于城市建设的理论可谓汗牛充栋，要走正途正道，必须用成熟的、普遍认可的、科学的理论作指导。因此，本书开篇从8大方面、31个小方面提出了全书的理论总概，同时也作为其他章节的理论支撑，构成了较为全面的理论体系。

第二篇文章是："政府、企业、市民、环境、制度，构成中心城区竞争力的五大基石"。城市竞争力是"一体多面"的概念，是多元构成要素相互作用的"有机体"，是综合而非单一的竞争能力。在构成城市竞争力的诸多因素中，什么是起决定作用的原因？我们经过研究得出的结论是，构成城市竞争力的核心要件主要包括以下五个方面：即善治有为的政府，持续创新的企业，富有人文情怀的大市民精神，有利于成长发展的环境，自由、法治、宽容的制度设计。我们称之为：构成中心城区竞争力的"五大基石"。"国内对手之间的竞争更关键的是体制、效率的竞争"①。这里指的体制我认为既可包含着国家治理体系，又可包含着城市治理体系和企业治理体系。检验体制的成败标准在于是否解放生产力、发展生产力，是否促进国家和城市的繁荣昌盛。可见建设国家治理现代化体系、城市治理现代化体系和企业治理现代化体系的重要性与迫切性。

只有方向明确，一个城市才不会迷路。而规划可以指明城市的发展方向。因此我们提出："科学规划，构建以人为本的城市功能布局。"在不同时代和不同地区，对城市的发展水平和建设要求不同，因此城市规划的研究重点不尽一致，并随着时代的发展而转变。随着地区之间竞争压力的增强，政府必须随时应对新的问题和新的动态，进行适时的方向调整，以把握发展机遇，避开潜在发生的问题，这既对旧有的惯性思维提出了挑战，也为城市规划研究提出了新的课题。但不管如何变化，万变不离其宗的关键是"人"。第三篇文章重点从"以人为本"的规划设计原则出发，提出了"规划是重大的决策行为，必须战略明确，方案精湛；正确处理好规划与产业的关系，抢占未来的产业发展空间；实现多规合一，打破政策壁垒，让规划不再打架；完善审批机制，依法予以落实，让审批不走过

---

① ［美］迈克尔·波特. 国家竞争优势［M］. 李明轩，邱如美译. 中信出版社，2007.

场"的意见建议。

城市最终要用大数据等科学的方法来评价展示，因此有了这篇"指标体系——城市竞争力的'晴雨表'"。目前，世界各国都在积极致力于挖掘和培养城市的竞争力，以期在新的世纪对全球实现最有利的战略争夺。争夺最大化的利益、争取最快速的发展，迫切需要了解全球化时代决定和影响城市竞争和发展的关键要素，需要清楚自身的地位和处境、优势和不足，从而调整现有的竞争和发展战略。因此，要准确定量地把握不同城市的竞争优势和劣势，对其变化情况及影响因素进行比较分析，关键是要建立一套科学、合理、可行的评价指标体系和评价方法。第四篇文章重点介绍的指标体系，包括一级指标 10 个，二级指标 50 个，三级指标 217 个，涵盖了政治、经济、社会、文化、环境五大系统，体现了整个城市系统的经营管理能力、学习能力、创新能力、开放能力、聚集能力、可持续发展能力。

城市是载"人"的，而"人杰"是领导人群的"精英"，"世无艰难，何出人杰"？因此才有了"人才是城市竞争力的核心要素"。人才是生产力诸要素中的特殊要素，不仅是再生性资源、可持续资源，而且是资本性资源。中心城区人才的状况和水平受到城市发展阶段、产业结构及社会发展水平等因素的影响。当前，在国内经济社会转型的关键时期，制约城市人才发展的瓶颈主要表现在观念意识、体制机制、服务支撑体系和人才载体四个方面。第五篇文章围绕上述四个方面展开深入、系统的研究，提出从突破制约因素入手，通过制度和体制机制创新、服务支撑体系构建、文化环境和氛围营造、人才培养教育模式创新、人才引进渠道拓展等策略手段，以解决中心城区多维度的人才需求问题。

实践反复证明，体制确定后，成败在人。成就大事业需要优秀的团队。一个城市的发展也离不开一支优秀的团队。因此我们提出了"'五长'同心，其利断金——提升中心城区竞争力的团队建设"。结合工作实际，我们把提升中心城区竞争力主要依靠的团队，即市长、局长、董事长、校长、家长，称为"五长"，组成一个城市几个层级的领导力量。第六篇文章在分别分析各个团队的作用、特点、功能以及存在问题的基础上，重点围绕需要什么样的团队，从"富有远见、敢于担当的决策者、掌舵人（市长），具有创造性的高效执行者（局长），敢为天下先、先声夺人的能人（董事长），为人师表、知识丰富的人生导师（校长），阳光向上的家庭文化传承人（家长）"五个方面进行了系统的论述。

城市的发展离不开基础设施的建设，随着城市化进程的不断加快，中心城区正面临着城市基础设施建设项目不断增加与投资这些项目的资金供应不足、融资渠道过于狭窄之间的矛盾。如何拓宽基础设施融资渠道，为城市基础设施建设的健康发展提供持续、稳定、充裕的资金供给，已成为城市亟待解决的问题。因此

第七篇文章专题论述了"钱"的来龙去脉,题为"建立融资机制,让基础设施投资源开流畅"。重点从加快融资市场化进程、以城市供养城市、加强资金管理、完善偿还机制四个方面进行分析,以实现"借钱有路、花钱有章、挣钱有道和还钱有源"。

在全球经济一体化的背景下,中心城区必须走国际化之路,因此才研究了"主动配置国际化元素,提升中心城区的国际竞争力、国际化水平"。国际化是高层次的要素市场化流动和资源配置,中心城区国际化是中心城区积极适应经济发展新常态,实现经济发展换挡提速的重要举措。第八篇文章在分析当前中心城区国际化建设面临问题和挑战的基础上,鲜明提出要把握经济全球化和新一轮以自由贸易为主要特征的国际经贸关系组织制度变迁的重要机遇,立足自身实际,营造适应国际化水平不断提高的政务环境和营商环境,有计划、有步骤地推进中心城区国际化元素配置,提升中心城区核心产业在全球价值链中的地位,带动中心城区经济社会各项事业发展。

世界形势千变万化,但人的第一需要还是"吃饭",就业是人生价值实现的第一渠道,因此我们提出了"加快培育优势产业是提升中心城区竞争力的'第一要务'"的观点。以经济建设为中心的治国执政理念落到实践中即以产业发展为中心。产业是经济发展的基础和命脉,是发展之基、财富之源、城市之本。随着经济全球化趋势的发展,资源要素在不同国家和地区之间流动壁垒的降低,正确选择优势产业并加以培育和扶植,正作为促进城市经济崛起的一条重要途径且备受政府和企业的青睐。因此,加强对优势产业的研究,对于提高经济发展的总体水平,有着十分重大的意义。第九篇文章在阐释优势产业内涵、厘清城市产业竞争力理论和影响因素的基础上,通过横向对比和纵向分析,结合扇轴创新战略,认为城市产业竞争力提升的根本是优势产业的培育选择,途径是培育创新载体、强化战略合作,基础是完善创新体系、创新机制体制,重点是进行人才、技术、制度、管理等方面的培养,关键是政府职能的转变和效率的提高。

一个城市像一篇文章,不应该平铺直叙,而要有高峰和高潮,城市商务中心(CBD)容易形成城市要素聚集的"场"效应,是一个城市的高峰和高潮,也是一个城市的高度所在。因此,研究了"建设城市CBD——聚集核心资源,提高发展效率"。作为金融、商贸、信息、文化和服务等功能之高度集成,CBD已逐渐成为一个城市的经济中枢和内核,是城市经济规模化、集约化和聚集辐射力的重要体现,是现代化、国际化大都市的象征和主要标志,是中心城市经济发展的活力源和运转中枢,它不仅促进了所在城市的全面发展,更通过辐射作用带动了周边地区经济的发展,在区域范围的经济活动中处于主导和支配地位。实践证明,CBD的建设和发展体现了一个城市的经济发展水平,是城市竞争力和发展效率的重要体现，而培育有效的 CBD 产业集聚是城市发展的重要战略选择，也是提高城市竞争力的重要途径。第十篇文章借鉴国内外著名 CBD 的发展经验，重点说明了为什么要建设 CBD，以及怎样建设 CBD 的问题。

对于企业家在经济社会发展中的作用不容置疑，但受剥削理论、道德伦理的影响，对企业家的评价有起有伏。现代社会中，企业家是先进生产力的组织者，一个城市的发展首先要有一支稳定的企业家队伍。针对当前对企业家的不一致看法，我们才有了"疾呼：全社会形成保护支持企业家成长发展的制度和氛围"。企业家是一种重要而特殊的无形生产要素，要像保护国宝一样保护企业家合法权益。在中心城区发展过程中起到骨干作用的企业家，在发展保障、评价定位甚至自身安全等方面面临着诸多限制和挑战。第十一篇文章围绕形成保护支持企业家成长发展的良好制度和主流氛围，从为企业家提供更加有利的创业平台、更加优化的成长生态和更加公平的社会待遇等方面，大声疾呼，尊重企业家、善待企业家、保护企业家。

要前进就要有一颗勇于探索的心，我们把迪拜的广告语作为一个题目，专题论述"创新无极限——持续向前的源泉"。创新是一个国家或地区兴旺发达的不竭动力。在国家倡导"大众创业、万众创新"的新形势下，第十二篇文章从创新对于中心城区的重要意义入手，分析了中心城区在资源禀赋、基础设施等方面的优势和创新成本、地域面积等方面的劣势，重点围绕中心城区的政府如何充分发挥作用，从加快体制创新、注重效率创新、推动科技创新、实现管理创新四个方面，提出了自己的见解。

城市大都有标志性建筑，我们研究认为标志性建筑的张力在于展示一个城市的时代精神，为此我们提出"赋予标志性建筑时代精神，提升城市凝聚力和竞争力"。人类进步的历史体现在建筑上就是其高度的不断突破，从公元前 2575 年的最高建筑 146 米的埃及吉萨大金字塔，到 21 世纪初已经运营的 828 米的迪拜塔，再到正在建设的 1609 米高的吉达王国大厦，人类近 5000 年的文明都印证了这个事实。标志性建筑理所应当是一个地方、一个城市的形象，其代表的不仅是建筑物本身，更是一种生活方式的反映、一种新思潮的召唤，它会随着时代的变迁而不断更新。标志性建筑不仅能聚集人气，更是连接城市精神文明和物质文明的纽带。城市标志性建筑建设不仅要营造空间形态，更要表达城市的文化意义，只有从城市发展的角度探寻标志性建筑的本源特征，研究标志性建筑在城市中的地位和作用，以及在现代城市中的空间意义，才能更好地提升城市的凝聚力和竞争力。因此第十三篇文章指出，在建设城市标志性建筑过程中，应该注重与城市精神相吻合，建成后能够给人以感官的冲击、情感的触动和心灵的震撼，能够引导一种新的活力，给予人们积极向上的精神激励。

城市布满各种看得见、看不见的管网，决定着城市的安全和效率，因此我们提出"加快中心城区基础设施建设，巩固城区竞争力的根基"。城市地面上修筑的道路，地下铺设的供水、供电、供热、供气管网以及架设的电力、通信线路等基础设施建设，如同一棵参天大树的根一样，牵动制约着国民经济各部门的发展，对整个国民经济发展起着根基性作用。近年来，随着改革开放的不断深入，城市化进程持续加快，人口密度随之越来越大，促使与之相匹配的城市基础设施建设规模迅速增加、速度不断加快，城市基础设施规模总量不断扩张和服务能力显著增强，城市基础设施在数量和质量上得到了明显提高和改善，为经济增长和社会发展提供了较好的保障，并呈现出设施种类多样化、投资主体多元化、投资决策分权化、建设管理复杂化的发展趋势。第十四篇文章提出，要提升中心城区竞争力，首要任务就是要加大基础设施建设力度，完善基础设施服务功能，充分发挥基础设施保障作用，切实巩固好中心城区竞争力的根基。

越拥挤的城市越需要合理的空间，城市公共空间是城市人除工作单位、家庭生活之外的第三个去处。因此，我们提出"建设活力公共空间，让城市更舒适宜居"。人们的工作生活与公共空间息息相关，日常活动、休闲都离不开公共空间，应该说公共空间和每一位居民都须臾不可离开。近年来，我国城市公共空间建设如火如荼地进行，有效地改善了城市环境。然而，公共空间的建设在决策、规划设计、开发和管理等方面还存在许多问题。就某些个体而言，公共空间的质量在不断下降，功能及艺术上甚至产生退化，这些都需要我们尽力地去防范和改进。第十五篇文章对此进行研究，提出了要建设"以生态轴线为主的城市公共空间、广场与商业结合的城市经济大空间、公园与居民生活结合的城市游憩空间、倡导向上启示的城市文化主题空间、绿楔——城市开发中的呼吸空间"五种模式，积极创造出符合人们文化内涵和精神需求的城市公共空间。

尽管城市住房是一个复杂的问题，但研究城市回避矛盾是懦弱的，因此对城市住房我们的观点是"优化住房供给体系，满足不同层次需求"。伴随着城市化进程的加快，城市居民的迅速增长，房地产供求矛盾日渐突出，市场化在改善居民居住条件的同时，也带来了高房价的困扰。一些新生代城市居民、大学毕业生、外来务工人员等"夹心层"群众被排除在现有的住房体制之外，他们享受不到保障房，短时期内也买不起商品房，完全由政府保障或完全由市场供给的"单轨制"都存在不足。由此，第十六篇文章主要从优化住房供求关系的角度，在深入分析影响住房供应和需求方面的关键因素、各类住房供应和社会住房需求现状，以及住房供需存在问题的基础上，重点打造"低端有保障、中端有市场、高端有约束"的住房供应体系，并进行了深入探讨和分析。

任何事物都随着时代的变化而变化，城市亦然。旧城更新是一个常说常新的课题，我们对城市更新的观点是"城市更新，赋予城市新活力"。在城市漫长的历史进程中，中心城区一直占据城市的核心地位，它是城市经济活动、文化娱乐、生活交流的集中地，统率城市的精神和物质活动，代表城市一段时期内的形象和特质。因为带有时代烙印，随着经济社会的不断发展，各种城市功能不适应新的经济结构和更大人口密度要求。为了不断满足新功能的需求，城市更新作为城市发展的调节机制，一直伴随着中心城区的发展。第十七篇文章通过对英国、美国、新加坡中心城区城市更新模式的对比，以及对国内典型更新案例的介绍，总结出"单一开发商主导、公共参与和政府型运营主导"三种城市更新的基本模式，为城市更新提供借鉴和参考。

生产工业产品有标准化，城市的细部管理也应当走标准化之路。我们提出："实行环卫管理标准化，打造整洁有序城市环境。"建设美丽中国需要美丽的城市环境，而美丽的城市首先应该是一个环境整洁优美、环卫服务保障有力、秩序井然有序的宜居宜业城市。城市环境卫生管理作为城市综合管理中的重要组成部分，是衡量城市管理水平高低的重要尺度之一，其管理水平的高低直接关系到城市的形象和综合竞争力。从这个角度来讲，提高城市环境的卫生管理工作水平，是提升城市品位、城市综合竞争力的重要渠道。第十八篇文章在借鉴潍坊市奎文区城乡环卫一体化工作经验的基础上，重点就实现环卫管理的标准化提出了中心城区应通过引进、建立，并严格执行国际标准化运作模式，切实改善和促进中心城区道路保洁、垃圾处理及公厕管理等标准作业能力和水平，为城市经济社会发展和市民工作、生活提供一个整洁有序的良好环境。

教育是育人的主渠道，是一个城市实现可持续发展的重要内容，有关教育的文章汗牛充栋，在这里我们只说中心城市的基础教育，这就是"打造基础教育品牌，增强中心城区的'向心力'"。百年大计，教育为本。教育是人类社会的永恒范畴，与人类社会共始终，为一切人、一切社会所必需。教育发展决定人的发展，教育的兴衰反映了国家民族的兴衰，教育的质量决定了一个地区竞争力的高低。教育作为有目的地培养人的工作，它是为培养人而人为建构的社会活动系统，同时也是引领一座城市特别是中心城区核心竞争力的关键所在。因此，从不同的角度、采用不同的方式方法去研究教育，打造教育品牌，是有益的、必要的。第十九篇文章着力从教育的概念、构成要素、社会功能、形成与发展、地位和作用等方面进行归纳、研究和分析，力争通过打造"全面、均衡、开放、可持续"的教育生态体系和生成机制，找到"办好人民满意的教育，增强城市凝聚力和向心力"的实践路径。

优质医疗资源大都聚集在一线城市，三、四线城市大都缺乏领先的医疗资源。但三、四线城市数量最多，人口聚集也多。如何实现优质医疗资源的有序有效聚散,把中心城区的大型医院和社区医院办好?我们对此提出了自己的观点:"建立中心城区医疗资源聚散机制,把大型医院办强,把社区医院办优。"改革开放30多年来,随着城市化进程的加快,我国的医疗卫生事业取得了长足的发展。但医疗卫生资源总量不足、配置失衡,医疗费用过高,百姓"看病难、看病贵"的问题也日益突出。这与公共医疗服务中关键的两条支柱——大型医院和社区医院没有发挥应有作用有着根本关系。如何建立有效的聚散机制,使优质医疗资源在大型医院和社区医院合理聚集和分散,成为考验中心城区医疗保障能力的重要课题。第二十篇文章以潍坊市第二人民医院建立院士工作站和加入国家呼吸临床研究中心·中日医院呼吸专科医联体,吸引优秀人才,提高诊疗水平的做法为参照,提出了建立中心城区医疗资源聚散机制,把大型医院办强,把社区医院办优的路径,为加强中心城区医疗资源合理布局,给百姓提供优质高效医疗服务提供参考。

不管如何发达,由于疾病、自身素质等各种原因,一个城市永远有穷人。这部分人是城市的危险源。如何解决这部分人的生计是一个城市治理的大问题,这个兜底工程我称之谓:"健全的社会保障,是中心城区竞争力的稳定器。""十三五"时期是全面建成小康社会的决胜阶段,也是让全体人民在共建共享中有更多获得感并朝着共同富裕方向稳步前进的关键时期。社会保障作为共享发展成果的基本途径与制度保障,无疑应扮演更加重要的角色,被称为社会经济发展的"安全网"和"稳定器"。第二十一篇文章着重分析了中心城区社会保障体系建设中存在的问题,提出了要坚持公平与效益相统一的原则,投入更多的公共资源与社会资源,设计更为合理的制度安排,做到应保尽保,让城市居民安居乐业。

随着城市的增大,城市安全的矛盾越来越凸显,我们提出:"织密城市安全网,为城市居民撑起保护伞。"当前,在经济高速发展的同时,许多城市出现了一系列问题,显示出城市生命线似乎脆弱得不堪一击,也引发了人们对城市公共安全的思考。第二十二篇文章重点从城市公共安全的内涵、特征、意义入手,阐述国内城市特别是中心城区公共安全体系建设的现状,并与美国、日本的公共安全体系作比较,论证中心城区的公共安全体系建设存在认识不足、基础设施不健全、安全规划战略缺失等问题,在此基础上,对公共安全体系的构建内容提出建议,从而为公共安全体系的构建提供参考。

如何提高一个城市的知名度?我们借鉴工业产品品牌塑造的办法,提出了"培育城市品牌,塑造城市精神"的观点。城市品牌是一个城市内在历史底蕴和外在竞争力的综合体现。好的城市品牌可以带来市民的认同和信任,可以把城市的现有价值经营成未来收益资产。因此,对城市品牌塑造的探讨显得尤为重要。第二十三篇文章从城市品牌的定义和构成要素入手,阐述城市品牌的特征类型和价值所在，运用营销学推介产品品牌的方法来分析城市品牌的塑造方法，论证城市品牌塑造中存在定位单薄、设计粗糙、民间参与不足等问题，并在此基础上提出要通过挖掘历史文化、发掘优势产业、提高人文素养等方式方法来培育城市品牌，塑造城市精神。

文化是物质财富的精神源泉和动力所在，是枝繁叶茂的根本。公共文化在城市竞争力中十分重要、不可替代，我们认为其核心是"彰显和塑造城市价值观"。城市是城市文化的窗口，城市文化附着在城市这个载体中，渗透于城市生产、生活的方方面面，记录着城市的兴衰历程，指引着城市的发展方向，是城市的血脉——"精气神"。同样，城市文化的塑造也并非轻而易举之事，是一个循序渐进、逐渐形成的过程。第二十四篇文章通过探讨公共文化对城市竞争力的影响和我国公共文化服务体系存在的问题，借鉴英、美两国在市场机制下公共文化服务的多元化供给模式的成功经验，就探索完善城市公共文化服务体系、提高城市竞争力提出了建立多元化的决策与评估体系、寻找多元化的资源与要素支持、增强机构与组织的竞争动力等对策建议。

如何让城市文化遗产焕发永久魅力？我们提出的一个解是："保护文化遗产，留存城市记忆。"城市文化遗产的创造、发展和传承是一个历史过程。每一代人都既有分享文化遗产的权利，又有承担保护文化遗产并传于后世的责任。进入21世纪，中国的城市化加速进程吸引了全世界的目光，城市的面貌正在发生着前所未有的巨变，而过度追求商业化和经济效益对城市文脉和文化的整体性造成了极大的冲击，城市文化遗产保护与社会经济发展的矛盾日益突出。第二十五篇文章通过探讨城市发展与文化遗产保护的关系，及在市场经济条件下文化遗产保护的机遇与挑战，就合理保护与利用文化遗产，促进文化遗产保护的可持续发展方面提出了要"有精准的战略定位和政策制定、有效的资源整合和保护利用、旅游和文化产业发展、多元化的资金支持、完善的法律政策保障"等意见建议。

为开展好这项研究，我以"百战归来再读书"的心态阅览涉及城市的国内外百余部专著。本书总体框架、思路、构想和题目由我提出，分别分配给徐金森、谭立业、张同良、孙军、彭丽华、王可玉、陈国栋、王昆、王大伟、李斌十位青年执笔。我们首先对与城市竞争力特别是中心城区可持续竞争力有关的著作进行了学习。我们发现，目前研究城镇化和城市竞争力的著作有很多，但将中心城区可持续竞争力作为专题研究的并不多。上述这25个提升中心城区可持续竞争力的构成要素，既有宏观层面，又有微观分析，既有国内案例，又有国外做法，既有理论支撑，又有实践探索，基本涵盖了提升中心城区可持续竞争力的构成要素。但当改完第三遍的时候，我才深知"我们的能力还不能支撑我们的野心"这句名言的深刻含义。眼高手低之作虽付梓印刷出版，但我深知提出的问题和解决问题之道还十分肤浅，离初衷相去甚远。这一切缺点、不足、谬误完全归于我本人才识学浅，用心不深，敬期读者指正赐教！

本书得到了中共潍坊市奎文区委、区政府及潍坊市社科委和一些领导、同志的大力鼓励与支持，在此深深表示感谢！

冯天韬

2016 年 8 月 7 日

# 目　　录

# 总 论 篇

# 用科学的理论指导实践
# 让中心城区提升迈入正途

　　"人类一切美好的理想都是在城市中实现的"，这是关于城市的最高评价和结论。国内外城市建设已有几千年的历史，这里有什么经验教训？有什么规律遵循？有什么理论指导？有什么借鉴启发？如何才能把城市建设得更加美好？本书试图从提升中心城区竞争力的角度搜寻适合城市建设的理论，以期让中心城区这个复杂的问题在建设发展提升中少走弯路，迈入正途，获取增长持续竞争力。

　　人们把在城市建设中获得的认识和经验加以概括和总结所形成的建设城市的知识体系称为城市建设理论。科学的理论是从客观实际中抽象出来，又在客观实际中得到了证明的，正确地反映了客观事物本质及其规律的理论。科学的理论对实践的指导作用，让实践有了指路明灯，就可以减少曲折和损失。这是因为科学的理论透过事物的现象，抓住了事物的本质，抓住了事物内在的必然联系。反映了事物发展规律，因而能够使我们综观全局，高瞻远瞩，预见事物发展的趋势，确定事物前进的方向，从而指导人们的实践。科学的理论能成为人们解放思想、破除迷信的思想武器。

　　研究城市竞争力，需要国内外先进理论作指导。城市建设包罗万象，复杂的城市建设不能由单一的理论作指导，否则会以偏概全。怎么建设城市？首先需要城市建设理论作指导；研究竞争，进而需要竞争理论支持；支撑城市的核心是经济，因此需要经济发展理论；经济发展的主体是企业家，因此需要研究企业家理论；经济发展和企业家都受到制度的影响，因此需要制度经济学理论指导；而制度与政府以及公共政策一脉相承，因此不能不研究政府治理理论；研究问题不能脱离实际，必须符合国情区情，中国的事情必须符合遵循中国特色社会主义理论；城市问题错综复杂，是一项系统工程，还需要系统论、协同论作指导。这是介绍这些理论的逻辑。每一个理论都有时代性、空间性、局限性，都有自己产生的特定前提条件，不可能"放之四海而皆准"，但也都各有精彩之处。国内外关于城市建设的理论也汗牛充栋，要走正途正道，必须用成熟的、普遍认可的、科学的理论作指导。这些理论的前提条件是实行市场经济体制。以下简要介绍涉及的这些理论的核心思想，摘其大意，抓住要害。但笔者是初入此道，一知半解，处处显示浅陋，可能会不得要领或以偏概全！

# 一、城市建设理论

国内外城市建设理论很多、很广泛，在这里主要选择精明增长理论和新城市主义理论作简要介绍。这两个理论来自美国。他们的人口与国土资源之比非常宽裕，人口密度是我们的1/5，经济发展也远远超过我们。因此，这些理论属于他山之石，只能借鉴，不能照搬照抄。

## （一）精明增长理论

1. 概述

2000年，美国规划协会联合60家公共团体组成了"美国精明增长联盟"，确定精明增长的核心内容是：用足城市存量空间，减少盲目扩张；加强对现有社区的重建，重新开发废弃、污染工业用地，以节约基础设施和公共服务成本；城市建设相对集中，空间紧凑，混合用地功能，鼓励乘坐公共交通工具和步行，保护开放空间和创造舒适的环境，通过鼓励、限制和保护措施，实现经济、环境和社会的协调。

2. 内涵

总的来说，精明增长是一种在提高土地利用效率的基础上控制城市扩张、保护生态环境、服务于经济发展、促进城乡协调发展和人们生活质量提高的发展模式。

精明增长最直接的目标就是控制城市蔓延，其具体目标包括以下四个方面：一是保护农地；二是保护环境，包括自然生态环境和社会人文环境两个方面；三是繁荣城市经济；四是提高城乡居民生活质量。通过城市精明增长计划的实行，促进社会可持续发展。

城市增长的"精明"主要体现在以下两个方面：一是增长的效益，有效的增长应该是服从市场经济规律、自然生态条件以及人们生活习惯的增长，城市的发展不但能繁荣经济，还能保护环境和提高人们的生活质量；二是容纳城市增长的途径，按其优先考虑的顺序依次为：现有城区的再利用—基础设施完善、生态环境许可的区域内熟地开发—生态环境许可的其他区域内生地开发。通过土地开发的时空顺序控制，将城市边缘带农田的发展压力转移到城市或基础设施完善的近城市区域。因此，精明增长是一种高效、集约、紧凑的城市发展模式。

3. 实现措施

实现城市精明增长有以下三条基本途径：充分利用价格手段的引导作用；发挥政府的财政税收政策的指向作用；综合利用土地利用法规的控制作用。精明增长的基本假设是通过科学的规划可以平衡资源保护与开发之间的关系，而城市的一切发展均以土地为载体，城市增长的"精明"最终落实在土地利用的精明上，因此，编制科学的土地利用规划是实现城市精明增长的关键。

（1）断面规划。断面规划是将规划区视为由农村向城镇逐步过渡的连续统一体，并根据城镇化水平以及景观环境的变化将规划区域分为不同的生态带，在不同的生态带内配置不同的土地利用结构，最后在整个规划区内形成人与自然协调发展的用地格局。

断面规划的基本假设是每个生态带的主体景观环境都是人类长期活动适应自然条件的结果，因而具有存在的科学性和发展的可持续性。其规划原则是不破坏主体景观的和谐度。因此编制规划的关键在于确定每个生态带的主体景观特征，再利用土地利用的空间配置"校正"各个生态带内的异质景观——即改变农村和城市交错混杂的格局，消除城市中的农村（如在城市中心未开发的闲置空间等）和农村中的城市（如农村腹地的办公大楼等）。断面规划实质是从景观生态的角度阻止城市对农村的肆虐侵占，控制低密度的城市发展模式，保护农地和生态用地。

（2）划定城市增长区。城市增长区是指总体规划中划定的容纳城市增长的区域，由城市增长边界（用于区域控制）或城市服务边界（用于单个行政区内的控制）划定而成，所有的增长都界定在界线以内；界线之外只能用于发展农业、林业和其他非城市用途。

城市增长区是一种控制建设用地总量的方法。在规划中，根据规划期限内（一般为 20 年）预测的土地需求以及设定的最小土地利用强度确定建设用地需求总量，并以现有的建设用地为基础将需求量进行空间定位，划定城市增长区，并根据不同的情况以及市场监测信息对边界进行调整。有两种调整方式：一种方式是只考虑时间驱动系统的作用，不管城市增长率的大小和边界内可供开发土地的多少，城市边界都按规划中预先确定的时间间隔（如俄勒冈州 4~7 年）进行调整。另一种方式是只考虑事件驱动系统的作用，即不论时间间隔的长短，当边界内可供开发土地总量达到规划中预先设定的阈值时，都要调整边界。

（3）填充式开发和再开发。填充式开发和再开发是精明增长管理中倡导的提高土地利用强度的两项技术措施。

填充式开发是指对市区内公用设施配套齐全的空闲地的有效利用，再开发是对现有土地利用结构的替代和再利用，是对已利用土地的开发。其目的是改变城市蔓延造成的低密度用地格局、复兴城镇经济，因此不是见缝插针式的开发，而是以合理的规划为先导；开发出的土地不仅可以用于建设用地，也可用于绿地、开敞空间等所有利于改善人们生活质量的用途。

（4）发展权转移。为促进中心城市的发展、保护农地，不少社区都采用了基于市场经济的发展权转移计划。地方政府在土地规划时划定限制开发区和鼓励开发区，发展权的转移在两区之间进行。在一般情况下，限制开发区划定在需要保护的农地或生态环境用地区，位于该区的土地不能被开发，只能将发展权转移出去；而鼓励开发区划定在基础设施完善、发展潜力大的中心城镇或城市近郊区域。开发商从限制开发区内的土地所有者手中购买发展权至鼓励开发区进行土地开发，政府则加大对鼓励开发区的投资力度进行基础设施建设，并允许适当加大区域的开发密度，激励开发商在鼓励开发区进行开发。发展权转移计划在充分考虑土地所有者利益的前提下保护农地和其他自然资源，在一定程度上削弱了市场力量对城市蔓延的诱导作用。

4. 城市思想

建立高效、有序的城市架构以适应自然环境，改善人类居住环境是人类永无止境的探索，随着人类社会的发展，"精明增长"的设计理念，在城市发展规划中具有越来越重要的意义。

5. 实践进展

全美规划师协会（APA）经过长期努力于 2002 年制定出关于精明增长的立法指导手册（APA Growing Smart Legislative Guidebook）以促进各州规划和分区的现代化。

（1）州政府层面。马里兰州 1997 年通过 5 项立法提案包括："精明增长地区法 1997"、"农村遗产法 1997"、"棕地复兴计划"、"创造就业机会税收鼓励计划"和"就近工作居住计划"，这些法案成为促进马里兰州精明增长的核心动力。

（2）城市政府层面。在波特兰市，"Portland Region 2040"提出的主要策略为：严格控制城市增长边界，规划预测到 2017 年将会新增人口 40%，但城市范围将只增加 2%；将城市用地需求集中在已有中心和公交走廊周围；增加既有居住密度，减少每户住宅的占地面积；增强对绿色空间的保护；迅速扩大轻轨系统和公交系统的服务水平和能力。

6. 简要评述

（1）成功之处。精明增长在美国的不同层面和不同领域得到了积极贯彻，且产生了不错效果。这主要归结于国家、州和地方三个能级政府的大力扶持、相互配合及其导向功能。联邦政府从预算及财政资助方面、州政府从政策制定以及超区域协作方面、城市政府从具体实施方面也都扮演了良好角色。在实施手段上，也能合理选择法律、经济、行政等政策工具，恰当地推进了精明增长的实践进程。

（2）不足之处。精明增长的具体操作方式还需进一步明确和细化，测量和评估标准尚待统一，针对不同地区和城市人口、地理等特征应有区别使用精明增长的管理工具；参与主体以政府组织为主，没有充分调动企业、社团及公民的积极参与；在推进精明增长的流程中，对于中前期的规划制定及实施比较关注，但对于后期的效果评估和反馈则缺乏重视。

这个理论和这些做法对我们节约土地、指导旧城改造、推进城市化进程很有启发意义。

## （二）新城市主义理论

新城市主义亦称新都市主义。新城市主义是20世纪90年代初针对郊区无序蔓延带来的城市问题而形成的一个新的城市规划及设计理论。

1. 理论

新城市主义提倡创造和重建丰富多样的、适于步行的、紧凑的、混合使用的社区，对建筑环境进行重新整合，形成完善的都市、城镇、乡村和邻里单元。其两大组成理论为：①传统邻里社区发展理论；②公共交通主导型开发理论。

2. 名词由来

（1）历史问题。从"二战"期间开始，美国人为了拥有私密性、机动性、安全性和私有住宅而大规模迁往郊区。郊区蔓延的发展模式造成建筑形式千篇一律、公共建筑散置各处、大都市地区边缘的农业用地和自然开敞空间被吞噬、拉大了通勤距离和时间、加大了对小汽车交通方式的依赖、加剧了能源消耗和空气污染，甚至导致城市与郊区发展的失衡、城市税源减少和种族隔离等问题。

面对郊区蔓延所导致的一系列问题，新城市主义提出了"公共交通主导的发展单元"的发展模式。其核心是以区域性交通站点为中心，以适宜的步行距离为半径，设计从城镇中心到城镇边缘仅1/4英里或步行5分钟的距离，取代汽车在城市中的主导地位；在这个半径范围内建设中高密度住宅，提高社区居住密度，使每英亩1个居住单元增加到6个居住单元；混合住宅及配套的公共用地、就业、商业和服务等多种功能设施，以此有效地达成复合功能的目的，从区域宏观的视角整合公共交通与土地使用模式的关系。

（2）历史特点。新城市主义设计的城市以不规则的格网式道路为骨架，为减少车流量和增加社区的可步行性，社区内街道设计狭小，容许路边停车，沿街步行道平均宽度为1英尺（0.31米），平均车行速度为24~32公里/小时。新城市主义把简朴自律和可居性强的特点注入其城市里，减少房屋周围的草地面积，停车场地面积控制到最小，并规定停车库不能露在沿街路面。这些社区与众不同之处还在于它有许多维持这种简朴自律的魅力而制定的规章制度。

新城市主义不仅只在外观上反射新传统主义的城镇之光，在氛围上也极力给予体现。设计上以人和环境为本，力求营造一个生活便捷、步行为主、俭朴、自律、居住环境与生态环境怡人的社区，重创"二战"前极受小城镇青睐的社区牢固的联结纽带。通过巧妙布局各种社会、文化、宗教场所、商店、公交中心、学校和城镇行政机构，为居民提供聚居场所；四通八达的步行道增加了人与人之间的交往，减少了对小汽车的依赖程度和相关开支；高效率的土地使用模式有助于保护开敞空间、减少空气污染；别具匠心的邻里特征和个性，避免景观像复制品似的到处出现。新城市主义成功地把多样性、社区感、俭朴性和人性尺度等传统价值标准与当今的现实生活环境结合起来。

3. 新城市主义特点

（1）适宜步行的邻里环境。大多数日常需求都在离家或者工作地点5~10分钟的步行环境内完成。

（2）连通性。格网式相互连通的街道呈网络结构分布，可以疏解交通。大多数街道都较窄，适宜步行。高质量的步行网络以及公共空间使得步行更舒适、愉快、有趣。

（3）功能混合。商店、办公楼、公寓、住宅、娱乐、教育设施混合在一起，邻里、街道和建筑内部的功能混合。

（4）多样化的住宅。类型、使用期限、尺寸和价格不同的各类住宅集中在一起。

（5）高质量的建筑和城市设计。强调美学和人的舒适感，创造一种区域感。在社区内特别设置一些公共建筑和公共场所。通过人性化建筑结构和优雅的周边环境给人特别的精神享受。

（6）传统的邻里结构。可辨别的中心和边界。跨度限制在0.4~1.6公里。

（7）高密度。更多的建筑、住宅、商店和服务设施集中在一起，鼓励步行，促进更加有效地利用资源和节约时间。

（8）精明的交通体系。高效铁路网将城镇连接在一起。适宜步行的设计理念鼓励人们步行或大量使用自行车等作为日常交通工具。

（9）可持续发展。社区的开发和运转对环境影响到最小程度。减少对有限土地资源和燃料的使用，多用当地产品。

（10）追求高生活质量。总的来说，以上各点都是为了达到这一目的，提高整个社区居民乃至整个人类社区的生活质量。

**4. 新城市主义规划设计的基本要点**

区域层面：大都市区、市、镇。新城市主义十分重视区域规划，因为他们认识到许多与城市规划有关的问题只有上升到区域层面、制定出整体性策略才能得到有效解决，例如交通系统（特别是公交与捷运系统）的关联衔接问题、税收区划及税收分担与共享问题、环境污染与污染治理问题、农田与自然保护区问题、教育系统（特别是中、高等教育）问题、政策不公与地方保护主义问题等。但如果将这些问题提升到了州或国家层次，似乎又过于扩大了，也不利于问题的有效解决。因此，比较适宜可行的区域规划范围，是一个大城市区或是由几个毗邻大城市区连接而成的区域。而在这样一个区域之内，散布着大小不等的一些市、镇、村落。

区域规划的目的是要保障和促进整个区域的经济活力、社会公平、环境健康。为此，新城市主义提出了区域规划要点：

（1）首先承认城市增长的必然性，容许其增长。

（2）建立永久性乡村保护区（带），确保其今后不会被城市发展所侵吞。

（3）建立临时性乡村储备区（带），以备将来高质量的城市发展之用。

（4）明确设定区域性廊道（铁路、高速公路、水道、绿带、野生动物通道等），作为区域内不同地方之间的联系纽带或分隔界线，形成区域基本架构。

（5）以区域性公共交通站或大的交汇点为中心组织空间开发，形成节点状布局、整体有序的网络结构。

（6）正视郊区化蔓延后的既成现实，设法修补、填充、整合松散碎裂的现有郊区。

（7）在与中心市区毗邻的边缘区段，应按照城市内部邻里街坊的模式组织空间开发。而在更远的外围地区，则按照镇或村的模式进行，每个镇或村都有各自清晰的核心与边缘，基本功能齐备。

（8）注意某地住宅开发量与当地工作机会、教育设施条件之间的平衡；也注意这些要素在区域内不同地方之间的平衡。

（9）尽可能顺应地形、保持地貌、避免大兴土木，以减轻对自然环境的扰动。

城镇层面：街坊、（功能）区、廊道。新城市主义反对僵化的绝对的功能分区，尤其反对尺度巨大的功能单一化。他们倡导每个区段（尤其是邻里街坊）的功能多样化和完善化，从而促使各个区段独自生长成为有机的城市细胞。为此，他们提出了在这个空间层面规划设计的几项基本原则，也就是前面已提及的新城市主义规划设计的几个最基本特点：

（1）紧凑性原则。要生成有活力的社区，足够的人口密度是基本前提，因而要有足够的容积率和紧凑度。这样也可以提高土地与基础设施的利用效率。

（2）适宜步行的原则。步行对营造城市社会生活非常关键。为了支持步行与公共交通出行，减少私人汽车出行，应该将各种公共活动空间和公共设施布局于公交站点的步行距离之内，而公交站点与住宅区中心点之间的距离也应该在步行范围之内。通过适宜步行的空间设计，减少对汽车的依赖，有助于消解汽车造成的种种负面效应。

（3）功能复合（多样性）原则。要在邻里街坊内或以公交站点为中心步行距离为半径的范围内，布置商店、服务、绿地、中小学、活动中心以及尽可能多的就业岗位，以便支持步行和公交主导的生活方式。同时也以这种多样性增强街坊社区的活力与魅力，从而吸引人们外出步行、介入社会生活。

（4）可支付性原则。通过紧凑性开发，提高土地以及基础设施的使用效率与效益、降低开发成本，并"浓缩"了税源，因而让市政当局负担得起。通过在社区中提供多种类型不同价格的住宅，让更多不同阶层的家庭都有可能支付得起。

城区层面：街区、街道、建筑物。新城市主义认为这一微观层面的规划设计也相当重要，因为这是新城市主义设计原则具体化的环节，也是一个相当具有挑战性的环节。如何做到紧凑而不拥挤？如何营造出让人可以步行且乐意步行的环境？如何吸引人们走出家门而介入公共生活？如何让人们接受一个多元化（不同阶层、不同年龄段、不同种族混合）的社区？如何同时兼顾行人、汽车、公共交通而不顾此失彼？所有这些问题的确是对设计师匠心与功力的极大考验。其中，"人性化尺度"、"美感"、"安全"、"舒适"、"有情趣"是关键原则。为此，提出了一些设计建议：

（1）街区的尺度控制在长 600 英尺（183 米）、周长 1800 英尺（549 米）范围以内。

（2）街道不宜过宽，以便于步行者穿越。例如：干道宽度大约 34 英尺（10 米），标准街道宽约 24 英尺（7 米），等等。

（3）道路两旁及道路中央设立绿化带，美化街道同时又收缩了道路视觉尺度，减少行人穿越街道时的心理压力。

（4）人行道至少 4~5 英尺宽（1~2 米）。

（5）中心商业街尽量为步行专用街。

（6）减少地上大面积停车场，改用地下停车以及沿街边停车的方式。

（7）留出足够多的建筑退后带（收进带），与人行道、沿街停车带交织在一起共同构成城市街边公共活动空间。并设计一些门廊、凉棚、露台、台阶、屋檐出挑等建筑细节，以提高街边公共活动空间品质。

（8）建筑物应将正面、门、窗开在临街一面，而车库、垃圾桶必须安置在背街。

（9）建筑物风格应与周边建筑语境相协调，尊重当地的文化与历史传统。

（10）强化突出公共建筑物（学校、教堂、邮局、剧院、市镇厅、图书馆等）的景观价值与视觉地位，以公共建筑作为当地的地标性建筑。

这些理论观点尤其适合人口密度较高的中心城区，过去强调的宽马路大绿化带看来除了视觉上的恢宏壮观有气势外，对土地利用显得不经济，大区块是导致交通拥挤的重要原因。公共交通不足等这些问题的出现，说明我们对城市建设的研究不足、经验不足、理论不足。国外先发展的经验教训，促使后发者借鉴吸纳、创新，营造出更宜人、宜业的尺度空间。

# 二、竞争理论

研究经济竞争的人很多，有很多成果。在这里主要介绍迈克尔·波特①的竞争论。

## （一）国家竞争优势理论

波特认为，一国的贸易优势并不像传统的国际贸易理论宣称的那样简单地决定于一国的自然资源、劳动力、利率、汇率，而是在很大程度上决定于一国的产业创新和升级的能力。由于当代的国际竞争更多地依赖于知识的创造和吸收，竞争优势的形成和发展已经日益超出单个企业或行业的范围，成为一个经济体内部各种因素综合作用的结果，一国的价值观、文化、经济结构和历史都成为竞争优势产生的来源。

## （二）波特竞争优势理论

迈克尔·波特是哈佛大学商学研究院的著名教授，当今世界上少数最有影响的管理学家之一。他曾在1983年被任命为美国总统里根的产业竞争委员会主席，开创了企业竞争战略理论并引发了美国乃至世界的竞争力讨论热潮。他还是世界各地很多企业领导和政府官员的顾问。

---

① 迈克尔·波特：哈佛商学院大学教授（大学教授是哈佛大学的最高荣誉，迈克尔·波特是该校历史上第四位获得此项殊荣的教授）。迈克尔·波特在世界管理思想界可谓"活着的传奇"，他是当今全球第一战略权威，是商业管理界公认的"竞争战略之父"，在2005年世界管理思想家50强排行榜上，他位居第一。

他的核心思想可以概括为：三种通用战略、五种竞争力量、企业价值链、钻石体系。

三种通用战略包括如下内容：

1. 总成本领先战略

成本领先要求坚决地建立起高效规模的生产设施，在经验的基础上全力以赴降低成本，抓紧成本与管理费用的控制，以及最大限度地减小研究开发、服务、推销、广告等方面的成本费用。为了达到这些目标，就要在管理方面对成本给予高度的重视。尽管质量、服务以及其他方面也不容忽视，但贯穿于整个战略之中的是使成本低于竞争对手。该公司成本较低，意味着当别的公司在竞争过程中已失去利润时，这个公司依然可以获得利润。

赢得总成本最低的有利地位通常要求具备较高的相对市场份额或其他优势，诸如与原材料供应方面的良好联系等，或许也可能要求产品的设计要便于制造生产，易于保持一个较宽的相关产品线以分散固定成本，以及为建立起批量而对所有主要顾客群进行服务。

总成本领先地位非常吸引人。一旦公司赢得了这样的地位，所获得的较高的边际利润又可以重新对新设备、现代设施进行投资以维护成本上的领先地位，而这种再投资往往是保持低成本状态的先决条件。

2. 差别化战略

差别化战略是将产品或公司提供的服务差别化，树立起一些全产业范围中具有独特性的东西。实现差别化战略可以有许多方式：设计名牌形象、技术上的独特、性能特点、顾客服务、商业网络及其他方面的独特性。最理想的情况是公司在几个方面都有其差别化特点。例如，履带拖拉机公司不仅以其商业网络和优良的零配件供应服务著称，而且以其优质耐用的产品质量享有盛誉。

如果差别化战略成功地实施了，它就成为在一个产业中赢得高水平收益的积极战略，因为它建立起防御阵地对付五种竞争力量，虽然其防御的形式与成本领先有所不同。波特认为，推行差别化战略有时会与争取占有更大的市场份额的活动相矛盾。推行差别化战略往往要求公司对于这一战略的排他性有思想准备。这一战略与提高市场份额两者不可兼顾。在建立公司的差别化战略的活动中总是伴随着很高的成本代价，有时即便全产业范围的顾客都了解公司的独特优点，也并不是所有顾客都将愿意或有能力支付公司要求的高价格。

3. 专一化战略

专一化战略是主攻某个特殊的顾客群、某产品线的一个细分区段或某一地区市场。正如差别化战略一样，专一化战略可以具有许多形式。虽然低成本与差别化战略都是要在全产业范围内实现其目标，专一化战略的整体却是围绕着很好地为某一特殊目标服务这一中心建立的，它所开发推行的每一项职能化方针都要考虑这一中心思想。这一战略依靠的前提思想是：公司业务的专一化能够以高的效率、更好的效果为某一狭窄的战略对象服务，从而超过在较广阔范围内竞争的对手们。波特认为这样做的结果，是公司或者通过满足特殊对象的需要而实现了差别化，或者在为这一对象服务时实现了低成本，或者二者兼得。这样的公司可以使其盈利的潜力超过产业的普遍水平。这些优势保护公司抵御各种竞争力量的威胁。

波特认为，这三种战略是每一个公司必须明确的，因为徘徊其间的公司处于极其糟糕的战略地位。这样的公司缺少市场占有率，缺少资本投资，从而削弱了"打低成本牌"的资本。全产业范围的差别化的必要条件是放弃对低成本的努力。而采用专一化战略，在更加有限的范围内建立起差别化或低成本优势，更会有同样的问题。徘徊其间的公司几乎注定是低利润的，所以它必须做出一种根本性战略决策，向三种通用战略靠拢。一旦公司处于徘徊状况，摆脱这种令人不快的状态往往要花费时间并经过一段持续的努力；而相继采用三个战略，波特认为注定会失败，因为它们要求的条件是不一致的。

波特的竞争战略研究开创了企业经营战略的崭新领域，对全球企业发展和管理理论研究的进步，都做出了重要的贡献。

竞争策略就是创造别人无可取代的地位。

五种竞争力量包括如下内容：

### 1. 供应商的议价能力

供方主要通过其提高投入要素价格与降低单位价值质量的能力，来影响行业中现有企业的盈利能力与产品竞争力。供方力量的强弱主要取决于他们所提供给买主的是什么投入要素，当供方所提供的投入要素其价值构成了买主产品总成本的较大比例、对买主产品生产过程非常重要或者严重影响买主产品的质量时，供方对于买主的潜在讨价还价力量就大大增强。一般来说，满足如下条件的供方集团会具有比较强大的讨价还价力量：

（1）供方行业为一些具有比较稳固市场地位而不受市场激烈竞争困扰的企业所控制，其产品的买主很多，以至于每一单个买主都不可能成为供方的重要客户。

（2）供方各企业的产品各具有一定特色，以至于买主难以转换或转换成本太高，或者很难找到可与供方企业产品相竞争的替代品。

（3）供方能够方便地实行前向联合或一体化，而买主难以进行后向联合或一体化（简单按中国说法，店大欺客）。

供应商可以通过提高价格（以此榨取买方的盈利），降低所提供产品或服务的质量，来对行业内的竞争企业显示自己的力量。倘若企业无法通过价格消化成本，其利润就会因为供应商的行为而降低。供应商在以下情况下更有讨价还价的能力：

（1）供应商提供的产品对企业生产流程很重要。

（2）供应商提供产品的成本低于企业自己生产的成本。

（3）供应商提供的产品对企业产品质量的影响大。

（4）供应商所在行业的集中化程度高。

（5）供应商产品的标准化程度低。

（6）供应商所提供的产品在企业整体产品成本中的比例低。

（7）企业原材料采购的转换成本高。

（8）供应商有前向一体化的战略意图。

2. 购买者的议价能力

购买者主要通过其压价与要求提供较高的产品或服务质量的能力，来影响行业中现有企业的盈利能力。一般来说，满足如下条件的购买者可能具有较强的讨价还价力量：

（1）购买者的总数较少，而每个购买者的购买量较大，占了卖方销售量的很大比例。

（2）卖方行业由大量相对来说规模较小的企业所组成。

（3）购买者所购买的基本上是一种标准化产品，同时向多个卖主购买产品在经济上也完全可行。

（4）购买者有能力实现后向一体化，而卖主不可能前向一体化（简单按中国说法，客大欺主）。

企业总是追求更高的投资回报率，而买方也就是消费者总是期待用最小的支出获得最好的产品和最优质的服务。因此，购买者也能够成为行业盈利性的威胁。购买者能够强行压低价格，要求更高的质量或更多的服务。为达到这一目的，他们可能使生产者互相竞争，或者不从任何单个生产者那里购买商品。购买者一般可以归为工业客户或个人客户，购买者的购买行为与这种分类方法是不相关的。有一点例外是，工业客户是零售商时，它可以影响消费者的购买决策，这样零售商的讨价还价能力就显著增强了。研究表明，购买者在下列情况下更具讨价还价的能力：

（1）集体购买。

（2）产品的标准化程度高。

（3）购买者对产品质量的敏感性低。

（4）替代品的替代程度高。

（5）大批量购买的普通性低。

（6）产品在购买者成本中占的比例大。

（7）购买者有后向一体化的战略意图。

**3. 新进入者的威胁**

新进入者在给行业带来新生产能力、新资源的同时，将希望在已被现有企业瓜分完毕的市场中赢得一席之地，这就有可能会与现有企业发生原材料与市场份额的竞争，最终导致行业中现有企业盈利水平降低，严重的话还有可能危及这些企业的生存。竞争性进入威胁的严重程度取决于两方面的因素，这就是进入新领域的障碍大小与预期现有企业对于进入者的反应情况。

进入障碍主要包括规模经济、产品差异、资本需要、转换成本、销售渠道开拓、政府行为与政策（如国家综合平衡统一建设的石化企业）、不受规模支配的成本劣势（如商业秘密、产供销关系、学习与经验曲线效应等）、自然资源（如冶金业对矿产的拥有）、地理环境（如造船厂只能建在海滨城市）等方面，这其中有些障碍是很难借助复制或仿造的方式来突破的。预期现有企业对进入者的反应情况，主要是采取报复行动的可能性大小，则取决于有关厂商的财力情况、报复记录、固定资产规模、行业增长速度等。总之，新企业进入一个行业的可能性大小，取决于进入者主观估计进入所能带来的潜在利益、所需花费的代价与所要承担的风险这三者的相对大小情况。

一般情况下，在同一行业内的企业总是不欢迎那些新进入的企业，因此这些老企业就会想方设法给新进入的企业进入市场制造障碍。而潜在的进入者也会精心挑选那些进入障碍较少的行业。

**4. 替代品的威胁**

两个处于同行业或不同行业中的企业，可能会由于所生产的产品是互为替代品，从而在它们之间产生相互竞争行为，这种源自于替代品的竞争会以各种形式影响行业中现有企业的竞争战略。第一，现有企业产品售价以及获利潜力的提高，将由于存在着能被用户方便接受的替代品而受到限制；第二，由于替代品生产者的侵入，使得现有企业必须提高产品质量，或者通过降低成本来降低售价，或者使其产品具有特色，否则其销量与利润增长的目标就有可能受挫；第三，源自替代品生产者的竞争强度，受产品买主转换成本高低的影响。总之，替代品价格越低、质量越好、用户转换成本越低，其所能产生的竞争压力就强；而这种来自替代品生产者的竞争压力的强度，可以具体通过考察替代品销售增长率、替代品厂家生产能力与盈利扩张情况来加以描述，奇货可居。

决定替代品压力大小的因素主要有：

（1）替代品的盈利能力。

（2）替代品生产企业的经营策略。

（3）购买者的转换成本。

5. 同业竞争者的竞争程度

大部分行业中的企业，相互之间的利益都是紧密联系在一起的，作为企业整体战略一部分的各企业竞争战略，其目标都在于使得自己的企业获得相对于竞争对手的优势，所以，在实施中就必然会产生冲突与对抗现象，这些冲突与对抗就构成了现有企业之间的竞争。现有企业之间的竞争常常表现在价格、广告、产品介绍、售后服务等方面，其竞争强度与许多因素有关。

尽管波特所提出的理论并无首创，但他的优点在于能够整合产业经济与企业管理的理论，并结合实务，发展出一套简单明了又实用的做法，因而受到企管实务界的青睐。

企业价值链。"企业价值链"也是企管界广为人知的一个概念，这个概念出自1985年波特出版的《竞争优势》一书，在《竞争策略》中探讨的主要是产业问题，而《竞争优势》则锁定企业。他认为企业提供给顾客的产品或服务，其实是由一连串的活动组合起来所创造出来的。每一种活动都有可能促成最终产品的差异性，提升价值。

企业的价值链同时会和供货商、厂商和顾客的价值链相连，构成一个产业的价值链。任何一个企业都可以价值链为分析的架构，思考如何在每一个企业价值活动上，寻找降低成本或创造差异的策略作为，同时进一步分析供货商、厂商与顾客三个价值链之间的联结关系，寻找可能的发展机会。

钻石体系。除了产业与企业策略以外，波特将他的理论更延伸到国际竞争上，他提到"在国际间竞争，企业可以将活动延伸到几个不同的地点，并借着全球性网络协调，让不同地点的活动产生潜在的竞争优势"，例如瑞士的巧克力、日本的机器人、西德的高性能汽车等，在1990年，波特出版《国家竞争优势》一书着重于地理位置在竞争优势中的角色。此外，波特在这本书中将企业竞争优势的概念应用到国家层次，探讨一个国家如何能建立起它的竞争优势。

针对这个主题，波特提出"钻石体系"（又称菱形理论）的分析架构。他认为可能会加强本国企业创造国内竞争优势的速度包括以下几点：

一是生产要素。一个国家将基本条件，如天然资源、教育、基础建设转换成特殊优势的能力。现今国家都已具备完善的交通系统与电信网络，也有最优良的人力，因此基本的生产要素已经不能永保竞争优势，而是建立特殊的优势，比如说高度的专业技巧与应用科技。像荷兰，它并不是因为位居热带而有了首屈一指的花卉业，而是因为在花卉的培育、包装及运送上都有高度专精的研究机构。

二是需求状况。本国市场对该项产业所提供或服务的需求数量和成熟度。例如日本家庭因为地狭人稠，所以家电朝小型、可携带的电视、音响、录像带方向发展，就因为本国市场拥有一群最懂得挑剔的消费者，使得日本拥有全球最精致、最高价值的家电产业。

三是相关产业和支持产业表现。一个产业想要登峰造极，就必须有世界一流的供货商，并且从相关产业的企业竞争中获益，这些制造商及供应商形成了一个能促进创新的产业"群聚"。例如，意大利领导世界的金银首饰业，就是因为意大利的机械业已经创下全球珠宝生产机械60%的市场，而且意大利回收有价金属的机械也领先全球。

四是企业的策略、结构和竞争对手。这是最后一个影响竞争优势的因素。企业的组织方式、管理方式、竞争方式都取决于所在地的环境与历史。若是一个企业的家乡鼓励创新，有政策与规则刺激企业往训练技术、提升能力与固定资产投资，企业自然有竞争力。另外，当地若是有很强的竞争对手，也会刺激企业不断地提升与改进。

这四个因素对每一个产业的影响并不相同，应该分别加以评估，更重要的是，钻石体系是一个动态的体系，它内部的每个因素都会相互拉推影响到其他因素的表现。

这些理论对于指导中心城区的产业发展、企业发展、财富创造，立足于区域或国际竞争，有积极的指导意义。

# 三、经济发展理论

## （一）经济发展理论

经济发展理论：是研究在经济增长基础上，一个国家经济与社会结构现代化演进过程的理论。经济发展理论是以发展中国家经济发展为研究对象，而发展中国家的经济发展问题自第二次世界大战以来一直是当今世界经济学家们关注和讨论的焦点。

20世纪50～60年代前，传统理论认为：经济发展意味着国家财富增加和劳务生产增大以及人均国民生产总值提高。60年代后，这种观点受到了国家现实的若干个挑战。一些国家人均国民生产总值迅速增长，但其社会、政治和经济结构并未得到相应的改善，贫困和收入分配不公正情况仍十分严重。因此，经济学家把经济发展同经济增长区别开来。前者具有更加丰富的内涵，不仅涉及物质增长，而且涉及社会、经济制度以及文化的演变。既抓紧经济规模在数量上的扩大，还着重于经济活动效率的改进。同时又是一个长期、动态的进化过程。

这期间又分化成结构主义学派发展理论、新古典主义学派发展理论、激进主义学派发展理论。

20世纪80年代后，现代经济发展理论进入了一个新的发展时期，许多新的理论与模型相继出现，主要有新经济增长理论、新制度主义、寻租理论、可持续发展理论等，这些理论明显地不同于此前的经济发展理论，因为在这一时期，发展经济学呈现了融合的趋势，包括发展经济学与主流经济学、社会学、政治学、法学、伦理学等学科的融合和经济发展理论内部各学派之间的融合。当然，融合并不是完全的趋同，新的观点必能在融合中产生，而永不消失的学术派别之争则是发展经济学前进的动力。

### （二）比较优势理论

比较优势可以表述为：在两国之间，劳动生产率的差距并不是在任何产品上都是相等的。每个国家都应集中生产并出口具有比较优势的产品，进口具有比较劣势的产品（即"两优相权取其重，两劣相衡取其轻"），双方均可节省劳动力，获得专业化分工提高劳动生产率的好处。

比较优势理论是在绝对成本理论的基础上发展起来的。根据比较优势原理，一国在两种商品生产上较之另一国均处于绝对劣势，但只要处于劣势的国家在两种商品生产上劣势的程度不同，处于优势的国家在两种商品生产上优势的程度不同，则处于劣势的国家在劣势较轻的商品生产方面具有比较优势，处于优势的国家则在优势较大的商品生产方面具有比较优势。两个国家分工专业化生产和出口其具有比较优势的商品，进口其具有比较劣势的商品，则两国都能从贸易中得到利益。这就是比较优势原理。也就是说，两国按比较优势参与国际贸易，通过"两利取重，两害取轻"，两国都可以提升福利水平。

事实上，中国的田忌赛马故事也反映了这一比较优势原理。田忌所代表的一方的上、中、下三批马，每个层次的质量都劣于齐王的马。但是，田忌用完全没有优势的下马对齐王有完全优势的上马，再用相对比较优势的上、中马对付齐王的中、下马，结果稳赢。

比较成本理论在历史上起过进步作用。它为自由贸易政策提供了理论基础，推动了当时英国的资本积累和生产力的发展。

整体来看，比较优势理论在加速社会经济发展方面所起的作用是不容置疑的。它对国际贸易理论的最大贡献是，首次为自由贸易提供了有力证据，并从劳动生产率差异的角度成功地解释了国际贸易发生的一个重要起因。直到今天，这一理论仍然是许多国家，尤其是发展中国家制订对外经济贸易战略的理论依据。

但是，比较优势也存在较大的不足。比较成本理论的分析方法属于静态分析。

根据其结论进行推导，两国比较优势差距越大，则贸易的空间越大。那么，当前的国际贸易应该主要发生在发达国家与发展中国家之间。但现实的情况却是，国际贸易主要发生在发达国家之间。不过，该理论对国际经济发展的作用仍然是不可低估的，其所提出的比较优势原理，在现实经济中有着重要的意义。

比较优势理论对我们提升中心城区竞争力的启发是：必须发挥本区域内经济社会文化的相对优势，因地制宜，挖掘潜力、创造优势，参与区域竞争。

## （三）内生增长理论

1. 简介

内生增长理论，其核心思想是认为经济能够不依赖外力推动实现持续增长，内生的技术进步是保证经济持续增长的决定因素。强调不完全竞争和收益递增。

2. 概述

经济增长理论家提出了许多增长模型。这些模型又可以根据经济学者对技术进步的不同理解，分成三种类型：产品种类增加型—内生增长模型、产品质量升级型—内生增长模型、专业化加深型—内生增长模型。这三类模型的提出，表明内生增长理论进入了一个新的发展阶段。

3. 基本思想

所有这些模型表达出来的一个重要思想是：企业是经济增长的最终推动力，特别是这些模型试图说明企业如何积累知识，这种知识广义地包括人力资本和技术变化。这种知识积累表示为增加人力资本、生产新产品和提高产品质量。这些模型表明，知识和积累过程会出现外部性或知识外溢效应，需要政府政策的干预：各种政策旨在扶持研究与开发、革新、人力资本形成甚至关键性产业部门。

内生增长理论所表达的经济增长的原因作出如下简单的陈述：第一，获取新"知识"（包括革新、技术进步、人力资本积累等概念）；第二，刺激新知识运用于生产（市场条件、产权、政治稳定以及宏观经济稳定）；第三，提供运用新知识的资源（人力、资本、进口品等）。

这个理论告诉我们，经济增长的内在动力是依靠技术进步和劳动力技能的提高，对于我们支持创新和加强劳动力培训的经济意义指明了方向，特别是政府如果有条件，应当理直气壮地支持培训人力资本。

## （四）经济地理学理论

经济地理学的特性表现在其所特有的地域性（区域性）和综合性。

地域性：是经济地理学的根本特性。地域指的是地表的空间。经济地理学所研究的对象都必须落实到一定的地表空间上，即落实到地域上，这就是地域性。

经济地理学地域性的核心问题是地域分异规律。

综合性：经济地理学的综合性具有三层含义：一是经济地理学学科性质要求对自然、技术、经济等条件进行综合；二是经济地理学的地域性要求对特定地域内的诸多条件进行综合，也要求对地域之间的差异与分工进行综合；三是经济地理学研究对象的历史性和发展性，要求对产业布局的历史、现状与发展方向进行综合。

经济地理学研究的基本问题是为什么经济活动在地球表层的分布是不均匀的。从经济地理学的研究视角出发，造成经济空间分布有疏有密的根本动力是自然环境本底的非均匀分布以及经济自身的集聚和扩散力量。基于这种研究议题，经济地理学显示出典型的交叉性和综合性学科特点。一方面，影响经济集聚和扩散的因素是多元的，包括各种自然要素以及经济、社会、文化、制度等人文要素；另一方面，人类在地表的经济活动已经并且正在强烈地改变着自然格局，造成了全球性、区域性和地方性等不同空间尺度的环境变化和环境问题，成为改变自然环境最主要的动力。这种学科特性使经济地理学最有资格成为人与自然环境关系研究的纽带和各类空间尺度的可持续发展研究的基础。应该承认，离开对人类经济活动的空间规律的认识，也就无法正确透视各种空间尺度的可持续发展问题。因此，在摆脱单纯追求经济（GDP）增长的发展观之后，经济地理学越来越显示出其具有重大价值的研究视角，可以为塑造新的发展观做出重要贡献。此外，由于经济地理学长期以来对区域问题的综合性研究，这门学科也在社会经济实践中起着重要作用，特别是在国土开发、区域发展和区域规划、地区可持续发展战略、重大项目的战略布局等领域。

在这里选择对研究中心城区竞争力有指导的几个要点：

（1）区位与距离衰减律。"区位"指经济活动发生的特定位置，这个位置不是绝对地理位置，而是相对于其他事物的相对位置。作为相对位置，经济活动区位通常可用距离来刻画。这种距离可以说是空间距离，也可以是时间距离，还可以是文化、制度、信息、心理、动机等方面的差异。早在1970年，托布勒（Tobler）就概括了地理学第一定律：每一个现象之间都相互联系，但是临近现象之间的联系会更强。这一定律形象地表述了距离对于空间相互作用的摩擦性影响。从距离视角来看待经济活动的空间关系是经济地理学中的基本区位法则，其表现形式就是距离衰减律，如图1所示。

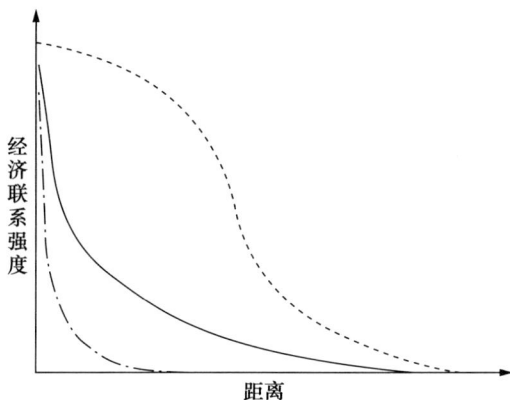

**图1　经济活动空间关系的距离衰减律**

如图2所示，经济活动主体在空间上是分离的，因此，它们的联系需要克服距离，需要付出努力，支付成本，花费时间。距离越远，需要支付成本越高，付出努力越多，花费时间越长，从而导致了经济活动空间存在距离衰减律，即相隔较远的区位间经济联系较弱，而较近区位间联系较强，原因是较近区位之间的经济联系成本较低。2009年世界银行发行的《世界发展报告：重塑经济地理》中提出了包含"密度、距离、分割"的经济地理分析框架，强调地区要通过减少与高经济密度区位的距离，降低与世界主要市场的距离来提升竞争力，其科学逻辑就是经济活动空间关系距离衰减律。产业聚集也遵循距离衰减律。"待要富先修路"其理论依据也是距离衰减律——通过道路建设减少两点之间的运行成本和时间成本。

这个理论对中心城区的产业集聚及CBD建设都有指导意义。

（2）国土开发的"极"、"点"、"轴"理论增长极理论，由法国经济学家佩鲁在1950年首次提出，该理论被认为是西方区域经济学中经济区域观念的基石，是不平衡发展论的依据之一。增长极理论认为：一个国家要实现平衡发展只是一种理想，在现实中是不可能的，经济增长通常是从一个或数个"增长中心"逐渐向其他部门或地区传导。因此，应选择特定的地理空间作为增长极，以带动经济发展。"增长并非同时出现在所有地方，它以不同的强度首先出现在一些增长点或增长极上，然后通过不同的渠道向外扩散，并对整个经济产生不同的最终影响"。

点轴开发理论（点轴理论）最早由波兰经济家萨伦巴和马利士提出。点轴开发模式是增长极理论的延伸，从区域经济发展的过程看，经济中心总是首先集中在少数条件较好的区位，呈斑点状分布。这种经济中心既可称为区域增长极，也是点轴开发模式的点。随着经济的发展，经济中心逐渐增加，点与点之间，由

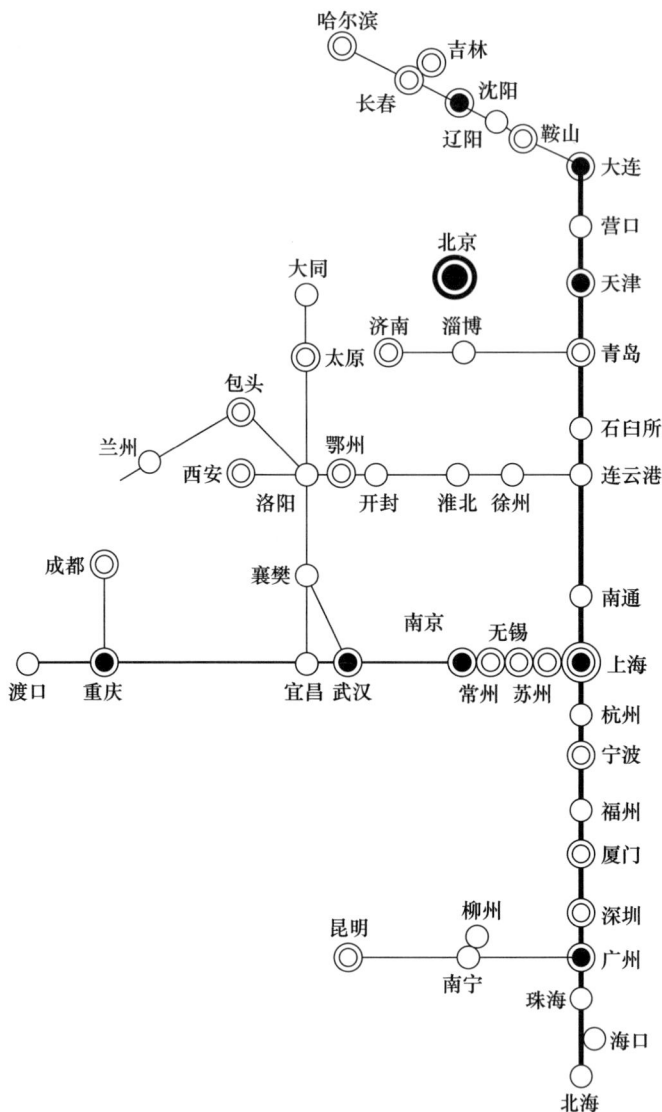

**图 2 中国国土开发和建设布局的"T"型结构**

于生产要素交换需要交通线路以及动力供应线、水源供应线等，相互连接起来这就是轴线。这种轴线首先是为区域增长极服务的，但轴线一经形成，对人口、产业也具有吸引力，吸引人口、产业向轴线两侧集聚，并产生新的增长点。点轴贯通，就形成点轴系统。因此，点轴开发可以理解为从发达区域大大小小的经济中心（点）沿交通线路向不发达区域纵深地发展推移。

根据"点—轴"系统理论，结合中国国情，陆大道①于20世纪80年代提出了国土开发与经济布局的"T"型战略。即将海岸沿线和长江沿线作为全国一级开发轴线，组成国土开发和区域开发的"T"型结构。将有发展潜力的铁路干线作为二级发展轴线，并确定若干中小城市，组成不同层次重点建设的"点轴"系统。

（3）经济全球化和地理经济学。当今的经济活动是在全球化和地方化交互作用下进行的，全球化和地方化是相互依存、相互转化的。全球生产网络、世界城市网络、全球市场网络与地方空间聚集经济、产业集群、制度厚度、贸易与非贸易相互依赖。全球化能给发展中市场提供契机，有助于传播技术和管理方式，进而提高地区的生产效率和生活水平；地方化能有效促进基层民众的参与，有利于建立更有效和对民众负责的地方政府，为全球化发展营造和平稳定的地区环境。全球化离不开地方化。

国际城市的布局层级已经形成，如果没有特殊力量，很难打破这个格局。因此，中心城区的建设者对自己的城市在国土布局中的地位，需要心中有数。在确定中心城区发展目标时，需要按照"点"、"轴"、"极"的理论，明确处在哪一个点，哪一个轴，哪一个极，对城市规模要心中有数，要按规律办事，冷静分析，科学确定目标，避免头脑发热，适度确定规模，不能因贪大图样造成浪费损失。

经济地理学的经济空间不是"静止"的、固定的，而是"流动"的、变化的、发展的。只要条件具备，做出特色，经济繁荣会到世界各地的每一个角落。

## （五） 可持续发展理论

### 1. 概述

可持续发展是指既满足当代人的需求，又不损害后代人满足需要的能力的发展。换句话说，就是指经济、社会、资源和环境保护协调发展，它们是一个密不可分的系统，既要达到发展经济的目的，又要保护好人类赖以生存的大气、淡水、海洋、土地和森林等自然资源和环境，使子孙后代能够永续发展和安居乐业。可持续发展与环境保护既有联系，又不等同。环境保护是可持续发展的重要方面。可持续发展的核心是发展，但要求在提高人口素质和保护环境、资源永续利用的前提下进行经济和社会的发展。

### 2. 缘由

首先要搞清楚中国的具体国情和国际上的情况。第一，中国多年来一直靠高

---

① 陆大道：经济地理学家。1940年生于安徽桐城，1963年毕业于北京大学地质地理系，1966年于中国科学院地理研究所获得硕士学位，1980～1982年在联邦德国波鸿鲁尔大学作访问学者，1992～1993年在德国不莱梅大学和波鸿鲁尔大学任客座教授。曾任中国科学院地理研究所所长，现任中国科学院地理科学与资源研究所研究员，中国地理学会理事长。

消耗和高污染来发展经济。高消耗使中国有限的自然资源终究会被用完。高污染使中国的环境每况愈下，没有好的环境，怎么生存呢？第二，从全球的范围来看，全人类的自然资源紧缺，那么要实现可持续发展，不只是一个国家的事情，而是全人类共同的愿望，中国仍是发展中国家，每一个发展中国家必须是要经过资源的浪费和环境的污染来发展，所以我们国家就更应该尽量减少资源的浪费和环境的污染！我们不能幸福在"雾霾"里。第三，中国要想成为世界大国，必须要实现可持续发展，不光是我们或者说我们的下一辈生活好，我们希望我们的子孙后代都能生活好，那么我们必须要留下一定的资源给他们发展，把国家发展得更好。

### 3. 内涵

从全球普遍认可的概念中，我们可以梳理出可持续发展有以下几个方面的丰富内涵：

（1）共同发展。地球是一个复杂的巨系统，只要一个系统发生问题，都会直接或间接地影响到其他系统的紊乱，甚至会诱发系统的整体突变，这在地球生态系统中表现得最为突出。因此，可持续发展追求的是整体发展和协调发展，即共同发展。

（2）协调发展。协调发展包括经济、社会、环境三大系统的整体协调，也包括世界、国家和地区三个空间层面的协调，还包括一个国家或地区经济与人口、资源、环境、社会以及内部各个阶层的协调，持续发展源于协调发展。

（3）公平发展。可持续发展思想的公平发展包含两个维度：一是时间维度上的公平，当代人的发展不能以损害后代人的发展能力为代价；二是空间维度上的公平，一个国家或地区的发展不能以损害其他国家或地区的发展能力为代价。

（4）高效发展。可持续发展的效率不同于经济学的局部的、个体的效率，可持续发展的效率既包括经济意义上的效率，也包含着自然资源和环境的损益的成分。因此，可持续发展思想的高效发展是指经济、社会、资源、环境、人口等协调下的高效率发展。

（5）多维发展。人类社会的发展表现出全球化的趋势，但是不同国家与地区的发展水平是不同的，而且不同国家与地区又有着异质性的文化、体制、地理环境、国际环境等发展背景。此外，因为可持续发展又是一个综合性、全球性的概念，要考虑到不同地域实体的可接受性，因此，可持续发展本身包含了多样性、多模式的多维度选择的内涵。因此，在可持续发展这个全球性目标的约束和指导下，各国与各地区在实施可持续发展战略时，应该从国情或区情出发，走符合本国或本区实际的、多样性、多模式的可持续发展道路。

如果说，经济、人口、资源、环境等内容的协调发展构成了可持续发展战略的目标体系，那么，管理、法制、科技、教育等方面的能力建设就构成了可持续发展战略的支撑体系。可持续发展的能力建设是可持续发展的具体目标得以实现的必要保证，即一个国家的可持续发展很大程度上依赖于这个国家的政府和人民通过技术的、观念的、体制的因素表现出来的能力。具体地说，可持续发展的能力建设包括决策、管理、法制、政策、科技、教育、人力资源、公众参与等内容。

## （六）供给经济学理论

### 1. 供给经济学

供给经济学在20世纪70年代初出现于美国的一个经济学流派。因强调供给（即生产）在经济中的重要性而得名。根据当时美国经济形势，提出的主要理论观点是：

第一，美国经济当前的关键问题在于供给，即在于生产率低下，供给不足，而不像凯恩斯主义者所说的那样，是由于社会总需求不足导致的。第二，认为供给创造需求这一观点在现代仍然是正确的。第三，为了刺激生产，必须减税。第四，主张自由放任。认为政府对企业干预过多不利于企业积极性和首创精神的发挥，从而也就不利于生产的发展。保持自由竞争才有利于经济发展。

### 2. 供给经济学的提出

市场经济是通过供求双方变化而运行的，从而理论分析也必须从供求双方加以研究。西方经济理论中的供给学派虽从市场另一侧面揭示了需求不足、供给过剩的实质，并提出以减税为核心的政策主张。但由于它不可避免的片面性、局限性也决定了它不足以回答、解释、解决发展中国家尤其是中国的供给问题。

### 3. 何谓供给侧结构性改革

"供给侧"与"需求侧"相对应。需求侧有投资、消费、出口三驾马车，三驾马车决定短期经济增长率。而供给侧则有劳动力、土地、资本、创新四大要素，四大要素在充分配置条件下所实现的增长率即中长期潜在经济增长率。而结构性改革旨在调整经济结构，使要素实现最优配置，提升经济增长的质量和数量（见图3）。

### 4. 供给侧改革本质

当前，供给侧改革这一新名词受到各界热议。供给侧改革的本质是：政府减少对现行供给要素市场的约束。

### 5. 供给侧改革的逻辑与路径

供给侧改革如何落实？化解产能过剩、降低企业成本、消化地产库存和防范金融风险是最为关键的四个"歼灭战"，供给侧改革将分别在劳动力、资本、创新、政府四条主线上推进。

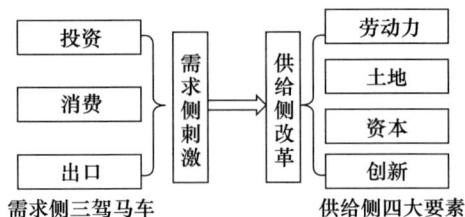

**图3 需求侧三驾马车与供给侧四大要素**

6. 供给侧改革如何优化劳动力配置

放开生育政策，补充人口红利；户籍制度改革，化解地产库存；服务业大发展，缓解就业压力；促扶贫重教育，提升人力资本。

7. 供给侧改革如何优化土地和资本配置

土地制度改革，加速确权流转；降低成本，改善资本回报；淘汰落后产能，提升资本效率。

8. 供给侧改革如何提升全要素生产率

融资体制改革，提升创新意愿；鼓励两众两创，提升创新转化。

9. 政府自身如何落实"供给侧改革"

改革行政体制，降低制度成本。打造以公共服务领域为核心的政府供给端，是未来财税体制改革中政府职能的改变方向。

推进国企改革，实现强强联合；加速经济结构转型，重新分配经济蛋糕；提供公共服务，让发展"搭便车"。

## 四、企业家理论

特别介绍一下，熊彼特①的企业家理论，对于发展市场经济相对时间短的中

---

① 熊彼特：约瑟夫·熊彼特（1883～1950年），1901～1906年在维也纳大学攻读法学和社会学，1906年获法学博士学位，是一位有深远影响的美籍奥地利政治经济学家（但他并非"奥地利学派"的成员）。其后移居美国，一直任教于哈佛大学。其与同时代的凯恩斯，用"既生瑜，何生亮"来形容再贴切不过了。两人之间既惺惺相惜，也充斥不屑与论争。其被誉为"创新理论"的鼻祖。1912年，其发表了《经济发展理论》一书，提出了"创新"及其在经济发展中的作用，轰动了当时的西方经济学界。《经济发展理论》创立了新的经济发展理论，即经济发展是创新的结果。其代表作有《经济发展理论》、《资本主义、社会主义与民主》、《经济分析史》等，其中《经济发展理论》是他的成名作。

国当代社会意义特别重大。重要的理解什么是企业家，什么是创造性破坏，只有弄清楚这些，我们才不会狭隘地对待企业家。由于我们长期受剥削理论和计划经济理论的影响，我们的社会太缺乏企业家，也太缺乏对企业家的理解与尊重。

企业家理论是熊彼特基于"创新理论"提出的，并对这一理论的现实意义进行了分析。熊彼特认为作为资本主义"灵魂"的企业家的职能就是实现创新。因此，可以把他所称道的企业家称为创新型企业家。

## （一）主要内容

### 1. 创新

熊彼特认为，创新就是建立一种新的生产函数，也就是说，把一种从来没有过的关于生产要素和生产条件的"新组合"引入生产体系。这种新组合包括以下五种情况：①采用一种新产品或一种产品的新特征；②采用一种新的生产方法；③开辟一个新市场；④掠取或控制原材料或半制成品的一种新的供应来源；⑤实现任何一种工业的新的组织。因此"创新"不是一个技术概念，而是一个经济概念：它严格区别于技术发明，而是把现成的技术革新引入经济组织，形成新的经济能力。

熊彼特把新组合的实现称为企业，把以实现新组合为基本职能的人们称为企业家。一个人只有当他实际上实现"新组合"时才是一个企业家。

熊彼特还认为，充当一个企业家并不是一种职业，一般说也不是一种持久的状况，所以企业家并不形成一个专门意义上讲的阶级。他说："一旦当他建立起他的企业以后，也就是当他安定下来经营这个企业，就像其他人经营他们的企业一样的时候，他就失去了这种资格。"因此，一个人在其一生中很少能总是一个企业家，且企业家的职能本身是不能继承的。

### 2. 企业家是主体

熊彼特认为，在没有创新的情况下，经济只能处于一种他所称谓的"循环流转"的均衡状态，经济增长只是数量的变化，这种数量关系无论如何积累，本身并不能创造出具有质的飞跃的"经济发展"。"在例行事物的边界以外，每行一步都有困难，都包含一个新的要素，正是这个要素。构成领导这一现象。"这里的领导就是率先创新的企业家。只有企业家实现创新，"创造性地破坏"经济循环的惯行轨道，推动经济结构从内部进行革命性的破坏，才有经济发展。

熊彼特还认为，创新引起模仿，模仿打破垄断，刺激了大规模的投资，引起经济繁荣，当创新扩展到相当多的企业之后，盈利机会趋于消失，经济开始衰退，期待新的创新行为出现。整个经济体系将在繁荣、衰退、萧条和复苏四个阶段构成的周期性运动过程中前进。他首先用"纯模式"来解释经济周期的两个主要阶段——繁荣和衰退——的交替：创新—（为创新者）带来超额利润—引起其他企业仿效—第一次创新浪潮—对银行信用和资本品的需求上升—经济步入繁荣；创新的普及—超额利润消失—对银行信用和资本品的需求下降—经济收缩，由繁荣步入衰退。

对经济周期的四阶段：繁荣、衰退、萧条、复苏，熊彼特用创新引起的"第二次浪潮"来解释。第一创新浪潮—对银行信用和资本品的需求上升—生产资本品的部门扩张—生产消费品的部门扩张—第二次浪潮—物价上涨，投资机会增多，投机现象出现。随着创新的普及，超额利润消失，经济进入衰退期。第二次浪潮与第一次浪潮有重大的差别。第二次浪潮中许多投资机会与本部门的创新无关。这样，第二次浪潮中不仅包含了纯模式不存在的失误和过度投资行为，而且它不具有自行调整走向新均衡的能力。因此，在纯模式中，新的创新引起经济自动地从衰退走向繁荣，而现在由于第二次浪潮的作用，经济从衰退走向萧条。萧条发生后，第二次浪潮的反应逐渐消除，经济转向复苏。要使经济从复苏进入繁荣，则必须再次出现创新。

3. 企业家精神

熊彼特认为，对企业家从事"创新性的破坏"工作的动机，固然是以挖掘潜在利润为直接目的，但不一定出自个人发财致富的欲望。他指出，企业家与只想赚钱的普通商人或投机者不同，个人致富充其量仅是他的部分目的，而最突出的动机来于"个人实现"的心理，即"企业家精神"。熊彼特认为"企业家精神"包括：

（1）建立私人王国。企业家经常"存在有一种梦想和意志，要去找到一个私人王国，常常也是一个王朝"。对于没有其他机会获得社会名望的人来说，它的引诱力是特别强烈的。

（2）对胜利的热情。企业家"存在有征服的意志；战斗的冲动，证明自己比别人优越的冲动，他求得成功不仅是为了成功的果实，而是为了成功本身"。利润和金钱是次要的考虑，而是"作为成功的指标和胜利的象征才受到重视"。

（3）创造的喜悦。企业家"存在有创造的欢乐，把事情做成的欢乐，或者只是施展个人能力和智谋的欢乐。这类似于一个无所不在的动机……我们类型的人寻找困难，为改革而改革，以冒险为乐事"。企业家是典型的反享乐主义者。

（4）坚强的意志。企业家"在自己熟悉的循环流转中是顺着潮流游泳，如果他想要改变这种循环流转的渠道，他就是逆潮流游泳。从前的助力现在变成了阻力，过去熟悉的数据，现在变成了未知数"。"需要有新的和另一种意志上的努力……去为设想和拟订出新的组合而搏斗，并设法使自己把它看作是一种真正的可能性，而不只是一场白日梦。"

4. 企业家的素质

熊彼特认为企业家的工作是"创造性的破坏"。而阻碍创新的因素有：第一，是信息不充分条件下许多事情处于不可知的状态。"实现一个新计划和根据一个习惯的计划去行动，是两件不同的事情，就像建造一条公路和沿着公路行走是两件不同的事情一样。"第二，是人的惰性。"作为一种新的事情，不仅在客观上比作已经熟悉的和已经由经验检定的事情更加困难，而且个人会感到不愿意去做它，即使客观上的困难并不存在，也还是感到不愿意。"第三，是社会环境的反作用。这种反作用首先在法律上或政治上存在障碍而表现出来，其次在受到创新威胁的各个集团中表现出来，再次在于难于找到必要的合作上表现出来，最后是在难以赢得消费者上表现出来。

熊彼特认为企业家要进行创新首先要进行观念更新。这是因为"一切知识和习惯一旦获得以后，就牢固地植根于我们之中，就像一条铁路的路堤植根于地面上一样。它不要求被继续不断地更新和自觉地再度生产，而是深深沉落在下意识的底层中。它通常通过遗传、教育、培养和环境压力，几乎是没有摩擦地传递下去"。

其次，企业家必须具备一定的能力。这些能力包括：①预测能力。企业家应具有"尽管在当时不能肯定而以后则证明为正确的方式去观察事情的能力，以及尽管不能说明这样做所根据的原则，而却能掌握主要的事实、抛弃非主要的事实的能力"能抓住眼前机会，挖掘市场中存在的潜在利润。②组织能力。企业家"不仅在于找到或创造新的事物，而在于用它使社会集团留下深刻的印象，从而带动社会集团跟在它后面走"。善于动员和组织社会资源进行并实现生产要素新组合。③说服能力。企业家善于说服人们，使他们相信执行他的计划的可能性；注重取得信任，以说服银行家提供资本，实现生产方式新组合。

当然，在熊彼特看来，企业家是不承担风险的。这是因为企业家进行创新活动所需要的资本是由那些成功的企业家所形成的资本家阶层提供的，即资本市场提供的。企业家可以从资本市场获取他们需要的任意数量的资本，因而资本并不构成其成为企业家的约束条件。与此相对应，由于资本的外来性，风险也由资本所有者承担，企业家并不承担风险。

5. 信用制度

由于创新来自于体系内部，新组合的实现就意味着对经济体系中现有生产手段的供应作不同的使用。支配生产手段对于执行新组合是必要的。银行家通过提供信用，向企业家贷款，正好就把资源放在企业家手中并供其运用，这就是银行家所起的杠杆和桥梁作用。而提供信贷的人便是"资本家"那一类人的职能。在熊彼特看来，所谓资本，就是企业家为了实现"新组合"，用以"把生产指往新方向"、"把各项生产要素和资源引向新用途"的一种杠杆和控制手段。资本不是具体商品的总和，而是可供企业家随时提用的支付手段，是企业家和商品世界的"桥梁"，其职能在于为企业家进行创新而提供必要的条件。由此可见，熊彼特所谓的信用指的就是企业家能够按照自己的意志随时使用的支付手段。换句话说，信用就是专为以实现创新为目的的企业家而创设的货币资本。信用使得个人能够在某种程度上不依靠继承的财产而独立行事。因此，信用对于新的组合是首要的。而这只有在资本主义社会才具有。熊彼特进一步分析指出，当资本主义经济进入相对发达阶段之后，资本市场的建立和良好运转成为实现创新的基础。

## （二）启示

做企业的人弄明白支持企业家创新、国有企业改革后，会主动朝着企业家的方向努力，把创新作为第一追求，那样中国社会就有了繁荣的支柱，政府和社会弄明白了什么是熊彼特眼里的"企业家"后，会更加主动支持企业家，社会舆论弄明白了之后，也会更加赞美企业家而不是其他。

中心城区的繁荣发展、企业家队伍的建设是非常重要的。根据熊彼特的企业家理论，我们得到以下启示：

（1）建立一支独立的企业家队伍。这是中心城区经济繁荣昌盛的根本人才基础。

（2）对企业家的素质要求。首先，必须要有创新精神。熊彼特经济学的核心是创新理论，其对企业家的定义中就包含企业家必须要有创新精神。其次，将创新精神付诸实践。熊彼特认为，具有创新精神和具有企业家精神是不同的。企业家只有在履行其职能时才称为企业家。

（3）中小企业的发展必须要依靠具有创新精神的企业家。企业要取得长远发展必须不断创新，如果总是受一定固定模式的制约，最多只能取得与其他企业相同的业绩；若要进一步发展，必须创新。

（4）国有企业改革的出路在于制度创新。

# 五、制度经济学理论

十八届五中全会报告中提出："加快形成有利于创新发展的市场环境、产权制度、投融资体制、分配制度、人才培养引进使用机制……推进产权保护法制化，依法保护各种所有制经济权益。"产权是制度经济学的核心，在这个报告中对"产权"作出决定，说明我们党在执政过程中对制度经济学的认识达到了一个新的高度。

## （一）交易费用理论

交易费用是新制度经济学最基本的概念。交易费用思想是科斯[①]在1937年的论文《企业的性质》一文中提出的，科斯认为，交易费用应包括度量、界定和保障产权的费用，发现交易对象和交易价格的费用，讨价还价、订立合同的费用，督促契约条款严格履行的费用，等等。

交易费用的提出，对于新制度经济学具有重要意义。由于经济学是研究稀缺资源配置的，交易费用理论表明交易活动是稀缺的，市场的不确定性导致交易也是冒风险的，因而交易也有代价，从而也就有如何配置的问题。资源配置问题就是经济效率问题。所以，一定的制度必须提高经济效率，否则旧的制度将会被新的制度所取代。这样，制度分析才被认为真正纳入了经济学分析之中。

## （二）产权理论

新制度经济学家一般都认为，产权是一种权利，是一种社会关系，是规定人们相互行为关系的一种规则，并且是社会的基础性规则。产权经济学大师阿尔钦认为："产权是一个社会所强制实施的选择一种经济物品的使用的权利。"这揭示了产权的本质是社会关系。在鲁宾逊一个人的世界里，产权是不起作用的。只有在相互交往的人类社会中，人们才必须相互尊重产权。

产权是一个权利束，是一个复数概念，包括所有权、使用权、收益权、处置权等。当一种交易在市场中发生时，就发生了两束权利的交换。交易中的产权所包含的内容影响物品的交换价值，这是新制度经济学的一个基本观点之一。

产权实质上是一套激励与约束机制。影响和激励行为，是产权的一个基本功能。新制度经济学认为，产权安排直接影响资源配置效率，一个社会的经济绩效如何，最终取决于产权安排对个人行为所提供的激励。

## （三）企业理论

科斯认为，市场机制是一种配置资源的手段，企业也是一种配置资源的手段，二者是可以相互替代的。在科斯看来，市场机制的运行是有成本的，通过形

---

[①] 科斯：罗纳德·哈里·科斯——新制度经济学的鼻祖，美国芝加哥大学教授、芝加哥经济学派代表人物之一，1991年诺贝尔经济学奖的获得者。科斯是芝加哥大学法学院慕瑟经济学荣誉教授及法律与经济学资深研究员。对经济学的贡献主要体现在他的两篇代表作《企业的性质》和《社会成本问题》之中，科斯首次创造性地通过提出"交易费用"来解释企业存在的原因以及企业扩展的边界问题。科斯还认为，一旦交易费用为零，而且产权界定是清晰的，那么法律不会影响合约的结果。

成一个组织，并允许某个权威（企业家）来支配资源，就能节约某些市场运行成本。交易费用的节省是企业产生、存在以及替代市场机制的唯一动力。

而企业与市场的边界在哪里呢？科斯认为，由于企业管理也是有费用的，企业规模不可能无限扩大，其限度在于：利用企业方式组织交易的成本等于通过市场交易的成本。

## （四）制度变迁理论

制度变迁理论是新制度经济学的一个重要内容。其代表人物是诺斯[①]，他强调，技术的革新固然为经济增长注入了活力，但人们如果没有制度创新和制度变迁的冲动，并通过一系列制度（包括产权制度、法律制度等）构建把技术创新的成果巩固下来，那么人类社会长期经济增长和社会发展是不可设想的。诺斯认为，在决定一个国家经济增长和社会发展方面，制度具有决定性的作用。

制度变迁的原因之一就是相对节约交易费用，即降低制度成本，提高制度效益。所以，制度变迁可以理解为一种收益更高的制度对另一种收益较低的制度的替代过程。产权理论、国家理论和意识形态理论构成制度变迁理论的三块基石。制度变迁理论涉及制度变迁的原因或制度的起源问题、制度变迁的动力、制度变迁的过程、制度变迁的形式、制度移植、路径依赖等。

科斯，"当代制度经济学应该从人的实际出发来研究人，实际的人在由现实制度所赋予的制约条件中活动"。

诺斯，"制度经济学的目标是研究制度演进背景下，人们如何在现实世界中作出决定和这些决定又如何改变世界"。

他们的共同点：强调研究人、制度与经济活动以及它们之间的相互关系。

简单地讲，新制度经济学就是用经济学的方法研究制度的经济学。

正统经济理论的三大柱石是：天赋要素、技术、偏好。

制度是经济理论的第四大柱石。

关于制度的重要性，《国家为什么会失败》论述得非常清楚，它的主要观点是：国家制度有汲取性和包容性之分。不同的制度运行结果是：包容性制度体系下，可以促进创新，投资及社会进取心，整体社会效率高，于是走向容易正向循环；而汲取性制度则因为精英层不肯放弃权利，任意剥夺普通大众的产权，阻碍创新而造成贫穷，更重要的是汲取性制度形成了贫富分化的社会结构使社会陷入

---

① 诺斯：道格拉斯·诺斯，1920 年生于美国马萨诸塞州，1942 年、1952 年先后获加利福尼亚大学学士学位和哲学博士学位。曾任《经济史杂志》副主编、美国经济史协会会长、国民经济研究局董事会董事、东方经济协会会长、西方经济协会会长等职务。历任华盛顿大学经济学教授、剑桥大学庇特美国机构教授、圣路易大学鲁斯法律与自由教授及经济与历史教授，现任华盛顿大学经济系卢斯讲座教授。

专制泥沼而无法自拔。

对此，邓小平理论认为，制度问题是一个根本性的问题。"领导制度、组织制度问题更带有根本性、全局性、稳定性和长期性。制度好可以使坏人无法任意横行，制度不好可以使好人无法充分做好事，甚至会走向反面。"这是我们进行经济体制、政治体制改革的依据。

所以我们的改革是以解放生产力、发展生产力为根本前提的制度性改革。中心城区在发展中务必注意制度的力量，在有限的权力范围内，最大化地按市场规律办事，最大化地释放生产力、保护生产力、保护产权。

# 六、政府治理理论

## （一）政府治理理论

政府治理是指在市场经济条件下政府对公共事务的治理。西方国家理论界所说的"政府治理"，是指由政府治理理念、治理结构和运作方式与过程所构成的三位一体的有机框架或网络。

政府治理有广狭两种含义。就广义的政府而言，整个公共行政的发展过程可以称之为政府治理从传统迈向"善治"的过程。就狭义的政府治理而言，其具有不同于传统公共行政模式的特殊含义。"大致说来，公域之治模式主要有以下三种：一是由国家作为唯一的管理主体，实行封闭性和单向度管理的国家管理模式；二是由国家与各种社会自治组织共同作为管理主体，实行半封闭和单向度的公共管理模式；三是由开放的公共管理与广泛的公众参与这两种基本元素综合而成的公共治理模式，其典型特征是开放性和双向度。"

狭义的政府治理是指第三种公域之治模式，也是"政府依法律善治"之"治理"模式。

西方对政府治理的善治有以下六条标准：①表达与问责；②政治稳定与暴力程度；③政府效率；④规制水平；⑤法治；⑥腐败控制。可以借鉴。

当前中国经济社会进入新常态，国家治理体系现代化和治理能力现代化已经成为国家治理的目标，因此，中心城区政府应当积极探索建立善治的政府：有法（完善法律体系）、有限（权力有限性和权力受限制）、有为（统筹各种职能、有作为、干实事）、有效（有效率、效果、效能）、由人民评价。

## （二）公共选择理论

公共选择理论是一门介于经济学和政治学之间的新的交叉学科，它是运用经济学的分析方法来研究政治决策机制如何运作的理论。被称为是"用脚投票"的理论。

公共选择理论包括以下三个要素：

1. 经济人假设

经济人假设认为人有两个基本特点：自利和理性。财政选择理论认为，虽然理性原则并不总是意味着利己主义或一味地追求个人主义，但个人即使在公共选择活动中也主要是追求个人物质利益，只是可能比在私人市场活动中要弱一些，而决不是像传统理论中认为的那样，只存在公共利益而不存在个人利益，因此在公共选择理论分析中将利己主义因素放在主要地位。

2. 交易的政治市场

除了经济人假设，公共选择理论的另一个基本要素是关于交易的政治市场的看法。布坎南①接受哈耶克②的观点，认为经济学是关于交易的学科，主要研究交易的过程及交易过程中次序的产生，研究独立的个体在自由交易中自发产生的秩序。经济学的基本命题是不同个体之间的交易。经济学是关于契约的学科。政治领域中的基本活动也是交易，政治是个体、团体之间出于自利动机而进行的一系列交易过程。政治过程与市场过程一样，基础是交易行为，是利益的互换。

3. 方法论的个人主义

公共选择理论的基本出发点是方法论的个人主义，认为人类的一切活动都应从个体的角度来理解，个人是分析的基础。社会被看作一种个人追求其自身利益的总量效果，国家被当作个人得以通过它寻求自身利益的一种机构。集体行动是一些个人为了各自的利益而共同行动，并承诺遵守相应的规则的活动，集体行动不过是个体利益得以实现的工具。

公共选择理论认为，人类社会由两个市场组成：一个是经济市场，另一个是政治市场。在经济市场上活动的主体是消费者（需求者）和厂商（供给者）；在政治市场上活动的主体是选民、利益集团（需求者）和政治家、官员（供给者）。在经济市场上，人们通过货币选票来选择能给其带来最大满足的私人物品；

---

① 布坎南：詹姆斯·布坎南，美国著名经济学家、公共选择学派代表人物、1986 年诺贝尔经济学奖得主。布坎南深受芝加哥学派（经济）影响，他在芝加哥大学攻读博士期间的导师是著名的经济学家、芝加哥经济学派创始人富兰克·奈特。布坎南最著名的理论就是公共选择理论。

② 哈耶克：弗里德里希·哈耶克（1899 ~ 1992 年），奥地利裔英国经济学家，新自由主义的代表人物，1974 年诺贝尔经济学奖得主。哈耶克生于奥地利维也纳，先后获维也纳大学法学和政治科学博士学位，主要任教于英国伦敦政治经济学院（1931 ~ 1950 年）、美国芝加哥大学（1950 ~ 1962 年）、德国弗赖堡大学（1962 ~ 1968 年）等。学术上虽然哈耶克属于奥地利学派，但他曾在芝加哥学派步入鼎盛时期长期在芝加哥大学研究任教（1950 ~ 1962 年），并与芝加哥学派的弗里德曼等许多代表人物关系甚密，其著作《通往奴役之路》主要由芝加哥大学出版社出版发行（1944 年）并大获成功。

在政治市场上，人们通过政治选票来选择能给其带来最大利益的政治家、政策法案和法律制度。前一类行为是经济决策，后一类行为是政治决策，个人在社会活动中主要是做出这两类决策。该理论进一步认为，在经济市场和政治市场上活动的是同一个人，没有理由认为同一个人在两个不同的市场上会根据两种完全不同的行为动机进行活动，即在经济市场上追求自身利益的最大化，而在政治市场上则是利他主义的，自觉追求公共利益的最大化；同一个人在两种场合受不同的动机支配并追求不同的目标，是不可理解的，在逻辑上是自相矛盾的；这种政治经济截然对立的"善恶二元论"是不能成立的。公共选择理论试图把人的行为的两个方面重新纳入一个统一的分析框架或理论模式，用经济学的方法和基本假设来统一分析人的行为的这两个方面，从而拆除传统的西方经济学在经济学和政治学这两个学科之间竖起的隔墙，创立使二者融为一体的新政治经济学体系。

所谓"用脚投票"，是指资本、人才、技术流向能够提供更加优越的服务的行政区域。在市场经济条件下，随着政策壁垒的消失，"用脚投票"挑选的是那些能够满足自身需求的环境，这会影响政府的绩效，尤其是经济绩效。它对各类行政主体的政府管理产生了深远的影响，推动着政府管理的变革。2009年9月，英国在医疗体制改革中打破原有的分区就诊，允许公众"用脚投票"，即人们可以自由选择全科医生，远离那些服务质量不好的社区全科诊所。这一改革将为英国的医疗系统注入更多竞争机制。

这就要城市政府供给端打造以公共服务领域为核心的产品，让民众和企业拥护，"走到"这个城市来创业发展，繁荣这个城市。

# 七、系统论

宇宙、自然、人类社会，由于人类设定的参照系不同，而分属于不同的子系统。如果把世界上所有的存在，划分为物质与精神世界的话，那么宇宙、自然、人类社会就通通属于物质与精神世界这个复杂巨系统。如果这样来看全宇宙，系统论就是具有哲学价值的世界观，所以可以说，宇宙是由具有组织性和复杂性的不同子系统构成的，这就是宇宙系统观。同时系统论又有很多类似数学模型的具体方法来面对具体的子系统，从科学工具的角度来看系统论，系统论又是具有哲学价值的方法论。

一般系统论则试图给一个能描述各种系统共同特征的一般的系统定义，通常把系统定义为：由若干要素以一定结构形式联结构成的具有某种功能的有机整体。在这个定义中包括了系统、要素、结构、功能四个概念，表明了要素与要素、要素与系统、系统与环境三方面的关系。

系统论说来话长，但核心思想是：整体观念。贝塔朗菲①强调，任何系统都是一个有机的整体，它不是各个部分的机械组合或简单相加，系统的整体功能是各要素在孤立状态下所没有的性质。

基本方法：就是把所研究和处理的对象，当作一个系统，分析系统的结构和功能，研究系统、要素、环境三者的相互关系和变动的规律性，并优化系统观点看问题，世界上任何事物都可以看成是一个系统，系统是普遍存在的。

从系统论角度观察，城市是一个多功能、多层次、多要素构成的大系统。因此，现代城市的建设和管理首先应重视城市整体性的协调发展，如供排水系统、道路系统等，既独立又联系，某一方面的失调都会影响城市的发展。我们的城市到处"开膛"增加各种管网，就是缺乏系统论指导下的统筹造成的浪费和损失。无论是地下或地上，只要一处拥堵，就会造成一城不畅。

# 八、中国特色社会主义理论

可见，研究中国的城市，必须应用符合中国的理论作指导，这个理论就是伟大的中国特色社会主义理论。中国特色社会主义理论体系是包括邓小平理论、"三个代表"重要思想以及科学发展观和以"四个全面"为核心的习近平总书记系列讲话等重大战略思想在内的科学理论体系。主要包括以下内容：

（1）社会主义初级阶段理论。指出我国还处在社会主义初级阶段的科学论断，强调这是我国在生产力落后、商品经济不发达条件下建设社会主义必经的特定阶段，至少需要上百年时间，制定一切方针政策都必须以这个基本国情为依据，不能脱离实际、超越阶段。

（2）社会主义改革开放理论。指出改革是一场新的革命，是中国现代化的必由之路，僵化停滞没有出路。强调实行对外开放是改革和建设必不可少的，应当吸收和利用世界各国包括资本主义发达国家所创造的一切文明成果来发展社会主义，应当实施"引进来"和"走出去"相结合的战略。

（3）社会主义市场经济理论。经济体制改革的目标是建立社会主义市场经济体制，使市场在国家宏观调控下对资源配置起基础性作用。

（4）社会主义本质理论。指出社会主义的本质是解放生产力，发展生产力，

---

① 贝塔朗菲：（1901～1972年），美籍奥地利生物学家，一般系统论和理论生物学创始人，50年代提出抗体系统论以及生物学和物理学中的系统论，并倡导系统、整体和计算机数学建模方法和把生物看作开放系统研究的概念，奠基了生态系统、器官系统等层次的系统生物学研究。

消灭剥削，消除两极分化，最终达到共同富裕。强调必须把发展生产力摆在首要位置，聚精会神搞建设、一心一意谋发展，判断各方面工作的是非得失归根结底要以"三个有利于"为标准。

（5）公有制为主体、多种所有制经济共同发展是社会主义初级阶段基本经济制度的理论。

（6）科学技术是第一生产力理论。指出中国要发展离不开科学，科学技术是先进生产力的集中体现和主要标志，增强自主创新能力是发展科学技术的战略基点。强调必须实施科教兴国战略、建设创新型国家，把经济建设转到依靠科技进步和提高劳动力素质的轨道上来。

（7）社会主义科学发展理论。强调发展是硬道理，是我们党执政兴国的第一要务，要坚持生产发展、生活富裕、生态良好的文明发展道路，建设资源节约型、环境友好型社会，努力实现以人为本、全面协调可持续的科学发展。

（8）社会主义和谐社会理论。指出社会和谐是中国特色社会主义本质属性，要按照民主法治、公平正义、诚信友爱、充满活力、安定有序、人与自然和谐相处的总要求和共同建设、共同享有的原则，努力形成全体人民各尽其能、各得其所而又和谐相处的局面。

（9）社会主义民主法治理论。强调人民民主是社会主义的生命，要坚持中国特色社会主义政治发展道路，坚持党的领导、人民当家做主、依法治国的有机统一，不断深化政治体制改革，发展社会主义民主政治，发展社会主义政治文明，建设社会主义法治国家。

（10）社会主义精神文明建设理论。指出社会主义不仅要有高度的物质文明，而且要有高度的精神文明。强调要建设社会主义核心价值体系，把依法治国与以德治国结合起来，坚持社会主义先进文化前进方向，推动社会主义文化大发展大繁荣，提高国家文化软实力。

（11）社会主义和平发展理论。指出和平与发展是当今世界两大主题，中国坚持独立自主的和平外交政策，始终不渝走和平发展道路，推动建设持久和平、共同繁荣的和谐世界。

（12）走中国特色精兵之路的国防和军队建设理论。

（13）"一国两制"和祖国和平统一理论。

（14）马克思主义执政党建设理论。指出党必须适应长期执政和改革开放的新要求，加强和改善对各方面工作的领导，做到科学执政、民主政治、依法执政。强调把党的执政能力建设和先进性建设作为主线，坚持党要管党、从严治党，以改革创新精神全面推进党的建设新的伟大工程。

（15）习近平总书记系列讲话"四个全面"理论。"四个全面"，即全面建成小康社会、全面深化改革、全面依法治国、全面从严治党。"四个全面"战略布局的提出，更完整地展现出新一届中央领导集体治国理政总体框架，使当前和今后一个时期，党和国家各项工作关键环节、重点领域、主攻方向更加清晰，内在逻辑更加严密，这对推动改革开放和社会主义现代化建设迈上新台阶提供了强力保障。"四个全面"战略布局是以习近平同志为总书记的党中央治国理政战略思想的重要内容，闪耀着马克思主义与中国实际相结合的思想光辉，饱含着马克思主义的立场观点方法。

这些耳熟能详的理论常读常新。本人认为"三个有利于"和"四个全面"是中国特色社会主义理论的核心和灵魂，前者是评价标准，后者是目标措施，这是提升中心城区竞争力的理论指南，必须自觉遵循。

以上简要介绍了 15 个方面的理论。理论所反映的是事物的本质和规律，是事物的共性。而客观事物是千差万别的，有着生动的、丰富的个性，是共性和个性的统一。因此，必须运用理论，对具体情况进行具体分析，把理论和活生生的具体事物有机地结合起来，做到理论和实践的具体统一。任何理论都是在一定的历史条件下产生的，客观事物都是在变化、发展的，实践也是发展的。因此，理论一定要随着实践的发展而发展，以符合变化了的客观情况，做到理论和实践的历史的统一。理论和实践具体的、历史的统一，是马克思主义哲学的基本原则。要努力做到理论和实践相结合，一定要从实际出发，解放思想，实事求是，用实践是检验真理的唯一标准的思想来对待这些理论。

（执笔人：冯天韬）

# 政府、企业、市民、环境、制度，构成中心城区竞争力五大基石

**摘要：** 城市竞争力主要是指一个城市在竞争和发展过程中与其他城市相比较而具有的吸引、争夺、拥有、控制和转化资源，争夺、占领和控制市场，以创造财富，为其居民提供福利的能力。城市竞争力是"一体多面"的概念，是多元构成要素相互作用的"有机体"，是综合而非单一的竞争能力。在构成城市竞争力的诸多因素中，什么是起决定作用的原因？学术界有"管理说"、"人才说"、"环境说"、"资源说"等多种观点。随着新制度经济学的兴起，越来越多的学者注意到，除了现有的固定资源以外，其他的诸如人才、经济资源等方面的变化都是可以流动的，同样资源在不同管理制度下实现的效果也是不同的，决定这些资源流动和实现效果的因素才是城市竞争力背后的基础性原因。综合来讲，主要包括五个方面，即善治有为的政府、持续创新的企业、富有人文情怀的大市民精神、有利于成长发展的环境和自由、法治、宽容的制度设计，这就是构成中心城区竞争力的"五大基石"。

## 一、善治有为的政府

建设一个好政府，实现"善政"或"仁政"，一直是人们心中理想的政治管理目标。在民间艺人的演绎中，可视为"善政"的最直观和典型的形容就是在好官员辖治的区域内"路不拾遗，夜不闭户"。这表明中国人在传统上对政府好坏的判断标准首先就是"治安"，治安好，则秩序好，百姓因之便安居乐业。尽管当时的官员们并没有"抓经济、促生产"的主观意识，但有安定的社会环境，经济发展好是自然的附带结果。"仓廪实而知礼节"。民众知书达理，遵纪守法，如此往复，便是良性循环。在这个过程中，官员发挥着决定性作用，尤其是地方父母官的道德操守和行政能力，将直接决定善政的实现程度。民众的角色则是被动的接受者，他们本身的意愿和行动并不直接对政府的好与坏产生影响。在他们

看来，遇上好官，那就是好政府；遇上劣官，那自然就是坏政府。一个好政府的角色更多的是履行好指挥、组织、协调、发展的政府职责。

## （一）经济发展与政府行为

经济发展是与一个社会选择的经济制度相关的。如果从现代社会以来算起，那么人类历史上曾产生过两种不同的经济制度，这就是市场经济与计划经济。从起源上讲，计划经济的特点在于它是一种建构的、中央集权和控制的经济体制，而市场经济则是一种自然演进的、以市场来配置资源的经济体制。这两种不同的经济体制在相当程度上决定了政府与经济的关系。在计划经济体制中，政府扮演着控制者的角色，呈现的是一种自上而下的运作；而在市场经济中，政府只是起一种组织和协调的作用，主要是规范市场运行规则。计划经济在后来走向了没落，中国改革开放的一个巨大的体制变革就是用市场经济体制取代了计划经济体制，建立了社会主义的市场经济。

### 1. 计划经济下的政府行为

新中国成立后，当时面临的一个最重要的任务就是以最快的速度推进经济发展，以最快的速度改变国家贫困落后的状况，因此发展经济成了政府工作的重中之重，这是因为当务之急是改变国家的贫困面貌，是使国家和整个社会富裕起来。政府的推动带来了经济近两位数的高速增长，但也带来了不少问题。对政府本身而言，这些问题表现在以下几个方面：

（1）政府经济职能的强化导致政府其他职能的弱化。经济职能只是政府的一种职能，政府要履行很多的职能，其中重要的是监管职能和公共服务职能。由于监管职能的缺失，高速经济发展时期出现了安全事故频发、食品药品安全性差、环境遭到严重污染、资源被破坏等一系列问题。

（2）对数量的追求导致了对质量的忽略。中国高速发展的经济事实上是一种低效率、高成本和高消耗的经济，尽管 GDP 获得了差不多两位数的增长，但是经济运行的质量是不高的，经济的结构是不合理的，是一种粗放型的发展，且发展缺乏可持续性。

（3）对经济的深度干预导致了寻租空间的扩大。权力运行的不透明和对权力缺乏制约致使官商勾结、以权谋私和贪污腐败的现象难以得到有效的遏制。另外也反映了政府在关注经济发展的同时，忽略了法制的建设，忽略了现代市场经济本质上是一种法制经济，法制是市场经济得以健康运行的保证，是市场得以排除权力干预的保证。

（4）权力的无节制使用导致政府公信力的下降。政府权力对市场的高度干预导致的市场扭曲，监管缺失导致的食品安全危机和生态环境的恶化，有限的优质教育、卫生、社保等公共产品的供给导致的资源紧张，由权力使用不当引发的群体性事件和社会风险，所有这些导致了政府公信力的下降。

2. 市场经济下的政府行为

中国的经济发展速度从 2012 年开始放缓，由此进入了一种被人们称为的新常态。经济新常态的三个特征：从高速增长转为中高速增长；经济结构不断优化升级，第三产业、消费需求逐步成为主体，城乡区域差距逐步缩小，居民收入占比上升，发展成果惠及更广大民众；从要素驱动、投资驱动转向创新驱动。

（1）从重经济到重保障。新常态要求政府转向重社会保障，是因为随着经济的下滑，一些潜在的不确定性风险（如楼市风险、地方债风险、金融风险等）会浮现，甚至不排斥会出现一些大的经济风险、社会风险和群体性事件，这从群体性事件逐年增多中可以看出来。抵御这些风险的有力武器则是一套良好的社会保障制度。因此，进入新常态，政府必须花大力气去解决民生问题，去提高社会保障的水平。同时，要"逐步建立以权利公平、机会公平、规则公平为主要内容的社会公平保障体系"。

（2）从重权力到重责任。从重权力到重责任的转变，不仅要依靠官员的自觉，更重要的是要有一套体制和机制来保证权力的正当行使和对责任的承诺。首先是确立政府权力的边界。浙江省的政府权力清单在这里跨出了第一步，在确定政府权力边界的同时，规定"法无授权不可为"。其次是权力下放，尤其是审批权力的下放。浙江省在建立政府权力清单时也建立了"负面清单"，规定市场主体"法不禁止即可为"，赋以市场自由权。最后是强调责任意识，改变以往重权轻责的现象，把重心转移到承担责任上来，转移到问责上来。

（3）从重审批到重监管。新常态要求市场在资源的配置中起决定性的作用，这也意味着必须改变传统的审批模式，从重审批走向重监管，把重心放在事中和事后的监管上。近年来，一些地方政府也采取了相应的行动。比如山东荣成市政府出台相关文件，要求把该管的事情管好，不该管的放开，并在监管原则、监管内容、监管措施等方面做了具体的规定，总的原则是不越位、不错位、不缺位。

（4）从重管理到重服务。在进入新常态后，政府需要越来越多地扮演服务者的角色，这就要求政府考虑如何更好地为市场服务，比如为市场竞争建立一个公平公正的环境，建立完善的法律和规章制度体系，保证市场主体在这样的环境中自由竞争，从而推进经济和社会的进步。简而言之，从经济的角度来讲，政府的重心要转向建立现代经济体系并服务于这一体系；从社会的角度来讲，就是如何更好地向公众提供公共服务和公共产品，这是新常态中政府更为重要的职能。

（5）从重领导到重协商。新常态意味着政府不再担任市场领导者的角色，它更多表现的是一个监管者和服务者的角色。这样就把以往政府和企业的上下关系改变成了平行的关系。因此，政府必须一改以往对企业发号施令的做法，以平等的身份提供企业所需要的服务。在新常态时期，政府和社会以及市场之间要形成一种新的关系，这一关系的基本特点就是：市场的事情市场管、社会的事情社会管、政府的事情政府管，三者互为依赖、互为补充。

（6）从重数量到重质量。在新常态，重质量就意味着政府不要去干预市场和企业的行为，因为市场和企业具有足够的理性，以往一些问题的产生往往是市场扭曲或权力寻租的结果。政府要做的就是规范市场和企业行为，提供良好的服务和环境条件。

## （二）善治有为政府的构成要素

国外的研究认为，政府善治包括以下六个方面：

（1）表达与问责。是指政府能够依法履行信息公开的义务，保证其权力在"阳光下"运行，同时公民依法享有政治知情权，并且在该权利受到侵害时，公民有主张权利救济的路径。即公共部门的管理人员必须对公民的合理愿望和正当诉求做出及时的和负责的反应，同时它还要求政府要有一定和公民实现良性互动的工作能力。

（2）政治稳定与暴力程度。指国家处在和平的发展环境之中，没有爆发战争或内乱的危机；社会秩序井然，民众享有普遍的安全感，人与人之间的关系和谐，没有激烈的社会矛盾和冲突；国家的公共政策具有相当程度的连贯性，公民对政府的行为具有合理的预见性等。

（3）政府效率。指政府要在保证较低行政成本的前提下实现较高的行政效率，包含政治绩效、经济绩效、文化绩效、社会绩效四个方面。

（4）规制水平。主要是指"不同性别、阶层、种族、文化程度、宗教和政治信仰的公民在政治权利和经济权利上的平等"。在当代社会，它更侧重于强调贫富两极分化的消除、对社会弱势群体的保护和关爱。

（5）法治。其核心理念是政府在行政时必须受到法律制约。判断是否法治政府的主要条件是：政府是否通过法律保障人权，限制公权滥用；政府所遵循或引用的法律是否"正义的良法"；是否通过宪法确立了分权与制衡的国家权力体系；公民是否享有基本的政治和经济权利；司法是否独立。

（6）腐败控制。指政府的官员不徇私、不舞弊、不贪赃、不枉法，相对于普通民众，其应具有更高的道德水准。泛指的是政府的公务员要有执政为民的意识，要有为公民负责的态度，其基于公民的托付而履行自己的职责并承担相应的义务。没有履行或履行不当都是失职的表现。

## （三） 推进治理体系和治理能力现代化

党的十八届三中全会提出："全面深化改革的总目标是完善和发展中国特色社会主义制度，推进国家治理体系和治理能力现代化。"将推进国家治理体系和治理能力现代化作为全面深化改革的总目标，对于中国的政治发展，乃至整个中国的社会主义现代化事业来说，具有重大而深远的理论意义和现实意义。要实现善治的理想目标，就必须建立与社会经济发展、政治发展和文化发展要求相适应的现代治理体制，实现国家治理体系的现代化。衡量一个国家或地区的治理体系是否现代化，至少有以下五个标准：

一是公共权力运行的制度化和规范化，它要求政府治理、企业治理和社会治理有完善的制度安排和规范的公共秩序；

二是民主化，即公共治理和制度安排都必须保障主权在民或人民当家做主，所有公共政策要从根本上体现人民的意志和人民的主体地位；

三是法治，即宪法和法律成为公共治理的最高权威，在法律面前人人平等，不允许任何组织和个人有超越法律的权力；

四是效率，即治理体系应当有效维护社会稳定和社会秩序，有利于提高行政效率和经济效益；

五是协调，现代国家治理体系是一个有机的制度系统，从中央到地方各个层级，从政府治理到社会治理，各种制度安排作为一个统一的整体相互协调，密不可分。

## （四） 打造有限、责任、法治、透明、效率和服务的善治有为政府

一要打造有限政府。在计划时代，中国政府是一个全能型的政府，政府权力垄断了整个社会事务，甚至是私人事务，没有权力不涉及的空间，政府管了一切，管了它本来不该管，管不好和管不了的事。此外，这一权力几乎不受到制约，也没有人想到要去制约，因为政府被认为是为人民谋利益的政府，政府不会犯错，不会侵害民众的利益，政府没有自身的利益，政府的利益就是民众的利益，政府的利益不会与民众的利益产生冲突。所有这些造成的一个结果就是政府权力膨胀和无节制地运用，以及民众对权力的顺从。改革开放打破了政府权力一统天下的局面，社会逐渐形成了政府、社会和市场三分的局面。因此，有限政府的建立表现首先是确定政府的权力边界，以法律或规章制度的方式确立哪些是政府可以做的，哪些是政府不可以做的，哪些是禁止政府做的。此外，必须对权力加以制约。这一制约不仅仅应该是法律的，也应该是社会的，动员社会力量监督权力的运行是确保权力行善而不作恶的一个有效手段。

二要打造责任政府。权力和责任是一体的两面,行使权力就要承担责任。首先,要求政府在任何场合下把公众利益放在第一位,这是政府的职责所在。其次,责任政府要求政府的工作是可以问责的。民众是政府的服务对象,政府工作好坏的最后评价者应该是民众,而不是政府自己。最后,责任政府要求勇于对权力行使的后果承担责任。对责任不加追究,它一方面会导致权力行使中的机会主义和权力滥用,因为滥用也不会受到惩罚;另一方面也导致政府形象受损,一个做事没有担当的政府可以肯定不会是一个人民满意的政府。正是对责任的强调,四中全会加强了这方面的建设,首次提出了全面落实行政执法责任制以及强化对行政权力的制约和监督,完善纠错问责机制,这对于政府责任制的建设具有重要的意义。

三要打造法治政府。法治是现代国家和现代政府的一个基本特征,在现代国家,法律是至上的,没有一个人或一个组织可以凌驾于法律之上。法治政府的精髓在于,首先,政府的权力是由法律规定并受到法律制约的,政府的任何行政行为都不能超越法律和制度的框架。其次,政府依法行政,这就需要有法可依,执法必严。最后,政府行政违法必究,政府的行政行为不仅受到司法的监督,也受到整个社会的监督。政府在转型过程中有着双重的使命:其一是政府必须依宪治国,依法行政;其二是依法管自己,把自身的权力放进制度的笼子里,以法治政府的形象来推进社会的法治进步。

四要打造透明政府。政府是人民建立的,政府有责任告诉人民他们做了什么,正在做什么和将要做什么,人民对政府的活动有知情权和参与权。目前一些政府部门形象之所以问题重重,公信力之所以不尽如人意,原因当然是多方面的,症结之一就在于信息不对称,权力运行和政策过程不透明。一方面是一些党政官员行为失范,另一方面是公众无法了解真相,造成怀疑、误解、猜忌、谣言四起,加剧了党和人民群众的疏离感,以及公众对于政府的不信任。

五要打造效率政府。按照美国管理学家埃默森关于"适当的人、在适当的时间、适当的地点、以适当的方式、做适当的工作"的效率原则,行政效率应当是指行政机关用合理的时间、以合理的代价、正确处理行政事务并产生预期的社会效果,主要是速度、成本、行为的正确度。其一是推进行政审批改革,建立科学公正的审批程序。其二是提供有效的制度供给,引入公共服务竞争机制。其三是广泛开展电子政务,增加信息对称。其四是完善监督机制,防止政府的不良行政和非法行政。

六要打造服务政府。"要按照建立中国特色社会主义行政体制目标,深入推进政企分开、政资分开、政事分开、政社分开,建设职能科学、结构优化、廉洁高效、人民满意的服务型政府。"这是十八大对深化行政体制改革提出的明确要求，彰显出以"壮士断腕"的决心打造"服务型政府"的决心和勇气。①扩大政府决策的公众参与度，建立有关了解民意、公共参与决策的渠道、规则和程序。②通过引入市场竞争来提高政府服务的效能，利用竞争机制产生的压力促使有关的机关部门不断改进服务质量。③逐步加大公共支出结构中社会性支出的比重，不断提高社会性公共服务的地位与作用。④建立并优化公共保障机制，变政府主导型的经济发展模式为政府协助型的经济发展模式。⑤更新行政文化，在政府和公务员队伍中深入开展执行文化的学习，大力推进政府执行文化建设，强化执行意识，改进执行方式，加大执行力度。⑥提高公务员素质。在公务员队伍建设上要注重综合性与专业性的结合，使政府工作人员既掌握最新的政府治理理念和发展动态，又熟悉现代行政技术与方法，全面增强公务员的服务意识、创新观念和执行能力。

# 二、持续创新的企业

## （一）企业核心竞争力的概念、内涵和作用

### 1. 企业核心竞争力的概念

企业一般竞争力是通常意义所指的企业功能领域上的竞争力，如营销竞争力、研究开发竞争力、理财竞争力、人员竞争力、产品竞争力、品牌竞争力等。这些竞争力通常为企业活动的某一方面、某个领域的竞争力，是一种浅层次的竞争力。而企业的核心竞争力是指处于企业核心地位、影响企业全面的竞争力，其在较长时期内相对稳定，是一般竞争力的统领，是指企业以核心产品形式和核心技术或技能形式为主特征的核心竞争力，企业拥有这种独特技术并被公认为在同行业中最优秀，他人无法超越。

例如，联想创始人柳传志认为联想的核心竞争力就是有办法制定出能不断地产生新东西的战略，好的管理基础就是其著名的管理三要素：建班子、定战略、带队伍；海尔的张瑞敏认为，"创新的能力是海尔真正的核心竞争力"，因为其不易或无法被竞争对手模仿；华为公司则信守"对核心技术的掌握能力就是华为的生命"；娃哈哈认为培养品牌就是培养核心竞争力；贵州万达客车股份公司董事长张新岭理解的核心竞争力是一个以技术创新能力和管理层领导能力为核心的复杂系统。总而言之，企业核心竞争力是能为用户提供某种特定好处的一组先进技术的和谐组合，是企业将多种技术和知识、管理等要素有机结合的产物。随着企业竞争环境的发展变化，核心竞争力需要不断地提升，企业核心竞争力的内涵

也在不断更新发展。

2. 企业核心竞争力的内涵

企业核心竞争力是企业在战略、创新、人才、管理、技术、资金和品牌有机结合的基础上，保持企业长期竞争优势的能力，其内涵一般包括以下七个方面：

（1）企业具有独具特色的全局性、长远性的战略思维，每一个投资行为都有方向、目的，企业的发展始终有明确的指导思想。

（2）企业通过持续的研究开发，创造和更新核心技术，打造核心产品，并能保持核心产品的更新换代，以增强其核心竞争力。

（3）企业具有自身的文化和经营理念，并且在这种文化和理念指导下的用人机制和这种用人机制作用下所形成的人才。

（4）企业内部有很好的组织构架、运行流程、监控体系、决策和控制能力、市场拓展能力、部门与企业之间的协调能力。

（5）企业具有各产业所需的技术研究力量和技术更新能力，具有自己的专利和核心技术，始终保证在技术上能处于行业领先地位。

（6）企业具有良好的筹资能力和资金运转状态，资金负债结构合理，现金流入量大于现金流出量。

（7）企业拥有知名的品牌和较高的知名度，产品质量和企业素质一流。

3. 企业发展对于提升城市竞争力的作用

从城市发展史来看，没有企业就没有现代城市，这也决定了企业竞争力与城市竞争力之间难以割裂的关系。

（1）企业是城市集聚的重要资源。在城市发展史上，产业是城市的载体，企业是产业的主体。企业本身也是经济发展的宝贵资源，更是城市集聚的重要对象。按照迈克尔·波特的诠释，"集聚"的核心是专业化的、相互关联的制造商、供应商、服务商，相关的机构，如学校、协会、研究所、贸易公司、标准机构等在某一地域、某一产业的集中，以及它们之间既相互竞争又相互合作的一种状况。作为区域经济中心的城市来说，其竞争力的特征，在于能够以独特的优势环境和条件，吸引众多企业和机构及社会经济各部门在相对狭小的空间内集聚，从而更加突出城市的集聚效应。

（2）企业是城市发展的主要动力。只有城市去发挥大规模的资源集聚效应，才能带动整个社会的发展。无论是产业推动还是城市推动，企业永远是不可替代的微观主体。今天，城市发展确实已到依靠产业集群共同推动的阶段，但产业的转化、产业之间分工协作体系的形成与企业的专业化、社会化程度的提高又是分不开的。正是微观主体企业间的竞争，推动着资源最合理的组织和最有效的利用，推动着社会生产方式的革命性变革，推动着城市发展的经济基础——价值与财富的创造最终得到实现。

（3）企业竞争力状况直接构成城市竞争力。

第一，城市的经济实力、价值总量要靠企业去创造和积累。作为城市微观主体的企业，其基本的功能就是对资源的吸纳和对要素的组合，从而创造财富、实现价值。企业的运作效率不仅在很大程度上决定着城市的财政实力（企业是主要的税源）、市民的收入水平（企业创造就业机会、分配个人收入），也影响到城市其他功能的拓展和发展环境的水平（企业创造并提供各种生产社会化服务产业的需求），所以企业竞争力理所当然是城市竞争力最为重要的、基本的成分。

第二，企业竞争力是城市产业竞争力的集中体现。产业竞争力赖以提高的关键在于构成该产业内部的竞争结构（垄断竞争、充分竞争）和企业的竞争能力。虽然产业竞争力与城市竞争力的其他构成要素如人才、资本、科技等也都有关联，但它最离不开的还是企业对这些要素功能的认识和配置。企业竞争力越强，城市的产业竞争力也就越强。

第三，企业是城市创新发展的主体。企业科技创新主动性、积极性的强弱，相当程度上决定着城市科技创新的广度与深度。从发展环境的角度讲，发展主体是核心。城市的发展环境本身不是目的而是手段，它应该以服务企业竞争力的提升为核心，因为企业是社会资源的组织者、社会财富的创造与实现者。因此，只有强调环境服从、服务于主体，才会避免环境建设的泡沫化、城市发展的"空心化"。

第四，城市的市场化程度取决于企业成熟的市场意识和较强的市场能力。作为市场环境中的微观主体，企业市场意识的成熟和市场能力的强弱对城市市场化程度有直接的催化作用。如果企业主体的市场素质低下，势必影响所在城市整体的市场化程度。反之，如果企业自身市场意识和竞争能力较强，对市场发育与完善程度的要求也会较强，就会成为市场建设和政府职能转换的强有力的推动力量。

## （二）培育企业的核心竞争力

企业核心竞争力的培育是一个复杂的系统工程，一方面需要加快健全市场经济体制，形成优胜劣汰的市场竞争机制，增强企业竞争力压力；另一方面企业自身也需要不断地重塑微观动力机制。主要做好四个方面的工作，即观念创新、技术创新、文化创新和制度创新。

一是观念创新。目前，绝大多数企业仍然是传统的经营理念和经营方式，过分重视产品，把经营企业视同经营产品，仍持有"以产定销"的传统营销理念。

要紧跟供给侧结构改革大势，树立适应市场经济的现代市场营销理念，真正从消费者需求出发，从社会长远利益出发的"以销定产"的现代营销理念，才能在激烈的市场竞争中持续生存和发展。要积极参与国际市场竞争，逐步掌握对外贸易和网络贸易的主动权，充分利用网络获取商务信息，开展网上贸易，提高经营大市场的能力。

二是技术创新。创业的兴衰从长远看就是看它的创造能力如何，而技术创新是企业创造能力的最直接的体现。一个企业要形成和提高自己的核心竞争力，必须有自己的核心技术，可以说核心技术是核心竞争力的核心。企业在打造核心竞争力的过程，必须清楚地了解自己的核心技术是什么，集中人力、物力、财力对专有技术和关键技术进行研究、攻关、开发、改造，并进一步提高和巩固，形成自有知识产权的核心技术，确立持久部分优势。

三是文化创新。文化创新是核心竞争力的基础。"未来的竞争是文化的竞争"，企业文化对企业的生存和发展有着不可替代的作用。今后10年企业文化很可能成为决定企业兴衰的关键因素。要用新的价值观、新的视野来谋划和构建新的企业文化，使企业真正成为学习型组织和创造型组织，为培育和提升核心竞争力提供全方位服务。要以正确的企业价值观为指导，培育企业精神，实施人本管理，从技术、制度到理念，全面构建企业文化系统，并通过企业表象和品牌塑造，最终转化为开拓市场的竞争力。

四是制度创新。制度创新是核心竞争力的保证，按照"产权清晰、权责明确、政企分工、管理科学"的现代企业制度要求，改造和改革现有和现存的企业制度，使之更科学、更合理、更规范、更现代化，为核心竞争力的培育和提升提供制度保证。要激发员工的主动性、创造性和积极性，明确责、权、利，给人力资源以自由展示的舞台，使之充分发挥潜能和才华。要重视人才的培养，建立人才引进机制和竞争机制，建立一套科学完善的人力资源管理体系。

## （三）形成保护和支持企业家创造财富的氛围

### 1. 企业家精神

企业家理论是熊彼特基于"创新理论"提出的，并对这一理论的现实意义进行了分析。他指出，企业家与只想赚钱的普通商人或投机者不同，个人致富充其量仅是他部分目的，而最突出的动机来于"个人实现"的心理，即"企业家精神"。熊彼特认为"企业家精神"包括：

（1）建立私人王国。企业家经常"存在有一种梦想和意志，要去找到一个私人王国，常常也是一个王朝"。对于没有其他机会获得社会名望的人来说，它的引诱力是特别强烈的。

（2）对胜利的热情。企业家"存在有征服的意志、战斗的冲动，证明自己比别人优越的冲动，他求得成功不仅是为了成功的果实，而是为了成功本身"。利润和金钱是次要的考虑，而是"作为成功的指标和胜利的象征才受到重视"。

（3）创造的喜悦。企业家"存在有创造的欢乐，把事情做成的欢乐，或者只是施展个人能力和智谋的欢乐。这类似于一个无所不在的动机……我们类型的人寻找困难，为改革而改革，以冒险为乐事"。企业家是典型的反享乐主义者。

（4）坚强的意志。企业家"在自己熟悉的循环流转中是顺着潮流游泳，如果他想要改变这种循环流转的渠道，他就是逆潮流游泳。从前的助力现在变成了阻力，过去熟悉的数据，现在变成了未知数"。"需要有新的和另一种意志上的努力……去为设想和拟订出新的组合而搏斗，并设法使自己把它看作是一种真正的可能性，而不只是一场白日梦。"

2. 保护企业家精神的重要作用

企业家精神是企业核心竞争力的唯一真实来源，一个活跃的市场、土地、劳动者、资本等要素只有在具有企业家精神的人手中，才能在复杂多变的竞争环境中发展壮大起来，才会真正成为财富的源泉。这种精神是成就优秀企业家的动力源泉，也是实现经济发展中创造性突破的智力基础。企业家已经成为市场经济的最稀缺的资源，是社会的宝贵财富，其多少是衡量一个国家、一个地区经济发展程度的重要指标。在我国，浙商的成功就是一个典型例子。著名经济学家吴敬琏称道：浙江是一个具有炽热企业家精神的地方，浙商的创业欲望和创业能力，就是一种资源和竞争力。他们每到一个地方，带去的是实干聪明的企业家精神，留下的是为当地创造的就业和税收，更重要的是他们的观念和思路，是一颗启蒙的种子，这是浙商对全国人民的贡献。

因此，许多发达国家和跨国公司都不惜代价、不择手段地网罗创新型人才，而我国尚处于社会主义的初级阶段，选拔人才的机制还不尽公正合理，"论资排辈"、"年龄一刀切"、"恨能"、"恨富"的现象还普遍存在，对人才的制度化激励还相当缺乏，鼓励冒险、容忍失败的社会氛围还十分稀薄，所有这些都严重地阻碍着我国企业家的孕育、培养和造就。因此，我国今后应对这些问题从根本上加以解决，努力造就一支优秀的企业家队伍，在多变的市场竞争中培养出独特的创新精神，培育出更多的实力雄厚、发展前景看好的企业。比如，对于上面提到的浙江的企业的发展，先是斥之为挖社会主义的墙脚，后来就是加以妖魔化夸大其中的投机成分，这种思想虽然仅仅存在于一部分人的心中，但是却构成了一个不利于企业家精神成长的社会环境。更为可怕的是，对于企业家精神的扼杀有时来自于旧体制，有时来自于政府及行政部门，孙大年案以及其他很多案件告诉我们：企业家精神依然缺乏生长的土壤。而这一切导致了我们的社会创业意识的缺乏，很多人宁愿做一个高级的附庸也不愿做承担责任的企业家，因为我们的社会加给他们的成本太大了。

### 3. 形成保护企业家精神的制度与氛围

国家发展改革委制定的《关于 2016 年深化经济体制改革重点工作的意见》指出："将健全保护企业家精神的体制机制。研究制定进一步激发和保护企业家精神的指导意见，健全相关体制机制和政策体系，充分发挥企业家精神在创新驱动和产业转型升级等方面的重要作用。"

一要用科学发展观重塑社会价值体系。企业家承担了一般人难以承受的压力和风险，企业家的创新给社会带来了巨大的收益，市场和社会给予企业家丰厚的回报，这是一个合理与公平的安排。要通过正确的舆论引导，大力宣传企业家之于国民经济发展和社会进步中的作用，在全社会形成正确认识企业家的社会价值、倡导企业家精神的良好氛围。

二要鼓励和保护企业家创新。完整的创新生态应该包括科技创新政策、创新链、创新人才、创新文化。熊彼特经济学的核心是创新理论，其对企业家的定义中就包含企业家必须要有创新精神。我国不缺乏懂经营、善管理者，关键是缺乏具有创新精神的经营者、管理者。熊彼特认为，具有创新精神和具有企业家精神是不同的。仅仅具有创新精神而不能在实践中发挥也不能履行企业家职能，也不等于一个合格的企业家。

三要健全和完善激励机制，营造良好的政策支持。政府在政策架构上需要做的有：完善促进自主创新的财政、税收、科技开发及政府采购政策；完善风险分担机制，大力发展风险投资事业，加大对自主知识产权的保护与激励；健全创新合作机制，鼓励中小企业与大企业进行技术战略联盟，实施有效的产学研合作，推进开放创新；重构为创新服务的金融体制，发展各类技术产权交易，构建支持自主创新的多层次资本市场。

四要大力弘扬"企业家精神"和"工匠精神"。所谓"工匠精神"，其核心是：不仅仅是把工作当作赚钱的工具，而是树立一种对工作执着、对所做的事情和生产的产品精益求精、精雕细琢的精神。当前我国制造业还存在大而不强、产品档次整体不高、自主创新能力弱的状况，要实现从"制造大国"向"制造强国"迈进，需要工匠精神。

## 三、富有人文情怀的大市民精神

### （一）大市民精神

大市民精神是指广大市民在特定时空内，通过共同生存、发展和奋斗，在长期的创造过程中积淀、整合、提炼出来的，反映广大市民的共同理想、精神信念、文化传统和行为规范的价值观念体系和群体意识。大市民精神具有导向、激励和凝聚功能，当一座城市的管理者与市民、社会一同走向和谐成熟时，大市民精神就有可能在新的基础上，凝聚成具有鲜明时代特征和高度动员能力、组织能力和操作能力的精神资源和精神财富。

通过比较世界范围的市民文化与市民的精神理念，我们可以看到真正意义上的大市民精神包括如下内容：

一是世界大同意义上的爱国主义精神。特别是在祖国需要的时候所表现的奉献精神，爱祖国、爱人民成为市民社会存在的价值的整体表现。

二是民主与平等参与社会发展的精神。建立在现代社会发展中的民主意识，其核心是以平等关系参与社会建设，参与竞争。

三是科学与文化创新的精神。从个体到群体，都能够有良好的文化教育和个体意义上的文化与知识资本，这是构建市民精神的文化前提，没有知识与科学的精神就不可能有现代意义上的市民精神。

四是开放与整体意义上的涵容精神。面对世界科学、文化与经济的发展，敢于开放，敢于吸纳世界文化中的最优秀的部分为己所有，不排斥优秀的外来文化，善于吸纳优秀的外来文化。这是一种文化选择能力。

五是自我批判与扬弃的精神。发展是一种否定，特别是对旧我的否定。一个良好的市民精神体系必然包括对自己的不足的认知和批判，没有这一机能，不可能真正确立先于他人的市民精神。

六是勇于创新敢为天下先的精神。这是现代中国社会发展最需要构建的精神理念之一，因为，真正意义上的市民社会是与传统的、守旧的、保守的和故步自封的文化行为相对立和相排斥的。

七是伦理意义上的市民行为礼仪风范。其核心是尊重他人，讲究礼貌，懂得规范的社交行为礼仪，较少不良行为，更没有匪气。

八是与时俱进的创业与创新精神。其核心表现是具有社会、经济、文化发展的使命感。其中包含着财富积累的精神、光明正大的竞争意识、回报社会的价值取向等。

九是"他山之石可以攻玉"的学习精神。没有文化偏见、政治偏见和宗教偏见，向世界上一切优秀的事物学习，并有勇气向世界传播先进的文化。

十是尊重他人、博爱天下的精神。主要表现在关心他人、社会发展、慈善事业和弱势群体、公益事业等。

十一是自强、自律、自信、自爱、自尊。把个人的荣辱与对国家、民族的责任感结合起来，树立为民族复兴和祖国富强贡献力量的理想。

## （二）小市民意识

在现今的社会中，普遍存在的是"小市民意识"。具体表现为：

一是行为的简单性。生活方式的简单决定了"小市民"这一类人的行为的简单。他们行为缺乏周密的、理智的考虑，有时还表现出一种"天真的幼稚"和"可笑的诚实"。社会行为不分地点、时间、场合，也不考虑后果，想怎么说就怎么说，想怎么干就怎么干。在这种简单的行为中又渗透了一种盲目性的顽固，又像小孩似的任性，像老年人的那种执拗，有时还表现出一种不可抑制的冲动性。有时，自己的行为伤害了他人，自己甚至不知道。当发现自己的行为作了有损于他人的事以后，在简单地自我责备以后，更多的则是千方百计为自己辩护和开脱，甚至将责任推到受损的一方。

二是浓厚的嫉妒心。心胸狭窄，容不得他人比自己强，这种人一旦发现别人比自己强（无论是大事还是小事），就感到难受、痛苦和很不自在，有时行为上的表现就像坐在针毡上，显得坐立不安。尤其是当他（她）在潜意识中感觉到他人的长处可能会"损害"到自己切身利益时，这种人就会以一种攻击性的行为对付嫉妒的对象。

三是狭隘的利己心。这种类型的人喜欢占点小便宜，缺乏长远的考虑。生活的主要内容，始终只是为自己，言与行从不为他人考虑，也不为自己长远去着想，总是与满足于自己眼前利益、暂时利益联系在一起的。正因为如此的"小家之气"，因而这种人的人际关系不好，人缘很差，人们往往对这类的"小市民"所采取的是敬而远之态度。

四是浓厚的虚荣心。虚荣心强，爱脸皮，喜欢讲面子。为了脸皮，有时会说点谎话，有时则自欺自慰，有时则会打肿脸充胖子，甚至牺牲一点自己的利益，但是，伴随的是"止不住的后悔"和"不断的内心痛苦斗争"。作为一种心理补偿，这种人会到处宣扬自己如何为他人做好事，这种宣扬有时会达到令人生烦的地步。有时，为了弥补这点点"损失"，会做一些更加得不偿失的事。一旦失败，就认为是一件没有面子的事，而为了脸皮，即使是自己做错了的事，只要不是被他人明确无误地抓住，那就非得要抵赖不可，来一个死不认账。

五是情绪的多变性。自己控制不住自己的情绪，时喜时闹，时哭时笑，风风雨雨，始终让人捉摸不透。多变而不稳定的情绪是小市民心理的重要组成部分。情绪的多变性没有时空的限制，也不受群体规范的影响和制约，带有强烈的个人的随意性和宣泄性。因而他们的内心世界是充满矛盾的、不幸的和痛苦的。他们很少有什么真正幸福和快乐的时候，即使有也是短暂的。

### （三）培育富有人文情怀的大市民精神

对一个城市来讲，境界决定格局，格局决定发展的空间，小格局，小发展；大格局，大跨越。对一个人来讲，人生有大格局、也有小格局，大小之别在于人的内心。如果身在泥潭心也在泥潭，就只能看到泥潭，若是身在泥潭心却如鲲鹏，看到的就是双翼下9万里的天地。市民是城市的主人，市民素质是城市文明的灵魂。市民素质的高低不仅决定着一个城市的品位，而且也是推进城市现代化的重要软实力，直接关系到城市的进步、发展与未来。而大市民精神则是市民素质的外在表现，反映一个城市精神文明建设的基本面貌，是城市形象和竞争力的一个重要组成部分。具体来说，就是要做到青年人有朝气，活力无限；壮年人有锐气，勇于创新；老年人有静气，淡雅达观。

（1）精进而不慵懒。"精进"是一种战略目标。"精"就是认准方向，专心致志；"进"就是追求进步，不懈进取。在当代社会，"精进"就是要立足于"精"，矢志于"进"。所谓立足于"精"就是要树立正确的发展战略和合理的发展目标，注重"五位一体"，建设和谐幸福的美好生活；矢志于"进"则是要破除保守思想，大刀阔斧，转型升级。如果说在创新尚属于人类个体或群体中的个别杰出表现时，人们循规蹈矩的生存姿态尚可为时代所容。那么在创新将成为人类赖以进行生存竞争的不可或缺的素质时，依然采用一种循规蹈矩的生存姿态，则无异于一种自我溃败。与时俱进不是跟上而是超越，一个城市的发展要形成比较优势，就要比别的城市领先半步，敢改革，会改革，善改革。

（2）开放而不狭隘。开放，是立足当前、放眼全球，蕴含着创新思维、勇于求变求新、勇于追求卓越，是思想的开放、地域的开放、政策的开放。一直以来，道德行为的有效激励是全社会所面临的严峻问题。有人认为，道德应与物质紧密挂钩；也有人认为，道德应与物质划清界限。其实，无论哪种具体措施，我们都需要将精神激励摆置首位，让每一个积极行善的好人，都能得到社会的认可和舆论的好评，一如明月周围呈现出的美丽光环那般，产生强烈的"月华效应"，从而吸引带动更多的群众见贤思齐，积善成德。

（3）包容而不仇富。"包容"是人们长期以来形成的一种精神气质，乐天知命，宽以待人，严于律己，颇得中国传统文化"中正平和"之三昧，蕴含着放眼世界、海纳百川、兼收并蓄、自信豁达，体现为天人合一、和谐共容、天下一家、雍容大气。改革开放之初，随着邓小平提出了"让一部分人先富起来"的理念，使我国涌现了一批高收入阶层，高收入所带来的一系列马太效应，使得富人更富、穷人更穷，贫富之间的紧张关系进一步加剧。仇富现象在我国历来存在，但是随着中国社会进入转型加速期，社会各阶层贫富差距扩大和利益分配不平衡，社会中形成的先富阶层使处于社会底层的弱势群体，由于感到自身利益相对受损，而出现了消极的心理失衡，这种心理落差产生了嫉妒、不满等一系列的不良情绪，近几年屡屡发生的仇富行为愈演愈烈，已经作为一个社会问题逐渐成为人们关注的焦点。"临渊羡鱼不如退而结网"，世界上不论什么事，如果只是脱离实际的空想，或者夸夸其谈、纸上谈兵，而不脚踏实地地去实干，就像只站在河边，对鱼兴叹，而不去结网捕鱼一样，是什么也得不到的。反之，如果踏踏实实地去干，即使在实践中失败，也还能得到教训，更接近成功。

（4）自律而不激愤。自律，是指自我约束，是属于道德范畴的东西。他律，是指接受他人约束，是属于法制范畴的东西。像随地吐痰，乱扔烟头、果皮纸屑，这是国人的陋习。这是我们从幼儿园就开始教育禁止的行为，在一个人的一生中没少要求"自律"吧，可为什么此类的小事总是禁而不止呢？又比如"闻名"于世、经久不衰的"城市牛皮癣"，一块一块，一层一层把电线杆、垃圾箱、电话亭贴得面目全非，无地自容，即使清理后那胶印仍历历在目，足见往日的"伤痛"，也可见其铺天盖地、无孔不入之势。更甚的是现在有的用油性笔涂写，不仅在墙上，而且在地上（街面、广场），擦之不落，洗之不去。其实做起来很简单，可以归纳为三点：管住自己的"嘴"，不说粗话、脏话，不随地吐痰；管住自己的"手"，不乱扔垃圾，不损坏公物；管住自己的"脚"，不乱穿马路，不践踏草坪。

# 四、有利于成长发展的环境

## （一）环境与经济发展的关系

发展环境的优劣决定着一个地区经济发展的速度和质量。宽松和谐的外部环境是促进经济发展的重要保证。企业家都是"用脚投票"的。大量事实证明，哪里环境好，哪里就会形成强大的人流、物流、信息流、资金流，就会形成优势明显的"洼地"效应，就会带来经济的快速发展；哪里环境不好，不仅外地投资者望而却步、难以光顾，就是本地经商者也会纷纷"出逃"，各种资源也会大量流失，必然导致发展停滞。

抓好发展软环境建设，是提升地方经济综合竞争力的需要。经济的竞争不仅是企业的竞争，也是政府间的竞争，是政府作风和工作效率的竞争，实际上就是发展环境的竞争。发展环境的好坏是检验地方经济发展的重要标准。软环境好，就能把人才招来，就能把项目留住；反之，软环境不好，办事效率不高，就会严重制约经济和社会的发展。

## （二）软环境建设中存在的问题

软环境建设中存在的问题表现在：

一是思想解放程度不够。传统观念根深蒂固，一些人的思维方式、工作方法不适应形势的发展。

二是工作措施不力、落实不到位。缺乏强有力的手段和办法，出台的政策措施也得不到落实，违反规定的单位和个人得不到惩处，一些部门和单位乱收费、乱罚款、乱摊派和重复检查等问题屡禁不止，严重干扰企业的正常生产经营、损害了投资商利益。

三是有的单位部门利益至上。想问题、办事情，考虑部门利益多，考虑整体利益少，有的为了部门利益不惜牺牲整体利益，产生权钱交易和以权谋私的行为，严重的甚至走上犯罪的道路。

四是少数机关工作人员服务意识差，特权思想严重。态度生冷横硬，工作推诿扯皮，办事效率低下。数不清的公章和扯皮；企业立项审批历时数月甚至数年；修改报批文件资料多达数百万字；经办人员被踢皮球式地来回折腾等。

五是不诚实、不守信。有的地方、部门和企业信用意识不强，信用度很低，招商时好话说尽，项目到手后不兑现承诺，挫伤了投资者的积极性。这些问题和现象严重损害了地方政府的形象，阻碍了经济的发展。

## （三）搞好环境建设的对策建议

坚持"为投资者提供一流的投资环境、一流的服务质量、一流的工作效率"的宗旨，把投资商满意不满意作为衡量一切工作的准则，尊重投资者的意愿，为投资者提供优质高效的服务，不断改进服务的方法和服务水平，努力做到"零缺陷"服务。

治理经济发展环境任务非常艰巨。目前，经济发展环境存在的问题，有的积累已久，有的是体制机制原因造成的，有的是工作原因造成的。要按照优惠的政策、优美的环境、优良的秩序、优质的服务的"四优"要求，坚持标本兼治，综合治理，以铁的手腕和铁的纪律，切实解决好经济发展环境存在的突出问题，以环境的大改善促进经济的大发展。

（1）打造重商、亲商、护商的人文环境。优化经济发展软环境，必须解决思想认识问题。要加大宣传力度，克服各种错误思想，进一步统一和提高广大干部的思想认识，不断增强优化经济发展软环境的责任感和紧迫感，牢固树立窗口意识、效率意识、服务意识和形象意识；要以实施党风廉政建设责任制为载体，建立健全治理发展软环境的领导机制和工作机制，促进"人人是投资环境，个个是发展形象"良好人文环境的形成，在全社会营造不但重商招商，更要护商养商的浓厚氛围。

（2）打造公正、公平、公开的政策环境。政策环境是构成区域经济软环境的重要方面，是政府适应经济发展要求，体现主动性的主要途径。优化经济发展软环境，必然要求善于发现和把握自身优势，形成符合国家宏观经济导向，有利于区域经济发展的政策比较优势。一要抓政策的调整完善，加强政策的扶持力度，着力减轻企业负担。二要确定重点，找准和把握产业导向，积极鼓励企业加快技术改进、科技创新和引进"外智"。三要抓政策的执行到位，提高政策实施的有效性，使企业了解政策，理解政策，用足、用够、用好、用活政策。四要实行投资者平等待遇。要做到对所有企业给以平等待遇，均享有一视同仁的政策待遇，给外来的投资者以更大的信任感和安全感，畅通引资渠道。

（3）打造优质、高效的政务环境。优化经济发展软件环境必须突出优质、高效服务的时代特色，必须解决政府职能转变问题，改善政务环境。要围绕转变政府职能，深化机构改革，全面推行"阳光作业"，打造"阳光机关"，提升机关行政管理水平和服务水平。一是建立健全经济服务机构。要建立统一的经济服务中心，向企业实行公开办事，"一条龙"对外服务，接受所有企业和投资者的咨询，并进行相关辅导和协助，方便企业和群众办事。二是简化审批程序，减少办事环节和手续，不断提高工作效率。三是加强"窗口"建设，强化服务意识。切实转变机关人作风，促进行风建设，树立良好形象。四是增强角色意识，加强政务公开、收支两条线、审批制度改革、服务承诺制、首问责任制等制度建设，确保落实到位。

（4）打造安全、严明的法制环境。市场经济是法制经济，依法行政和严格执法是最重要、最根本的软环境内容。建设一流的法制环境，必须做到依法行政，规范行政，从严治政。一是严格规范行政收费行为。二是严格规范行政处罚。三是建设一流的执法队伍。四是大力加强和健全法制建设，切实增强投资者和企业经营者的安全感。

（5）打造良好的用人机制环境。人才是第一资源。正如华为总裁任正非在

2016 年全国科技创新大会上讲道："要用最优秀的人去培养更优秀的人。"要建立市场化选人用人机制，完善市场化选拔方式、使用方式、考核方式、奖惩方式、辞退方式等体系，形成"能进能出、能上能下"的人才机制，真正让合适的人才到适合的岗位工作，最大化地吸引人才、留住人才、用好人才，建设一支数量充足、结构合理、作风过硬的人才队伍。

## 五、自由、法治、宽容的制度设计

### （一）制度的内涵与特征

新制度经济学的创始人诺斯认为"制度是一系列被制定出来的规则、守法程序和行为的道德伦理规范，它旨在约束追求主体福利或效用最大化利益的个人行为"。在现代制度经济学中，经常使用"蛋糕分配理论（切分蛋糕者最后选蛋糕）"来简单地理解制度，认为制度就是对大家普遍认可的某种行为规则或者做事程序、方式的固定化。在现代的经济和社会的概念中，制度或制度安排泛指协调人们的经济和社会各种关系或活动的组织结构和行为规范，它在人们生产生活的各个方面和层次发挥着作用。我们可以把制度理解为一个社会所认可和通行的习惯、道德、戒律、法律包括宪法和具体法规、规章等，制度，它们是对一些行为、关系、过程的理解和规定，通过这些理解和规定人们明白对这些行为、关系和过程的处理，可以预测后果，协调关系，追求共同利益的最大化。综上所述，那些依靠人们的共识形成的，得到社会普遍认可的，能有效地促进经济发展和社会进步的规则安排称为制度，即制度是在人类历史发展的长期经验中得到社会普遍认同正确和有效率的规则安排。

制度有以下四个基本特性：一是广泛性。在现代社会中，人类的经济、社会等一切活动，都是在一定的制度安排中进行的。制度所建立的基本规则支配着社会中所有公共的和私人的行动，离开了制度，现代文明社会也就不存在了。二是强制性。制度的强制性起因于制度是经过大家共同认可或者是经过国家权力确认的，根源于理论上制度可以实现共同利益的最大化。三是稳定性。制度是经过众人在长期的探索中形成的，认为是符合众人共同利益最大化的，并经过强制力量认可和保障实施，具有稳定的特点。四是发展性。制度的意义并不在于制度本身的存在，而在于实现共同利益的最大化。生产力是不断发展的，环境是不断变化的，尤其是在现代化条件下，科学技术的快速发展带来科技、生活和环境的快速发展，都要求制度在适当的时候发展。

## （二）制度竞争的特点

制度竞争是一个制度创新的过程，是要求在比其他城市更优先设计和实践的基础上，选择适合本城市的制度安排，以此规范和推动本城市经济和社会比其他城市更快更好地发展，不断满足人们物质和文化要求的过程。以城市政府为代表的公共权力是城市的管理者，也是制度的主要创造者和确认主体，而且我国在大制度设计上城市政府有发展经济和社会的责任。不同的制度体系对一个城市的社会过程和经济过程的运作成本水平产生极大影响，直接决定着城市发展的前景，构成了城市竞争力的主要方面。制度竞争表现为城市政府探索适合于现代经济发展的规则、方式和体制设计，以带来良好的社会秩序、高效的政府行为和经济发展模式，来实现本城市超过其他城市的快速发展。

制度竞争有以下四个特点：一是制度竞争是竞争的创新形式。制度竞争是自我对制度的选择和创新，不涉及对其他社会资源的占用，不会形成资源的重复建设和资源浪费。制度竞争不存在此消彼长的关系，是竞争的自我发展式，是城市竞争的创新形式。二是制度竞争是制度创新的过程。制度的优先使用者可以实现较其他城市的优先快速发展，然而制度是可以通过观察习得的，一种制度在创造和实施之后，会被其他城市学习和使用，制度竞争即是越优先使用，越可以带来本城市的优先发展。三是制度竞争是城市发展的动力。城市发展是依靠城市人们的积极态度、良好环境和可预测的未来良好收益，城市发展的动力即来自对这些方面的保障和确定，城市良好的制度设计是提供这些确定和保障的唯一综合系统。四是政府是制度竞争的主要推动者。在现代社会中，政府是唯一拥有合法强制力的社会组织，是社会和城市的决策者和管理者。政府既有制度竞争的能力也有制度竞争的动力。城市之间和城市政府之间的比较是通过城市的发展状态表现的，包括城市建设好坏、行政效率的高低、经济发展快慢、人均收入增长、自然社会环境的优化和人们之间的关系和谐等，而要实现这些发展，城市政府就必须突破传统的发展模式，实现各种资源的更高利用效率，这就必须实现制度的创新，从而形成制度竞争。

## （三）市场经济多元化下的制度建立

（1）建立鼓励创新创业制度。众所周知，经济和技术的创新决定了一个国家的技术水平、经济发展模式和实现一个国家和民族繁荣的必由之路。在多大程度上、多大范围内实现自主创新，决定了一个国家和城市发展的前途命运。但现实社会和市场中，却存在大量的对创新的抑制现象，如对创新的仿冒和伪造以及违法占有创新者的新知识、新创造等劳动成果。这些现象的存在使努力的创新者所付出的努力得不到合理的补偿，应该得到的收入和利润大量减少，会在整个社会内打击创新者的积极性，使创新现象减少，从而影响到整个社会的经济发展和社会繁荣。减少这些可能存在的对创新的阻碍现象，必须依靠制度发挥作用。

（2）建立保护知识产权制度。制度通过对知识产权的保护，促进和激励创新。法律等制度性环境通过对创新所属权的确定、对创新者拥有的对创新成果的处置权的确定，以及对仿冒和伪造现象的打击三项措施，对产权进行保护。制度保护创新者的劳动付出和创新成果，为创新者的权利确定和合法收益提供了正式保障。在这种有完善制度支持和保障下的社会中，创新者才能安心从事创新活动，正因为如此，有创新计划的人和单位也会寻找和选择具有创新保障的城市从事创新活动，从而为城市发展带来各种人力和金融等的资源，促进城市发展。

（3）建立保护财产制度。一是提供社会资源公平分配，为创业和生产提供物质资源保障。制度规定了社会资源的分布情况和分配方式，规定了哪些人在什么情况下可以借用社会资源以及成本的大小，直接制约着创业和生产者的资源供给。二是为创业和生产者合法利益的获取和免受非法侵害提供保障。首先，制度是对创业和生产者合法权益的确定，来保障其合法权益；其次，通过对侵害其行为的确定，为创业和生产者合法权益的保护提供了条件；再次，制度提供了人们当受到违法侵害时的申诉条件和救济途径，为人们的利益保护提供了通道；最后，通过对违法侵害行为的打击，制度的执行可以抑制不法侵害者对创业和生产者的侵害。

（4）建立廉洁公平制度。有效制度的基础在于确立和平、自由、公平和公正的原则。市场经济是公平的竞争，它要求所有参与者在公平的地位和条件下进行公正的竞争，只有这样才能实现资源的合理流动和优化配置，才能促进经济和社会的发展。从某种意义上讲，制度竞争的标准将主要看谁的制度体系更开放、更自由、更透明、更公平，从而成本水平更低。因此，制度的目标是通过规范和约束，以强制惩罚或者激励的方式，保证和鼓励社会的和平、自由、公平和公正。

（5）建立开放诚信制度。制度的开放性体现在两个方面：一个是制度内容的开放性，是指制度内容的基础是以人为本的，是为相关人的权益服务的，是为保护相关人的自由而设定的规则或者制裁；另一个是制度自身的开放性，是指制度形成和发展过程是开放的，是制度相关人广泛参与和表达意见的结果，是可以被整个社会经济所认可并接受世界市场参与者的参与和监督的制度。建立以信用为基础的诚信社会，在制度发挥作用较好的城市，人们之间容易形成和睦、信任的诚信社会关系，人们之间相互信任的结果是行为的可预见性增强，社会活动的程序化程度比较高，由此，可以减少协调各种关系的成本，减少应付各种突发变故的成本，带来交易运转的高速度，实现交易成本的降低，增强对资源的吸引力，实现经济的高速发展和竞争力的提升。

（6）建立自由开放的百花齐放、百家争鸣的思想市场。世界著名经济学家，1991 年诺贝尔经济学奖得主科斯在其著作《变革中国》中重申了思想市场的重要性并认为，一个开放而自由的思想市场将促进中国传统文化复兴。改革开放30 多年来，人们的价值观点由一元转变为多元，科学、民主、文明、生态、公平等新的理念成为社会主流思想和价值尺度。文化意识从泛政治化、排斥否定西方及外来文化，转变为自信、开放、包容，文化软实力空前增强。新技术的产生，最重要的是需要自由的氛围，因为没有宽容度在创新上是难以领先的。如果一个社会里没有思想的自由，指望新技术是不可能的。因此，要建立自由开放的思想市场，无论对自然界、对技术、对社会，其重要性都是不言而喻的。

各具特色的政府、企业、市民、环境和制度，是互相融合、不可分割的有机统一整体，共同构成了城市竞争力的基本要素，并随着相互渗透、相互促进、相互碰撞的深度、广度、频度的不同，直接或间接地形成了不同城市各有千秋的竞争力，进一步促进了区域发展竞争局面的形成。

（执笔人：徐金森）

# 综合篇

# 科学规划，构建以人为本的
# 城市功能布局

**摘要：** 城市规划既是一门科学，从实践角度看，又是一种政府行为和社会实践活动。在不同时代和不同地区，对城市的发展水平和建设要求不同，因此城市规划的研究重点不尽一致，并随时代的发展而转变。随着地区之间竞争压力的增强，政府必须随时应对新的问题和新的动态，并进行适时的方向调整，以把握发展机遇，避开潜在发生的问题，这既对旧有的惯性思维提出了挑战，也为城市规划研究提出了新的课题。本书在阐述城市规划的概念、意义和作用的基础上，汇总分析了近年来城市规划中存在的问题及原因，重点从"以人为本"的规划设计原则出发，提出了"规划是重大的决策行为，必须战略明确，方案精湛；正确处理好规划与产业的关系，抢占未来的产业发展空间；实现多规合一，打破政策壁垒，让规划不再打架；完善审批机制，依法予以落实，让审批不走过场"四个方面的意见建议。

## 一、城市规划的概念、意义和作用

### （一）城市规划的概念

2015 年 12 月，时隔 37 年后，中央在北京召开城市工作会议，从"统筹空间、规模、产业三大结构"、"统筹规划、建设、管理三大环节"、"统筹改革、科技、文化三大动力"、"统筹生产、生活、生态三大布局"、"统筹政府、社会、市民三大主体"系统清晰阐释了城市未来建设"以人为本"的思路。该会议指出，城市工作是一个系统工程，做好城市工作，要顺应城市工作新形势、改革发展新要求、人民群众新期待，坚持以人民为中心的发展思想。同时，要坚持集约发展，框定总量、限定容量、盘活存量、做优增量、提高质量，立足国情，尊重自然、顺应自然、保护自然，改善城市生态环境，在统筹上下功夫，在重点上求突破，着力提高城市发展持续性、宜居性。

"城市规划"是研究城市的未来发展、城市的合理布局和综合安排城市各项工程建设的综合部署，是城市建设和管理的重要组成部分，是一定时期内城市发展的蓝图，也是城市规划、城市建设、城市运行三个阶段管理的前提。

城市规划主要包含两方面的含义，即城市规划和城市建设。所谓城市规划是指根据城市的地理环境、人文条件、经济发展状况等客观条件制定适宜城市整体发展的计划，从而协调城市各方面发展，并对城市的空间布局、土地利用、基础设施建设等进行综合部署和统筹安排的一项具有战略性和综合性的工作。所谓城市建设是指政府主体根据规划的内容，有计划地实现能源、交通、通信、信息网络、园林绿化以及环境保护等基础设施建设，是将城市规划的相关部署落实实现的过程，一个成功的城市建设要求在建设的过程中实现人工与自然完美结合，追求科学与美感的有机统一，实现经济效益、社会效益、环境效益的共赢。

## （二）城市规划的意义

城市规划是一项全局性、综合性、战略性很强的工作，涉及政治、经济、文化和社会生活等广泛领域，对于实现现代化的宏伟目标，具有重要"蓝图"意义：

首先，城市规划是城市建设和管理的基本依据。国内外的实践经验证明，要把城市建设好、管理好，必须先规划好，以城市规划为依据建设和管理城市。

其次，城市规划是综合发挥城市经济效益、社会效益和环境效益的前提和基础。城市作为一定区域内的政治、经济和文化的中心，应当格局合理，富有特色，对本区域内的城市化发展起到示范和榜样作用，充分协调好经济效益、社会效益和环境效益。

再次，城市规划是实现经济和社会发展目标的重要手段。城市的合理发展必须通过科学的预测和规划，以确定城市的发展方向和发展格局，也只有在科学合理规划的引导和控制下，才能最终实现经济和社会发展目标。

最后，城市规划经法定程序批准，即具有法律效力，非经法定程序不可任意更改，规划的实施具有强制性和不可变更性。因此，提高城市规划水平，在我国具有重要的现实意义和长远意义。

## （三）城市规划的作用

看一座城市，不要只看它的规模大小、人口多少、历史长短等这些表面的东西，更重要的是要看它的区域影响力和辐射力，看它对人才、资源、资本等各种支撑城市可持续发展要素的吸引力。

1. 城市规划是国家对城市发展进行宏观调控的重要手段

从城市规划的角度看，城市规划就是保障必要的城市基础设施和一些基本的城市服务设施的建设。城市规划必须阻止那些损害公共利益的经济行为，并提供城市社会发展的保障措施，修正市场经济动作中的缺点，保证土地在总体利益下进行分配、使用和开发，以政府干预的方式保证土地使用符合公共利益。由此可以看出，在市场机制运行的过程中，国家从维护社会公共利益出发，利用城市规划对市场运作进行干预以维护社会发展和稳定。从这个意义上说，城市规划是国家对城市发展进行宏观调控的重要手段，也是依据社会公共利益来促进市场经济的运行，对不适当的个体利益进行约束的过程。

2. 城市规划是指导和实施城市发展和建设的工具

城市是一个复杂的社会系统，有关城市建设和发展的决策涉及城市的各个部门，其中不仅有公共部门，也有私人部门，而且各个部门的内部决策也对城市发展和建设产生作用和影响。城市规划就要为这些决策提供背景框架和整体引导，使有关城市建设的决策保持在同一个方向上，并使这些决策之间保持协同关系。从这个意义上说，城市规划是指导和实施城市发展和建设的工具。也就是说，城市规划通过提供国家和政府的政策指导和提供有组织的信息来实现全社会对国家政策和规划策略的认同，以达到各利益团体在城市建设和发展中的协同一致。城市建设需要有城市规划这样的工具来保证建设活动的相对确定性，避免乱建设、乱发展。

3. 城市规划形成了城市未来的空间架构

城市规划以城市土地使用的部署和安排为核心，建立起城市未来发展的结构，反映国家意志和政策，同时限定城市各项未来建设的空间区位和建设强度，使各类建设活动都纳入实现规划的既定目标。为此，城市规划主要是通过法律赋予的权力，运用控制性的手段对城市建设项目进行直接的管理，将它们纳入法定规划所确立的未来发展方向上，城市规划对城市发展的指导主要体现在对城市建设活动的引导和控制上。城市规划管理为使城市规划的引导作用得以实现，往往采取土地使用性质分类、建筑形式要求、高度限制等规范化的准则，对可能出现的问题和对建设活动可能出现的不良后果做出预防，并从建设活动一开始就采取措施来纠正可能出现的与规划不一致的行动。

# 二、当前城市规划中存在的问题及原因分析

## （一）存在问题

当前，我国城市建设正以前所未有的速度进行着，在为我国经济建设注入了新活力的同时，也产生了不少的新问题，造成了经济效益和社会效益的损失，影响了城市的可持续发展。主要表现在以下几个方面：

一是急功近利的决策审批导致资源浪费。由于实行市场经济、住房体制改革、允许土地拍卖，再加上国家鼓励推进城市化等，房地产、经济开发区等一时火爆，城市的"圈地运动"一浪高过一浪。造成国有土地资产大量流失的"圈地运动"黑幕重重：盲目圈地引发恶意炒作，地价与住宅价格上升，出现"虚热"苗头，房产有泡沫之险；圈地前后既没项目可行性研究，又无规划，出现开发区开而不发的怪现象，造成土地资源闲置；盲目圈地，破坏了大量耕地，造成后备土地资源不足。

二是忽视城市的人文传承导致缺少"温度"。在建筑史上，我们常常为我国不同地域、不同民族、不同时期的建筑风格异彩纷呈而倍感骄傲和自豪，可是在盲目追求"一年一小变，三年一大变"的城市改造中，它们被无情地拆除了，几百年、上千年营造的城市，其原有的建筑、道路、历史遗迹和文化脉络永远地消失在机器的轰鸣中。同时，没有合理的规划，许多具有代表性的城市建筑，被一群群没有文化根基的"火柴盒"式的建筑和烂尾楼所包围，失去了其天际线和应有的景观展示。例如，古城苏州为了修建一条横穿市区的干路，就拆除了长达数公里的宋、元、明、清、民国时期的街道、小巷、石桥等古建筑，无论市民做怎样的努力还是没能保留这些永远不可复制的历史遗迹。鉴于此，联合国教科文组织明确表示不会接受以"苏州古城"的名义来申请"世界文化遗产"项目。

三是各自为政的部门、区域利益导致恶性竞争。许多城市为了相互竞争，忽视都市圈的客观存在，置经济全球化、区域一体化浪潮不顾，坐井观天、画地为牢，片面地从各自城市竞争角度出发，单纯地规划一个个城市，导致城市的产业结构类似、雷同。例如，许多城市都定位于信息产业、高科技产业、金融中心，造成区域基础设施规划和城市发展布局不合理。单个城市缺乏区域的支持，犹如鱼缺少水，后劲不足，从而不利于整个区域的发展，这些都严重地妨碍了城市总体实力，降低了在国际上的竞争力。

四是肤浅雷同的形象工程导致"千城一面"。许多城市政府为了展示政绩，

展示城市"魅力",盲目搞大广场、大草坪、超高建筑,有的城市一下子建立了十几个广场。许多城市的规划几乎是一个模样:中心商业区、广场、步行街、环线、大学城、开发区等。中等城市效仿(特)大城市,小城市拷贝中等城市,乡镇复制小城市。城市就像从流水线上生产出来的产品,千城一面,城市个性几乎荡然无存。有的城市斥巨资从深山老林购买古木大树,把数以万计的名贵参天大树移植到城市里,城市绿化率确实一时提高了不少,城市俨然成了郁郁葱葱的"花园城市",可是不久,这些林木因"水土不服"而死亡,造成极大的浪费;有的城市建立超高层"标志性建筑",鹤立城市一隅,与城市景观极不协调;有的城市在风景名胜区内大兴土木,超强开发,导致景区自然生态和景观资源遭到严重破坏,影响到城市的可持续发展。

## (二) 原因分析

导致上述情况的出现,在很大程度上要从现有城市规划体系来寻其根源。目前,我国城市规划体系主要存在着以下四个方面的缺陷。

第一,缺乏战略定力和高度,只顾眼前利益。"新官上任三把火",党政领导往往看重的是任期内的政绩,加上对城市规划的重要性存在模糊认识,认为规划可有可无,只要经济发展了,其他都是次要的。由于对政治业绩的追求,自觉或不自觉地受到开发商的影响或被开发商牵着鼻子走,因此不可避免地造成牺牲公众利益来换取眼前经济发展的许多短期行为:要求规划部门按照领导的意志进行规划的编制,或利用权力随意改变已经批准的城市规划,出现了规划利益的长远性与政府任期政绩显现之间的矛盾、规划利益的整体性与开发商利益的局部性之间的矛盾,使城市规划部门和设计师面对的是"棋子"——会自己走动的"一盘棋",他们的美好蓝图在谋划、实施中备受行政部门意志的左右,经过不断修改被搞得面目全非、支离破碎。一句顺口溜对此作了概括:"规划规划,不如领导一句话。"在这种情况下,规划部门在坚持原则与不坚持原则之间左右为难:坚持原则就要得罪领导;不坚持原则是失职。

第二,缺乏统筹兼顾,监督制约缺位,发展顾此失彼。城市规划出现上述的"异化现象",使得规划很像橡皮泥,能缩能伸、能圆能方,已制定的规划无法落实。虽然现行《城市规划法》明确规定,城市规划实施与管理的行政主体是规划主管部门,然而现行的规划管理体制,难以纠正领导在城市建设指导思想上的偏差,难以督促城市总体规划的指导作用和法定效力的落实。同时,还缺乏有效、及时的监督机构。《城市规划法》规定"城市规划主管部门有权对城市规划区内的建设工程是否符合规划要求进行监督与检查",这说明规划的监督检查也是规划主管部门的职责,然而在现行体制下,该部门难以发挥对城乡规划的监督制约作用。目前，对规划管理监督的形式主要是舆论监督，但它具有明显的滞后性，当问题出现并已经达到很严重程度之后才会曝光。媒体舆论确实能制止一些违规建设项目，解决一些问题，但有些违规项目虽然得到了制止，其损失却永远得不到挽回了。比如，前述对历史古迹和文化遗产的破坏，我们已无法恢复其本来面目，其经济社会效益的损失也是无法用金钱来估算的。

第三，缺乏深入思考，急功近利，决策一言堂。长期以来，城市规划决策基本上是一个封闭的工作系统，从编制、修订、审批到通过，都视为行政部门同步的操作过程，绝少向外界公布，规划的制定仅限制在由领导、专家和相关部门人员形成的一个小圈子里。就目前而言，权力权威远远大于知识权威，在制定规划决策时，在很大程度上是决策主体（即领导和部门）单方面作用于决策对象（专家及相关人员），几乎不存在两者之间的互动关系，专家处于决策的第二线。各部门之间的利益冲突在当前主要通过财政预算来解决，因此各部门为获取更多资源而相互竞争，而在资源分配过程中行政主体并不能做到不偏不倚。因而地方主义、宗派主义在决策过程中普遍存在，也就是说城市规划没有起到协调各利益集团的作用，出现利益主体诉诸暗箱操作的现象就不足为奇了，个人"寻租"、集团"寻租"也就不可避免。

第四，缺乏广泛参与，草率一锤定音，导致发展"缺钙"。按照 S. R. 安斯汀将公众参与城市规划分成三种类型和八个层次的观点来看，我国公众参与城市规划还处于告知性参与阶段，参与的程度还处于低层次上。这不是公民对城市规划的热情不高，而是规划主管部门或其他部门很少向社会公布有关规划信息，公民根本没有机会参与规划的决策，即使公众能够设计出可行的规划方案，出于多种原因，规划主管部门拒绝接受他们的成果，使公布规划信息流于形式。如《南方周末》2003 年 4 月 3 日报道，郑州市民任俊杰响应市政府征集规划、改造二七广场的号召，设计出了二七广场改造方案，规划方案通过"地下隧道穿行，地面外环辅助"等手段，可对拥挤的交通进行有效疏导，使原来的六条马路交汇口，变成了一个 50000 平方米的市民休闲广场，其设计理念得到专家的认可，更是得到成千上万市民的支持，但规划等部门认为他"没有规划资质"而嘲弄、侮辱他，并否定了他的设计方案，准备启用来自上海一家设计单位的方案。公众对规划的参与度不高，对规划的执行监督几乎无从谈起，使得大量社会资源流向了"面子工程"。

## 三、如何做好城市规划特别是中心城区规划

"建设和谐宜居、富有活力、各具特色的现代化城市"，在我国城市发展进

入新时期之际，中央召开城市工作会议，对城市工作作出了战略部署。要把人的需求作为城市功能布局研究的核心，根据人的需求、人的期望、人的发展趋势来谋划城市发展，布局城市基础设施和教育、医疗、休闲、娱乐等公共服务设施。

## （一）规划是重大的决策行为，必须要战略明确，方案精湛

看过川剧"变脸"节目的人，无不为演员精湛娴熟的技巧钦羡赞叹。然而，时至今日，随着我国城镇化步伐的加快，这项舞台上的节目却经常在一些城市规划的现实中上演。宏伟建筑刚建好不久，就面临被拆迁的命运；大型广场刚铺设完毕，又传来要被改建的声音；此起彼伏的拆迁让一些文物古迹永远消失在人们的视野中，一些不伦不类的复古建筑却拔地而起……城市规划让群众目不暇接的同时，带来的诸多弊端也日益凸显。

国内生活在城市里的人们，大都留有道路"开膛破肚"的记忆：刚铺完供暖管线，又被拉开铺设供水管线，不久再次拉开铺设煤气管线。以东北一省会城市为例，2004 年全市挖掘道路 114 条，铺设了 119 公里长的地下管网；仅隔 1 年，又完成 229 公里长的地下管网建设，挖掘道路达 214 条，许多才填实的道路又被拉开。武汉科技大学城市建筑学院院长符永正教授说，"拉锁路"的出现主要是受城市经济实力和管理体制因素的影响。特别是后者，各种专业管线管理部门体制不一，其投资计划、时间、资金来源同地方政府不一致，进而导致各管线专业部门盲目建设情况严重，在规划的源头上就已经造成了浪费。有关专家对此概括为：长官意志导致的"政绩规划"、利益驱动导致的"商人规划"、盲目崇洋导致的"过度规划"和缺乏法制意识导致的"随意规划"。

规划的科学性是城市建设的生命线。小到一条道路、一座楼宇，大到一个社区、一座城市，都离不开规划先行。如果没有科学合理的规划，浪费必然随之而至，破坏也就不可避免。那么究竟该如何做好规划呢？通过梳理城市规划的各种手法和思想，把现代的城市规划理念归结为三条：人文关怀、城市个性构建、城市环境保护和可持续发展。

### 1. 要体现城市的人文关怀

城市规划中的人文思想由来已久，霍华德的田园城市理论中已经有了很强的人文关怀思想；《雅典宪章》中强调人的活动、人的利益是城市规划的基础，这已经是现代城市规划中的人本主义思想；《马丘比丘宣言》又对此做了修改和完善，强调生活环境和自然环境的和谐，并要求规划和各利益群体之间的协调与配合。人文关怀既包含了对公众利益的负责，又包含了对弱势群体的关怀；既有对居民日常工作、生活、娱乐的方便、快捷、舒适的需求的满足，又有对居民精神

生活、心理需求以及对完美和谐的追求的充分考虑与满足，还包含了从人的尺度、人的感受出发的以人为本的规划思想。

（1）注重人的感受、人的生理和心理需求，从人的尺度、生活习惯出发，设计舒适宜人的空间环境，而不是单纯追求宏大与气势，或者表现自我。

（2）从社会交往的角度，要求设计具有归属感空间，并尽量满足居民交往的需要，以利于形成融洽的邻里环境。

（3）尊重自然和利用自然原态，创造开放灵活的空间，"虽由人作，宛自天开"。

（4）设计宜人的个性化城市空间和完善的基础设施。

（5）充分考虑居民利益，采用各种方式鼓励公众参与。

2. 要体现城市的个性构建

一个完整意义上的城市，不只是众多的居民的聚集，也不只是众多建筑、广场、道路等要素的集合，从古罗马城到现今的纽约、悉尼、上海无一不是历史时代文明的象征和代表，无一不是全体居民及其地域精神的凝聚和历史文化的标志，无一不是地域的荣誉和象征的体现。而盲目的模仿正是对这种自我认同的缺失以及自信心的匮乏。所以说，在城市规划过程中要特别注重对城市个性的认识与张扬，对城市意象空间的构建以及与地域背景、历史地理特点相应的文脉的表达。

在具体操作中，要把握城市的地域历史文化和地理特点，深刻了解城市及其文化的发展脉络，研究城市整体空间环境的品质意境，从而确定空间的艺术特色，构筑城市形象整体景观框架，形成良好的城市意象空间，展示城市的个性风格。

（1）对历史文脉的追续。

（2）对"地脉"的把握。包括对城市自然环境特点和城市地域的历史、文化及风俗风情等的深入了解与把握，如山城重庆、水乡苏州、春城昆明等。

（3）对城市性质、职能、规模等经济特征的把握。

（4）对城市现状空间特色的总体认识。

在规划中构建城市个性与特色，有两个重要的表现手法，其中一个非常普遍的手法便是对城市色彩的控制。早在古希腊的一些海滨城市，已经有意识地采用成组的橘红色屋顶和白墙，从而与碧海构成和谐甜美的图景。如今的新加坡也运用近乎永恒的自然色彩：新绿与碧蓝，给人以清新明净的感觉。我国的城市规划中也有很多应用色彩控制的手法，如商丘的青砖、赭木、红柱、绿树；威海的蓝天、碧海、红瓦……另外一个很重要的表现城市个性的手法，便是城市意象空间的构建。美国麻省理工学院荣誉教授凯文·林奇指出：任何一个城市都有一种公众印象，它是许多个人印象的迭合。

对于城市意象空间的构建，可以让居民的心中有一种比较一致而又清晰的认知，从而达到对城市整体个性的认同，达到对城市空间环境的依恋与对话。让每一个来到这个城市的人，清晰地体验到它的意蕴、它的性情，倾听到它的诉说，从而明了它的个性和特色，留下深刻而又独特的印象，留下长久的余味和对它长久的向往。

例如，法国巴黎老城内的香榭丽舍大道，两侧传统而又风格独特地容纳着世界著名的名贵时装店建筑物，与街道轴线上的凯旋门一起构成了巴黎老城所特有的景观。

又如，纽约市曼哈顿的摩天大楼以及一系列高层建筑群，宏大豪华的"时报广场"，数以千计的街头画廊和雕塑，清新自然的中央公园和繁华的商业区一起构成这座城市所特有的意象空间。

再如，苏州观前街、古雅幽静的玄妙观、传统风格的餐饮服务店面、精细手工艺品荟萃的特色店铺和现代而不张扬的国际专卖商店，构成了中国传统意蕴和时代风尚有机融合的动人的意象空间。

### 3. 要体现环境保护和可持续发展

在人类对环境的作用中，城市是其作用最为核心的地域，如何在城市的设计与规划中融入可持续发展的理念，是绝对不可忽视的一环。对生态环境的保护需要全社会各个行业的共同努力，而城市规划者是其中的主力军，如何贯彻实施这一思想，还需要规划者从城市建设的各个方面深入考虑。

G. 豪斯顿和 C. 亨特在《可持续的城市》一书中将可持续城市定义为：居民和各种事务永远采取支持全球可持续发展目标的方式，在邻里和区域水平上不断努力以改善城市的自然、人工和文化环境的城市。随着时代的发展，我们对发展的理解也更加全面，如今已经公认的发展的界定是：经济、社会、环境的综合发展。21世纪的今天，在新一届国家领导人提出"全面、协调和可持续的科学发展观"后，又提出用"绿色"衡量经济发展过程中付出的资源环境代价，把生态环境纳入衡量的标准中来，从而达到更加科学和全面的发展与增长方式，进而谋求"以人为本"的发展目标和人与自然的和谐相处。

城市规划中的可持续发展涉及很多的方面：在城市经济发展方面，要求充分考虑环境和生态的特点，以及环境对产业、人口的支撑能力，做到资源开发与环境保护、目前利益与长远利益的协调；在城市建设和城区开发方面，要求做好城乡协调发展，并充分考虑城乡结合部的脆弱地带的环境保护；在城市设计与景观规划方面，要做好城市生态环境的保护和建设，采用生态的规划手法，如生态廊道、驳岸等处理手法。

（1）与地区自然地理状况相结合，合理利用土地。

（2）有效利用资源。

（3）与区域环境保护体系的结合。

（4）绿色规划。

（5）生态保护和生物多样性。

## （二）正确处理好规划与产业的融合关系，抢占未来的产业发展空间

1. 城市规划与产业发展的关系

（1）城市发展和产业发展是相辅相成的。国内外产业和城市发展的实践表明，产业发展和城市发展之间具有一定的双向因果关系：没有产业的发展，就没有城市发展的基础；而没有城市的发展，就没有人流、物流、信息流和资金流集聚的平台，也就没有生产力的进一步提高。同时，城市又是基础设施建设效能发挥最好的地方，没有城市，第三产业就没有大的增长，就无法吸纳大量的流动人口。产业竞争力是城市和区域发展的源泉，城市功能的协调是产业竞争力得以持续的基础。因此，没有产业竞争力，城市和区域的发展就如同无源之水；没有城市功能的协调，产业竞争力将失去发展的空间和持续成长的生命力。产业竞争力和城市功能的协调是区域发展缺一不可的两极。

（2）产业发展影响城市的功能和定位。产业发展引起了城市功能的变化，对城市规划提出了新的要求，促进了城市功能布局的调整。例如，现代西方发达国家城市的空间结构调整主要发生在第二次世界大战以后，经历了扩散—衰退—复兴三个阶段，相应的，城市的产业布局也经历了外移—改造—复兴三个时期。20世纪70年代，英美等国家开始认识到城市问题的根本原因在于发展经济，于是重点进行产业布局的重新调整，协调整个城市的各种产业布局。经过多年实践，产业布局结构开始趋于合理，城市规划取得了很好的收获，中心商业区出现繁荣景象。

（3）城市规划引导产业的集中和扩散。美国1993年的《雅典宪章》提出"功能城市"的思想并影响了世界各工业化城市的发展，这种"功能主义"的规划思想对当时以制造业为中心的工业城市产生了积极影响，城市的布局逐步秩序化，商务中心、研发机构、产业园区以及主题公园等新型城市功能空间大量出现，并在城市空间布局中占据主导地位，使城市在日趋激烈的国际竞争中立于不败之地。

在我国，浙江省义乌市的发展就是一个典型。义乌小商品市场在城区的集聚，促进了义乌商业中心的形成，并带动全县整个商贸业与第三产业向城区集

聚，从而引起义乌商业区向外膨胀，城区面积不断扩大，周边交通便捷的乡镇率先受到辐射，逐步被纳入城区经济圈。城区经济圈的形成促使集聚经济效应进一步体现，带动了全市的商业、制造业向城区集聚，使城区面积不断向外扩展，城区的经济辐射度持续提高。

2. 城市规划和产业发展的现实冲突

（1）产业发展和城市规划之间不协调的现象。一方面，产业的快速扩张，尤其是制造业等部门的扩张需要城市空间资源的支持；另一方面，城市功能的协调需要产业功能的有序布局，而产业发展往往不顾及城市的长远发展，有可能为了追求产业发展的效果而侵犯城市规划的权威。从产业集聚的微观角度看，产业规划侧重从产业链的角度考虑产业的纵向关系，而城市规划则更多地从城市的配套和空间布局等方面研究产业的横向协作。产业规划研究产业的"聚合"问题，而城市规划则侧重于产业的"集中"问题。

（2）产业规划与城市规划的"两张皮"现象。产业发展规划的目的在于因地制宜，充分挖掘现有资源，通过产业的选择、产业发展规模的评价、产业布局的合理化等手段提高区域的产业竞争力。因此，产业的发展思路往往考虑近期，多则5年左右的产业发展问题；而城市规划则侧重在人口确定和土地确定的前提下，平衡各种城市资源，保证城市功能的稳定和协调，因此城市规划往往考虑20年左右，甚至更长时期的人居环境与条件。

（3）第三产业对城市化的促进作用。城市经济理论研究表明，城市化的发生与发展受到三种力量的推动与吸引，即农业发展、工业化和第三产业崛起，并且随着城市化进程的深入，这三种力量依次处于主导地位。可以表述为：产业结构的变动体现为城市化的变动，城市化首先是一种产业结构由第一产业为主逐步转变为以第二产业和第三产业为主的过程，第二产业和第三产业在整个国民经济构成中所占的比例越高，则城市化水平越高。

第三产业对城市化的推动作用主要表现在以下几个方面：一是第三产业的发展促进城市经济聚集效益的体现，从而使工业后期的城市发展找到了"产业依赖"，使城市化的继续发展成为可能。二是第三产业激发城市外部经济效应，如较高的教育水平、良好的卫生条件、发达的市场体系、密集的信息和先进的信息传播手段等，使城市的集聚效应越来越明显。三是第三产业促进城市经济扩散效应的发挥，如交通运输、通信服务业的发展、金融及各种要素市场的发育，是生产从城市向边缘地带转移的前提。四是第三产业给城市化带来后续动力，作用主要表现在生产配套性服务的增加及生活消费性服务的增加，人们更多地追求丰富多彩的物质消费和精神享受，由此促进城市文化教育、体育娱乐、医疗保健、旅游度假、法律诉讼等行业的发展，从而赋予城市新的活力。

3. 城市规划与产业发展互动的模式选择

（1）产业发展引导模式。产业规划引导城市规划一般有以下两种途径：一是在远离城市中心的地方建立开发区，利用新兴产业的布局促进新城区建设；二是利用产业之间的关联及城市扩张与自然环境的关系，在城市之间的边缘地区建立产业和城市发展的新空间，以逐渐向外扩散的环行公路不断增加城市发展的空间。同时把核心城区的工业逐步向外扩散，在形成新的产业集聚区的同时引导城市的扩张。南京市规划的"一疏散三集中"原则，引导主城区人口向新城区疏散，工业向开发区集中，明城墙内的主城区只保留与发展都市工业，就是采用的这种思路。

（2）城市规划引导模式。一般有商业规划推动型、土地规划引导型、生态规划约束型等典型模式。①商业规划推动型。一方面，是指利用商品流通产业聚拢人气的特点，在进行产业规划的同时促进商业的建设与规划，以商业规划吸引人流、物流的集聚，以人流、物流的集聚促进产业的集聚，形成经济、人口和资源的良性互动机制。另一方面，是指产业链要求的配套关系。产业一般由主导企业、支持或辅助性企业以及相关支撑机构组成，当主导企业进入时，往往会带动其配套企业或相关产业的进入，使得商业规划往往会延伸到相邻地区，因此城市之间的边缘地带或者发达城市的周边有可能成为接受辐射比较明显的地区。例如，昆山和吴江分别利用自己与上海和苏州相邻的优势开展错位竞争，是商业规划推动型的具体体现。②土地规划引导型。土地是城市的宝贵资源，是政府经营城市、发展产业的重要依托。土地规划能对产业的发展起到引导作用，包括合理确定土地开发密度，防止对土地的过度开发等。对于一些具备经济发展基本条件的地区，土地规划将引导企业集中投入、重点开发。而对于开发密度较高的地区，土地规划将控制和规范土地的使用，促使城市发展与人居环境相互协调。与传统的功能分区不同，土地规划将考虑产业未来发展的需要，具有更大的弹性，从而更好地引导产业的发展。③生态规划约束型。生态规划对产业发展的约束作用是显而易见的。对于森林和水资源保护地区，要有限制地开发。城市中的绿地和文物保护也要纳入城市规划体系中。对于这样的地区，要保证城市规划的权威，产业规划必须服从城市规划的要求。

（3）交通发展引导模式。以交通规划引导产业发展的典型安全是1948年丹麦哥本哈根的"指状发展"规划，其特点是沿着放射形快速交通走廊布置城市功能和产业发展必需的基础设施，城市之间穿插入楔形绿地，城市沿着不同的发展轴向外伸展。实践表明，这种空间结构对城市产业调整表现出极大的弹性和适应能力，它可以使城市随产业发展重心的调整，在不影响其他产业未来发展潜力的情况下，实现快速的空间转换。

## （三）实现多规合一，打破政策壁垒，让规划"不再打架"

在目前的城市特色建设中，城市体系还沿用传统的城市规划结构和规划门类标准，导致各个城市规划系统之间和规划层面之间"各吹各的号，各唱各的调"，不能相互融合、相互协调、相互作用、相互发展的问题。发展战略和规划目标各自独立，造成城市规划内部结构功能层次低和城市特色资源的巨大浪费，这与特色城市建设和世界名牌城市建设的目标是极不相符的，因此城市规划必须要有创新，从"多规合一"的角度来规划城市和建设城市。

"多规合一"是指将国民经济和社会发展规划、城乡规划、土地利用规划、生态环境保护规划等多个规划融合到一个区域上，实现一个市县一本规划、一张蓝图，解决现有各类规划自成体系、内容冲突、缺乏衔接等问题，使城市规划真正落实到城市文化、经济、建筑、景观上，以此解决城市特色规划与其他规划之间相互制约、互不统一、相互打架的问题。

实行多规合一的目的是实现四个"一"：一套技术标准、一个技术平台、一套协作流程、一套审批流程。其最终目的，是实现"一个市县、一本规划、一张蓝图"，保障经济高效、和谐、友好的发展。如图1所示：

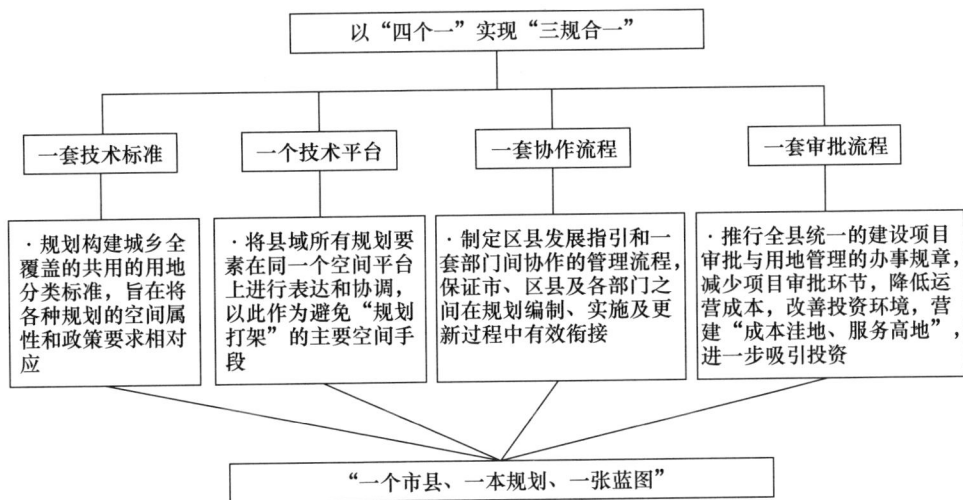

**图1**

例如，《厦门经济特区多规合一管理若干规定》（以下简称《规定》）已于2016年5月1日起正式实施，这是全国首部针对"多规合一"管理的法规，形成了"多规合一"改革的"厦门样本"。《规定》共38条，分为总则、空间战略规划、建设项目生成与审批、监督与责任、附则 5 章。其中，"改善生态环境，提升城市环境品质"被写入《规定》，并作为编制规划的要求。具体要求包括：保障 981 平方公里的生态控制线规模；控制 640 平方公里的城市开发边界规模，城市开发建设不得突破开发边界范围和规模；保育五缘湾、万石山、蔡尖尾山、马銮湾、杏林湾、美人山、同安湾、下潭湾、东坑湾、九溪十大山海通廊；保护海域滩涂，改善海域滩涂生态环境等。在建设项目审批方面，《规定》要求市、区人民政府及有关部门应当按照"多规合一"要求，简化和完善行政审批流程。一个窗口受理、并联审批、一次性告知等工作机制被写入《规定》当中，将改革的经验通过立法巩固下来，进一步方便办事的群众。

### （四）完善审批机制，依法予以保障，让审批"不走过场"

1. 建立科学完善的规划审批机制的重要性

（1）科学的规划审批机制是经营城市的必然要求。规划管理决策是城市规划建设的中心环节，关系到城市建设管理的最重要活动。在城市建设突飞猛进、经济体制转轨变化之中，城市规划的编制、设计、评审、批准等环节尚不完善。一是公共开发领域市场行为政府化，本应通过市场动作的设计项目却作为指令性任务形式，指定城市规划设计单位制作，常出现应付政府交办的任务现象，缺乏深层次规划的专题研究；二是政府职能市场化，城市规划设计成果在非公共开发领域多为通过市场运作方式获得，在未形成详细规划覆盖的状况下，规划的公共性与开发商的利益驱动矛盾突出，设计单位在市场竞争压力的利益驱动下，片面追求经济效益，规划针对性弱化，规划成果缺乏科学性、综合性和前瞻性，尤其是开发商故意引导规划控制条件偏向其经济利益；三是规划的行政行为与技术行为混杂管理等，市场经济发展的不平衡和市场机制的缺陷，呼唤着城市规划决策的科学化和民主化。

（2）科学的规划审批机制是建设公开、规范、高效的服务型政府的新要求。政府作为规划的组织者、决策者、协调者和实施监督者，对规划的重视程度，直接关系到规划的决策水平和实施效果。规划决策的失误不仅会影响到当前经济、社会、环境的协调发展，也会影响当代人的利益，还将影响子孙后代。随着城市化进程的加速，城市发展面临的外部环境越来越复杂和具有不确定性，而规划管理的统一性缺失，建设项目往往缺乏统筹考虑，审批项目的标准，快与慢，行与不行，总体与局部矛盾等问题，反映了规划编制一定程度的滞后。管理者要处理、协调错综的矛盾，往往过多地应付技术环节，没有足够的精力去研究和把握涉及城市发展全局的战略层面问题，也难以保持对城市发展中各类新生事物的敏锐洞察力。为此，我们应当怀有战略眼光和全局意识，依法行政，依规划施政，强化城市规划的权威性、战略性、整体性和规范性，加强规划对经济、社会和环境的调控力度。

（3）科学的规划审批机制是保障社会公众利益的重要前提。城市规划行政作为一项政府职能，无论是城市建设发展的宏观决策，还是单个建设项目的微观决策，大到城市总体规划布局、交通组织、环境保护，小到地块的开发强度、建筑日照、绿地布局和公建设施等，无一不涉及社会公众的利益。仅凭领导者个人的才能、经验和智慧去开发建设的良好愿望已经不够了，单靠人格化的决策、个人的意志是难以做到决策的科学性、合理性、可行性和连续性的，面对广大人民群众的利益体现，应当慎之又慎，避免因决策失误而侵犯公众利益。要建立专家参与、利益相关者参与、人民参与的规划审批前听证机制，开诚布公地听取有关方面的意见建议，使行政决策兼听则明。例如，新近修正的《上海市城市规划条例》规定，"制定城市规划，应当听取公众的意见。控制性详细规划草案报送审批前，组织编制机关应当向社会公布该草案，可以采取座谈会、论证会、听证会以及其他形式听取公众的意见"。

（4）科学的规划审批机制是政府自身改革的迫切需要。主要表现在四个方面：

一是政府的公共性行为存在"长官意志"和"拍脑袋"决策。规划的权威性、严肃性没有完全得到实现，一些地方规划出现畸形发展状态，其原因在于个别领导规划法制意识淡薄，不按规律办事，"长官意志"作祟，喜欢"拍脑袋"决策，随意改变规划，以致许多已制定的规划因不符长官意志而成为废纸；更有规划跟着"长官意志"和开发商的指挥棒转，破坏了城市的整体布局；还有的地方"一届领导一个调"，一旦换届，就出现"刚规划就翻篇"的劳民伤财现象。

二是政府行政存在松散和效率低下的管理模式。现实中，规划编制和审批周期过长，有的甚至长达好几年，贻误了发展良机，且往往脱离实际，"头痛医头、脚痛医脚"，难以完全适应经济社会发展的需要。而且，被动的、静止的、从属的规划往往落后于城市的迅速发展与信息瞬息万变的实际变化，缺乏规划管理决策统筹考虑的研究和监督，存在着搞地块平衡、如集中绿地建设、空间布局环境、公建设施配套规划要求的零打碎敲等问题，难以成气候、成规模，形成综合效应。

三是现在的规划编制程序不够完善、项目选址流转方式不够清晰、批后管理衔接不够紧密、规划管理部门和技术部门之间运转机制不协调、整体专业素质亟待提高。存在审批标准不统一，对同一类型的建设项目，在审批时对标准、尺度、时限等方面存在不同的说法，既有损于政府职能部门的形象，亦使开发商认为有机可乘，趁机"攻关"。

四是缺乏有效的监督机制。主要是因为现行的建设项目规划管理往往缺乏行之有效的督查，缺乏集体决策、集体防守的监督管理机制，以及协调运转、公开透明的机制。在管理程序上一个部门或一个经办人承担全程项目管辖职能，缺乏一定的监督制度，给人以"一夫当关、众夫攻关"的印象，所谓"没有好处不办事，给了好处乱办事"的权力寻租源出于此。从行政法意义讲，行政不作为是行政权力与行政责任严重脱节的表现，也是一种"懒政"。

2. 科学规划的思路创新与实践探索

一方面，要坚持城市规划地位的先导性、城市规划编制的科学性、城市规划实施的权威性、城市规划管理的创新性，在规划理念、内容、方向、机制和法治等方面求实创新，使创新理念、创新活动贯穿于规划管理全过程。另一方面，要通过完善规划决策机制——规划委员会、规划专家咨询机制——规划专家委员会、规划技术监督机制——规划部门技术审查委员会、规划社会组织——规划协会等，构建适应现代化城市发展要求的规划管理体系，不断提升城市整体的生活品质和核心竞争力，从而保证城市总体规划的有序实施。

（1）完善规划决策机制。建立规划委员会，加强对规划建设的领导，对城市规划建设和管理重大决策提供审议意见，进一步提高政府综合科学决策水平，推进经济与社会资源配置的匹配化。

（2）建立规划咨询机制。由规划和相关专业专家组成专家库，对各类重大决策、规划方案和专项规划提供前期咨询，及时地把握建设发展的新机遇，促进区域经济、社会和生态环境的可持续发展。

（3）健全规划技术监督机制。健全科学规划和规划管理体系，严格依照法定职责、法定程序行使行政职权，做到行政行为合法、有效，提高规划部门化解发展中各类难点的能力和驾驭各种复杂局面的能力。

（4）培育和发展规划社会组织。通过发展规划行业协会，制定行业内部的技术标准、行为规范、自律管理行业资格准入等，明确相应的责任权力和义务，承担原来由政府职能部门承担的设计、评审、技术服务、评优、培训等职能，促进城市规划的公开、公平、公正、透明和规范化管理。

（执笔人：张同良）

**参考文献**

［1］李德华. 城市规划原理［M］. 中国建筑工业出版社，2001.

［2］童明. 政府视角的城市规划［M］. 中国建筑工业出版社，2005.

［3］陈锦富. 城市规划概论［M］. 中国建筑工业出版社，2006.

［4］郭培章．中国城市可持续发展研究［M］．经济科学出版社，2002.

［5］韩宇．美国高技术城市研究［M］．清华大学出版社，2009.

［6］董祖德，沈翔．杭州都市圈发展报告［M］．社会科学文献出版社，2014.

［7］朱名宏．广州城市国际化发展报告［M］．社会科学文献出版社，2015.

［8］［美］埃德蒙·N. 培根．城市设计［M］．黄富厢，朱琪译．中国建筑工业出版社，2009.

［9］［加拿大］简·雅各布斯．美国大城市的死与生［M］．金衡山译．凤凰出版传媒集团，2006.

# 指标体系——城市竞争力的"晴雨表"

**摘要：** 目前，世界各国都在积极致力于挖掘和培养城市的竞争力，以期在新的世纪对全球实现最有利的战略争夺。在经济全球化背景下，中国加入 WTO 不仅意味着中国城市都有机会参与全球竞争、分享全球市场，还意味着中国城市将面临来自世界的全方位的竞争与挑战。争夺最大化的利益、争取最快速的发展，迫切需要了解全球化时代决定和影响城市竞争和发展的关键要素，需要清楚自身的地位和处境、优势和不足，从而调整现有的竞争和发展战略。中国要迈向现代化，要缩小与发达国家之间的距离，城市的发展是主力军，城市的现代化是前提，挖掘和培养城市的竞争力是必由之路。因此，要准确定量地把握不同城市的竞争优势和竞争劣势，对其变化情况及影响因素进行比较分析，关键是要建立一套科学、合理、可行的评价指标体系和科学的评价方法。

## 一、指标体系设计的目的及构建原则

### （一）指标体系设计的目的

城市竞争力评价指标体系设计的目的一般有以下三个方面：一是能够比较全面和科学地反映城市竞争力的总体情况；二是可以根据该评价指标体系对不同城市的城市竞争力进行综合评价和比较分析；三是便于发现城市薄弱环节，找准定位，为城市决策者提供参考依据。

### （二）指标体系构建的基本原则

城市竞争力评价指标体系不是一些指标的简单规程和随意组合，而是根据某些原则建立起来并能反映城市竞争力水平。具体应遵循以下基本原则：

（1）科学性原则。指标的选取必须能够反映城市竞争的过程和结果，即与城市发展要素密切相关。同时要求评价指标体系是建立在理论和实践相结合的基础上，既要在理论上站得住脚，同时又能反映评价对象的客观实际情况，且对客观实际描述得越清楚、越简练、越符合实际，科学性就越强。

（2）系统性原则。城市竞争力系统是由若干子系统组成，而各个子系统都需要一系列指标相互补充才能反映出来。因此，指标的选取要服从系统性的特点，使所选取的指标能够覆盖城市竞争力的各个方面，做到既无遗漏又无冗余。

（3）可比性原则。一方面，由于城市竞争力的综合性特质导致其在不同方面表现形式不同，衡量单位也不尽相同，如果单纯从评价指标的绝对数上看，有时往往是不可比的，但从相对数角度方面来观察，就可以消除这些影响。另一方面，可比性原则即指标的确定符合纵向可比和横向可比原则。纵向是指城市自身社会发展的进程，横向是指可用于不同城市之间的比较分析。

（4）可操作性原则。一方面，主要强调资料能以合理的成本/效益比取得，力争大部分数据可以在城市及相关区域的各种统计年鉴中获得，其他数据能够通过出版的权威性报告或者通过相关部门调查获得。另一方面，指的是指标容易量化，对定量指标要保证其可信度，而定性指标应尽量少用，或选取那些能够间接赋值或计算予以转化的定性指标，以减少主观臆断的误差。

（5）动态性原则。指标体系和指标项都应该尽量体现静态与动态两个侧面。城市竞争力的相对性特征决定了在城市的不同发展阶段，其指标体系应作相应的调整。

## 二、指标体系的构成要素及评价方法

中国城市竞争力研究会构建的中国城市竞争力比较评估指标体系包含了表现性指标与结构性指标，涵盖了经济、社会、文化、环境四大系统，体现了整个城市系统的经营管理能力、学习能力、创新能力、开放能力、聚集能力、可持续发展能力。它包括一级指标10个，二级指标50个，三级指标217个。

表1　2015年中国城市综合竞争力排行榜

| 排名 | 城市 | 分数 | 排名 | 城市 | 分数 | 排名 | 城市 | 分数 |
|---|---|---|---|---|---|---|---|---|
| 1 | 上海 | 13254.79 | 6 | 天津 | 7717.06 | 11 | 南京 | 5036.64 |
| 2 | 香港 | 12929.16 | 7 | 苏州 | 7176.18 | 12 | 成都 | 4952.59 |
| 3 | 深圳 | 12885.79 | 8 | 重庆 | 7051.79 | 13 | 台北 | 4858.59 |
| 4 | 北京 | 11099.48 | 9 | 杭州 | 6977.79 | 14 | 澳门 | 4796.37 |
| 5 | 广州 | 9588.69 | 10 | 武汉 | 5736.28 | 15 | 青岛 | 4519.37 |

| 排名 | 城市 | 分数 | 排名 | 城市 | 分数 | 排名 | 城市 | 分数 |
|------|------|------|------|------|------|------|------|------|
| 16 | 大连 | 4349.94 | 21 | 厦门 | 3808.67 | 26 | 佛山 | 2832.50 |
| 17 | 宁波 | 4238.00 | 22 | 西安 | 3647.21 | 27 | 合肥 | 2677.75 |
| 18 | 无锡 | 4160.76 | 23 | 长沙 | 3325.50 | 28 | 哈尔滨 | 2627.14 |
| 19 | 沈阳 | 4006.90 | 24 | 东莞 | 3054.54 | 29 | 昆明 | 2597.39 |
| 20 | 济南 | 3938.92 | 25 | 郑州 | 2938.68 | 30 | 福州 | 2553.78 |

资料来源：中国城市竞争力研究会。

## （一）指标体系的构成要素

### 1. 综合经济竞争力

综合经济竞争力反映一个城市的总体经济发展水平和经济发展阶段，是城市竞争力的基础因素和最重要标志。城市的综合经济实力不但是城市历史发展的累积结果，也是城市现在与将来发展的起点。主要包括城市规模指数、城市效率指数、城市国际吸引指数、城市居民生活指数4个二级指标和16个三级指标，反映一个城市最基本的经济状况。

（1）城市规模指数：主要包括城市人口规模、建城区面积、GDP规模、GDP增长率4个三级指标。

——城市人口规模：按照2014年11月21日国务院印发的《关于调整城市规模划分标准的通知》规定，新的城市规模划分标准以城区常住人口为统计口径，将城市划分为五类七档：城区常住人口50万以下的城市为小城市，其中20万以上50万以下的城市为Ⅰ型小城市，20万以下的城市为Ⅱ型小城市；城区常住人口50万以上100万以下的城市为中等城市；城区常住人口100万以上500万以下的城市为大城市，其中300万以上500万以下的城市为Ⅰ型大城市，100万以上300万以下的城市为Ⅱ型大城市；城区常住人口500万以上1000万以下的城市为特大城市；城区常住人口1000万以上的城市为超大城市（城区是指在市辖区和不设区的市、区、市政府驻地的实际建设连接到的居民委员会所辖区域和其他区域。常住人口包括：居住在本乡镇街道，且户口在本乡镇街道或户口待定的人；居住在本乡镇街道，且离开户口登记地所在的乡镇街道半年以上的人；户口在本乡镇街道，且外出不满半年或在境外工作学习的人）。

——建城区面积：2003～2012年，①我国城市建城区逐年扩大，建城区面积28586.38平方公里（2003年）逐年增加到45506.37平方公里（2012年），增长了59.19%；②超大城市、特大城市和大城市Ⅰ的建城区面积波动较大，与

2003 年相比，三类城市 2012 年的建城区面积分别增长 468.30%、17.39% 和 41.81%；③大城市Ⅱ、中等城市和小城市Ⅰ的建城区逐年扩大，建城区面积分别从 2003 年的 6612.76 平方公里、5489.18 平方公里和 5967.45 平方公里增加到 2012 年的 11433.72 平方公里、8176.05 平方公里和 10637.01 平方公里；④小城市Ⅱ建城区总体上呈缓慢扩张态势，2003 年和 2012 年的建城区面积分别为 4354.89 平方公里和 4986.74 平方公里。

——GDP 规模：也称国内生产总值，是指一个国家或地区所有常驻单位在一定时期内生产的所有最终产品和劳务的市场价值。GDP 是国民经济核算的核心指标，也是衡量一个国家或地区总体经济状况重要指标。GDP 核算有三种方法，即生产法、收入法、支出法。生产法是从生产的角度衡量常住单位在核算期内新创造价值的一种方法，即从国民经济各个部门在核算期内生产的总产品价值中，扣除生产过程中投入的中间产品价值，以此得到增加值。国家统计局发布的季度 GDP 是以生产法为基础核算的结果。

——GDP 增长率：GDP 增长速度反映的是城市经济总量的变化，体现综合经济实力的变动趋势，其计算分为两种：一种是年度经济增长率的计算，衡量的是两年之间经济的变化，就是后一年的经济指标（如 GDP 或人均 GDP）减去前一年的经济指标再除以前一年的经济指标。另一种就是年均经济增长率的计算，衡量的是若干年来经济的平均变化情况。

（2）城市效率指数。主要包括人均 GDP、地均 GDP、城市化率、城市经营率、城市带动率 5 个三级指标。

——人均 GDP：即人均国内生产总值，常作为发展经济学中衡量经济发展状况的指标，是最重要的宏观经济指标之一。将一个国家核算期内（通常是一年）实现的国内生产总值与这个国家的常住人口（或户籍人口）相比进行计算，得到人均国内生产总值，是衡量各国人民生活水平的一个标准（2015 年国内生产总值为 676708 亿元，按可比价格计算，比上年增长 6.9%。2015 年末，中国大陆总人口 137462 万人，比上年末增加 680 万人。全国人均 GDP 为 49228.73 元，2015 年人民币兑美元全年平均汇率 6.2284，按平均汇率计算，2015 年中国 GDP 折合 108648.77 亿美元，人均 GDP 达到 7904 美元）。

——地均 GDP：是每平方公里土地创造的 GDP，反映土地的使用效率（可以部分反映此地的工业与商业密集程度），是一个反映产值密度及经济发达水平的极好指标，它比人均 GDP 更能反映一个区域的发展程度和经济集中程度。

——城市化率：也称城镇化率，是城市化的度量指标，一般采用人口统计学指标，即城镇人口占总人口（包括农业与非农业）的比重。2016 年，国家统计局发布统计报告称，从城乡结构看，城镇常住人口 77116 万人，比上年末增加

2200 万人，乡村常住人口 60346 万人，减少 1520 万人，城镇人口占总人口比重为 56.1%。

（3）城市国际吸引指数。主要包括实际利用外资总额、签订外资合同数、国际旅游收入、人均国际旅游收入 4 个三级指标。

——实际利用外资总额：是指在和外商签订合同后，实际到达的外资款项，只有实际利用外资数才能真正体现外资利用水平。

——签订外资合同数：合同外资是指根据外商投资企业合同（章程）规定，外方投资者应缴付的注册资本。包括外方从企业获得的利润对企业的再投资以及批准的企业投资总额内的外方股东贷款（2002 年以前还包括以企业名义从境内外借入的其他外资）。

——国际旅游收入：是反映入境旅游最综合的指标，是指入境旅游的外国人、华侨、港澳同胞和台湾同胞在中国大陆旅游过程中发生的一切旅游支出，对于国家来说就是国际旅游（外汇）收入。

——人均国际旅游收入：是指旅游总收入除以人口基数。

（4）城市居民生活指数。主要包括人均可支配收入、人均消费支出、恩格尔系数（逆）3 个三级指标。

——人均可支配收入：是指居民可用于最终消费支出和储蓄的总和，即可用于自由支配的收入。既包括现金收入，也包括实物收入。按照收入的来源，可支配收入包含四项，分别为：工资性收入、经营性净收入、财产性净收入和转移性净收入。人均可支配收入被认为是消费开支的最重要的决定性因素，因而常被用来衡量一个国家或地区生活水平的变化情况。

——人均消费支出：人均消费支出指居民用于满足家庭日常生活消费的全部支出，包括购买实物支出和服务性消费支出。人均消费支出是社会消费需求的主体，是拉动经济增长的直接因素，是体现居民生活水平和质量的重要指标。

——恩格尔系数（逆）：恩格尔系数是根据恩格尔定律而得出的比例数。其主要内容是指一个家庭收入越少，用于购买生存性的食物的支出在家庭收入中所占的比重就越大。对一个国家而言，一个国家越穷，每个国民的平均支出中，用来购买食物的费用所占比例就越大。恩格尔系数则由食物支出金额在总支出金额中所占的比重来最后决定。因此，恩格尔系数越大，一个国家或家庭生活越贫困；反之，恩格尔系数越小，生活越富裕（联合国根据恩格尔系数的大小，对世界各国的生活水平有一个划分标准：一个国家的平均家庭恩格尔系数大于 60% 为贫穷，50%～60% 为温饱，40%～50% 为小康，30%～40% 为相对富裕，20%～30% 为富裕，20% 以下为极其富裕）。

2. 产业竞争力

产业竞争力亦称产业国际竞争力，是指某国或某一地区的某个特定产业相对于他国或地区同一产业在生产效率、满足市场需求、持续获利等方面所体现的竞争能力。主要涉及两个基本方面的问题：一个是比较的内容，另一个是比较的范围。具体来说：产业竞争力比较的内容就是产业竞争优势，而产业竞争优势最终体现于产品、企业及产业的市场实现能力。因此，产业竞争力的实质是产业的比较生产力。

（1）产业规模指数。有广义和狭义之分，广义上的产业规模是指一类产业的产出规模或经营规模，产业规模可用生产总值或产出量表示；狭义上的产业规模是工业指标体系之一，它是指一个工业企业年主营业务收入（产品销售收入）具有多少万元规模，更侧重工业上的指标。主要包括限额以上工业企业数、就业总人数、农业财富创造能力、工业财富创造能力、服务业财富创造能力5个三级指标。

（2）产业贡献指数。是分析产业经济效益的一个指标，是指有效或有用成果数量与资源消耗及占用量之比，即产出量与投入量之比，或所得量与所费量之比。主要包括产品的市场认同度、企业利税贡献度、企业市场认同感递增程度、企业增值税贡献度、企业利税增值税占 GDP 比重、产品销售收入增长率6个三级指标。

（3）产业效率指数。产业效率概念有多种定义，如产业技术效率、产业成本效率、产业收益效率、产业利润效率等，但以产业技术效率为核心。包括从业者生产效率、企业销售毛利率、资产/固定资产比率、销售额/固定资产4个三级指标。

（4）产业结构指数。是指在社会再生产过程中，一个国家或地区的产业组成即资源在产业间的配置状态，产业发展水平即各产业所占比重，以及产业间的技术经济联系即产业间相互依存相互作用的方式。合理的产业结构不仅为各产业部门提供良好的外部联系条件，有利于提高各产业的效益，而且还可以从整体上保证地区经济的持续、稳定、协调发展，并产生良好的综合效应。包括工业化发展水平、第二产业就业水平、第三产业发展水平、第三产业就业水平、产业制造能力、制造业人力资本指数6个三级指标。

（5）产业国际化指数。是指产业的研究与开发的国际合作与交流，产业国际化就是根据比较利益原则，在全球范围内通过生产要素的流动进行国际分工。主要从以下几个方面来看：产业内企业的国际化经营；产品生产的国际化，即产品价值增值的各环节和价值构成的国际化；产业竞争态势和市场结构的国际化。包括外资企业数、外资企业产出规模、外资企业贡献度、外资企业平均产出能力、外资企业相对量5个三级指标。

（6）产业集群指数。是指集中于一定区域内特定产业的众多具有分工合作关系的不同规模等级的企业与其发展有关的各种机构、组织等行为主体，通过纵横交错的网络关系紧密联系在一起的空间积聚体，代表着介于市场和等级制之间的一种新的空间经济组织形式。产业集群观点更贴近竞争的本质，要求政府专注于消除妨碍生产力成长的障碍，强调通过竞争来促进集群产业的效率和创新，从而推动市场的不断拓展，以及繁荣区域和地方经济（见图1）。

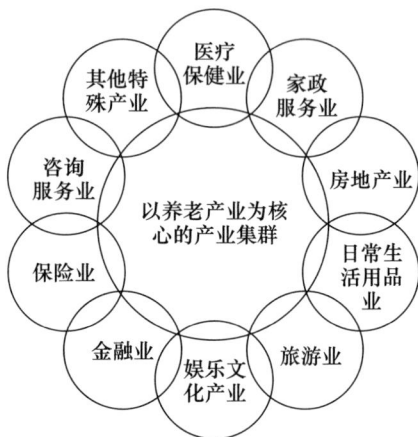

**图1**

3. 财政金融竞争力

财政金融竞争力包括财政金融规模指数、财政金融效率指数、金融资本质量指数、金融资本可获得指数、金融业人力资本指数5个二级指标。

（1）财政金融规模指数。包括财政预算内收入、财政预算内支出、年末储蓄总余额、年末贷款总余额、财政收入占GDP比重5个三级指标。

（2）财政金融效率指数。是指财政金融的运作能力，是指以尽可能低的成本（机会成本和交易成本），将有限的金融资源（货币和货币资本）进行最优配置以实现其最有效利用。包括人均财政预算内收入、人均财政预算内支出、人均年末储蓄额、人均年末贷款额、人均财政收入增长率、人均年末存款增长率6个三级指标。

（3）金融资本质量指数。主要是指金融机构资金运用的质量，包括资本使用率、银行呆坏账率（逆）、资本充裕指数3个三级指标。

（4）金融资本可获得指数。包括获得银行贷款便利度、获得证券市场资本便利度、获得民间及风险资本便利度3个三级指标。

（5）金融业人力资本指数。包括金融业从业人数、金融业从业人员每万人拥有量 2 个三级指标。例如，上海金融从业人员约占全市从业人员 5%，这一比例在国际知名金融中心城市一般为 10%。具有国际视野、国际背景、国际经历的上海国际化金融人才尤其缺乏，在总数中占比不到 2%，而新加坡则达到 20% 左右。

4. 商业贸易竞争力

商业贸易竞争力包括国内商贸规模指数、外贸指数、商贸机构指数、商贸人力资本指数、居民消费指数 5 个二级指标。城市商业贸易的发展不仅能够加强城市在人流、物流、资讯流、资金流方面的纽带作用，而且也有利于改善城市就业问题，并且能够带动其他产业如餐饮业等第三产业的发展。

（1）国内商贸规模指数。包括批发零售贸易业商品销售总额、社会消费品零售额、人均批发零售贸易业商品销售额、人均社会消费品零售额 4 个三级指标。

（2）外贸指数。包括外贸依存度、进出口总额、进出口总额增长率、实际利用外资金额 4 个三级指标。

（3）商贸机构指数。包括限额以上批发零售企业数、限额以上批发零售企业每万人拥有量 2 个三级指标。

根据中华全国商业信息中心的统计数据，2015 年，全国重点大型零售企业服装商品零售额同比下降 0.3%，增速较 2014 年下滑 1.3 个百分点。一是因为传统的"品牌＋批发"经营模式导致产品市场适应性低，且增加了企业的管理成本，导致企业毛利率下降；二是电子商务的发展、消费者消费习惯的改变，使得一些缺乏竞争力的实体门店业绩表现不佳，不得不关店。

（4）商贸人力资本指数。包括批发零售贸易业从业人数、住宿餐饮业从业人数、租赁和商业服务业从业人数、商贸从业人员万人拥有量 4 个三级指标。

（5）居民消费指数。包括人均消费支出、人均消费支出增长率、居民消费倾向、社会消费品零售额增长率 4 个三级指标。

5. 基础设施竞争力

基础设施竞争力主要包括基础设施投资指数、基础设施供应指数、居民居住指数、交通设施指数、对外交通设施指数、信息化设施指数、基础设施行业人力资本指数 7 个二级指标。

（1）基础设施投资指数。主要包括固定资产投资水平、房地产开发水平 2 个三级指标。

（2）基础设施供应指数。包括年供水总量、人均生活用水量、年用电总量、人均生活用电量、煤气液化气供应水平、家庭用煤气液化气普及率 6 个三级指标。

（3）居民居住指数。包括市民居住条件、住宅投资总额 2 个三级指标。宜居城市是指对城市适宜居住程度的综合评价。其特征是：环境优美、社会安全、文明进步、生活舒适、经济和谐、美誉度高。

表 2　2016 年中国十佳宜居县

| 排　名 | 县 | 总　分 |
| --- | --- | --- |
| 1 | 浙江德清县 | 87.64 |
| 2 | 云南玉龙县 | 85.87 |
| 3 | 山东蓬莱市 | 84.21 |
| 4 | 四川平昌县 | 83.40 |
| 5 | 广东博罗县 | 82.15 |
| 6 | 贵州余庆县 | 80.09 |
| 7 | 江西峡江县 | 79.24 |
| 8 | 湖北钟祥市 | 78.37 |
| 9 | 吉林抚松县 | 77.58 |
| 10 | 福建安溪县 | 76.94 |

（4）交通设施指数。包括地区客运总量、地区货运总量、人均铺路面积、年末实有铺装道路面积、每万人拥有公共汽电车数、每万人拥有出租汽车数 7 个三级指标。

（5）对外交通设施指数。是指城市与其他城市之间的交通以及城市地域范围内的城区与周围城镇、乡村的交通，以城市为基点，主要采用铁路、公路、水运和空运等运输方式，与外部进行联系的各类交通的总称。包括路网设施指数、港口设施指数、航空设施指数 3 个三级指标。

（6）信息化设施指数。包括市民邮政消费、市民通信消费、邮政网点设施指数、固定电话用户普及率、移动电话普及数、国际互联网普及率 6 个三级指标。《中国互联网络发展状况统计报告》显示，截至 2015 年 6 月，中国网民规模达 6.68 亿，互联网普及率为 48.8%。

（7）基础设施行业人力资本指数。包括交通仓储邮电通信业从业人数、电气水生产供应从业人数、建筑业从业人数、基础设施行业从业者每万人拥有量 4 个三级指标。

6. 社会体制竞争力

社会体制竞争力主要包括社会公平保障指数、社会治安指数、医疗保健指数、社会管理指数4个二级指标。

（1）社会公平保障指数。是指建立以权利公平、机会公平、规则公平、分配公平为主要内容的社会公平保障体系。包括失业率（逆）、基尼系数（逆）、抚恤和社会福利救济支出、社会保障覆盖率、社会保障补助支出、人均社会保障补助支出、人均抚恤和社会福利救济支出、社会服务业人力资本（绝对规模）、社会服务业人力资本（相对规模）9个三级指标。

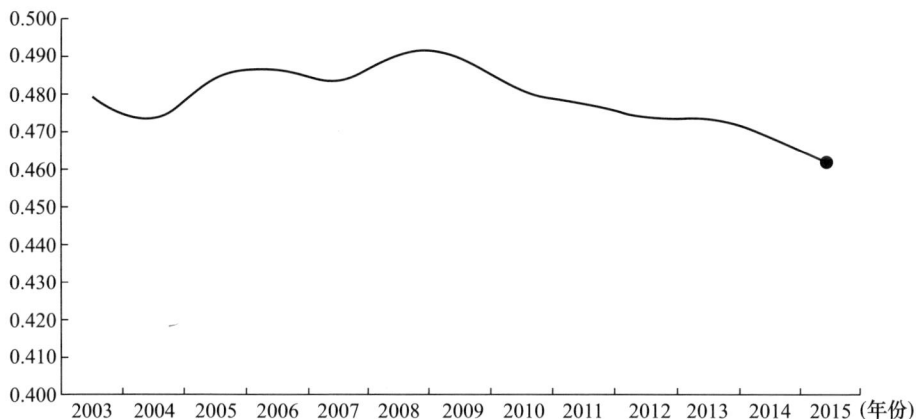

图2　全国居民收入基尼系数

（2）社会治安指数。包括刑事案件发生率（逆）、刑事案件侦破率、社会安全民众满意度3个三级指标。

（3）医疗保健指数。包括平均预期寿命、婴儿死亡率（逆）、每十万人拥有医生数、每十万人拥有医院病床数4个三级指标。

（4）社会管理指数。包括地方法规条例健全程度、政策法规透明度、政府执法能力、政府办事效率、政府机构规模指数、民众对政府的满意度6个三级指标。

7. 环境、资源、区位竞争力

环境、资源、区位竞争力主要包括区位指数、自然资源指数、环境资源指数、环境质量指数、环境改善投入指数5个二级指标。

（1）区位指数。即区位的综合资源优势，即某一地区在发展经济方面客观存在的有利条件或优越地位。其构成因素主要包括自然资源、地理位置，以及社会、经济、科技、管理、政治、文化、教育、旅游等方面，区位优势是一个综合性概念，单项优势往往难以形成区位优势。一个地区的区位优势主要是由自然资源、劳力、工业聚集、地理位置、交通等决定。同时区位优势也是一个发展的概念，随着有关条件的变化而变化。包括自然区位优势度、交通区位优势度、经济区位优势度、政治区位优势度、文化区位优势度5个三级指标。

（2）自然资源指数。亦称天然资源，是指在其原始状态下就有价值的货物。一般来说假如获取这个货物的主要工程是收集和纯化，而不是生产的话，那么这个货物是一种自然资源。采矿、采油、渔业和林业因此一般被看作获取自然资源的工业，而农业则不是。自然资源可分为可再生资源、可更新自然资源和不可再生资源。包括土地资源绝对丰富度、土地资源相对丰富度、农产品绝对自给度、农产品相对自给度、矿产能源绝对丰富度、矿产能源相对丰富度6个三级指标。

（3）环境资源指数。是指影响人类生存和发展的各种天然的和经过人工改造的自然因素的总体。包括：大气、水、海洋、土地、矿藏、森林、草原、野生生物、自然遗迹、人文遗迹、自然保护区、城市和乡村。包括城市绿化绝对量、城市绿化相对量、气候环境舒适度、自然灾害少发率、山水环境优美程度5个三级指标。

（4）环境质量指数。在环境质量研究中，依据某种环境标准，用某种计算方法，求出的简明、概括地描述和评价环境质量的数值。它是环境质量参数和环境质量标准的复合值，英文缩写为EQI。环境质量指数广泛应用于污染物排放评价、污染源控制或治理效果评价、环境污染程度评价以及某些环境影响评价等方面。包括建城区绿化覆盖率、生活污水处理率、生活垃圾处理率、空气质量指数、工业废水处理率、工业二氧化硫去除率、工业烟尘去除率、工业固体废物综合利用率8个三级指标。

（5）环境改善投入指数。包括环境污染治理投资额、三废综合利用产品产值、城市环境设施投资额、环保从业人数、环保从业者每万人拥有量5个三级指标。

8. 人力资本教育竞争力

人才资源的竞争是21世纪竞争的主要方面，而人才的竞争力和一个国家和地区教育水准的高低密切相关。一个国家和地区的教育水准和人才素质的高低直接影响它的竞争力。包括人力资本规模指数、人力资本投入指数、人力资本素质指数、人力资本吸引指数、人力资本教育设施指数5个二级指标。

（1）人力资本规模指数。包括人力资本规模、高素质人力资本储备量、其他人力资本储备量、教育支出绝对规模、教育支出相对规模、城市就业率6个三级指标。

（2）人力资本投入指数。包括人力资本基本投入、人力资本教育投入2个三级指标。

（3）人力资本素质指数。包括高素质人力资本相对储备量、成人识字率、大专以上人口比重、创业人员指数、专业技术人员数、专业技术人员占比重6个三级指标。

（4）人力资本吸引指数。包括移民化程度指数、吸引人才指数、高校毕业生求职选择3个三级指标。

（5）人力资本教育设施指数。包括高校数、高校老师数、中小学师生比、每万人中小学校数4个三级指标。

9. 科技竞争力

科技竞争力包括科技投入指数、科技人力资本指数、科研机构指数、科技创新指数、科研成果转化指数5个二级指标。

（1）科技投入指数。包括科技经费绝对投入量、人均科技经费拥有量、科技经费相对投入量3个三级指标。

（2）科技人力资本指数。包括专业技术人员拥有量、科技服务人员拥有量、专业技术人员相对拥有量、科技服务人员相对拥有量、计算机人才拥有量、计算机人才相对拥有量、科研人员吸引指数7个三级指标。

（3）科研机构指数。包括大学科研院所指数、大学科研院所相对拥有量、科研环境指数3个三级指标。

（4）科技创新指数。包括专利总数、论文发表数、科技成果数3个三级指标。

（5）科研成果转化指数。包括科技成果转换率、科技进步对GDP贡献率2个三级指示。

10. 文化竞争力

概括地说，就是各种文化因素在推进经济社会和人的全面发展中所产生的凝聚力、导向力、鼓舞力和推动力。主要表现为以下三个方面：一是文化创新能力。从某种意义上说，创新是文化的生命，文化产品有无竞争力，主要取决于文化创新。二是文化产业的科技含量。文化产业的竞争越来越多地表现为科技实力竞争。大力发展高科技媒体及相关产业，推进文化产业与高新信息技术的联姻，才能提升文化产业的竞争力。三是高素质的人才。无论是推动文化创新，还是应用高新技术发展文化产业，都离不开高素质的人才。包括文化设施指数、文化意识指数、文化资源指数、城市营销能力指数4个二级指标。

（1）文化设施指数。包括每百万人影剧院数、每百人公共图书数2个三级指标。

（2）文化意识指数。包括诚信意识指数、竞争意识指数、重商意识指数、创新意识指数、宽容意识指数5个三级指标。

（3）文化资源指数。包括城市历史文化指数、艺术家和文化组织指数、名胜古迹指数、文化行业人力资本指数 4 个三级指标。

（4）城市营销能力指数。包括城市文化影响指数、城市功能定位指数、城市建筑景观和谐程度、城市知名度、城市推广度 5 个三级指标。

## （二）指标体系的评价方法

对城市竞争力的评价属于多指标综合评价。多指标综合评价的原理就是，把多个描述被评价事物不同方面的统计指标转化成无量纲化的相对评价指标，然后将这些评价值换算成一个综合评价值，以实现对该事物的整体评价。具体步骤包括：

（1）选择评价事物，建立评价指标体系。

（2）根据被评价事物的实际情况，选定所用的无量纲化和合成方法。

（3）确定每个指标在评价体系中的权重。

（4）将指标实际值转化为评价值，即无量纲化。

（5）将各指标评价值合成，即加权求和，给出综合评价值。

（6）以综合评价值的大小为基础，对各评价对象进行排序，并得出结论。

一般来说，多指标综合评价过程中，最关键在于各指标权重的确定。通常，可以将确定权重的方法分为两种：主观赋权法和客观赋权法。主观赋权法采取综合咨询评分的定性方法确定权重，然后对标准化后的数据进行综合，如综合指数、德尔菲法、层次分析法、环比法、模糊综合评判法等。客观赋权法则是根据各指标间的相互关系或者根据各指标的变异程度来确定权重，如主成分分析法、因子分析法、变异系数法等。

在城市系统分析和评价中，最常用的主观赋权法是德尔菲法和层次分析法；最常用的客观赋权法是主成分分析法、因子分析法和聚类分析法。

1. 德尔菲法

德尔菲法也称为专家统计推断法，是由美国兰德公司于 20 世纪 40 年代提出来的一种利用众多专家知识、经验和智慧的非结构化的判断方法。德尔菲法的具体步骤是：①选择咨询专家，一般 30 ~ 50 人为宜。②设计调查表，将调查表及资料一起寄给专家进行问卷调查。③回收调查表并进行统计处理，将统计结果用表格的形式反映出来，以此作为下一轮的调查背景资料和调查表的设计依据。若认为调查结果满意则继续下一步，否则转向第二步。④整理最终的调查报告，给出说明性意见。

2. 层次分析法

层次分析法（AHP）由美国运筹学家沙旦（A. L. Seaty）于 20 世纪 70 年代提出的，是一种定性分析与定量分析相结合的多目标决策分析方法。它的基本原理是充分利用人的经验和判断，对定量因素和非定量因素进行统一测试，通过两两比较方案或目标的相对重要性，构造判断矩阵，计算判断矩阵的最大特征值和特征向量，进而得到方案或目标相对重要性的定量化描述。

3. 主成分分析法

主成分分析法是多元统计分析中的一种常用方法。其基本思想是，在保证信息损失尽可能少的前提下，经过线性变换对指标进行"集聚"，使复杂的指标数据得到最佳的简化，其具体计算步骤包括如下几点：①对指标数据进行标准化处理；②求指标数据之间的相关系数矩阵；③求相关系数矩阵的特征值、特征值贡献率、特征向量；④根据特征值累计贡献率确定主成分的一个（一般大于或等于85%即可）；⑤计算所选中主成分的得分；⑥主成分得分为变量、特征值贡献率为权数，采用加权求和的方法，计算各样本的综合得分，进行综合评价。由此可见，主成分分析法既是一种权重确定方法，也是一种较成熟的综合评价方法，不需要因变量即可对多因素进行综合评价，得出分析结果。

4. 因子分析法

因子分析法（Factor Analysis）是主成分分析法的推广和发展，也是研究将多个观测指标转化为少数几个不相关综合指标的多元统计分析方法。具体来说，它从研究相关矩阵内部的依赖关系出发，把一些具有错综复杂关系的变量归纳为少数几个公因子。当这几个公因子特征值都大于1或累计贡献率达到某一百分比时，就说明它们能够集中反映研究问题的大部分信息，且信息重叠率低。

因子分析法与主成分分析法的不同之处在于：主成分分析是寻找反映多个指标的独立综合指标，而因子分析法是寻找解释多个指标的公因子，若初始因子很难解释，则可对初始因子进行旋转，用旋转后的因子得到合理的解释。因子分析常常用于寻找和解释多个指标后面的支配因素。因子分析法在各个学科都有相当广泛的应用，是多元统计分析中数据处理和研究指标间关系中最为常用的方法之一。

5. 聚类分析法

聚类分析法（Cluster Analysis）是根据研究对象的数量特征进行分类的方法。它通过计算能度量事物间相似程度（或亲疏关系）的统计量，按相似程度大小，把分析对象逐一归类，关系密切的聚集到一个小的分类单位，关系疏远的聚合到一个大的分类单位，直到所有对象都聚集完毕，把不同的类型一一划分出来。在对城市竞争力进行分析时，可以把竞争力水平相近的城市分为一类，有助于我们更好地认识和反映各城市竞争力的强弱与差异。其主要步骤如下：①选择分析指标。因为聚类分析是对所待定的研究对象进行分类，聚类的结果仅仅反映了待定指标所定义的数据结构，所以指标的选择在聚类分析中非常重要。一般来说，选择的指标应该具有以下特点：一是与聚类分析的目标密切相关；二是反映了要分类对象的特征；三是在不同研究对象上的值具有明显差异；四是变量之间不应该高度相关。②计算相似性统计量。测量各城市间的相似程度。③选择聚类方法。选择合适的聚类方法，计算类与类之间的距离，合并距离最近的两类为一新类，依此类推，直到所有城市聚为一个大类为止。④对聚类结果进行表示和解释。树状聚类图是最常用的聚类谱系图，可以显示合并的先后过程。此外，还有聚类进度表和冰柱图。

（执笔人：张同良）

**参考文献**

［1］郝寿义，倪鹏飞．中国城市竞争力分析［J］．经济科学，1998（3）．

［2］宁越敏，唐礼智．城市竞争力概念与指标体系［J］．现代城市研究，2001（2）．

［3］袁国敏．城市核心竞争力的指标体系［J］．理论新探，2004（3）．

［4］赵和生．城市竞争与竞争力［M］．东南大学出版社，2011．

# 人才是城市竞争力的核心要素

**摘要：** 国内中心城区人才的状况和水平受到城市发展阶段、产业结构及社会发展水平等因素的影响。当前，在国内经济社会转型的关键时期，制约城市人才发展的瓶颈主要表现在观念意识、体制机制、服务支撑体系和人才载体4个方面。本书围绕上述4个方面展开深入、系统的研究，提出从突破制约因素入手，通过制度和体制机制创新、服务支撑体系构建、文化环境和氛围营造、人才培养教育模式创新、人才引进渠道拓展等策略手段解决中心城区多维度的人才需求问题。

## 前　言

人才是支撑城市经济社会发展的根本力量，城市或区域间的竞争，归根结底是人才的竞争。国内各大城市中心城区，其人才状况不仅关乎城市自身的发展，还会影响周边辐射区域的发展。一方面，受中心城区定位影响，随着经济社会步入转型期，中心城区的主导产业领域和社会管理领域对人才的需求越来越旺盛，需求层次越来越高；另一方面，中小城市及偏远地区对人才尤其是高端人才的争夺日趋激烈，中心城区人才需求与供给面临着前所未有的挑战。在这种情况下，中心城区要正视所面临的人才危机，谋求人才战略深层次、制度性的突破和创新，打破制约人才成长和发展的瓶颈，探索破解人才发展难题的新路径，塑造集聚人才、吸引人才、培育人才和能够实现人才个人价值的新优势。

纵观世界发展文明史，人力是第一资源，科技是第一生产力，人才在经济社会发展中起着基础性、决定性、战略性作用。特别是高端人才在金融产业、高科技产业和现代服务业中能够做到方向引领和战略决策的示范性，城市在发展过程中如何培养、吸引、留住高端人才对于城市经济和社会发展具有决定性和前瞻性的作用。

# 一、中心城区的发展特点决定的人才需求取向

## （一）中心城区的特点

一个城市的中心城区往往是资金流、信息流、物资流的集散地，是区域政治、经济、社会、文化中心，对周边地区具有显著的辐射作用和带动作用，更是区域经济的增长极。随着经济社会发展水平的提高，中心城区正逐步摆脱传统城市化的发展模式，逐步走上新型城市化的发展道路。同时，中心城区又面临土地面积有限、发展空间狭小、产业类型受限等问题。中心城区如何选择发展方式，至关重要。一是发展高端制造业、战略性新兴产业和高新技术产业。发展高端制造业、战略性新兴产业和高新技术产业是提高经济发展质量和效益的有效途径，在科技成果的推广应用等方面具有重要意义。二是发展高端服务业。发展高端服务业在转变经济发展方式、提高城市化水平、解决高素质劳动力的就业问题等方面具有重要意义。三是提升城市软实力和文化品位。提升城市文化软实力有助于增强城市核心竞争力、提高城市发展质量、扩大城市影响力、促进经济增长。四是培育企业家精神。五是发展社会和民生事业。六是建设高效公正的政府和公共机构。

## （二）中心城区人才需求的取向

人才是城市经济社会发展的核心要素，但人才并不能随时随处发展，其受城市发展阶段、人口结构、产业特色和社会发展水平等因素的影响。这些因素既对人才的总量与结构提出要求，又对其形成制约。在相互作用与发展过程中，中心城区发展与人才需求必然存在着某种内在的协调关系。

中心城区的区位优势决定了其对整个地区产业转型升级和区域结构调整的重要作用，特别是随着大批基础设施的加快建设、各级经济技术开发区的建成使用，中心城区当前和未来对人才的需求必然呈现多维度、立体化特征，这既是城市自身发展的需要，也是培育中心城区辐射带动能力的需要。

由此可以把中心城区的人才需求概括为六大取向（见图1）：①高端制造业、战略性新兴产业和高新技术产业所需的技术研发、分析检测人才；②高端服务业所需的咨询、评估、中介、战略研究、金融、法律、财经等综合服务人才；③提升城市软实力和文化品位所需要的人文社科、文体艺术人才；④支撑各产业领域发展所需的企业家和创意、设计、城市规划、策划、经营管理人才；⑤社会和民

生事业发展所需的科技、教育、医疗卫生人才；⑥构建高效公正政府和公共机构所需的行政、综合管理和服务人才。

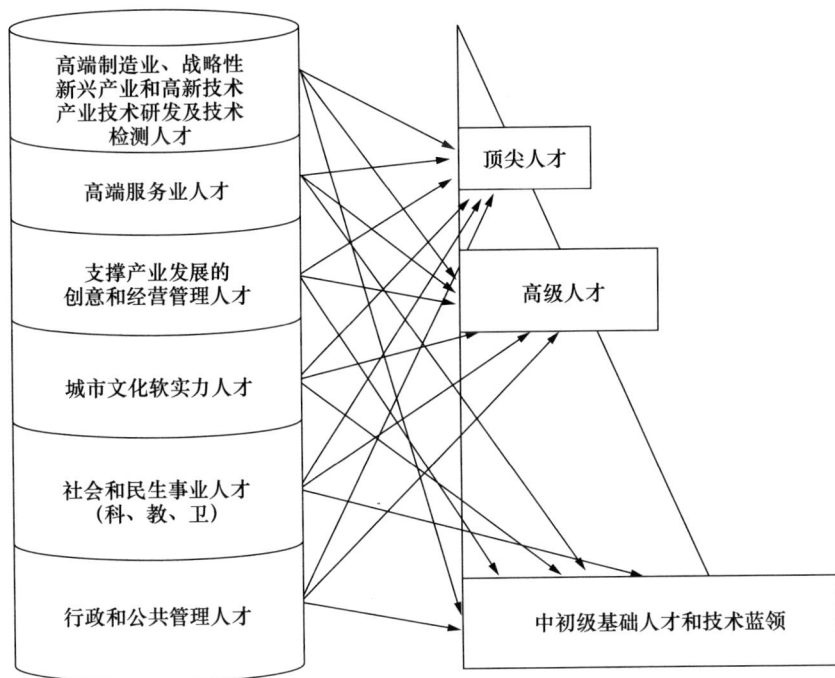

图1　中心城区人才需求取向及层次结构

# 二、中心城区人才需求状况

## （一）中心城区人才需求的三个层次

中心城区各领域的人才需求层次呈金字塔型，并因领域和区域不同而表现出鲜明的差异化和个性化特征。因此，人才培养、引进和交流的路径选择要量体裁衣，以此适应不同的需求。既要避免削足适履，搞一刀切，又要避免只专注于高端顶尖人才，而忽视基础性人才的发展，要用系统思想思考和规划人才发展，使人才群体按照不同层次有序聚集和成长，形成错落有致、完整的人才体系。中心城区的人才需求分为以下三个层次：①顶层。具有国际视野，能带领团队参与国际竞争的领军型技术管理顶尖人才。②高层。具有较深资历经验和学识积累的创新型技术管理高端人才。③基础层。具有发展潜质及后劲的技术管理中初级骨干人才和青年人才、各领域中训练有素的初级基础人才和具有"工匠精神"的技术蓝领人才。

### （二）人才对中心城区发展环境的需求

人才无论作为群体或个体，在其培育、生活和发展中，对外部环境都有一定的要求，而无形的软环境与有形的硬环境对于人才的成长和发展十分重要。根据以往模式，政府部门和企业在人才引进及培养的过程中，更多的是单纯以物质激励为主，忽视环境氛围的作用。这是一种片面、短视、舍本求末的单向思维，这样的人才发展环境对于中高端人才群体的形成和发展非常不利，很容易把人才引进和培养引入误区，把现有的人才挤走。因此，在中心城区的发展过程中，要关注人才对城市环境的需求，打造公平的竞争发展环境、完善的生活保障环境、良好的事业平台和充足的创业机会。总之，政府、社会和用人单位应形成合力，逐步形成一个高效廉洁的政府，一个法治、民主、公平、正义的社会，有完善的教育、医疗、养老保障、科技文化基础以及宽容失败、鼓励创新的氛围，形成有利于人才发展的特色环境。

## 三、影响城市人才吸引力大小的关键因素

城市因人才的富集而获得发展，人才因城市的特质而被吸引到相应城市，城市与人才之间存在着紧密的相互依赖关系。那么，城市的哪些属性决定着其对所需人才吸引力的大小呢？基于已有的理论和相关研究成果，可以将影响人才吸引力大小的城市属性归纳为提供就业岗位、宜居环境、发展机会与人才价值追求自我实现三个方面的能力。

### （一）提供就业岗位的能力

马斯洛的层次需求理论将人的需求从低到高依次划分为生理需求、安全需求、社交需求、尊重需求和自我实现需求。对于集聚在城市的人才而言，就业岗位是满足其5个层次需求的平台。因而，人才更倾向于选择到提供就业岗位能力强的城市居住与发展。提供就业的能力进一步可分为提供就业岗位数量与质量的能力，从人才主体的视角来看，即为就业机会的多少以及岗位档次的高低。就业岗位数量越多，意味着越多的求职机会和越多的可供选择的岗位种类，在面对不

确定性的未来时，就业机会多的城市会使求职者有更强的安全感；而就业岗位质量越高表明了越高的收入、越多的自我实现的机会。

在社会文明程度不断提高的当今世界，就业岗位质量高的城市会使求职者有更高的工作生活质量和更大的满足感。世界 500 强企业提供的岗位可以吸收世界级的高水准人才，高新技术企业能够吸引掌握世界前沿技术的人才。没有一流的岗位，就没有一流的人才，也绝对不会有一流的城市。

## （二）提供宜居环境的能力

城市不仅是所在地区的经济枢纽，同时也是人类重要的人居环境。城市因经济发展而对人才产生强大吸引力，而城市化的快速发展带来的城市交通拥挤、环境污染、绿色空间减少、高房价等一系列问题，直接影响着居民的居住环境和生活品质提升。与此同时，随着经济收入的增加，人们越来越关注自身的生活环境和品质，因此，城市的宜居性成为城市发展中的重要议题。对于有着较强解决基本生活需求的各级各类人才来说，其对城市的宜居性有着更高的追求。城市的经济实力是影响其提供宜居环境能力的一个重要因素，但是，经济实力的提高并不等同于宜居性的增强。在 2007 年 4 月建设部科技司评审通过的非强制性《宜居城市科学评价标准》中，共有 6 个一级指标，分别是社会文明度、经济富裕度、环境优美度、资源承载度、生活便宜度和公共安全度，从《宜居城市科学评价标准》的角度来看，城市提供宜居环境的能力即为提供社会文明、经济富裕、环境优美、资源承载、生活便宜和公共安全的能力。在这六种能力中，城市提供环境优美和生活便宜能力的大小最为关键，在最终评价结果中分别占到 30% 的权重，是其他指标的 3 倍，对宜居性的影响明显高于其他指标。首先，是环境优美度，生态环境恶化是当前我国城市发展中的突出问题，所以，包括生态环境、气候环境、人文环境、城市景观等的环境优美是城市是否宜居的决定性因素之一；其次，是生活便宜度，生活方便、适宜是宜居城市最重要、最核心的影响因素，宜居城市应该为生活各方面的内容提供各种高质量的服务并且使得这些服务能被广大的市民方便地享受。

## （三）提供发展机会与人才价值追求自我实现的能力

赫茨伯格的双因素理论指出，影响员工工作积极性的因素可分为两类：保健因素和激励因素。所谓保健因素主要指企业的工资发放、劳动保护、工作监督等，当员工在这些因素得不到满足时，员工便会感到不满，但它们的改善仅能够解除员工的不满，而不能使员工感到满意；所谓激励因素主要是指工作表现机会、工作本身的乐趣、工作上的成就感、职务上的责任感等，唯有这些因素的改善才能让员工感到满意，给职工以较高的激励。作为具有专门知识、技术的各级各类专门人才在精神上的需求往往更强，更加注重追求事业的成就感，对工作生活质量要求更高，因此，将更倾向集聚于有利成就个人理想、个人事业发展的城市。万宝盛华在调查中指出，迁移人才对长远职业发展的重视超过了对薪资等其他条件的关注。

提供发展机会的能力关键取决于城市提供有利于个人职业成长的制度与氛围、提供有利于个人职业成长的空间与机会，以及个人价值追求自我实现的能力。提供发展机会能力强的城市拥有推崇创业、尊重知识、崇尚创新的价值导向，有着激励人才挑战自我的机制，有着适合人才有序流动的文化氛围和完善的便于人才合理流动的通道。在硅谷，员工频繁跳槽的情况非常普遍。频繁跳槽行为不仅仅被当地文化所接纳，而且还被认为是理所当然的。当工程师跳槽时，他们带走了在以前工作中获得的知识、技术和经验。事实上，员工与企业之间这种持续不断的改组加强了个人关系网络的价值，促进了个人的成长。

# 四、中心城区人才发展的主要制约因素

由于受观念、体制、环境以及城市形成的人才载体等因素的影响，部分中心城区存在人才增量不足与存量浪费并存的现象，这就导致其在提升中心城市的竞争优势中呈现出结构性矛盾。

## （一）人才观念存在误区

改革开放以来，城市发展重视吸引资本投资形成产业集聚，进而带动人才集聚，由此形成了"经济发展了，人才自然就会来"的观念。然而，当前很多城市已处于工业化中后期阶段，经济发展已由投资推动型向创新驱动型转变，尤其在传统制造业向高新科技演进的阶段，人才的作用将会大大超过以往任何时期。而在相对消极的人才观念的影响下，一方面，部分中心城区对人才的培养方向比较模糊、培养手段不足、引进措施单薄，人才发展跟不上产业结构升级和社会管理任务日益加重的需要，人才需求的结构性失衡严重；另一方面，部分城区在人才工作中存在"重增量、轻存量，重引进、轻使用，重物质激励、轻人文关怀"的习惯思维及认识误区。同时，在企事业单位、政府及相关领域，官本位思想和一些环节中存在的"潜规则"已成为各类人才特别是海归人才"水土不服"的重要原因。在人才聚集较为集中的事业单位，由于受官本位思想的影响，专业技术人才在待遇、地位等方面正在被弱化，致使这一巨大的人才群体缺乏归属感。

## （二）人才体制建设滞后

体制建设滞后是制约中心城区人才发展的另一个瓶颈，中心城区鼓励人才脱颖而出、保障人才公平发展的体制环境远未形成。虽然已经具备一些常规性的人才政策，但从整体看来，政策的盲区、误区仍然存在，且大多是对其他城市人才政策的模仿或上位政策的延伸，率先突破和探索的政策明显不足。具体表现在以下几个方面：①人才工作中的学历、身份、户籍、所有制等壁垒尚未彻底消除，影响和限制了人才的合理流动；②选人用人机制不够健全，以社会需求为导向的人才培养机制尚未完全形成；③统一、开放、竞争、有序的人才市场体系还需进一步完善，服务功能和服务水平有待提高；④分配激励机制不够合理，收入分配的平均主义与差距悬殊并存；⑤覆盖全社会的人才社会保障体系尚未建立，人才流动的后顾之忧较多。人才评价方式不够完善，缺乏新的、科学合理的评价体系，评价主体还需进一步明确和规范。一些政策过度侧重功利性和政绩追求，在强调短期物质激励的同时，对人才的长远人文关怀不够；政策的覆盖面和普惠性不广，差异化欠缺，在关注产业化高端人才的同时，对科学构筑高、中、初不同层次及不同专业门类人才体系的全局性、整体性关注不够。

## （三）人才支撑环境缺失

目前，人才发展的各种支撑平台和服务体系的欠缺，导致了人才缺乏必要的安居乐业的环境。人才生态环境的缺失导致一些人才因"水土不服"而乘兴而来，败兴而去，一些人才经过岁月的消磨、环境的影响和制约已慢慢失去了创新的锐气与奋斗精神，给中心城区的人才口碑带来了不小的负面影响。目前，我国中心城区人才市场化程度较低，人才市场仍主要由政府主导，市场对人才的配置作用还不太明显，人才服务业发展远远滞后于经济社会发展的需要。人才交流中心及人才市场的配套性建设投入还有待于进一步加强，人才资源信息难以实现共享。人才科学发展对人才保障机制的要求与目前相对滞后的社会保障体制存在较大差距。

## （四）人才载体能力薄弱

部分城市由于产业集聚度不高、产业链不完善和总量偏小等原因，导致了就业机会少、创业空间狭窄和人才载体能力薄弱，从而阻碍了人才的成长和集聚。这也正是许多城市常常被人们认为"适宜养老，不适宜创业"的症结所在。

# 五、中心城区人才发展策略

中心城区人才发展策略要从战略需求出发，分析现代城市发展、产业结构调整和现代产业体系构建的需求取向，构建和完善服务支撑体系，开拓人才工作思路，创新人才工作机制，为各类各层次人才集聚和成长营造公平、公正的社会制度环境和市场环境，充分激发和调动各类人才的积极性和创造性，改善人才的工作和生活环境。通过培养和引进相结合，努力建设符合中心城市发展需求、数量充足、素质优良、结构合理的人才队伍，为建设人口均衡型、资源节约型和环境友好型社会，全面提升模式引领、实力带动、功能辐射的作用，为推动中心城区建设提供智力支撑和人才保障。

## （一）纠误区，除盲区，重构人才政策内核

### 1. 清除误区、盲区

中心城区拥有创新体制机制的充分载体条件。因此，在人才发展政策和人才体制机制方面可以顺势而为，率先突破，强化政策优势，革除误区，弥补盲区。可充分利用立法权下放有利时机，制定和完善人才发展法规，制定人才条例，将人才发展中的一些关键环节及纲领性对策以条例形式加以固定，特别是在人才鉴识评价、人才待遇保障、人才投入、培养和使用等环节，大胆突破和创新，强化人才关键政策环节的刚性和稳定性，为其他人才配套政策的制定和创新提供保障。

### 2. 完善制度环境

针对中心城区发展的新战略及人才政策的空白领域，率先探索，先行先试，为人才发展创造新的制度环境。例如，制定《科技创新免责办法》，使鼓励创新、宽容失败的理念由口号走向实质；完善特色人才和国际人才的引进机制，为引进国际型人才营造与国际接轨的政策环境；为各类人才营造更加公平、公正和公开的就业环境；尽快制定技术移民、项目移民相关标准和操作办法，并使之对国内外高端科技专才和手中握有自主知识产权的人才构成强大吸引力；进一步推进股权激励等事前激励的市场化激励措施，确保拥有知识产权的自主技术成为参与分配的核心要素。此外，对多年来出台的各项人才政策进行一次全面系统的梳理、优化和补充，最终形成一个以"人才条例"为统领的结构简明、科学优化、易于操作和便于监控的"1＋N"政策法规体系，并使整个政策体系凸显出差异化和人本化的特性；通过对现行政策的完善，弱化急功近利的政策偏向，使之在

重视物质激励的同时更加重视人文关怀。

3. 构建产业与高校的人才通道

从人才培育角度制定产业与高校合作的人才通道政策。中心城区在发展的过程中，必须与教育的品牌培育相结合，充分发挥高等院校的教育培训功能，以金融产业、高新技术产业核心技术和重点项目研发对人才的需求为突破口，针对发达地区中心城区的先进制造业、高新技术产业以及高端服务业所需的国际化人才市场需求，以及国际合作、联手参与国际产业竞争、培育国际化科技服务品牌对专门人才的需求等，制定人才发展战略政策，在高等学校增设特色专业人才培养学科，加强高校与企业对接，建设高等院校与产业结合的人才通道。

## （二）抓基础，补缺失，完善人才支撑环境

1. 面向人才安居，打造宜居宜聚的环境

针对不同人才群体的集聚程度和个性化需求，从城市优质公共服务配套建设以及人才安居住房建设入手，规划建设符合国际标准的人才小区及人才公寓。加快优质教育资源的均等化进程，在各功能区及工业园区合理布局、规划建设高质量的幼儿园和中小学校，满足企业人才子女入学入托的需求。规划建设不同内涵的文化聚会场所使具有不同文化背景、不同宗教信仰、不同习俗、不同国籍的人才找到归属感，彰显中心城区的博大包容性和文化多元性。同时，加快建设高水准的音乐厅、剧院和博物馆等文化设施，定期邀请国际高水平的文体团队演出，使中心城区成为中外多元文化的重要交融中心。

2. 面向人才创业，构建高效顺畅的服务支撑体系

在当前鼓励"大众创业、万众创新"的大环境下，要建设完善各类共性技术支撑平台，促进公共创新资源的共享，为人才的科技创新活动提供配套支持。建立市级人才发展协会等社会组织，使之成为整合资源、优化环境、反映人才诉求的议事平台以及人才与政府之间的桥梁纽带。要简政放权，及时解决来本地创业的各类人才遇到的各种障碍和困难，建立人才绿色通道或求助热线，使人才的合理诉求能够直达相关领导或职能部门。针对人才的各种常规需求，在专门机构设立一站式人才服务窗口，为各类人才办理创业过程中的各种审批手续。真正实现李克强总理所说的，"让人才少一些束缚和杂事干扰，多一些时间去自由探索"。

3. 面向大众，营造尊重人才的社会氛围

李克强总理在科技创新大会上的讲话中指出："要营造尊重劳动、尊重知识、尊重人才、尊重创造的良好环境。"调动各种媒体资源，打造特色专栏、特色版面，大力宣传重大创新成果和领军人才，形成创业光荣、创新可贵、创造无价的

舆论导向。创办城市人才论坛，将其逐步打造成具有区域影响力的品牌活动。搭建形式各异的人才交流平台，加深人才群体间的沟通联络，扩大对外部人才的吸引力和影响力。提高人才工作的透明度和影响力，总结分析人才工作成效，公开政府对人才培育和发展的政策实施效果。

### （三）拓思路，扩视野，创新人才培养、引进和交流模式

（1）突破思维定式，建立科学的人才鉴识和人才诚信体系。人才鉴识和人才诚信体系建设是人才引进和培养的重要手段。统筹考虑体制内和体制外的不同情况，突破人才鉴识工作的单向思维模式，借鉴先进国家和地区的经验，建立符合中心城区社会经济发展需要的人才鉴识评估机制和人才诚信体系，强化和扩大用人单位人才鉴识和使用的主动权。通过鉴识体系、诚信体系的完善和有效运作，有效鉴别人才已有成就、资质及发展潜能，加强人才引进和培养的针对性。

（2）突破体制机制限制，开辟人才引进新渠道。先突破国籍、户籍、编制、职数和待遇标准等方面的限制，突破以迁户口、转关系为特征的常规人才引进模式，实现户口不迁、关系不转、双向选择、自由流动的人才柔性引进机制，变人员引进为智力引进。借助毗邻的地缘优势，引进相关国际性咨询机构或非政府组织，充分发挥这类机构在集聚国际人才方面的重要作用，将国际咨询公司及相关国际性非政府组织作为引进国际人才的重要平台。鼓励创办具备国际视野的人才经纪公司和猎头公司，使这类机构在引进领军型和将帅型的顶尖人才中发挥桥梁纽带作用。

（3）突破传统模式，探索人才培养新路径。任正非曾经说过，"发展人才，要用优秀的人去培育更优秀的人"。在允许的情况下，借助本地区的政策环境和独特区位优势，破除国内高校中存在的各种弊端及体制障碍，开拓国际视野、遵循国际惯例，建设一所适应本地产业发展需要的本科院校，形成与国内外知名大学的资源共享。选择国内外有合作意愿的顶尖高校，设立市政府奖学金，激励到本地区创业的优秀毕业生，拓宽本市优秀人才的培养渠道。同时，采取相应策略，适度加大本地政府对驻地院校在人才培养环节的影响和话语权，使这些高校顾及本地人才的培养需要。

（4）以产学研合作为纽带，构建人才培养和引进的多元化模式。通过校、企、研发机构的产学研合作，进一步拓宽人才培养和引进渠道，建立起人才培养和引进的多元化模式（见图2）。

依托有条件的企业建设相对稳定的"教学—科研—生产实践"相结合的本科生、研究生实习基地，培养学生的实践能力和创新能力，实现人才培养与企业一线人才需求的对接。探索高校与有条件的企业联合申办工程硕士点，有针对性

地为企业培养中高级工程技术人才，增强企业后备人才的储备能力和造血能力。针对企业对高端人才的需要，鼓励有实力的企业和高校、科研院所共同设立博士后工作站、院士工作站，引进高端科研人才，提高企业科研、生产和经营管理水平。此外，以产学研合作为载体，通过实引进、软引进和虚拟引进等多种引进方式的结合，促进项目、研发机构及研发团队的整体引进，提高地方产学研人才引进的整体规模和水平。

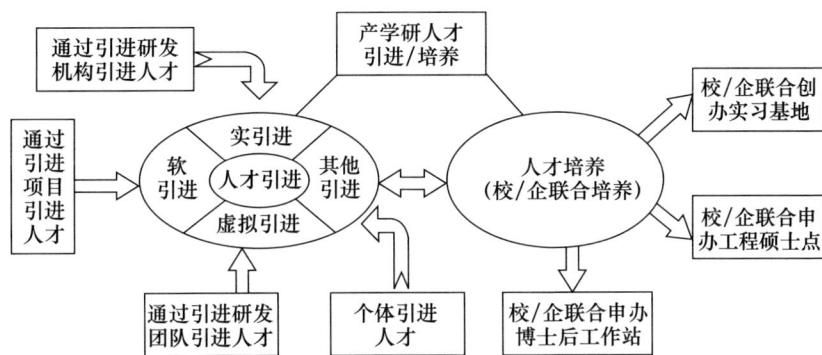

**图 2　产学研合作人才培养、引进模式**

栽下梧桐树，自有凤凰来。在经济社会转型的关键时期、在新型城市化发展的道路上，只有树立科学的人才观，破除官本位意识和急功近利的思想，敢于突破传统思维定式，凸显人文精神，超越体制障碍，优化甚至重构政策内核，谋求制度创新，致力于完善人才支撑条件和创业创新平台，宽容失败、鼓励创新，营造好人才生态环境，才会人才会聚，贤者云集，人才辈出，进而使城市实现以人才为前提的科学发展、错位发展和从容发展。

（执笔人：王大伟）

**参考文献**

[1] 汪怿. 加快我国人才服务业发展的几点思考 [J]. 科技进步与对策，2009（15）：142 - 146.

[2] 牛文元. 中国新型城市化战略的设计要点 [J]. 战略与决策研究，2009（2）：130 - 137.

[3] 罗山. 城市创新型创业环境结构分析与设计 [J]. 科技进步与对策，2010（18）：17 - 21.

[4] 黄梅，吴国蔚. 人才生态链的形成机理及对人才结构优化的作用研究 [J]. 科技管

理研究，2008（11）：189－191.

　　[5] 李程骅. 城市空间重组与新产业价值链的功能 [J]. 江海学刊，2008（4）：209－224.

　　[6] 牛冲槐，崔静，高凤莲. 人才流动与人才聚集效应的作用机理研究 [J]. 山西农业大学学报：社会科学版，2010（9）：72－75.

　　[7] 胡蝶，张向前. 海峡西岸经济区先进制造业基地人才支撑体系研究 [J]. 科技进步与对策，2011（21）：46－51.

　　[8] 马建龙，刘兵，张培. 新兴工业区人才聚集模式研究——以曹妃甸工业区为例 [J]. 科技进步与对策，2010（3）：142－144.

　　[9] 罗山，杨正浒，邓伟东等. 珠海经济特区自主创新政策体系评估暨优化 [J]. 科技管理研究，2010（9）：66－69.

　　[10] 闵惜琳. 基于灰色预测模型 GM 的人才需求分析 [J]. 科技管理研究，2005（6）：72－77.

　　[11] 唐贵伍，朱杰. 广西北部湾经济区引进域外人才的思考 [J]. 科技管理研究，2008（10）：230－231.

# "五长"同心，其利断金

## ——提升中心城区竞争力的团队建设

**摘要：**结合工作实际，我们把提升中心城区竞争力主要依靠的五个团队，称为"五长"，即市长、局长、董事长、校长、家长。在分别分析各个团队的作用、特点、功能，以及存在问题的基础上，重点围绕需要什么样的团队，从富有远见、敢于担当的掌舵人，具有创造性的高效执行者，敢为天下先、先声夺人的能人，为人师表、知识丰富的人生导师，阳光向上的家庭文化传承人，五个方面进行了系统的论述。

提升中心城区竞争力，关键在人。一个城市是一个整体，这个整体的发展，要依靠各种各样的人或者人群，各个层面的人群我们可以称之为团队。《孙子兵法》有云：上下同欲者胜。城市的决策者、管理者、组织者、组成者等各个团队，同心同德，就会汇集成战无不胜的宏大力量。这些团队分工不同、职责不同，也具有不同的特点和优势，提升城市竞争力，需要什么样的团队，这些团队发挥什么样的作用，是我们需要认真研究和思考的问题。

## 一、提升中心城区竞争力主要依靠的团队及作用

### （一）市长——决策团队

这里所说的市长，不仅单纯包括市长本人一位，而是包括书记、市长、区长等，掌握决策权的领导层团队。中心城区的总体定位、长远规划、发展思路、经济社会发展过程中的重大事项等，都需要决策团队来研究、决定。

1. 决策团队有哪些职能

决策，顾名思义，就是对中心城区有关事项进行拍板、决定。《中华人民共和国地方各级人民代表大会和地方各级人民政府组织法》明确规定：各级政府实

行行政首长负责制。行政首长负责制是指重大事务在集体讨论的基础上由行政首长定夺，具体日常行政事务由行政首长决定，行政首长独立承担行政责任的一种行政领导制度。这充分说明，对于中心城区来说，市长在地方政府决策中的重要职能。同时，市长团队的职能包括的内容很多，包括政治职能、经济职能、文化职能、公共服务职能等，我们可以用一句话来概括，市长团队承担着一座城市的经济、政治、文化、社会、生态文明这"五大建设"掌舵人的重要职能。

2. 市长应当发挥的功能作用有哪些

市长所要发挥的作用，其实就是政府需要发挥的功能和作用。①决策功能。决策是市长团队应当发挥的首要作用，突出了市长的核心地位。在行政决策时，在集体研究的基础上，市长要发挥核心作用，做最后的决定，这里还涉及依法决策、运用行政手段进行调控的问题；而在出现决策失误等问题时，市长也是要出来承担责任的。这样的"倒逼"方式应当对决策的科学性具有一定的促进作用。②组织功能。为有效地实现既定目标和任务，将各类行政要素联结成有机的整体，使人财物得到最合理的使用。这其中包含着资源整合的作用，包括整合行政资源，降低行政成本，提高行政效能；整合内外部资源，把本地资源与外地资源有机整合，达到"1 + 1 > 2"的效果。③协调功能。协调活动是市长团队开展工作的重要环节和方式，通过对上协调、横向协调、对下协调，理顺关系，消除障碍，形成合力，营造和保持良好的行政环境，有效地完成任务目标。④控制功能。按照行政计划标准和指标，来衡量计划完成情况，重要事项进展情况，纠正执行过程中的偏差，来确保目标准确、高效实现。控制功能的体现，需要多渠道、综合性、大体量的信息以及强有力的推进机制来保障和支持。⑤监督功能。作为城市发展建设的掌舵人，按照社会道德、法律法规、标准规范，来引导、监督社会各个生产生活环节。当然，政府的监督必须是在一定范围内的，不能随意扩大其职能。

## （二）局长——执行团队

1. 局长的职权有哪些

这里说的局长团队实质上代表的是整个公务员团队，为了便于分析和论述，我们把中心城区公务员队伍中的重要带头人——局长作为代表。作为行政职能部门，有大局，有小局，有事务多的局，有职权少的局，还有是否具有行政执法权之分。这里讨论的局长的职权，更恰当地说，就是这个局的职能。以某市中心城区发改局为例，该局作为统筹全区国民经济和社会发展的综合职能部门，负责拟订并组织实施地区发展规划和年度计划，研究宏观经济运行、总量平衡，提出调控政策建议，负责有关建设项目上报、审批等等，范围很广。作为综合职能部门的发改局，承担的职责综合性强、专业性强、协调性强，可谓任务很重。那么，作为该局的局长，在决策团队作出职权范围内的决策后，也就相应地承担了这些职能的落实工作。

### 2. 局长应当发挥什么作用

局长这个角色，更多的是起到承上启下的作用。一是执行者的作用。市长团队作出的决策即使再科学、再务实，最终都要靠局长带领公务员团队负责执行和落实，从这个意义上讲，局长就成了执行者、落实者的角色。二是领头雁的作用。局里全体人员，目的不同、能力不同、素质不同，但是大家是要跟着这位局长干工作的，队伍走的方向对不对，步伐齐不齐，有没有精神头，有没有战斗力，局长这个"领头雁"起到很关键的作用。三是把关者的作用。局里的重要事务，局长都要亲自过问、把关、审核，项目是不是符合中心城区产业发展要求，企业经营范围是否合法等，这些都需要局长来为市长提前把关，起到参谋、审核的作用。四是协调员的作用。对上，要向决策团队请示汇报，争取工作支持，解决困难问题，执行好各项决策。横向方面，协调和处理好与各部门、街道的关系，形成工作合力。对下，凝聚局内各科室及全体人员的力量，分工负责，协同合作，履行好各自职责。五是责任者的作用。权力就是责任，领导就是服务，作为一名局长，权力可能不大，他承担的更多的是责任，这份责任来自决策团队、全体工作人员，更重要的是来自中心城区的居民群众。

## （三）董事长——企业团队

企业是市场经济的主体，没有企业的发展，就没有地方经济的发展。可以说，对于一个区域来说，企业活，则经济活；企业旺，则经济旺，中心城区同样如此。企业的发展关键要看"老板"，在这里，我们称其为董事长或者企业家。

我们先看企业家对于企业发展的重要作用。一是带头人。作为成功企业的灵魂人物，企业家创造了企业或者说是参与创造了企业，主导着企业的成长，对于所在企业的成长和发展，无疑是至关重要的。二是掌舵手。毫无疑问，企业家决定着这家企业的发展方向、发展思路，不管这家企业是工业企业还是服务业企业，企业的发展轨迹都是由企业家在"掌舵"。三是设计师。企业家的经济决策决定了企业内部的经济运行模式和产品属性，而企业家的个人特质将带动一个企业形成自己的核心竞争力，给外界展示出一个企业所应该具有的企业文化、企业的特质以及核心竞争力。四是保育员。有的企业家对企业怀有深厚感情，企业和企业员工也离不开企业家，他们相互之间已经成为一种高度依赖、高度融合的状态，可以说，很多企业家已经把企业当作自己的"孩子"一样呵护。

再来看企业家对于中心城区经济发展的重要作用。企业家可以创造财富。企业家通过企业的生产、经营、服务活动，提供满足社会公众物质和文化生活需要的产品和服务，特别是工业企业，这个过程就是创造财富的过程。同时，企业家在吸纳就业方面，也发挥着不可替代的作用。企业家可以提供税收。国家的经济发展、民生事业、国防建设、基础设施以及群众生活等方方面面，都离不开税收的保障和支撑；特别是对于中心城区来说，集中了大量人口，需要更大的物力和财力来支撑发展，如果没有税收，经济发展和社会秩序就会无法想象。我们的税收来自哪里，可以这么说，多数都是来自于企业家和他们的企业。据统计，我国税收收入的90%以上来自于企业，而盛产企业家的大企业提供的税收所占比例更是不在少数。企业家可以引领和加快创新。萨伊、熊彼特和德鲁克等经济学家早已定义："企业家具有先进理念、经营管理思想及战略头脑，具有冒险精神与创新精神，不断开拓新的经营领域。"企业家必须要创新，如果不创新，甚至是创新的步伐慢了，都会被同行或者是竞争者甩在身后。企业家可以推动发展。企业和企业家对于提升中心城区综合竞争力，推动区域经济发展甚至是国家经济发展，都有不可忽视的作用。据统计，2015年中国企业500强营业收入总额，相当于2014年国内生产总值的93.5%，在这500家企业身后，恰恰是一大批精英企业家。电子行业的巨无霸"三星电子"，2012年营业收入是韩国全国生产总值的20%左右，其在解决就业、推动经济社会发展等方面的作用更是举足轻重。

## （四）校长——知识团队

作为校长，首要的职责就是传授知识、培育人才。这里所说的"校长"其实是广义的，不仅是指校长自身，还包括教师、职工等涉及教育事业的整个学校内的群体，只不过是校长起到了关键性的作用。

我们先从中小学校长说起。现在，很多中心城区都把基础教育作为提升软实力和综合竞争力的事业来发展，这一做法无疑是明智的、多赢的。形成好的班风，主要靠班主任老师，形成好的校风、学风，就要靠一个好的校长了。苏联著名教育学家苏霍姆林斯基担任校长的学校有一个花房，里面有很多玫瑰花，很多学生都去观看，但学生都很懂事，没有人去采摘。一天早晨，一个小女孩进入花房，摘下一朵最大、最漂亮的玫瑰花。正要走出花房时，苏霍姆林斯基正好迎面走来，便弯下腰问："孩子，可以告诉我花是送给谁的吗？"孩子害羞地回答："送给奶奶的。奶奶生了重病，我告诉她学校里有一朵很大的玫瑰，奶奶不信，我就摘下来送给她看，希望她早点好起来，之后我会把花送回来。"苏霍姆林斯基的心颤动了，他牵着小女孩的手，又摘下两朵大玫瑰花，说道："这一朵是奖给你的，你是一个懂事的孩子；这一朵是送给你奶奶的，感谢她养育了你这样的好孩子。"在苏霍姆林斯基校长看来，当学生犯错时，首先要做的是倾听，然后才是处理。

还有的校长，是因为学生而有名的，当然，这部分校长本身素质也要过硬。少年周恩来在沈阳东关模范学校上学。这一天，魏林之校长亲自为学生上修身课，题目是"立命"，就是给学生讲怎样立志。校长讲到精彩处突然停顿下来，向学生提出一个问题：为什么读书？学生们有的回答为了光耀门楣，有的回答为了家人读书，五花八门，校长都不是十分满意。当问到12岁的周恩来时，他铿锵有力地回答"为中华之崛起而读书"，让魏校长为之一振，并感慨地向其他同学说："有志者，当效周生！"

我们再来说大学校长。大学的意义重点在于学习专业知识，为将来的职业生涯做充足的储备，为步入社会做积极的准备。作为最高学府的北京大学，历任校长包括严复、蔡元培、傅斯年、胡适、马寅初等，他们有的是翻译家，有的是政治家，有的是经济学家，可谓学富五车、才高八斗。以蔡元培先生为例，作为一名教育大家，他行事谦逊、低调，坚持用人格魅力来影响教师、学生，从而形成良好的校风、学风。蔡元培在北大实行"教授治校"，聘任财务等委员会，都以教授为委员，在北大，最高的决策机构是教授组成的评议会，重大事情都在评议会上决定。后人评价道："他是新文化运动之父，他通过改变一所大学进而改变了一个民族！"蔡元培去世后，毛泽东唁电中的"学界泰斗，人世楷模"至今和蔡元培的肖像一起，挂在北大教育学院的大厅。

大学校长还有一项重要的任务，就是发挥人才、设施、知识优势，推进科技创新，多出科研成果，并与企业联合，实现科研成果的实际转化。2011年，教育部与财政部决定实施"高等学校创新能力提升计划"，加强产学研协同创新，目的就是建立以企业为主体、市场为导向、产学研结合的技术创新体系，从而提高创新体系整体效能，大学的作用和影响也越来越大。

### （五）家长——家庭团队

自古以来，中国人都十分注重家庭观念，把家作为温馨的港湾，过年过节回家，有大事喜事回家，有困难的事也回家，关于家庭的传说、典故、佳话等，数不胜数。一是经济功能。包括家庭中的生产、分配、交换、消费等内容，它是其他方面的物质基础，也是中心城区发展情况的重要参考数据。家庭的收入决定着它的支出额度，也就是我们经常说的，"有了钱，才能大胆地消费"。二是生育功能。这里主要相对于中心城区的人口密度、人口压力来说。以东部某市的某中心城区为例，2014年，全区人口出生率为10.29‰，人口自然增长率为6.2‰，人口出生率明显低于全国平均水平。这在一定程度上说明，中心城区经济压力较大，养育成本较高等因素，对人口出生率存在影响。三是教育功能。包括父母教育子女和家庭成员之间相互教育两个方面，其中父母教育子女在家庭教育中占有重要的地位。自古以来，关于子女孝或不孝的典故不胜枚举，这里就不再作具体介绍了。但是，家庭通过家风、家训等形式，传承正能量的作用是十分明显的。四是稳定功能。我们经常说"家和万事兴"，这不只是对于家庭内部说的，延伸到家庭以外，也同样适用。有的地方开展的五好家庭评选、好媳妇和好婆婆评选等，目的就是让家庭更和睦，从而达到社会大家庭的和谐。五是休闲功能。在岗位上工作，在家庭里休息和休闲，这样劳逸结合、互相促进、互为补充，才能形成良性循环，改善生活质量，提高工作成效。在家里看书、娱乐、聊天、上网、看电视等，这些都是家庭休闲的内容；与家庭成员一起，到外边散步、健身、旅游等活动，也是休闲的范畴。另外，家庭还具有其他很多功能，比如抚养子女、赡养老人、感情交流、躲避风险、平静心情等，这些就不再一一赘述了。

## 二、几个团队在发挥作用方面需要解决的主要问题

### （一）市长团队决策范围界定不清的问题

从市长团队来说，哪些问题应该决策，哪些该管，哪些不该管，还没有划清"界限"，有的决策还不科学、不严谨，有的地方还存在"该找市场的找市长"的现象，有些应该交由市场调节的行为，却让市长来决策。例如，下红头文件帮助企业卖产品、卖服务的行为还时有发生。

### （二）执行团队效能不高的问题

从局长团队来说，效能意识、大局意识、责任意识还没有相应增强，特别是受到政策环境影响，以前作为激励手段的补贴不能发了，感觉队伍不好带了。受市区体制影响和审批权限约束，有的局在行政审批过程中，只是起到"二传手"的作用，有种"为他人作嫁衣裳"的感觉。有的认为本部门没有执法权，面对阻碍中心城区发展的问题，感觉无能为力、倍感无奈，行政效能、执行效能受到一定限制和影响。

### （三）企业团队创新不足的问题

从董事长团队来说，多数中心城区还是缺少那种"行业领袖"式的企业家。有的企业家在当地可能小有名气，甚至解决大量的就业问题，上缴数额不小的税收，当选为人大代表、政协委员，也算风光。这种情况下，有的企业家却产生小

富即安、小成即满的心理，创新的积极性、创新的能力也有所下降。

### （四） 知识团队教育效果不佳的问题

从校长团队来说，有的被职务级别拖累，有的被办学经费制约，有的被校园周边环境困扰；很多校长疲于应对各类检查评比，不能静下心来研究学问，研究增加科研成果，长期下去，对改善校风校纪、提高教学质量、推进中心城区发展等方面都是很大的制约；受到各类因素综合作用，从幼儿教育到大学教育，社会各界对教育效果的讨论和争议不断，也需要认真加以研究和解决。

### （五） 家长团队不能以身作则的问题

从家长团队来说，有的家长忙于工作或者忙于生意，把孩子扔给学校，放任自流；有的家长自身行为就不正确，为孩子树立了不好的示范；有的家庭没有树立正确的导向，更谈不上家风、家训，家庭内部缺乏积极向上的精神。

## 三、增强中心城区核心竞争力需要怎样的团队

### （一） 市长团队，富有远见、敢于担当的掌舵人

城市之间的竞争实质上就是市长这个决策团队之间的竞争。衡量市长团队的标准，应当更侧重于决策能力、改革能力、担当精神，推动和实现超常规跨越式发展的能力。我们把市长团队的标准概括为6个字："高、大、上，严、明、强"。

高。一方面是具有高素质。作为市长，不仅要有丰富的知识，还要有突出的学习新知识、接受新事物的能力，不仅要有深厚的理论积累，还要有过硬的实践能力和丰富的基层经验，这样才能应对复杂多变的发展形势。另一方面是站得高，有远见。看问题、做谋划时，站的角度更高，看的时间和距离更远，对某些关键问题和环节具有独到的眼光和视角。特别是在城市规划和基础设施建设方面，站得高、看得远显得尤为重要。如20世纪90年代，某市决定高标准拓宽主干道，提高通行能力，当时车辆数量并不多，很多人不理解，甚至还听到了骂声，即便这样，决策团队还是顶着压力拓宽了道路。十几年过去了，大家发现，很多城市喊堵的时候，这个城市竟然不那么堵。大家回想起来，终于理解了决策团队的苦心，也感受到了他们的远见。

大。主要是大气，有魄力，敢于担当。这些年，各个城市都十分重视城市建设，宽敞的道路和高标准的绿化，鳞次栉比的高楼和高端大方的城市综合体，所

有这些，需要投资、土地、拆迁来支撑，还可能有大分贝的质疑甚至反对声音。但是高水平的城市建设既推进了城市发展，改善了市民生活水平，体现了城市的品质，市民受益，又考验了决策团队的魄力和敢于担当的精神。另外，这个大，还有思路开阔，能够驾驭全局的意思。不谋全局者，不足谋一域。决策团队，对外，要能够把中心城区放在全国、全省的大局中考虑，精准定位、抢抓机遇、突出优势、加快发展。对内，能把中心城区作为一个整体，综合考虑各类因素，充分调动各种力量，全盘考虑、全员参与，下好这个大的棋局。

上。一方面是指有积极向上的心态，有责任心。作为市长，要有一种"我不是一个人在战斗，我是在为全体市民工作"的态度。明确了职责，有了好的出发点，才能更加有担当，干起工作来也更有底气。习近平总书记提出的"五好干部"中，"为民服务"这一条，可以看作是为了让市长明确自己"为谁工作，为什么工作"的问题。另一方面是指在决策时能够选择"上策"。做决策，可能有多种路径、多种选择，作为决策团队，就要有选择"上策"的能力。当然，这种能力需要充分的调研、科学的分析、精准的把握、独到的眼光以及集体的智慧作为支撑和辅助。另外，我们不得不重视决策、规划的稳定性，这些年，在城市发展建设方面不能再走"换一位领导，换一幅蓝图"的路子了。

严。主要是严于律己，严格依法办事。严于律己，对应着"五好干部"中的"清正廉洁"。作为一市之长，掌握不小权力、不少资源，也面对很多诱惑。透过经不住诱惑走上违法犯罪道路的例子，更说明作为决策团队，能够做到"严于律己、清正廉洁"是何等的关键，对自己、对家庭、对整个中心城区是何等的重要。再来看严格依法办事。随着依法治国进程的加快，全社会对法律越来越重视，各个群体的法律意识不断增强，不管主动也好，倒逼也罢，决策团队依法办事的意识和能力确实也在不断提升。这是好事，贵在持之以恒。

明。意思是开明、民主，能够听取各方面不同的意见。开明，用于形容古代君王的情况比较多，用在这里，主要是为了说明发扬民主的重要性和必要性。正所谓"忠言逆耳"，新闻报道中，很多地方存在"一言堂"现象，做决策不经过深入细致地调查研究，不听取下级和群众意见，往往造成一些错误决策。好在，我们的决策机制越来越健全，我们的决策团队也越来越民主，各类决策咨询机构发挥的作用也越来越明显，对于市长团队来说，对于整个中心城区来说都是好事。

强。就是综合能力强。发展经济能力、维护稳定能力、组织协调能力、解决棘手问题能力等，从大处说，"可上九天揽月、可下五洋捉鳖"，通俗说，可以"上得厅堂、下得厨房"。我们以曾经引起热议的一条新闻为例，一位领导到群众家走访，交流三两句话后，竟然"卡壳"了，着实尴尬。这位领导可能具有很强的组织协调等能力，但是群众工作能力、应变能力确实有所欠缺。

## （二）局长团队，具有创造性的高效执行者

作为执行团队，对局长以及公务员队伍的主要衡量标准就是执行力，我们用两个"有"和三个"能"来作为具体标准。一是有较高的职业素养。公务员是一种职业，胜任这种职业，需要较高的职业素养，公务员考试设置的综合能力测试，知识面丰富、实践性很强，能够考中的人员，说明具备了一定素质。当然，还要经过实践锻炼，才算真正具备了职业素养。局长团队具备的职业素养还要更强，他需要服务发展大局，需要处理相对复杂的问题，整合相关的力量和资源来完成好各项任务。二是有扎实的工作作风。"认真就是能力，扎实就是水平"。对于执行团队来说，作风是效能的重要基础，具备扎实的工作作风、认真的工作态度是十分必要的标准。以各地都有的公共行政服务中心为例，有的地方服务热情、程序严谨、办事高效；而有的地方态度冷淡、办事拖沓，有时还被投诉、被曝光。究其原因，还是作风不够扎实，工作不够认真。三是能承担重任。作为执行团队，难免会面对一些较为复杂的局面，有的问题甚至还很棘手，这正是体现和检验执行力的时候。我国的舰载机在"辽宁号"上成功起降，在国内外引起不小轰动。对于舰载机飞行员这个"执行团队"来说，却不仅仅是付出血汗那么简单。舰载机上舰飞行被喻为"刀尖上跳舞"，风险系数是航天员的 5 倍、普通飞行员的 20 倍。这些事实，每位舰载机飞行员都知道，他们正是凭借着巨大的勇气，勇挑重担，最终换来了成功。相对于这项任务，中心城区执行团队所面临的挑战肯定要小很多。四是能形成合力。一方面是局长与局长之间能形成合力。中心城区经常会举办一些大型的活动、开展一些综合性的工作，这时候，局与局之间形成合力就显得十分重要了。另一方面是局长能凝聚公务员队伍形成合力。局长的一项重要职责，就是把公务员队伍的力量凝聚起来、激发出来，形成攻坚克难的强大动力。这特别需要局长具有沟通能力、协作能力、动员能力、求同存异、众志成城，执行好每项决策和部署。五是能创造性地开展工作。不同的问题有不同的解决办法和方式，在落实工作过程中，能不能多渠道、多方式地解决问题，是考验执行团队能力的重要方面。一些没有遇到过的新情况、新问题，就要靠创新的思维，用创造性的工作创造条件，并去解决和完成工作。

## （三）董事长团队，敢为天下先、先声夺人的能人

综合各方面的资料，笔者认为，企业家应当具有以下条件、素质，也可以称为标准。第一，有高超的智慧，有不俗的远见，能够先声夺人。马云的智慧和远见，众所周知，作为与之接近的人，分众传媒董事长江南春更有发言权。在江南

春看来，马云能看到别人看不到的东西，并且抓住机会、先声夺人，一边去幻想和探索，又有非常实干的理性，每一天向着那个目标一步步迈进。第二，有敢为天下先的魄力，有过人的胆识。柳传志真诚地说过，最佩服欣赏华为的任正非，他有胆识有魄力，敢为天下先，让华为在技术投入上可以不计成本、一往无前。确实，任正非领导下的华为总是引领市场，通过技术创新赶超发达国家，亲手建立自己的品牌，并且成为了国人的骄傲。第三，有理性的思维，有超强的定力。张瑞敏怒砸不合格冰箱的故事，被业界奉为经典，他就是用诚信经营，来给市场一个回答。这出人意料的行为，在当时甚至被认为不理性，但从现在来看，正是用这被砸毁的 76 台劣质冰箱，理性地换回了海尔"真诚到永远"的企业信念和发展定力。第四，有创新的精神，有独到的个性。以董明珠为例，她大胆泼辣，做事果断，带领格力在技术创新、提高能源效率方面做着不懈努力。现在格力已经有 5 个研究院，近 8000 人的研发队伍，占全体员工的 1/10。当然，优秀的企业家还要具备高超的领导能力、协调能力、坚持能力等等，并且具有独特性，无论是马云、柳传志、张瑞敏，都有自己独到的能力和特质。

## （四）校长团队，为人师表、知识丰富的人生导师

校长团队的标准，应当以传播知识、教书育人来衡量，如果要量化，可以看这个学校为社会培养了多少有用之才，不管是中小学还是大学，同样适用。校长要为人师表。一句"为人师表"，涵盖了很多内容，但本质上还是要求个人品质必须过硬，这其中涉及做事为人。2013 年上海交大新生开学典礼上，张杰校长寄语新生"怎样做一个独立的、睿智的、淡泊名利、德行高尚的，一个有严肃的批判精神而又富有温暖的人文情怀的人"。张校长的寄语得到了新生的一致点赞。复旦大学的老校长陈望道先生，创立了我国第一个科学的修辞学体系，编辑过《新青年》，编译了《共产党宣言》，知识不可谓不丰富。但到了晚年，他仍然坚持科学研究，为的就是把自己作为表率，带动大家搞好教学，培养更多人才。校长要精通业务。首先是有的教。教育别人，要比别人学得多、懂得多，否则很难胜任；同时，很多知识学生没有接触过，很多案例学生不知道，才会有新鲜感。其次是会教。能抓住学生的心理，让学生跟着自己的思路走，并且区别不同类型、不同阶段，有针对性地进行教育教学。校长要擅长管理。作为校长，特别是大学校长，面对几千教师、几万学生，要具备综合性的管理能力。衡量管理的一项重要标准，是看这个学校有没有形成好的学风、校风。作为百年老校的兰州大学，在 1986 年由时任校长胡之德先生倡导提出了"勤奋、求实、进取"的校风，时至今日，一直作为广大师生的行为准则。据统计，进入 21 世纪以来的十几年中，兰大毕业的学子新增"两院院士"达到 14 名，不要小瞧这个数字，因为我

国"两院院士"只有 1500 多名。校长要淡泊名利。前些年，迎来送往盛行，浮躁之气升腾，有的校长成为社会活动家，无暇顾及正常教学管理，有的竟然让学生陪酒，甚至做更出格的违法之事，让家长痛心。幸好八项规定出台，管住了官员，也管住了校长。所以，作为校长团队，淡泊名利、耐得住寂寞，是潜心研究学问、教学、育人的必要基础和重要标准。

## （五）家长团队，阳光向上的家庭文化传承人

家长团队虽然覆盖面广、数量巨大，但是相对单纯，主要从家庭功能和教育功能上来考虑，我们把衡量的标准定为积极向上。首先，能够言传身教。从效果上来看，身教要胜于言传。积极向上的家风家训，作为正能量的一种有效传承，也是言传身教的重要方式，在继承和弘扬优秀文化传统，倡导正能量方面起到了很好的作用。一代名臣曾国藩"勤奋、俭朴、求学、务实"的家训家风，一直为曾家后人传承，也成为中华传统治家方法的经典。其次，能够和谐和睦。与单位一样，家庭成员也是有分工的。老人，更多地扮演监督者、纠正者的角色，让小辈们少走弯路。中青年，"上有老、下有小"，工作、生活不易，更多地扮演家庭财富创造者、家庭生活主导者的地位。孩子，集各方宠爱于一身，扮演着平衡者、传承者的角色，还会调节家庭氛围。家庭成员如果各司其职、各负其责、互相帮助，肯定会保持和谐和睦。最后，能够积极参与。打造积极向上的市民精神，很多城市已经注意到了这一点，并且在探索确立自己的市民精神，或者叫城市精神。让市民更具有人文精神，体现团结、奋进、开放、包容的"大气"，摒弃松散、慵懒、狭隘、嫉妒的"小气"，引导大家参与到城市发展建设当中，是十分必要的。

（执笔人：孙军）

# 建立融资机制，让基础设施投资源开流畅

**摘要：** 城市的发展离不开城市基础设施的建设，城市基础设施是城市经济不可缺少的一个组成部分。近些年来，随着城市化进程的不断加快，中心城区正面临着城市基础设施建设项目不断增加与投资这些项目的资金供应不足、融资渠道过于狭窄之间的矛盾。如何拓宽基础设施融资渠道，为城市基础设施建设的健康发展提供持续、稳定、充裕的资金供给，并做到"借钱有路"和"挣钱有道"，已经是城市一个亟待解决的问题。

随着融资问题的解决以及一些投资方案的逐步落实，对这些投资的必要性、效果、效益、社会效应和对生态环境造成的影响也越来越受到社会的关注和质疑。因此解决"花钱有章"的问题已经成为当今社会的一个焦点。

地方政府债务问题目前是重中之重的问题，时刻触动着国人的神经，成为研究的热点。探寻有效的方式解决地方政府债务偿还问题，做到"还钱有源"不仅事关地方政府经济负担能否得到有效缓解，而且牵动着整个经济社会发展的大局。

## 一、转变思路，创新模式，加快城市融资市场化进程，实现"借钱有路"

### （一）PPP 融资模式和政府采购服务融资模式

由于 2015 年国务院 43 号文的颁布和新预算法的实施，地方政府投融资公司的融资模式发生了巨大转变。原来依靠地方政府打造信用结构体系，利用地方政府资源提供担保、抵押、回购、兜底的融资模式已不符合政策、法规要求。不管是直接融资还是间接融资，对项目融资而言，新的信用结构体系设计要求：一是项目本身必须能够产生经营性现金流，并且必须能够覆盖投资。二是信用结构设

计必须提供足额、有效的担保或抵押。三是社会资本介入,支持 PPP 项目贷款。而对于基础设施项目,设计为 PPP 项目模式,是开展融资的主要方式之一;而最近推出的城市建设项目政府采购服务模式,为城投公司开展间接、直接融资解决了还款资金来源设计问题,也为城市建设投融资开辟了新的通道。为此,基础设施项目融资就必须进行思路转变。

1. PPP 模式的定义及 PPP 项目的要求

PPP(Public–Private–Partnership)模式,通常译为"公共私营合作制",是指政府与私人组织之间,为了合作建设城市基础设施项目,或是为了提供某种公共物品和服务,以特许权协议为基础,彼此之间形成一种伙伴式的合作关系,并通过签署合同来明确双方的权利和义务,以确保合作的顺利完成,最终使合作各方达到比预期单独行动更为有利的结果。PPP 项目的基本要求是明确划分政府债务与企业债务界限。根据国务院、财政部有关文件要求,PPP 项目要获得金融部门认可须满足如下条件:①项目需具备基础设施项目性质。如道路、桥梁、轨道交通、污水处理、燃气、供热、自来水、医院等。②项目本身须产生经营性现金流,即项目本身能通过市场化运作取得一定的经营收入。③项目投入产出平衡,即项目的总收入须不小于项目总投入——产生一定的经营利润。如果项目自身产出不足以弥补投入,可由财政给予一定补助,达到能够吸引社会资本进入的最低要求。④社会资本参与成立特殊目的公司(SPV)。社会资本包括民营企业或个人投资和非本级政府所辖国有企业投资。⑤配套足额的资产抵押或担保。

2. 包装 PPP 项目的难点与对策

(1)创造经营性现金流,用活财政资金,平衡项目投资。为适应新融资模式的要求,就要将项目包装成收益能够覆盖全部投资的可经营性项目。地方政府积极推动的基础设施项目,一般分为以下两类:一是经营性现金流不能覆盖全部投资的项目。如污水处理项目、自来水项目、管网项目、路桥项目等。此类项目可通过财政补助的方式,弥补经营性收入的不足,由此达到市场化收入 + 财政补助不小于项目还本付息支出额,从而符合融资的要求。二是没有经营性现金流的项目。如城市道路、水系景观等城市基础设施项目。该类项目首先要解决没有经营收入来源的问题,主要还是依靠土地。首先解决有没有经营收入的问题,这就要积极盘活城市地上、地下资源。如广告特许经营、地下管网特许经营等。

(2)灵活选用项目主体,解决社会资本控股问题。PPP 项目一般净收益率比较低,民营资本不愿介入;或者地方政府出于风险的考虑,会在涉及土地开发的项目上限制民营资本介入。那么,本地投融资公司走出去,引进同级别投融资公司参与 PPP 项目,实现交叉互投,共同解决社会资本控股问题将是大势所趋。地方政府要解决本地基础设施投资资金问题,积极将本地投融资公司推出去,实现平台公司转型；同时积极引进外地国企，形成战略合作关系，此举意义重大。

（3）满足信用结构设计要求，提高担保能力。新的政策法规剥离了政府为融资提供担保、兜底的职能。解决投入产出平衡问题和社会资本控股SPV问题，仍不能满足金融机构信贷要求，还必须解决抵押、担保问题。其根本点在于做大、做强地方投融资公司。做强的过程是一个持续经营、盈利并产生巨额经营性现金流的过程。远水难解近渴，只能作为中远期目标。现实情况，能够尽快实现的是做大资产规模，形成巨人效应。在做大规模基础上再腾出时间精雕细刻，剥离劣质资产，做精优质资产，达到做强之目的。

3. 城市建设项目政府采购服务融资模式简介

城市建设项目政府采购服务模式是指根据社会经济发展规划，对于需要政府投资建设的城市建设项目，通过公开招标、邀请招标、竞争性磋商、单一来源采购、询价等符合规定的竞争方式，确定拟采购项目；采购主体与项目主体签订政府采购服务合同；政府将采购资金分年度列入财政支出预算，分期付款；项目主体依此启动融资或利用自有资金进行建设。政府将采购资金列入支出预算而非列入政府债务，政府不需要为项目主体融资出具兜底和还款承诺；政府责任和企业责任明确。该模式将有效解决社会资本承建城市建设项目的信用结构设计和项目收益问题，破解项目融资难题，有力推动固定资产投资。

## （二）建立土地储备制度，推出土地信托产品

在建立土地收购储备制度的大框架下，充分运用"公司制"运作机制，将手中集中起来的土地作抵押，以土地开发以后产生的级差收入作为本息偿还的来源，定向发行一些土地信托凭证，以减少政府城建启动资金的投入，让本地居民分享土地升值利益。

1. 土地储备和土地信托

土地储备，是指各级人民政府依照法定程序在批准权限范围内，对通过收回、收购、征用或其他方式取得土地使用权的土地，进行储存或前期开发整理，并向社会提供各类建设用地的行为。

土地信托（Land Trust），是土地所有权人（委托人）为有效利用土地，提高不动产的开发与经营效率，而将土地信托予受托人，由受托人利用其专业规划与管理，将开发经营的利润作为信托受益分配金交付给受益人。

土地信托的分类：①租赁型：受托人无处分信托财产的权利。②分售型：委托人将信托财产委托信托业者出售。

2. 土地信托的美国模式

开发者（委托人）购买一块生地（Raw Land），再将该土地所有权信托给受

托人，签订信托契约，受托人发行土地信托受益凭证，而由委托人销售该受益凭证给市场上的投资人，受益凭证代表对信托财产（土地所有权）的受益权，销售受益凭证所得资金用来改良土地，然后将土地出租给由该开发者组成的公司。受托人收取租金，负有给受益凭证持有人固定报酬的义务，并将剩余租金用来买回受益凭证。

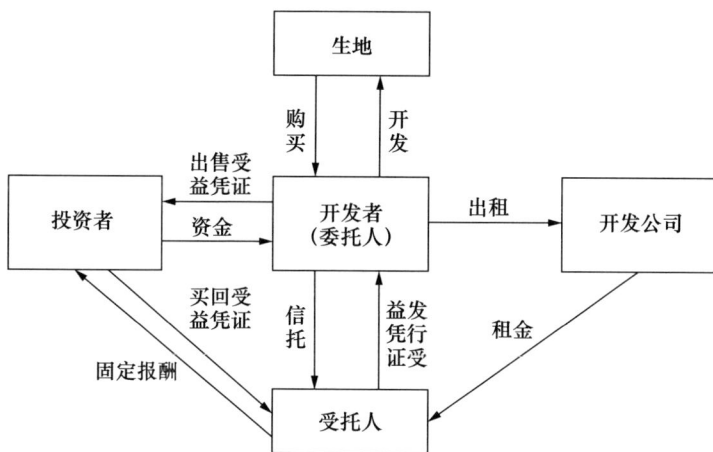

**图1　美国土地信托模式**

### 3. 土地信托的日本模式

日本的土地信托是土地所有者将土地信托给受托人（信托银行），并从受托人治理和使用该土地的收益中获取信托红利。土地信托包括出售型和租赁型，前者是指委托人将信托财产委托信托业者出售，受托人将出售所得，在扣除受托人的报酬及其他手续费用后，交付给委托人；后者是指受托人无处分信托财产的权利，在信托期间信托业者应定期给付委托人信托收益，信托终了时，委托人仍保有原土地的所有权。

## （三）建立完善地方政府投融资平台公司

### 1. 地方政府投融资平台公司

所谓地方政府投融资平台公司，是指地方政府及其部门、机构等，通过财政拨款或注入土地、股权等资产设立，承担政府投资项目融资功能，并拥有独立法人资格的经济实体。地方政府投融资平台公司的最基本功能是：以政府信用为支撑，以实施政府政策为目标，直接或间接地有偿筹集资金，将资金投向急需发展的领域、行业和项目等。

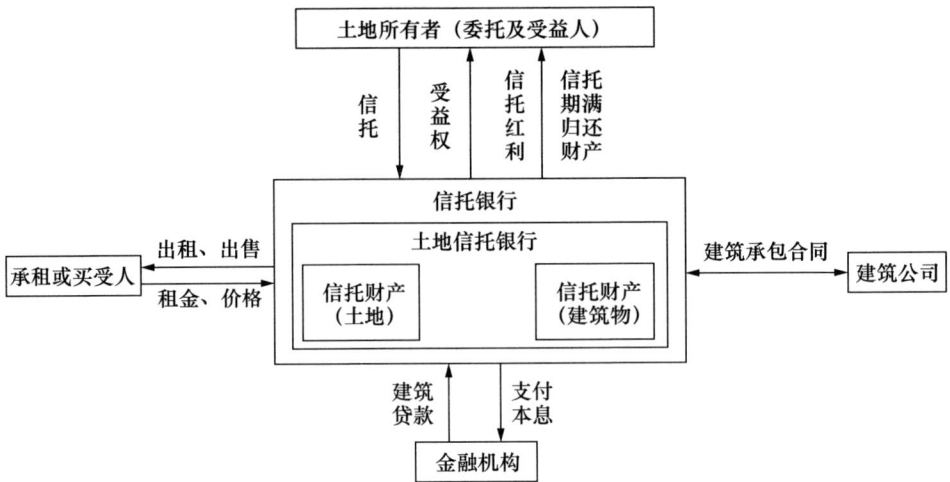

图2 日本土地信托结构

2. 地方政府投融资平台的作用

首先,地方政府投融资平台公司可以较有效地配置资源,促进经济增长。一方面,政府利用其信用平台,提高政府资源的整合和利用效率;另一方面,在竞争日趋激烈和贷款风险较大的背景下,银行也愿意贷款给具有政府背景的投融资平台公司,以此降低金融风险。其次,地方政府投融资平台公司大大加快了城镇化进程。投融资平台公司所筹集的资金,大部分用于城镇公共基础设施建设。再次,地方政府投融资平台公司促进了民生改善。依托投融资平台公司,地方政府筹集了大量的资金,其中的相当部分投入了廉租房、公租房、棚户区改造等保障性住房项目,一部分资金投入了公立医院设施、教育基础设施、文化体育基础设施和水利基础设施建设,还有一部分资金投入了污水处理厂及管网、垃圾焚烧厂(填埋场)、水环境治理工程建设等。最后,地方政府投融资平台公司还有利于拉动民间投资。地方政府投融资平台公司是政府性企业,且具有法人资格,可以通过发行信托资金计划和公司债券、联合投资等方式吸引民间资本进入,充分发挥民间资本支持基础设施建设和民生工程建设的作用,实现短期政策调控与利用民间资本长期机制的较好结合。

## (四) 紧跟政策变化,综合利用多种工具

城市建设投融资涉及项目繁多,资金需求量大,条件千差万别,向来不是单项或几项融资模式可以解决的,需要根据情况,综合利用多种融资工具,如银行信贷、企业债券、中票、短融、融资租赁、资产证券化、项目收益债、基金等。

同时需要根据政策走势及时调整信贷条件，调整地方政府支持策略。这就要求要紧跟政策走向，广泛了解各家金融机构对政策的不同解读，根据信贷条件设计融资产品。只有瞄准了方向，才能达到目的。

# 二、以城市供养城市，实现"挣钱有道"

## （一）做好财源建设工作

**1. 基本原则**

（1）总量扩张与结构调整并重。既要注重经济总量的扩大，坚定不移地实施项目带动战略，狠抓招商引资和项目建设，以大项目为支撑，提升经济实力，壮大财源基础，更要注重经济结构的优化，树立"结构生财"的理念，加快产业结构调整，优化财源结构，完善财源体系。

（2）长远发展与短期增收并重。既要注重财源建设中长期规划和产业布局，引进和建设基础性、战略性的产业类项目，增强财政发展后劲，又要注重短期内增收来源的拓宽，逐步提高城乡居民的收入水平，通过扩大投资、消费和出口等途径，拉动经济增长，增加财政收入。

（3）加强征管与涵养财源并重。既要健全组织收入机制，强化税源监控，实施科学化、精细化管理，堵塞收入漏洞，又要积极涵养财源，落实兑现各项税收优惠政策，优化经济发展环境，支持加快经济发展。

**2. 具体措施**

（1）巩固壮大中心城区主体财源。加快发展现代服务业。大力扶持发展现代物流、动漫游戏、软件和信息服务、服务业外包等重点产业和重点企业、重点项目。加快发展楼宇经济、港站经济、总部经济基地、大型综合物流园区、大型批发市场、服务外包示范园区等服务业业态和载体。大力发展文化旅游产业。重点支持和资助新兴重点文化产业、文化产业重点技术改造升级、文化创意产业园和广告创意产业园等文化旅游项目建设，奖励为城区文化产业发展做出突出贡献的单位和项目，积极探索资金有偿使用方式。大力发展休闲购物、商务酒店、特色餐饮、酒吧演艺等产业业态，挖掘特色文化资源并引导发展文化旅游和文化创意产业，提升城市品牌。积极支持金融业发展。对新入驻的银行、保险、证券、期货类金融分支机构，给予购房补助和租赁办公用房补助。

（2）大力培植高效骨干财源。支持都市工业膨胀发展。支持城区企业进行技术改造，支持重点企业和新兴产业膨胀发展，壮大现有工业经济规模和实力，提高发展质量和效益。扶持中小企业加快发展。安排中小企业发展专项资金，重点用于支持成长性中小企业规模化发展，特色产业集群、产业聚集区建设和改善中小企业发展环境等方面。设立中小企业信贷周转金，为结构调整中的中小企业按时还贷、续贷提供接力资金支持。鼓励担保机构为中小企业提供融资担保服务，给予开办费补助和风险补助。

（3）拓展群体财源，全面推动"双创"。围绕主导产业，支持中小企业与大企业集团配套协作，形成大、中、小微型企业相互促进发展的格局。鼓励科技人才带技术、项目入驻孵化基地创业。加快非公经济、民营经济企业产业园和创业基地建设，提高服务经济发展的质量和水平，推动"大众创业、万众创新"。推进简政放权，着力深化商事制度改革，持续激发市场活力，促进市场主体提质增量。

## （二）社保基金入市

1. 社保基金入市的意义

（1）社保基金入市增加了其投资运用渠道，有利于其在保值的基础上实现增值的目的。一方面社保资金的缺口在不断扩大，另一方面大量的社保资金被闲置，虽然保证了资金的安全，但却未能充分利用使其增值。允许社保基金通过选择合适的基金管理公司进入资本市场，扩大了社保基金的投资渠道，更有利于其保值增值。社保基金入市增加市场资金供给，壮大了机构投资者的力量，增加市场的资金供给，平衡市场资金供求，壮大机构投资者的力量。

（2）社保基金的入市会促进和加速市场新的投资理念的形成。社保基金追求的是资金的安全性、流动性和收益性，控制风险是社保基金入市的前提，因而业绩优良的蓝筹股将成为其投资的主要品种，而分散投资、波段操作乃至长期持股将可能成为其主要的操作手法。作为机构投资者中最重要的一支力量，社保基金的投资理念将在客观上起到了投资的引导作用，促进和加速了新的投资理念的形成。

（3）社保基金入市在客观上会起到稳定市场的作用。社保基金的入市对基金管理公司的运营能力和风险控制能力提出了更高的要求，作为最重要的机构投资者和市场的中坚力量，基金有意识地减少投机、短线的炒作方式，代之以理性、长期的投资方式，会在客观上起到稳定市场的作用。

2. 社保基金入市的可行性分析

（1）资本市场日趋完善。资本市场机构投资者数量增多，资本容量大，投资工具日渐丰富，证券中介等专门机构不断增加并逐步成熟，资本市场监管法规和细则越来越完善。社保基金进入资本市场，促进了资本市场更加成熟。

（2）人们对社保认识显著提高。社保基金保值增值和监管不仅仅是经济问题，也受到人们意识、传统等因素的影响。工业化、城市化进程加快，人们的生产和生活方式上都有很大不同，传统的家庭养老方式已经不能适应现实的需要。信息化使人们获得信息的途径拓宽，人们对社会保险事业更为关注，对社保基金的透明度、公平性和增值性等有了更高的认识和期望。这就必须促进寻找社保基金的安全性、流动性和增值性的匹配。

（3）专业人才队伍不断壮大。人才是关键，知识是核心。教育和培训是培养人才的主要途径。近十几年来，我国的教育事业取得长足的发展。资本市场管理实践 30 年来，培育了一大批有经验的专业人才。

### （三）搞活城市各类资源开发

1. 充分利用投融资平台

建设政府投融资平台，即城市建设投资公司，做城市资源整合和价值发现的提升者。把公用企事业单位的资产纳入城投，比如自来水公司、公交公司、热力公司、燃气公司等，以此更好地发挥投融资平台的作用。

2. 综合利用城市资本

按照市场经济规律，综合运用城市资本，搞活城市土地、河道、供水、排水、电力、桥梁以及部分公共交通等资源开发、建设并作为商品来经营。

3. 激活城市无形资产

"小草也是生产力"，"小草"的力量是不容忽视的，它创造的价值在某种程度上是呈几何速度增长的，并且还有连带效应，城市无形资产的创造和运用已经越来越受到决策者和管理者的重视。其作用主要分为两方面：一方面是直接作用，通过出售冠名权、广告位、经营权等置换现金；另一方面是间接作用，良好的无形资产的塑造可以吸引、留住人才和资金。

4. 出售部分资产

地方政府拥有的资产中除土地储备外其他资产对地方政府收入贡献不大，甚至部分国有企业是地方政府债务增加的重要来源。将一些既不影响居民生活，也不影响城市管理的资产进行出售，置换现金。

## 三、加强资金管理，做到"花钱有章"

### （一）加强资金管理，提高财政资金使用绩效

（1）健全预算管理规章制度。要将绩效观念和绩效要求贯穿于财政立法、

财政执法、执法监督、法制宣传教育等各环节。强化预算绩效管理法规和制度建设，明确预算绩效管理的发展方向、基本目标、工作任务。要研究制定符合地区特点的预算绩效管理规划和实施方案。

（2）提高预算编制科学性。要坚持统筹兼顾、留有余地的原则，编制好财政预算，合理把握财政收支规模，优化财政支出结构，科学安排各项支出，提高预算编制绩效。要科学设置绩效目标，加强对绩效目标的审核，要集中力量办大事，杜绝"撒芝麻盐"式的预算编制规划，根据绩效目标安排预算。

（3）强化预算执行管理。要加强实时检查、及时纠偏，确保预算绩效目标的顺利实现。要建立健全责任制度，落实好部门作为提高预算执行绩效的责任主体。要切实加强执行监控，把预算支出绩效监控纳入预算执行监控体系。

（4）开展重点绩效评价。要在全面推进预算绩效评价的同时，找准重点和切入口。要积极开展财政支出管理绩效综合评价，逐步推进部门整体支出管理绩效综合评价，加强重大民生支出项目绩效评价，推进企业使用财政性资金绩效评价。

（5）积极运用绩效评价结果。要逐步建立绩效报告机制、反馈整改机制和绩效评价结果与预算安排相结合的机制。要逐步推进绩效信息公开，主动接受社会监督。要强化激励约束机制，建立考核和评价结果通报制度。

（6）加强绩效监督检查。健全制衡机制，逐步强化对所有财政性资金和财政运行全过程的监督检查，不断提高绩效监督质量，强化财政监督检查成果利用。要加强预算编制和预算执行监督，促进提高预算管理水平。要严格绩效评价监督，重点检查绩效评价工作质量，促进评价结果客观、公正和有效。

（7）夯实绩效管理基础。要健全评价指标体系，加强绩效管理信息系统建设，积极建立专家库、中介机构库和监督指导库。

## （二）向市场化转型，广泛推行公司制，达到权、责、利相统一

建立城建项目资金自筹、自用、自还的机制，实行城建资金的滚动增值，达到责、权、利相统一。融资平台公司作为转型主体，要通过市场化改革，规范公司法人治理结构，着力提高适应市场化的经营管理能力，加快实现由贷款主体向产业经营实体或投融资实体的公司化转型。市场化改革不仅在公司名称上进行相应的变更，以淡化其地方融资平台色彩，而且在公司领导体制和组织机构上，真正实行政企分开，企业领导者彻底摆脱公务员身份。更为核心的是，融资平台公司要增强适应市场化的经营管理能力，主要包括：健全"协调运转、有效制衡"的公司治理结构，增强董事会的战略决策能力；融资模式与公司发展战略有机结合，发展战略与企业分类和功能定位保持一致性；通过合

理配置偿债周期，管控债务风险、降低融资成本，更好地发挥经营性国有资本杠杆作用，保持持续融资能力；通过预算控制、成本控制、盘活存量、财务预警、妥善应对等手段，增强有效管控财务和运营风险的能力；以提高资产流动性、提升盈利质量为目标，加大资产证券化，提高资产运作的能力，真正转型为独立自主经营的市场主体。

### （三）加快公用企业、事业改革，提高公用事业的运行效率

对城市现有公用企业的资产进行全面的评估、分类，将不良资产剥离并加以处置；对水、电、煤气等具有共同点的设施进行整合，设立专业公司，以政府控股、民间参股的形式成立股份公司，集中管理地下管网的配置和出租；对最终供应品如水、电、煤气等，实行市场化运作，让民间资本进入，政府只对其价格进行宏观调控。

## 四、短期与长期治理并举，努力实现"还钱有路"

城市基础设施建设资金的偿还不仅事关地方政府财政的可持续，而且与经济社会发展的全局高度相关。一方面要考虑地方政府债务的现状、偿还压力、偿还债务可用资源；另一方面也要考虑地方政府债务偿还的长期性，不能因债务偿还而影响经济社会发展，不能只顾短期压力，而忽略长期的制度建设。

### （一）短期治理对策：控制增量，降低存量

1. 盘活偿还债务资源：地方政府资产转让

地方政府坐拥庞大的资产，如何把巨额资产转化为地方政府偿还债务的资金来源，是讨论的重点。通过地方政府资产转让方式来偿还地方政府债务有着重要的现实意义。

（1）地方政府国有企业资产转让偿还债务。地方政府国有企业资产转让是在一定的法律程序下，通过产权交易机关实现以国有产权为对象的交易活动。包括国有企业中的全部或部分国有产权的转让，股份制企业中国有股份的转让，还有法律规定的其他形式的地方政府资产转让。地方政府是地方政府国有企业的实际控制者，地方政府对地方基础设施和公益性项目投资而形成的债务，通过地方企业国有产权的转让收入来进行偿还，这在逻辑和理论上都是说得通的。未来几年，我国地方政府债务处于偿还高峰，短期内企业国有产权转让收入将成为地方政府偿还债务的最可靠资金来源。

（2）非经营性资产转让偿还债务。非经营性资产作为固定资产，是地方政府履行政府职能的重要实物载体，在地方政府总资产中所占比重最大，但是这部分资产的流动性最弱，对地方政府债务偿还的贡献最小，如果能通过机制创新，将部分非经营资产转化为地方政府偿还债务的资源，无疑可以缓解短期偿债压力。

2. 拓宽债务资金来源：鼓励民间资本进入公共设施领域

政府债务规模越大意味着政府主导的财政资源和社会资源就越多，由于我国正处于市场化进程当中，政府和国有企业主导的投资规模越大，意味着市场配置资源的规模就越小，对民间资本的挤占效用就越高。这不仅与市场化进程背道而驰，也被证明是一种低效率的运作，不利于社会资源的充分利用，不利于地方政府债务问题的解决。

（1）尝试公私合营模式。党的十八届三中全会提出，鼓励民营资本进入国有垄断性行业，允许民营资本参与国有企业改制。一方面，将私人资本引入公共服务领域，能有效减轻政府的财政负担，政府能从基础设施的建设中抽身出来，致力于公共服务的维护；另一方面，促进投资主体的多元化，政府部门与私人部门可以取长补短，以最有效的成本提供高质量的服务。通过公私合作模式，一方面可以将这部分资本引入基础设施领域，大大减轻地方政府的财政负担，缓解债务偿还压力；另一方面，也为民间资本开辟了新的投资渠道。

（2）引入民间资本，债权转股权。解决短期债务偿还困境，可以通过引入社会资金，向融资平台公司注入有效资本，进行债务重组，剥离不良资产，将地方政府不良债务与资产的债权与债务的关系结构，转化为债权与股权关系，以有效降低整个社会的债务负担，且市场化的经营运作可以盘活国有资产。同时完善基础设施产权交易市场，培育地方政府项目退出机制，坚持有进有退原则，盘活地方政府的不良债务资产。

3. 严格控制债务存量：落实债务偿还准备金制度

落实我国地方政府的偿债准备金制度可以有效缓解地方政府债务偿还困局，降低地方债务存量。一方面，要强化偿债准备金制度管理，严格要求偿债准备金专款专用，保证偿债准备金完全用于地方政府债务偿还；另一方面，考虑到地方政府债务在不同政府层级间的分配，要扩大基层政府尤其是市、县级地方政府的偿债准备金来源，提高市、县级政府偿债准备金数额，以及基层政府的债务偿还能力。

就偿债准备金来源，可以采取综合措施强化偿债准备金落实：一是允许地方政府发行公债，通过债务融资取得一定比例的偿债准备金。二是地方政府每年安排一定比例的财政收入，用于补充偿债准备金，严格落实。三是中央政府转移支付。四是土地出让相关收入，按照中央规定，在除去土地拆迁补偿费外地方政府应把土地出让相关收入优先投入到偿债基金上。

## （二）长期治理对策：构建地方政府债务偿还保障机制

### 1. 明晰政府与市场关系，转变"地方增长型政府"职能

政府与市场关系的清晰界定，是经济体制转轨的本质，也是诸多经济问题解析的基础。在纷繁交织的市场与政府动态博弈的关系中理清各自的职能，实现政府职能由"地方增长型政府"向服务型政府转变，规范政府行为，是我们从本质上解决地方政府债务偿还问题的基础。

（1）清晰划定政府与市场边界，政府行为退"企业化"。第一，政府退出竞争性领域，退"企业化"行为。政府介入投资经营领域和企业的融资行为是无效率的，只会导致市场资源的错配和低效率运行。对于国有企业债务问题，运用市场化手段解决，引入信用评级制度，强化管理，提升国有企业的偿债能力。地方政府要真正做到"政企分开"、"政资分开"，立足为社会提供公共产品和服务，维护市场秩序，从投资主体向公共服务提供主体转变。

第二，地方政府退出融资平台公司的经营运作，坚持融资行为市场化。一是坚持不参与作为市场主体的融资平台公司的经济行为，最大限度地放开对融资平台公司的直接管理，鼓励融资平台公司根据市场需要自主进行经营和融资活动，走市场化发展道路；二是坚持把地方政府的融资活动与地方融资平台公司的融资活动区分开来，严格控制地方政府并为融资平台公司提供担保等信用支持行为。

（2）实现由"地方增长型政府"向服务型政府转变。第一，完善政绩考核体系。构建完善的地方政府官员政绩考核体系，发挥绩效评估的正向激励作用，可从源头上控制地方政府举债动机。首先，刬除"唯 GDP"论。一方面降低经济增量在政绩考核中的比重；另一方面增加对资金和资源使用效益的考察，不单纯追求规模的最大化，以打破地方政府间的"GDP"竞争。其次，明确规定地方政府的债务偿还主体责任，谁举债，谁还债，统一地方政府举债权利与偿债责任，并把债务指标纳入政绩考核之内，把任期内地方政府债务的规模控制、偿还情况和偿债能力作为限制条件与官员的晋升联系起来。

第二，严格考核政府公共服务支出行为。在政府的财政行为中引入市场理念，对地方政府财政收入活动进行成本分析，对财政支出活动进行效益评价，充分考核地方政府的每一项财政行为，避免高成本收入和低效率支出，消除地方政府不合理举债的内在冲动。

### 2. 深化财政制度改革，匹配地方政府财权与事权

分税制改革对中央政府和地方政府间关系进行了重新界定，一方面赋予地方

政府一定的自主权，激励了地方政府的自利动机。但另一方面，财权与事权的重新界定，财权向中央集中，事权向地方下放，形成了地方政府与中央政府间不对等的财权与事权关系，地方政府支出压力增大，形成地方财政收支间的严重不对等。这是地方政府债务得以产生的首要体制因素。

（1）合理界定政府间财政关系。一方面要科学合理地界定中央与地方的职权关系，按照市场经济体制发展要求推行彻底的财政分权。在合理制度框架内，致力于提高地方政府尤其是承担着公共产品供给大部分职责的县市级政府的财政能力，要给予地方政府在特定情况下调整本区财政收入的权利。另一方面要完善地方政府间合作协商与资助体系，当某一地方政府出现财政风险或财政困境时，能够有正常、畅通的渠道反馈信息，获取其他政府的资助。

（2）完善地方税制体系。首先，要赋予地方政府足够的、合法的财政来源，以保证地方政府能够进行正常的财政支出行为，实现其职能的需要。其次，还必须进一步深化地方税制体系改革，强化地方主体税种建设，保证地方政府财政收入与地方经济增加相协调。一是要合理划分地方税收管理权限，赋予地方必要的税收立法和管理权，这是完善地方税制体系基础。二是优化地方税制结构，要进一步推进房产税、遗产税、土地增值税等税种改革，提高财产保有环节税收的比重，以稳定财源。

3. 完善债务融资体系，赋予地方政府公债发行权

（1）地方政府债务融资的必要性。从长远来看，地方政府进行债务融资，以拓宽融资渠道，对于解决地方政府债务困境尤为必要。第一，地方政府债务融资能有效落实地方政府财权，增强公共产品的供给能力。第二，地方政府债券能更有效地满足资本建设项目上的资金不足，弥补财政赤字。第三，地方政府债务融资能够有效缓解地方政府年度收支差距过大的矛盾。第四，地方政府债务融资可将地方政府隐形债务显性化、透明化，有利于中央政府和民众对地方政府债务的监督与管理。

（2）地方政府债务融资的可行性。随着经济社会发展，我国逐渐积累起了地方政府债务融资的可行条件：第一，我国是世界上储蓄率最高的国家之一，民间积累了庞大的闲置资本，市场具有较强的资金提供能力，为地方政府债务融资提供了广阔的空间。第二，我国已经具有多年的国债、企业债和金融债的发行经验，且随着经济发展，金融市场和金融体系日臻完善，已经逐步积累起了地方政府债务融资的相关管理经验。

（执笔人：王大伟）

**参考文献**

[1] 巴曙松. 地方政府投融资平台发展及其风险评估 [J]. 西南金融，2009（9）.

[2] 林璟. 规范地方政府融资平台的影响和前景分析 [J]. 宏观经济管理，2010（9）.

[3] 时红秀. 地方政府债券出路问题再讨论 [J]. 银行家，2010（3）.

[4] 章江益. 财政分权条件下的地方政府负责——美国市政公债制度研究 [M]. 北京：中国财政经济出版社，2009.

[5] 特里萨·特尔－米纳什. 政府间财政关系理论与实践 [M]. 北京：中国财政经济出版社，2003.

# 主动配置国际化元素，提升中心城区的国际竞争力和国际化水平

**摘要：** 国际化是高层次的要素市场化流动和资源配置，中心城区国际化是中心城区积极适用经济发展新常态，实现经济发展换挡提速的重要举措。推动中心城区国际化既是适应和融入国际社会的要求，更是城市自身发展的迫切需要，是党的十八大报告提出的实施新一轮高水平对外开放的集中表现和必然要求。应当把握经济全球化和新一轮以自由贸易为主要特征的国际经贸关系组织制度变迁的重要机遇，立足自身实际，营造适应国际化水平不断提高的政务环境和营商环境，有计划、有步骤地推进中心城区国际化元素配置，提升中心城区核心产业在全球价值链中的地位，带动中心城区的经济社会各项事业发展。

当前，各国经济发展的相互依存、优势互补要以资本、技术、资源、信息等生产要素在国际间迅速流动与交换为现实基础，而作为具有流通、聚散、交换枢纽功能并对资本及商品具有支配能力的中心城区，就必然在经济发展进程中走向国际化道路。中心城区发展进步的过程就是不断提高资源配置能力、提升所使用资源质量和档次的过程，资源配置国际化是中心城区进入更高层次发展的标志。应该通过引进来与走出去相结合的国际化路径，以国际贸易、对外直接投资、人才引进、文化交流等举措在全球范围内布局资源供给，配置本土资源，按照国际化高标准打造营商环境和人居条件，吸引高位要素聚焦，服务中心城区发展，并通过国际化解决产能过剩、产业转型、污染治理等经济社会发展中面临的突出问题。

## 一、中心城区未来发展方向——配置国际化元素，走国际化发展道路

### （一）国内城市发展形势的需要

党的十八大以来，中央进一步强调坚持改革开放不动摇，坚持开放发展，实

现合作共赢。十八大报告提出"必须坚持开放的发展、合作的发展、共赢的发展"、"必须实行更加积极主动的开放战略，完善互利共赢、多元平衡、安全高效的开放型经济体系"，十八大五中全会建议把"开放发展"作为五大发展理念之一，强调"开放是国家繁荣发展的必由之路"。推动加强"丝绸之路经济带"与"海上丝绸之路"沿线国家合作的"一带一路"建设倡议；先后批准设立中国（上海）自由贸易试验区、中国（广东）自由贸易试验区、中国（天津）自由贸易试验区、中国（福建）自由贸易试验区；与澳大利亚、韩国等多个国家签订自由贸易协定或完成自由贸易协定谈判；稳步推进人民币国际化，提升人民币在国际支付体系中的地位，使人民币成为国际货币基金组织特别提款权货币。这一系列实施新一轮更高水平对外开放的国际化新战略顶层设计、部署及举措，为我国城市国际化发展指明了方向。

伴随着经济发展，中心城区在地理空间和物理规模扩张的同时，也应当注重以中心城区国际化整合各项国际化事业进程，培育核心竞争力，通过承接新一轮国际产业梯次转移、对外直接投资等多种方式塑造国际竞争优势。借助中心城区国际化推动政府职能转变，优化产业结构，改善民生，进一步推进经济社会可持续发展。有效推进中心城区国际化，必须立足本地区经济社会现状，准确定位，破除陈旧思想，改革僵硬落后体制，科学规划国际化战略，积极配置国际化发展元素，稳步推进中心城区国际化。中心城区国际化战略要立足于本地发展实际情况，建立长期稳定的跨国社会经济往来，探寻在国际交往中推动国际资源流动，配置全球资源服务中心城区的经济社会发展。

## （二）国际市场发展趋势的驱动

当前中心城区国际化进程要特别注重观念思路的创新，要紧跟中央部署，以全球价值链视角整合国际化各项事业。由哈佛大学迈克尔·波特[①]教授等人提出的"全球价值链理论"能够准确地刻画当今国际生产服务网络的现实情况，越来越受到各国政府重视。2014 年 5 月举行的亚太经合组织（APEC）贸易部长会议批准了《促进亚太地区全球价值链发展战略蓝图》，并在同年 11 月在北京举行的 APEC 领导人非正式会议上得到核准。这是世界上首份关于全球价值链的纲领性政策文件，推动全球价值链从理论概念转化为地区性发展战略。习近平总书记在 APEC 领导人非正式会议上明确提出了实施全球价值链、供应链合作的倡议。

---

① 迈克尔·波特（Michael E. Porter）：哈佛商学院的大学教授（大学教授是哈佛大学的最高荣誉，迈克尔·波特是该校历史上第四位获得此项殊荣的教授）。迈克尔·波特在世界管理思想界可谓是"活着的传奇"，他是当今全球第一战略权威，是商业管理界公认的"竞争战略之父"，在 2005 年世界管理思想家 50 强排行榜上，他位居第一。

李克强总理也在政府工作报告中明确提出要推动中国产业向全球价值链高端跃升。全球价值链体现了当前国际生产服务网络的典型特征，中国对外开放的过程实际上就是不断嵌入全球价值链的过程。中心城区国际化要立足当前我国产业仍处在全球价值链中低端的客观现实，推进中心城区国际化的核心就是要提升中心城区产业在全球价值链中的地位，摆脱在全球价值链中受发达国家跨国公司控制的被动局面，获取全球价值链治理地位及利益分配中的主动权。

# 二、当前中心城区国际化建设面临的问题与挑战

全面科学的认识是具体实践活动的先导，对城市本质的深刻领悟与正确把握是推动城市发展不可或缺的前提。相对于封闭单一的传统城市，国际化是一个开放、多元、复杂的城市发展体系和管理系统，种种不确定因素使城市国际化面临诸多挑战。

## （一）产业发展层次较低

当前，中国经济虽处于较高的增长速度，但我国在参与国际分工上仍处于中低端层次。在产业层次上，第三产业在国民经济中的比重还较低，特别是金融、信息、科技等第三产业的高级行业发展滞后，第二产业仍处于城市经济的主导地位，与发达国家差距较大，而城市的国际化往往以第三产业为主，对城市的综合能力需求比较强。

## （二）城市建设与管理水平不高

纵观中外城市发展史，城市建设与发展中的重大失误多为决策失误、尤为决策思想失误所致，而正确的思想来自科学的决策制度与决策方式。在目前一些城市建设上，盲目性和自发性较为突出。城市建设缺乏高瞻远瞩的规划，同时也忽视了城市本身的基础条件，误解城市国际化的内涵，追求规模效应而忽视城市的特色建设，城市的国际竞争力明显不强。在管理上，城市内部功能布局比较混乱，表现为管理环节上的脱节和部门利益之间的不协调，城市运作成本大，缺乏完善的机制和健全的政策体系。

国际化不仅涉及经济发展，还包括公共服务和管理运行等多个领域。在公共管理中，缺乏资源利用、环境保护和成本投入意识，政府与市场、社会之间关系不顺，将城市发展视为单纯的领导决策和政府行为等，都是比较普遍的现象。面对城市国际化的新形势与新要求，在城市管理体制、政府职能转变、决策科学民

主、管理规范高效以及致力于创造优良的发展环境、提供优质的公共服务和维护社会公平正义等诸多方面存在诸多不足，亟待创新改进。

### （三） 对国际化发展的认知有偏差

城市国际化是社会生产力和历史文化发展到一定阶段的产物。我国城市的现代化历程短暂，对国际化的认识和理解相对狭隘与肤浅，目前比较突出且具普遍意义的问题主要集中在城市意识方面。

第一，长期封闭环境下形成的城市社会意识，即：自以为是的思想观念、自我中心的文化观念、自给自足的生产观念、自得其乐的生活观念等，这对国际化容易产生强烈排斥或消极抵制作用。

第二，某些城市超前开放的官员个人意识，他们沉湎于国际大都市的宏伟理想，不顾城市发展与国际化的内在规律要求，不切实际一味地与国外城市的国际化攀比，甚至不惜重金投入，拷贝一些国际化城市模式。

### （四） 城市三大环境问题的不足

在城市国际化建设过程中，面临着政策法规环境问题、人文环境问题、自然环境恶化三大环境问题。在政策法规上，由于长期实行计划经济体制，我国市场经济受体制机制的约束，发展还不成熟，比较脆弱，有许多问题亟待解决，各种法律法规建设还有待加强。在人文环境上，国家的科技教育水平和国民整体素质还不够高，国际化意识与现代化意识的薄弱等在很大程度上影响了国际化城市建设的速度和水平。在自然环境上，传统的以重工业、传统工业为主的城市化模式，虽然推动了城市化的发展，但给城市环境带来了巨大的破坏，比如空气污染、沙尘暴等，而城市国际化建设对城市空气污染等环境问题有较高要求，因而，城市国际化面临着经济发展与环境整治之间的突出矛盾。

当然，世界任何城市的国际化过程都不可能一帆风顺，或多或少地都可能遇到这样或那样的困难和问题，这是全球化势力与地方性智慧之间的一场博弈。城市国际化的内涵丰富、形式多样，不同城市的优势条件不一样，国际化的应对策略和发展路径也不一样。

## 三、中心城区配置国际化元素实现途径

推动中心城区的国际化元素配置进程是改革开放的重要试验田和橱窗，应当把握全球化和新一轮以自由贸易为主要特征的国际经贸关系组织制度变迁的重要

机遇，有计划有步骤地推进中心城区国际化发展，带动中心城区经济和社会事业发展，营造适应国际化水平不断提高的政务环境和营商环境。

## （一）大力发展总部经济

总部经济是指通过创造各种有利条件，吸引跨国公司和外埠、本土大型企业集团总部入驻，形成企业总部在本区域集群布局。一方面，本土企业大量产生，发展壮大，进而向国外投资设立生产制造基地、销售网点、研发机构等；另一方面又能吸引国内外企业集团到本地设立区域总部，对一定区域内的下属企业行使管理职能。例如深圳华为技术公司就是在深圳诞生并发展起来的国际跨国公司，而世界 500 强的美国沃尔玛公司，它的公司总部在美国，但在深圳也设立了沃尔玛（中国）投资有限公司，相当于沃尔玛在中国的总部。

中心城区发展总部经济不仅可以缓解土地短缺的矛盾，缓解劳务成本日益提高的压力，更有助于占领国际国内市场，获取巨大的税收效应，解决本地区人员就业，带动其他行业发展，增强综合实力和竞争力。因此，要保持好本地区持续、健康、稳定的发展，提供总部经济良好发展环境。正确引导本地企业调整产业结构，因势利导，采取经营与生产相分离的办法，将具有决策、接单、财务核算等功能的公司总部留在本地，而将一些加工环节转移到外地或其他国家。要不断完善基础设施建设，搞好环境建设，采取措施，降低总部经济的运营成本，认真制定并落实好吸引总部经济的优惠政策，以更多地吸引总部企业。

## （二）着力发展现代产业体系

国际化的核心是产业的国际化。长期可持续的中心城区国际化发展必须具备知识密集、附加值高的现代产业体系。部分自然资源密集型城市，虽在一定时期内具有较高的国际知名度，但由于过度依赖自然资源禀赋等，缺乏可以熨平自然资源价格波动风险的产业体系，其国际化进程必然会昙花一现，难以为继。因此应当推进中心城区产业体系整合重构，要以产业振兴为引领，加快产业转型升级步伐，向外转移优势产能，"腾笼换鸟"，坚决淘汰落后产能，为产业发展腾出充足空间，改变劳动密集型产业特征，重点发展以知识密集为特征的新一代信息技术、新能源、新材料、高端装备制造业等战略性新兴产业及现代服务业，要以高新技术产业园区和创新孵化基地为载体，实现优势产业集聚和产业链条的延伸，培育和构造布局科学、结构合理、附加值高的现代产业体系，形成具有较强国际竞争力的产业集群。

尤其要注重提高第三产业比重，衡量城市发展程度乃至国际化程度的一个关键经济指标就是服务业增加值在国民经济中的占比，如全球化与世界级城市研究小组与网络对世界城市的分档的一个重要标准就是"高生产者服务业①"的供给水平。应当重点推动财务会计、广告、金融服务等生产性服务业发展。特别是要把握当前国家关于推动文化产业成为国民经济支柱产业的重要契机，大力发展创意文化产业，提高中心城区文化产业的附加值。以商业、金融服务业和科技文化业为代表的第三产业必须成为中心城区的支柱产业。

## （三）打造国际性知识创新和技术创新中心

科学技术发展进入了体系化创新的新阶段。在国际层面，科技竞争进一步加剧，科技创新型人才争夺战愈演愈烈；在国家层面，经济社会发展对科技创新的依存度越来越高，科技创新压力越来越大。就中心城区而言，要实现国际化元素的配置，必须努力在知识创新和技术创新上有更大作为。

一是要不断增强科技创新能力，加快提升研发层次和创新能级，推动产业创新、技术创新逐步向知识创新延伸，积极打造优势技术链条，选准技术突破方向。二是要加快构筑科技创新型人才高地，在电子信息、生物、新能源、新材料等重点领域，大力培养引进领军人才、学科带头人、创新团队、核心技术骨干、高技能人才和复合型人才，抢占人才竞争的制高点，为突破技术瓶颈、推动产业跃升、促进社会和谐发展提供源源不竭的智力支持和创新动力。三是要加快科技推动产业转型升级。积极开拓新领域，深化科技向文化、旅游、金融等产业的渗透，不断催生新业态，打造新的经济增长点。四是要进一步拓宽科技服务民生领域。把保障和改善民生作为科技工作的重要着力点，推进重点领域民生科技研发与推广，加快科普基础设施建设，强化科技创新服务支撑，构筑从基础研究到技术发明和成果转化环环相扣无缝对接的服务链。

例如，潍坊国际创意港项目（见图1），同步建设市场对接平台和"产学研"型产业孵化器，同步启动潍坊国家级工业设计协同创新中心建设，构建潍坊工业设计协同创新产业链生态体系。力争3~5年时间，整合形成300~500家线下和30000家线上创意设计、电子商务等产业链相关的综合性企业群，打造中国首个工业4.0产业园。

## （四）实施"引进来"开放战略，提升管理能力和技术水平

利用外资是促进经济发展、提高城市国际化水平的重要举措，要多项措施并举，提高招商引资质量，优化利用外资结构，促进国际资本要素为城市发展多做贡献。"提升引进外资的水平首先要先提高自身的水平"。完善招商引资制度建

---

① 生产者服务业：在我国也称为生产性服务业，是指在商品或其他服务产品生产过程中发挥作用的、企业为企业提供的中间服务，是为进一步生产或生产最终消费品的企业所提供的中间性服务投入。

设，为国外投资者提供规范化国民待遇；保持政策法规连续性和稳定性，提高境外投资者投资信心。例如，江苏省苏州市就依托苏州工业园区（见图2）作为其国际化的重要政策整合和落实载体，苏州工业园区实际利用外资、进出口总额等指标目前均居全国开发区第一。

图1　潍坊国际创意港

要结合当前我国自由贸易区建设和制度改革试点的先进做法，探索实施外商投资负面清单准入模式，扩大对外开放领域。进一步发挥利用外资对人才培养及引进、技术溢出、管理现代化的协同带动作用。通过吸收外资，弥补国内建设资金的不足，把国外的资金、技术、管理经验和人才等引入国内，把利用外资与国内经济结构调整、国内企业转型升级结合起来，提高中心城区管理、技术的水平，增加税收和外汇收入，扩大就业，培养人才，尽快赶上世界的步伐。要树立长远眼光，不能只顾短期利益，在吸引外资进一步承接国际产业梯次转移过程中，坚决杜绝高污染、高能耗项目落地；注重外商信用甄别，规范外资优惠待遇，规避短期投机性、高流动性外资；推动利用外资支持高新技术产业、现代服务业快速发展，鼓励外资在公共服务供给基础设施建设中发挥积极作用。

## （五）实施"走出去"开放战略，积极参与全球经济互动

实施对外直接投资，鼓励扶持有条件的企业"走出去"，进行对外直接投资利用国外资源优势，输出本地技术，实现元素跨境流动；要通过对外直接投资布局全球化的生产经营产业链条，鼓励有竞争优势的企业通过开展境外项目合作，

带动产品、服务和技术的出口。要借助对外直接投资提高在全球价值链中的位置，获取在全球价值链利益分配中的话语权，更好地为中心城区经济社会发展配置国际化资源。

**图2 苏州工业园区**

一是积极开展国际产能合作，推动优势产能境外转移，将部分生产环节转移至更具生产成本优势和市场潜力的新兴经济体以及邻近全球主要市场的国家或地区，实现运输成本管理优化。拓展市场空间，在更大需求可能性平台上实现规模经济和范围经济，以此在国际市场立足。

二是开发境外能源矿产等基础资源，保障经济社会发展所需基础资源的供给，平抑基础资源价格波动风险，扭转在国际资源市场中的被动地位。如2008年山东省推进实施了境外资源开发"1163"工程，鼓励山东省企业到境外开发矿石、煤炭、木材、天然橡胶等紧缺基础资源服务省内发展。

三是把握时机，抢抓机遇实施海外并购，控股国际知名企业和业内领军企业，获取技术、专利、品牌、营销网络等核心资源，或在发达国家智力要素密集区域设立研发中心，充分利用其科技、教育等优势，为我所用；以此弥补研发创新、市场势力等方面的劣势，掌握核心技术、专利及其研发团队、创新资源、国际知名品牌驰名商标等关键资源，以创新研发、品牌溢价等重塑企业核心竞争力，有关企业积极向全球产业链条高端攀升，提高在全球生产网络中的地位，整合内外资源加快培育源自本地的跨国公司。如烟台万华集团收购了匈牙利BC公司并一举成为全球聚氨酯工业最具竞争力的企业之一，此次对外直接投资被国际权威期刊评为当年欧洲、中东、非洲地区最佳重组收购奖。浙江吉利集团控股世界知名汽车制造商沃尔沃集团，显著提高了吉利自身汽车研发设计能力，改善了其品牌市场形象。潍柴及山东重工集团先后并购了大排量发动机制造商法国博度安公司、世界上最大的游艇制造商意大利法拉第集团、全球最先进的高端液压制造商德国林德液压等，沿产业链上游方向在全球范围内整合研发、设计、生产等资源，构建自身全球生产网络。

通过开展对外直接投资也有助于塑造和发挥中心城区国际化总部功能，引导优质国际资源服务于国际化进程，提高在国际资源配置中的主动性。

### （六）稳定对外贸易增长，提质增效，转变对外贸易增长方式

稳定对外贸易增长，提质增效，转变对外贸易增长方式。在进一步发挥劳动要素优势潜力发展加工贸易基础上，推动加工贸易模式逐步向一般贸易模式转变，促进服务贸易发展，建设跨境电子商务平台，优化出口结构，塑造出口综合竞争优势，提高出口产品附加值。

大力发展综合保税区、保税物流园区、出口加工区及自贸区等涉外园区建设，以促进贸易创新为基础，不断拓展政策功能，抓好业态创新，挖掘新的发展潜力，积极争取部分政策和新业务的突破，营造建设自贸区良好的氛围，力争将保税区转型升级为自由贸易区，开创贸易投资新的优势。

注重发挥境外投资对出口的拉动作用，促进对外投资与对外贸易融合，继续深挖加工贸易潜力，促进加工贸易创新发展，推动贸易投资一体化。基于综合保税区、出口加工区等外向型政策园区深挖政策红利；强化质量意识，保障出口产品质量，严格规范原产地标识，不断提高出口产品国际声誉，打造国际知名品牌，申请举办国际商品服务交易博览会、洽谈会，促进国际市场商品供需信息对接，从而提高中心城区国际知名度和影响力。

## 四、中心城区国际化资源配置保障体系建设

中心城区国际化的最终目的是为了推动中心城区经济社会发展，要克服现在存在的主要问题，树立结果导向，有针对性地加强自身建设，抓住和用好通过招商引资、对外直接投资等国际化路径获取的国际化资源，主要落实举措如下：

### （一）加强国际化基础设施配套建设

基础设施的现代化不是指大楼盖得越高越好，而是城市在一定规模的基础上，设施在便捷通畅的条件下，使整个城市环境体现出独特的个性、魅力和现代水准。在全球化背景下，人们对城市环境的追求尤其突出人性化的服务功能和审

美功能，要求能为人们的工作、生活、居住、购物、交通、旅游提供便捷、舒适的条件，为人们的灵魂提供"诗意的栖居"空间。加强基础设施建设，有助于完善和提升城市基本功能，也有助于树立城市良好外在形象，是增强中心城区的国际影响力、辐射力和吸引力的关键支撑。

要围绕构建国际化营商环境展开硬件设施建设。加强投资硬环境和软环境配套建设，营造高质量国际化营商环境，注重舆论宣传，打造城市良好国际形象；引入城市规划国际先进理念，在保证公共交通、电力供应、环境卫生等系统稳健运行的基础上，重点建设强化机场、车站等交通设施建设，形成物流关键节点，提高物流体系运转效率，增强中心城区的辐射带动能力。推动建设能够体现城市特色和文化底蕴的地标性建筑，提升城市建设档次；建设高标准国际商务中心，吸引跨国公司、国有企业、大型民企等设立区域性总部，塑造总部经济优势；加快推进城市数字化网络化设施铺设和覆盖，提高城市功能科技含量，"智慧城市"硬件设施配套建设。

建设并充分利用国际会议中心、体育场馆、大剧院等设施条件，积极承办有影响力的大型国际会议、商品服务展览、国际体育赛事、文化娱乐活动等，申办国际大型赛会，打造源自本地的具有国际知名度的周期性特色品牌活动。健全图书馆、博物馆、艺术馆、度假酒店等人文设施和休闲娱乐设施系统，满足中心城区国际化进程中居民不断提高的精神文化和娱乐休闲需求。

构建绿色生态宜居的人居环境，提高中心城区城市公园密度，加强生态文明建设。建立健全涵盖社会保障、卫生服务、基础教育、高等教育等的高标准公共服务体系，提高医疗卫生服务质量，建设国际学校，提供外教授课和母语教学，为外籍国际化人才长期定居提供保障。

## （二）探索建立与国际接轨的规范化社会治理体系

在经济发展的同时，也要实现软环境建设协同发展。要根据中心城区国际化发展需要，转变政府职能，推动权力行政向法治行政、治理行政、服务行政转变，强化服务意识，深化行政审批制度改革，在保证监管职能有效履行的前提下，减少不必要的审批流程，加强电子政务建设，推广基于互联网的行政审批无纸化，提高审批效率。

推动规章制度与国际通用规则制度接轨，提供政府供给公共服务的质量和档次，减少对市场的直接干预，推动市场在资源配置中发挥基础性作用。重视法治化社会建设，加强法治观念和契约精神的培育，建立完善的法律法规体系和执行制度，为中心城区吸引外资、引进人才等国际化要素的配置提供公平公正、快捷高效的制度体系，基于中心城区建设法治化国际化便利化营商环境。

经济全球化是市场经济所推动的，市场经济体制是任何一个国家发展经济不可回避的选择。目前，内地的市场化水平深圳最高，约高于全国平均水平15个百分点，但与完善的市场经济体制还相差很远。如产权主体多元化的问题、现代企业制度的问题、政府职能转变的问题等远未到位。中心城区走国际化发展道路必须完善市场经济体制，追求制度、机制的规范化，即在城市的经济管理体制、市场运行机制方面必须规范、公正、公平和高效，与国际接轨。

## （三）加快国际化人力资源开发

中心城区国际化的推进需要一大批具有国际化视野、国际化专业技能、国际化素养的人才支撑。要结合国际化元素配置需要调整人力资源开发方向，瞄准国际前沿和关键领域，短期人才引进与长期人才培养并举，建立并不断优化充实符合中心城区国际化发展需求的人才队伍，促进人才培养、人才引进、人才任用形成良性互动机制。

在国际化发展背景下，要树立开放式的人才流动观念，敢于打破人才流动限制，突破保护主义旧观念的束缚，只有主动破除人才流动限制，才能更好地开展人才引进工作。以塑造城市核心竞争优势为中心目标，注重把握当今城市发展前沿，构建人才引进评估体系，建立相应国际高层次人才专家动态库，吸引国际化高层次人才特别是领军型创新人才落地创业。

为国际化人才提供充分物质保障，深化收入分配制度改革，按劳分配基础上适当提高按知识要素分配比重，提高人才收入，完善有关规章制度，积极落实执行知识产权保护法律法规，切实增强知识产权保护力度，为人才创新活动提供有效激励；加强舆论引导，营造创新包容型、人才友好型社会环境。在为人才充分施展空间的同时，也要引入有效的岗位竞争机制和工作考核机制，以此提高国际化人才开发工作效率。

在保障基础教育充分发展的前提下，根据中心城区发展需要，从本地实际出发，不断探索人才教育培养新模式，鼓励中外合作办学，建立并不断完善涵盖高等教育、职业教育、继续教育等教育的现代教育体系，提高教育质量，鼓励本地人才到境外知名高校、科研机构等进行培训教育，保障国际化人才供给。

以新加坡为例，为了吸引人才，保护外国员工的合法权益，新加坡不仅提供良好的公共服务，以及宜居、宜业的环境，也提供保障外国员工权益的各项制度。新加坡的劳工法对所有员工一视同仁，并规定硬性工资标准，以保障外来劳动者的权益。由此，聚集了大量的国际化人才，一个城市的国际化就有了基本的动力，国际竞争力也随之增强。

### （四） 加强干部队伍国际化意识培育

全球化时代是一个信息爆炸的时代，社会交往度高，社会的各种关系变得异常复杂和多变。在这种情况下，决策的科学性比决策的效率显得更重要。长期以来，我们的行政运作追求的是高效，几次行政管理体制改革主要追求的还是效率，即行政运作成本的降低。问题是这种高效化必须建立在科学的基础上，否则，就会出现行政运作成本很低，但社会代价和成本很高的决策。目前，我们的不少城市在行政运作的科学化和合理性方面还存在明显改进空间。

要加强国际化干部队伍建设，提高领导干部的国际化意识，拓宽国际化视野，在干部队伍人员招录、培养以及考察任用工作中向熟悉国际经贸规则、熟练运用外语、精通专业技能的人才适当倾斜，为中心城区国际化社会治理工作提供人才保障。

### （五） 推进多样化文化观念的普及

突出文化软环境建设，提高文化软实力，文化吸引力是城市国际化的人文内核，是能否吸引和留住人才的关键影响因素。要在本地历史文化积淀的基础上，提高市民文化修养和素质，营造包容性的文化环境，推动文化融合，提高中心城区文化国际竞争力，增强文化认同感和精神归属感。

中心城区聚集了大量企业和人员，面临多样的文化和观念的融合问题。因此，必须采取兼容并包的文化策略，必须采取宽容的文化政策，接受和接收一切有差异的文化观念、文化方式和文化模式。全球化不会形成全球统一的文化体系，但人类所共同追求的价值会得到更广泛的认同。因此，中心城区全球化资源配置要追求国家特色和地域特点，以及文化的多样性。目前的问题是，一方面我们不能用中国特色来保护落后，拒绝人类的普世价值理念；另一方面又不能将西方国家的一切价值观念都作为人类的普世价值来对待。

### （六） 建立与国内外国际化城区友好关系

建立特色友好城市的合作必须以国家战略和区域合作为依托，"一带一路"倡议实施的重点是"政策沟通、设施联通、贸易畅通、资金融通、民心相通"，涉及外交、经贸、金融、基建、交通、人文、环境等方方面面，鼓励"开展城市交流合作，欢迎沿线国家重要城市之间互结友好城市，以人文交流为重点，突出务实合作，形成更多鲜活的合作范例"。

中心城区应积极释放潜在的对外交往活力，发挥本地区比较优势，搭建互联互通走廊和对外开放窗口，以点带面、由线到片，并逐步形成区域大合作格局。

在不断同国内国际化城市中心城区建立友好城区的同时，探索建立国际友好城区，这是开展公共外交的一种重要形式，两个城区的很多交流合作是以民间交流体现的，比如文化艺术的交流。增进国际友好城市（城区）间的认知度和密切关系，对发展两国关系是一种促进。目前，我国有 30 个省、自治区、直辖市（不包括台湾省及港、澳特别行政区）和 444 个城市与五大洲 133 个国家的 473 个省（州、县、大区、道等）和 1450 个城市建立了 2154 对友好城市（省州）关系。

现在建立国际友好城区包括以下三种途径：①政府领导人互访；②国际友人牵线；③根据城市自身发展的特点经过周密调研建立。从城市发展来看，今后第三种将是最主要的途径。利用自身资源优势，通过与外界的友好交流、相互借鉴更上一层楼。特别内陆地区的中心城区由于其地理位置限制，在对外交流中相对滞后。内陆中心城区要意识到扩大对外开放的紧迫感，要积极走出国门，发挥自身优势拓展发展空间。

### （七）出台有效扶持政策，为企业增强国际竞争力提供便利

政府及相关职能部门要从开放性经济发展全局出发，统筹协调对外贸易、利用外资及境外投资，出台对外贸易、招商引资、境外投资鼓励政策，设立专项补贴和投资引导基金；构建"政银企"联动机制，化解贸易融资难题，为企业对外直接投资等融资支持，及时把握有利机遇；如山东、江苏、四川等省份就同中国银行建立了"政银企"联动机制，为所在省份企业境外投资提供金融服务。提高审核效率，为农产品出口、重大境外投资项目等单独开辟绿色通道。会同海关、出入境检验检疫等部门，清理规范出口环节收费，提高清关、结汇及出口退税等速度，加快推动贸易便利化建设；落实中央有关境外投资审批制向备案制转变的要求，提高对外直接投资公示、审核等效率。树立风险管控意识，扎实做好风险预案，建立风险预警响应制度，充分警惕国际市场波动向内传导引致的外部冲击，鼓励企业购买进出口保险和投资保险并提供补贴，帮助企业应对可能面临的等反倾销反补贴等关税或非关税壁垒，海外并购政治歧视等问题。以便更好地使外向型经济发展在城市国际化进程中发挥其关键性作用。

让企业成为"引进来"、"走出去"的主体，并不是说政府就可以撒手不管，对于该扶持的一定要积极予以扶持，以达到尽快增强国际竞争力的目的。对于有可能成为"引进来"、"走出去"排头兵的企业，要在债转股、优先上市、富余人员再就业等方面给予支持，使这些企业能够轻装上阵。要以国际市场为目标，加大这些企业的技术改造力度，坚持高起点，围绕国际市场竞争，提高产品技术、质量、性能和档次，尽快缩小与世界先进水平的差距。推动生产企业之间、

生产企业与贸易企业之间、生产企业与科研机构之间的联合，实现优势互补，增强竞争力，共同开拓国际市场。对于能够带动出口和有效益的境外投资，要在能源、交通、原材料和流动资金、出口信贷等方面优先保证，并优先保证这些项目所需出口的设备、散件、零部件以及原材料的税收优惠。

要为企业"走出去"做好服务工作。重点是要为企业提供必要的市场信息和法律咨询，帮助企业了解国际市场的需求状况和投资环境，研究分析产业、产品和企业的优势；协调企业的行为，避免在国际市场盲目竞争，自相残杀；要加强人员培训，尽快培养和造就一批跨国经营的管理人才。政府为企业"走出去"创造良好环境的重要任务之一，是为企业提供保障体系。这种保障体系既能规范企业的经营行为，也能防范各种可能出现的风险，尽可能地保障企业的正当利益。

（执笔人：陈国栋）

**参考文献**

［1］张骁儒，黄发玉. 国际化城市与深圳方略［M］. 深圳：海天出版社，2014.

# 经 济 篇

# 加快培育优势产业是提升城市竞争力的"第一要务"

**摘要：** 产业是经济发展的基础和命脉，是发展之基、财富之源、城市之本。随着经济全球化趋势的发展，资源要素在不同国家和地区之间流动壁垒的降低，正确选择优势产业并加以培育和扶植，正作为促进经济崛起的一条重要途径备受政府和企业的青睐。因此，加强对优势产业的研究，对于提高经济发展的总体水平，有着十分重大的意义。本文在明确优势产业内涵、理清城市产业竞争力理论和影响因素的基础上，通过横向对比和纵向分析，结合扇轴创新战略，认为城市产业竞争力提升的根本是优势产业的培育选择，途径是培育创新载体、强化战略合作，基础是完善创新体系、创新机制体制，重点是进行人才、技术、制度、管理等方面的培养，关键是政府职能的转变和效率的提高。

## 一、优势产业的内涵、特征与外延比较

### （一）优势产业的内涵与特征

所谓优势产业，就是在经济发展中具有较强市场竞争优势、获取附加值能力强、资本积累能力强、对一个国家或地区有较强影响力和控制力的产业。在经济发展的不同阶段，优势产业不断地变化和更替，并不断地向高级化方向发展。优势产业的发展状况反映一个国家或地区经济发展的总体水平和发展方向，在很大程度上决定着国民经济的整体素质和效益，制约着国民经济发展的兴衰和发展后劲，决定着综合国力的强弱和人民生活的富裕程度。其特征主要表现在以下六个方面：

（1）发展动态性。产业生命周期分为萌芽、成长、成熟和衰退四个发展阶段。在开放的市场经济条件下，生产要素在各类型、各层次的市场间相互联结、

相辅相成，使产业的优势总是处于相生相灭、演替变化之中。因此，优势产业不是一成不变的，它是发展的、变化的。在某一时期、某一经济发展水平阶段，某一产业可能是优势产业。当经济发展到更高水平阶段时，新型的更具活力的产业将取代原有产业，成为这一时期优势产业。如老工业基地上海，过去曾具有纺织业的强大优势，但随着产棉区的西移和西部纺织业的发展，这种优势被中西部地区所取代，但它却在汽车、电子方面创造着新的优势。

（2）要素优越性。根据要素禀赋理论，"一个区域在较多地使用相对丰富的生产要素进行商品生产时，往往具有相对优势；每个区域应输出使用丰富而廉价的要素生产的商品，输入使用短缺而又价昂的要素生产的商品"。而这种资源优势在市场高度开放的今天，主要表现在市场优势上，如内蒙古的羊绒制品业成为地区优势产业乃至支柱产业，正是广阔的市场和较高的市场占有率使其自然资源优势变为经济资源优势的结果。

（3）相对低成本性。优势产业往往能利用区域有利的条件，以较低的成本生产产品。根据绝对优势理论，若能以最低成本生产某一产品，则具有绝对优势；根据比较优势理论，如个各个区域都把劳动用于最有利于生产和出口相对有优势的商品，进口有劣势的商品，这将使资源都能得到有效利用，使贸易双方获得比较利益。因此可以说，优势产业是以相对较低的成本进行专业化生产，从而增加产业利润。

（4）市场依附性。市场效率的标志是经济效益的最大化。现实中，我们不难发现市场发育迟缓的地区，无不受资金短缺、技术匮乏或难以创新应用的困扰，而市场发育较快、市场效率较高的地区，又无不得益于市场换资金、市场换技术之道。因此，优势产业的"优势"归根结底是在市场中创新、考验、改造、存灭。调整产业结构、确立优势产业、开发重点产品，都应把市场放在核心的位置，视为重中之重。

（5）成长前景性。优势产业市场扩张能力强。在同一发展时期，同为优势产业的不同产业，其发展速度不一致，有的表现为飞速发展，有的表现为一般发展，有的甚至还低于传统产业的发展速度。但是它们都具有极大的市场需求和广阔的发展前景。虽然某个产业在现阶段发展不快，但它的"后发优势"决定了它仍是优势产业。

（6）创新性。一方面，体现在产品品牌上，在科技日新月异的今天，优势产业无疑是需要较高的技术含量的名牌产品来维护和展示其"优势"，而产生名牌的前提是产业和企业的创新性；另一方面，体现于制度创新、管理创新、技术创新、生产流程创新等企业创新机制和创新人才的培育引进，保障优势产业持续发展。

### （二）优势产业与支柱产业、主导产业的关系

从理论上看，优势产业是基于产业竞争优势理论产生的。依据不同产业在国民经济发展中的地位和作用，可以将产业划分为主导产业、先导产业、支柱产业、重点产业、先行产业等。

主导产业是指能够依靠科技进步或创新获得新的生产函数，能够通过快于其他产品的"不合比例增长"作用，有效带动其他相关产业快速发展的产业。一般具有三个特征：能够依靠科技进步或创新，引入新的生产函数；能够形成持续调整的增长；具有较强的扩散效应，对其他产业乃至所有产业的增长起着决定作用。

支柱产业是指在国民经济体系中占有重要战略地位，通常其产业规模在国民经济中占有较大份额的产业或产业群。支柱产业在国民经济中起着支撑作用，但不一定能起引导作用；同时，支柱产业从先导产业（先行发展以引导其他产业往某一战略目标方向发展的产业或产业群）发展壮大，达到较大产业规模以后就成了支柱产业。

优势产业并不一定在产业政策中起某种战略地位，它仅为具有优势地位的产业，可以起到引导作用，也可以起到支撑作用，即优势产业可以是主导产业，也可以是支柱产业。

### （三）产业竞争力、企业竞争力、城市竞争力和国家竞争力

（1）产业竞争力，亦称产业国际竞争力，指某个国家或某一地区的某个特定产业相对于他国或地区同一产业在生产效率、满足市场需求、持续获利等方面所体现的竞争能力。产业竞争力内涵涉及两个基本方面的问题：一个是比较的内容，一个是比较的范围。具体来说，产业竞争力比较的内容就是产业竞争优势，而产业竞争优势最终体现于产品、企业及产业的市场获利能力。从比较角度来看，它反映了产业内企业能力、产业发展所需的资源条件以及产业发展环境的差异；从产业自身来看，它同样反映了产业的组织结构、市场竞争结构、产业整体素质以及产业政策。因此，产业竞争力关注的是区域中某个产业在市场上是否具有优势，是产业与产业之间的竞争，其实质是产业生产力的比较，侧重于产业核心能力的比较，包括资源获取能力、生产管理能力、有效产出能力和市场份额占有能力等。

（2）企业竞争力，是指在竞争性市场条件下，企业通过培育自身资源和能力，获取外部资源，并综合加以利用，在为顾客创造价值的基础上，实现自身价值的综合性能力；在竞争性的市场中，一个企业所具有的，能够比其他企业更有

效地向市场提供产品和服务，并获得盈利和自身发展的综合素质。

企业的竞争力分为三个层面：

第一层面是产品层，包括企业产品生产及质量控制能力、企业的服务、成本控制、营销、研发能力；

第二层面是制度层，包括各经营管理要素组成的结构平台、企业内外部环境、资源关系、企业运行机制、企业规模、品牌、企业产权制度；

第三层面是核心层，包括以企业理念、企业价值观为核心的企业文化、内外一致的企业形象、企业创新能力、差异化个性化的企业特色、稳健的财务、拥有卓越的远见和长远的全球化发展目标。

第一层面是表层的竞争力，第二层面是支持平台的竞争力，第三层面是最核心的竞争力。从这一结论中我们可以看出，企业文化以及价值观对企业增强竞争力的重要作用，它不仅能够带来竞争优势，使企业具备与众不同的竞争力，还反映着企业独特的个性和定位。

（3）城市竞争力，是在社会、经济结构、价值观念、文化、制度政策等多个因素综合作用下创造和维持的，是城市为其自身发展在区域内进行资源优化配置的能力。具有五大特征：

第一是系统性。城市竞争力是由各种因素组成的有机整体，它的强弱取决于各个要素综合作用的结果。因此营造城市竞争力将是一项系统工程，必须从整体出发，全面考虑，始终把握系统的整体特性和功能，从而达到在整体上增强城市竞争力的目的。

第二是动态性。由于在经济运行过程中，各种因素总是处于不断的发展变化之中，导致城市竞争力的内涵也会不断发生变化，因此城市竞争力是一个动态平衡的开放系统，这就决定了提高城市竞争力将是一项长期性的任务。

第三是相对性。城市竞争力是一个相对的概念，强调与其他城市的横向比较，因为只有进行比较才能体现出竞争力的大小。另外，随着作用因素的不断改变，同一城市在不同的发展阶段竞争力水平也各不相同。

第四是开放性。城市是一个开放系统，在与外界的交流中摄入能量和物质；通过转化过程输出能量和物质，从而获得自身的发展。而城市竞争力的测度指标随着时间阶段的不同作用因素也在不断地改变，因此城市竞争力是一个开放性的系统。

第五是差异性。城市的竞争力表现方式多种多样，更强的引资能力、更好的人居环境、更多的发展创业机会、更优秀的人才聚集都有可能发展成为城市的竞争优势。因此培育城市竞争力可以从一定区域内城市的差别优势出发，权衡自身在区域的角色定位，把城市间的纯竞争关系转变为竞争—合作关系，形成优势互补，相互促进，共同发展的"双赢"局面。

（4）国家竞争力，就是国家更多、更快、更好、更省、可持续地创造财富的能力，是其他各层次竞争力的背景。而产业作为国家或城市的量，产业竞争力是介于国家竞争力和企业竞争力之间，又是国家、城市竞争力的核心部分。企业作为市场的微观主体，是研究国家和产业竞争力的起点，没有强大的企业竞争力的支撑，就不会有强大的国家或者产业的竞争力。因而，各层次竞争力之间，是相互影响、相互作用的，企业竞争力是构成产业竞争力的根本条件，产业竞争力是国家竞争力和城市竞争力的核心，而国家竞争力会影响产业、企业和城市竞争力的成长。

# 二、国内外优势产业的发展特征与基本趋势

20世纪80年代末期以来，世界产生了一波由发达经济主导的全球化浪潮。这一浪潮导致全球分工体系发生重大变化，产业链在全球范围内大规模重组。形成的结果：一方面，作为全球经济体系的"核心"，发达国家主要集中发展高端制造业、高附加值的服务业特别是金融业，同时致力于"制造"并向其他国家输出各类"规则"、"标准"、"秩序"；另一方面，作为全球经济体系的"外围"，广大发展中国家则主要依赖廉价的劳动成本，以资源的浪费和环境的破坏为代价，从事传统的制造业，并被动地接受各种冠以"国际惯例"、"最佳实践"等基于发达国家实践之上的规则、标准和秩序。面对这一事实，发达国家不得不提出调整产业结构（包括劳动力市场结构）的任务，纷纷提出"再制造"、"再出口"、"再工业化"政策以拉动经济增长。在这一背景下，全球优势产业发展呈现如下特点：

## （一）国外优势产业的发展特征

（1）产业价值链低端环节向发展中国家转移。受经济全球化的影响，发达国家将具有比较优势的制造业向低成本的发展中国家转移，而相关行业的核心技术和附加值较高的环节，通过不断转让其技术专利取得市场利益。如德国的汽车工业，在过去的20年中，已将其零售件生产、配套组装等环节以跨国公司的形式转移到国外，而将设计、核心零部件的制造生产留在本国。

（2）产业向高附加值方向集中。发达国家早在20世纪80年代就确定了"以服务业为主导的多元化经济系统"，提出要利用高新技术手段实现传统制造业的升级改造，引进新兴高科技产业中的研发和管理部门，强调创新，以占领产业链

高端领域。如美国福特汽车自 1995 年起入驻中国，并建立汽车制造工作，主要进行汽车零售件的生产、整车的组装等，而在美国本部主要致力于研发、销售，并制造核心零售件等，集中于产业链高附加值部分。

（3）产业向专业化方向发展。如德国的汉诺威，政府大力扶持其会展业，在制定经济发展战略和城市发展战略规划时，都积极考虑其发展需要，在中央财政也专门列出预算给予支持。经过多年的发展，已形成了功能完备、配套齐全的会展产业体系，其工业展被公认是全球工业设计、加工制造、技术应用和国际贸易的最重要的平台之一，被誉为"会展之都"。

（4）产业园区及科技孵化器助推产业发展。科技研发是企业进步的助推器，创业创新是产业进步的主要力量，而企业的聚集又会产生巨大的聚集和规模效应，推动产业共同发展。目前，国外优势产业基本是以产业集聚的形式存在于市郊区的各产业园区或孵化器中，如美国的硅谷，聚集着全球领先的电子工业公司和全球顶尖的科研力量，已成为全世界高新技术产业最发达地区。

（5）大力发展文化创意产业。发达国家自 20 世纪 90 年代起，就开始重视文化创意产业的发展，如英国在 1997 年成立"创意产业特别工作组"，由布莱尔首相亲自担任主席，到 2002 年，英国创意产业增加值达 809 亿英镑，成为英国第二大产业。就世界范围来看，美国的电影产业、日本的动漫产业、英国的儿童文学产业、韩国的电视剧产业都占据全球大部分市场。文化创意产业在给各国带来巨大的经济效益的同时，也将其文化价值体系迅速地向世界其他国家和民族进行推广，美国的价值观念通过美国的影视作品在全世界范围内得到了传播，韩国和日本的文化也被纷纷称为"韩流"和"日流"。

（6）持续推动产业结构的升级。美国波士顿地区依靠坎布里奇市高等教育人才与机构聚集的优势，通过实施城市转型，不断推动城市创新发展，大力发展高科技产业，参与最高层次的全球城市竞争与协作，成功成为美国金融、教育及高科技中心城市之一。日本制造业发展，一是利用比较优势实现制造业结构转型，加强了以金属制品、机构、电气机械等机械工业的生产发展。二是发展节能型产业，使制造业转向电气及运输机械业生产。三是技术带动高附加值生产。四是创新实现制造业向高附加值产品开发与生产，使电气、运输机械生产以及食品和化工产业向产业链高附加值方向发展。

## （二）国内优势产业的发展特征

（1）电子信息、装备制造产业成为主导产业。进入 21 世纪，我国进入了工业化发展重要阶段，从重化工业逐渐转向电子信息、装备制造业，其中通用设备制造业、专业设备制造业、交通运输设备制造业、电气机械及器材制造业 2010

年产值为 2005 年的三倍多，成为部分发达地区主要发展的优势产业。在国家新一轮产业战略部署下，装备制造业开始向现代装备制造业转型，从产品加工中心转向设备制造中心。如研制大型薄板冷热边轧成套设备及涂镀层加工成套设备，实现成套设备国产化，满足汽车工业和家电等行业发展需要；发展大型、精密、高速数控装备和数控系统及功能部件，改变大型、高精度数控机床大部分依赖进口的现状，满足机械、航空航天等工业发展的需要等。

（2）服务业发展优势凸显，产业比重逐步提升。随着经济结构的调整，服务业取得了显著增长，越来越多的城市培育出自己的服务业优势产业。北京市2015 年第三产业比重提高到 79.8%，金融、信息、科技服务三大优势产业对经济增长的贡献率超过 70%。作为我国经济中心的上海，现已在金融、物流、会计、咨询、创意等多个服务业领域实现了长足进步，现代服务业项目已在上海遍地开花，2020 年将建设成为国际金融中心和国际航运中心。

（3）传统优势产业升级迫在眉睫。我国因具有劳动力与资源丰富的比较优势，长期以来在参与国际分工和交换的过程中，强调劳动密集型产品的出品，从而使纺织服装、家用电器等产业得以快速发展。然而，在信息化、网络化、科技化高速发展的今天，随着劳动力成本的提升，产业利润空间逐渐降低，作为吸纳就业强的产业大户，进行转型升级已迫在眉睫。

（4）新兴产业规模普遍偏小。产业结构中传统产业仍占较大比例，战略性新兴产业规模普遍较小，发展面临严峻挑战。主要表现在三个方面：一是发达国家抢占战略性新兴产业制高点，给我国相关产业发展造成压力。随着经济全球化深入发展和国际分工加快调整，我国战略性新兴产业面临技术、品牌、资本和市场份额的激烈竞争。二是关键核心技术缺乏。发达国家利用其主导的全球价值链分工体系，整合全球优势资源，增强市场控制力，谋求垄断战略性新兴产业的全球市场。跨国公司利用关键技术垄断和终端（销售、服务）渠道控制，对我国进行"结构封锁"，压缩我国产业发展空间。三是金融体系难以支撑战略性新兴产业快速发展。金融创新能力不足，金融资源配置效率不高，难以满足战略性新兴产业的融资需求。

（5）优势产业呈集群化发展。产业集群已成为我国区域发展和产业布局的重要模式和发展趋势，目前各城市大都就自身优势，围绕优势产业，以产业园区和科技孵化器为载体，形成产业集群。较为著名的有北京围绕信息软件行业建立的中关村，武汉围绕光电子产业成立的武汉硅谷等。

（6）产业创新能力有所提升。随着社会发展和科技进步，产业创新的前景发生了很大变化，出现了许多新的推动因素，使产业创新的竞争格局发生了很多变化，新的生产方式逐渐取代了旧的生产方式，技术已广泛渗透到社会生产力的各个要素之中，世界经济全球化的进程大大加快，资源、人员与知识等流动规模和形式的增加，以及技术的广泛迅速传播使世界各国经济的相互依赖性增强，一方面全球化为发展中国家提供了难得的发展机遇，有利于引进先进技术和设备，学习先进管理经验，实现技术发展的跨越；另一方面它也不可避免地会给发展中国家带来不利因素和风险，对发展中国家的产业发展产生重大冲击。特别是"全球化创新网络"代表了一种崭新的商业模式，使得产业的发展不再局限于一个地方区域，而是从全球化资源整合中寻求更大发展。

### （三）优势产业的发展趋势

近年来，世界制造业的发展趋势引人注目，其特征在优势产业表现得更为突出，其涉及的概念和领域正逐渐发生着巨大的转变和整合。总体来看，优势产业的发展具有以下新趋势。

（1）全球化趋势。由于现代技术革命，尤其是信息技术革命的发展，优势产业发生了重大变化，全球化趋势不断加强，全球化战略已成为各跨国制造公司抢占世界市场的首选战略。从 20 世纪八九十年代开始，由于信息技术革命、管理思想与方法发生了根本性的变化，企业组织形式也发生了变化。这种变化的主要特征是：广泛利用别国的生产设施与技术力量，在自己可以不拥有生产设施与制造技术的所有权的情况下，制造出最终产品，并进行全球销售。优势产业的全球化，使资源配备由一国范围扩大到全球范围，生产、营销、资本运作、服务以及研究开发均推向全球化，导致世界工业在全球范围的重新分布和组合，即国际产业分工格局的重组。企业通过国际互联网、局域网和内部网，与世界上其他合作伙伴组建动态联盟，从一个无国界的大市场中实现异地设计、制造和远程销售。随之，企业的研究开发、生产方式、经营管理、企业结构与地区、社会的协调发展等方面均在发生巨大的变化。

（2）集群化趋势。集群化是产业呈现区域集聚发展的态势，产业集群是指集中于一定区域内特定产业的众多具有分工合作关系的不同规模等级的企业和与其发展有关的各种机构、组织等行为主体，通过纵横交错的网络关系紧密联系在一起的空间集聚体，代表着介于市场和等级制之间的一种新的空间经济组织形式，它是当今世界经济发展的新亮点，它不仅可以成为区域经济发展的主导，而且也成为提高产业国际竞争力的新力量。产业集群作为一种为创造竞争优势而形成的产业空间组织形式，它具有的群体竞争优势和集聚发展的规模效益是其他形式无法比拟的。从世界范围看，集群化已是一个非常普遍的现象，国际上有竞争力的产业大多是集群模式。英国共有 154 个产业集群，分布在 18 个地区，覆盖很宽广的部门和技术范围；美国的硅谷和 128 公路的电子业群、明尼阿波利斯的医学设备业群；德国的索林根的刀具业群、斯图加特的机床业群等，都是世界上较为典型的优势产业集群。

（3）信息化趋势。当前，优势产业正向全面信息化方向迈进，其新的发展趋势主要表现为计算机集成制造系统的开发与推广应用，并向制造智能化方向发展。在这一过程中将实现产业的信息化、软件化、高附加值化；从技术发展特征看，表现为技术的融合化；从产品发展看，表现为产品的高技术化，即产品的高附加价值化、智能化和系统化；从系统管理角度看，表现为集成化、网络化。就产品制造而言，制造网络化正在迅速发展，网络技术将设计、生产、销售乃至服务一体化，网络化制造贯穿于从订单开始、经营活动的组织、产品的技术开发、设计、制造加工、销售、售后服务等产品全寿命周期。就产业而言，网络正在改造着产业结构与组织结构，一些产业中纵向一体化的趋势正在减弱，取而代之的是契约分包的合作方式。网络化的制造、销售、采购、售后服务以及承揽订货等方式，成为企业必不可缺的重要手段和工具。电子商务和 IT 技术从根本上改变了优势产业的生产、销售、流通方式，并在贸易领域引起了巨大变化，加速了优势产业的全球化进程。

（4）服务化趋势。根据产业发展的经验，在用户产业的需求进入"多样化"阶段以后，优势产业就要从"硬件（生产）"为中心中脱身出来，向以"软件（服务）"为中心的具有综合工程能力（产品＋服务）转变。今天的优势产业所考虑的，包括从市场调查、产品开发或改进、生产制造、销售、售后服务直到产品的报废、解体或回收的全过程，涉及产品的整个生命周期，体现了全方位地为顾客服务、为社会服务的精神。国际上知名的大企业均在积极地开展与产品相关的全寿命周期内的服务，并积极推进网络销售、网络订货、网络售后服务等。

（5）知识化趋势。随着知识经济时代的到来，知识已成为重要的生产要素，知识已取代资本成为最稀缺的要素。美国经济学家戴维·S·兰德斯在谈到产业发展时指出："首先是体质和文化，其次是钱，但从头看起来而且越看越明显的决定因素是知识。"在知识产业迅速崛起的背景下，产业结构的知识化已成为优势产业演进的基本趋势。产业结构知识化一般表现为：知识产业在全部产业中所占的比重逐渐上升，知识生产、扩散和应用的规模扩大，知识产品的价值在产业产出的价值总量中占有很大比重。新兴的知识产业迅速发展，知识产业取代传统产业成为主导产业。知识产业具有高密度知识投入、高加工度、高附加值的特点。在美国等发达国家，知识产业正逐渐由先导产业转变为主导产业。

（6）产业代谢速度加快趋势。回顾产业演进的历史，就会发现产业代谢的速度越来越快，主要产品、产业生命周期的缩短，尤其是优势产业的更替周期缩短。以经济发达国家产业变迁为例：工业化初期（第一次产业革命后期开始），轻纺业作为优势产业占据主导地位近100年，这一时期从18世纪中叶至19世纪中叶。然后是钢铁工业、机械工业、电力工业等重化工产业集群取代轻纺业成为优势产业，这一时期从19世纪中期到20世纪初期，持续了五六十年。20世纪初期，汽车工业迅速崛起，成为主导性优势产业，这一时期持续了四五十年。20世纪60年代后，计算机获得了主导产业地位。20年之后，到了20世纪80年代中期，信息产业、新材料、新能源等高技术产业成为新的优势产业。

# 三、优势产业的选择基准与培育模式

## （一）优势产业发展面临的机遇与挑战

从国际看，在经济全球化和区域经济一体化深入发展，尤其是当前国际金融危机影响深远背景下，世界经济增长速度减缓，全球需求结构出现明显变化，围绕市场、资源、人才、技术、标准等竞争更加激烈，气候变化以及能源资源安全、粮食安全等全球性问题更加突出，各种形式的保护主义抬头，外部环境更趋复杂。

从国内看，国际金融危机的影响与尚未解决的结构性矛盾交织在一起，外需急剧减少与部分行业产能过剩交织在一起，原材料价格大幅波动与较高的国际市场依存度交织在一起，经济运行困难加大，深层次矛盾和问题进一步显现。主要是：产业层次总体偏低，产品附加值不高，整体竞争力不强；土地开发强度过高，能源资源保障能力较弱，环境污染问题比较突出，资源环境约束凸显，合理利用效率不高；社会事业发展相对滞后，人力资源开发水平、公共服务水平和文化软实力有待进一步提高；投融资体系、市场环境、体制机制政策等还不能完全适应经济快速发展的需求。

同时应看到，我国目前仍处在重要战略机遇期，工业化、城镇化快速推进，城乡居民消费结构加速升级，国内市场需求快速增长，为优势产业发展提供了广阔空间；我国综合国力大幅提升，科技创新能力明显增强，装备制造业、高技术产业和现代服务业迅速成长，使传统产业升级成为可能；世界多极化、经济全球化不断深入，为产业发展提供了有利的国际环境；特别是我国传统文化历史悠久、民族特色鲜明、内涵博大精深，在文化创新产业大力提倡的今天，产业与文化将会擦出更多火花。

## （二）优势产业的选择基准

优势产业的选择是一个多因素、多准则的决策问题。根据产业国际竞争力的内涵，产业国际竞争力包括竞争实力、竞争能力、竞争潜力、竞争压力、竞争动力、竞争活力六个方面的内容。

（1）竞争实力是反映产业"要素供给"方面的实力，包括人力、财力、技术创新实力三个方面。评价人力的指标主要有：大学文化劳动者比重、技术工人素质、企业家素质；反映财力的指标有：产值（规模）、总资产；评价技术创新实力的指标主要有：研究与开发经费强度、研究与开发人员强度。

（2）竞争潜力是指产业发展的潜在能力，主要指一国产业发展面临的有利条件，包括比较优势和后发优势。反映比较优势的指标有：资源禀赋、劳动力成本、资金成本。

（3）竞争能力是指把竞争实力、竞争潜力转化为市场占有率、竞争优势的能力。包括市场化能力、资源转化能力、技术创新能力。评价市场化能力的主要指标有：经济增长率、市场占有率、显示性比较优势；资源转化能力是反映产业将资源转化为产品的效率和盈利能力，包括全员劳动生产率、总资产贡献率、增加值率三个指标；技术创新能力是反映产业将技术转化为商品的能力，包括创新度（新产品产值率）、专利数比重两个指标。

（4）竞争动力是反映产业参与竞争的能动性。众所周知，一个产业只有在竞争中才能提高竞争力，离开了竞争就没有竞争力可言。

（5）竞争压力是反映产业发展的外部推力。显然，激烈的市场竞争有助于产业提高竞争力。

（6）竞争活力是反映产业参与国际竞争的灵活性指标，它取决于产业结构（相关与辅助产业状况）、产业组织、基础设施等方面的因素。

## （三）优势产业的培育模式

产业的发展有其客观规律，优势产业亦然，但这并不是说政府在产业的培育上不能有所作为。国内外产业发展的实践证明，适当的产业政策能促成一个产业的成长。优势产业的培育是一个很复杂且艰难的过程。根据国内外优势产业培育和成长的实践，优势产业培育模式大致归纳为技术创新、产业聚集、产业整合三类。

### 1．技术创新模式

科学技术是优势产业成长的源泉。当前国际经济竞争正从价格竞争、资源竞争转向知识竞争，产业技术创新已成为优势产业形成和发展的重要前提。技术创新是指劳动手段、劳动对象、劳动技能经验、生产工艺过程等方面的技术发展水平，以及经营管理、组织协调、生产配置等方面突破性的发展。近一个时期以来，新技术革命的浪潮席卷全球，大量的科学技术新成就导致电子信息、新材料等一系列产业的兴起，把工业技术革命向前推进了一大步，促进了社会经济结构的深刻变化和社会生产力的巨大发展，技术创新在培育优势产业中的作用日益显现。如技术创新和技术改造使长沙市优势产业得以迅速发展：三一重工集团公司注重科技兴工之路，广纳人才，集团以年利润 10% 以上的费用用于开发新产品，以研究一代、试制一代、投产一代的开发模式向前发展，创造了全国同行质量评比第一、市场占有率第一、出口量第一、经济效益第一的骄人业绩；中联重科注重发挥科研院所的优势，以科技为先导，在技术上精益求精，促进科技成果向现实生产力的转化，产品结构由单一的混凝土泵逐步发展到生产塔式起重机、混凝土布料机、城市清扫车等一批高科技产品，填补了国内空白，获得国家专利 20 多项。

进入 21 世纪，一个国家或地区要发展优势产业，不能再简单重复工业化国家曾经走过的道路，更不能重复发展中国家在 20 世纪中期的做法，而是要充分发挥市场机制的作用，寻求建立在产业技术创新基础上的优势产业的跨越式发展。

一要在制度安排上构建有利于产业技术创新的制度体系。制度创新是产业技术进步的根本动力。要在产业技术创新上有所突破，建立促使技术进步各受益主体积极参与的政府与企业联合开发体制，使政府投入与企业的经济利益结合起来。要打破行业界限，支持企业、高等院校和科研院所的合作，通过联合研究、委托开发、成果转化、共建研究开发机构和科技实体等，促进科技要素向企业的转移，逐步形成以企业为中心，高等院校和科研机构广泛参与，利益共享、风险共担的产学研联合机制。要运用市场竞争原则，选择高效率的技术创新主体作为支持对象，由懂得市场规律、具有市场化运作经验的企业来实施，通过优秀企业资金配套，并带动社会资本投资，从总体上扩大对国家关键性战略技术创新的投入。要把战略性技术作为政府技术政策的组成部分，在政策上有所选择和侧重，特别要有简单明确的选择标准和慎重评估，不能为市场化改革制造人为的障碍。

二要动用政府资源推动技术创新的发展。例如，由政府出资加强对国内外发达地区的科技和产业发展信息的收集，引导本地区产业技术的发展目标和走向。加大对大学和科研机构建造大型、昂贵实验设施的资助力度，有偿提供企业使用政府资助或建立的实验室。建立较长时期的、可以预见的政府采购政策，并通过推动相关立法以及颁布政府采购的技术标准和产品目录，为国内战略产业的成长提供启动和成长所需要的市场空间。

三要建立吸引和激励人才的机制。人才是技术创新能力的核心。如果缺乏人才，技术创新将难以进行。要在创新环境、企业制度、融资条件和收入水平等方面制定"一揽子"措施，制定吸引国内外科技专家、企业家参与技术研究、产品开发和企业创业的优惠政策，形成开放、流动、人尽其才的用人机制。要制定有关激励政策，鼓励企业技术人员以参股来促进技术成果的产业化，在分配制度上保证技术拥有者、企业经营者和高层管理人员能够取得与其贡献相匹配的报酬。

四要选择与经济发展长期目标相适应的战略技术，集中优势资源保障优先发展。所谓战略技术，通常是指在一个国家或地区的经济、社会发展中占有重要地位，能够体现战略意图，对经济社会发展有着重要影响力的技术。发展战略技术，夺取战略领域的优势地位，重要的是要跟踪或保持技术上的领先地位，通过技术领先可以创造出新的投资机会，创造出新的优势产业。要尽快出台战略产业的中长期发展规则，把战略产业发展纳入政策扶持，避免盲目性和不确定性，在体制上为优势产业发展提供保证。今后一段时间以下重要技术及产业领域将受到更大关注：信息技术与传统技术的交叉、融合、催生出来的新兴产业；生物技术产业，特别是生物技术在农业、医药、环境、资源等领域的广泛应用。

五要增强自主创新能力，在引进技术的消化吸收和再创新能力上有所突破。引进发达国家和地区先进的生产技术和设备，可以节省自主研制开发所需要的时间，迅速缩短或消除与发达地区的技术差距。同时，我们应该认识到，技术是跨国公司进行国际竞争的核心资源，真正具有竞争力的先进技术，发达国家是不会输出的。因此，对一些关键技术和关键领域，要形成有自主知识产权的技术能力和生产能力。只有把引进的技术很好地消化，切实地吸收，在消化吸收的基础上实现创新，才能促进企业的技术水平和管理水平的提高，加快产业升级，才能在产业竞争中永远立于不败之地。

## 2. 产业聚集模式

产业聚集是指某一特定领域中（通常以一个主导产业为核心），大量产业联系密切的企业以及相关支撑机构在空间上集聚，并形成强劲、持续竞争优势，带动整个区域和相关产业发展的现象。产业聚集是优势产业发展的重要条件，是现代产业发展的一个重要规律，能获得巨大经济效益，从而降低成本，提高生产效率。

一要培育企业家资源。企业家是一种稀缺资源，其在创造和引进新的生产方法、介绍新产品、开辟新货源和新市场等方面作用巨大。硅谷成功的经验之一就是硅谷内独特的创业精神：几乎每个人都有勇于冒险、不断进取的创业精神，每个人都努力创办新公司，都想成为百万富翁，否则就被视为异类。创业精神是一种典型的隐含性知识，通过地理接近的正式和非正式交流，会更好地造就和发展企业家资源，不仅包括创业型企业家，更拥有卓越管理能力的管理型企业家。新企业创建与衍生和一些老企业倒闭，适者生存，才是集群竞争力的重要保障。

二要培育企业间良好的合作关系。集群基于地理接近性，如许多企业主相互熟悉，甚至是朋友、亲戚，往往形成企业家社会网络关系。企业间的相互联系比如承包、转包、产品的质量、交货时间、资金结算等本身就是建立在信任的基础上，声誉对企业的生存与发展很重要，集群内企业具有地理"根植性"，迁移的机会成本高，企业间合作是多次重复的，所以他们必须遵守信用，避免机会主义倾向，因而有利于企业间建立以信任与承诺为基础的社会网络，通过网络关系降低交易成本，加强相互合作。

三要培育创新的企业文化。创新的企业文化来源于三个方面：①区域的文化背景。在这种背景下，崇尚创造的奋斗精神深深地扎根于区域环境中，并将这种精神融合于经济发展之中，不仅培育大量企业家资源，更孕育着创新的精神和动力。②基于自由选择的平等、宽松工作环境。集群各企业内部、企业和机构之间是平等的经济实体，经济交往遵循平等互利的市场契约原则；同时，人才可以在集群内快速、自由流动，有利于业务的不断创新和快速反应。③有利的信息交流环境。集群除正式合作外，非正式信息交流出现的频率更高，内容广泛的各类市场、技术、竞争信息在集群内交流，使创业者和员工更容易了解市场和技术的变化，寻求把握市场机会和空隙。

四要培育区位品牌。"区位品牌"与单个企业品牌相对，更形象、直接，是众多企业品牌精化的浓缩和提炼，更具有广泛的、持续的品牌效应，而且相对于企业群，单个企业的生命周期是相对短暂的，品牌效应难以持续。集群中的企业遵循优胜劣汰竞争规律，区位品牌更容易持久，是一种很珍贵的无形资产。如法国的香水、意大利的时装、瑞士的手表、西湖的龙井茶叶等。

谈到品牌建设，德国制造的故事耐人寻味。众所周知，当前以高质量享誉世界的德国制造，曾经是廉价和劣质品的代名词。1887年，英国议会修改《商标法》，要求所有进入英国的德国产品必须注明"德国制造"，以此将劣质的德国产品与优质的英国产品区分开来。恩格斯在《论住宅问题》一文中，曾经对此进行过描述："德国既不能用价格来击败英国，又不能用质量来击败法国。因此，没有别的路可走，只好循着德国生产的常轨，暂且带着对英国人来说批量太小、对法国人来说质量太差的商品挤进世界市场。"可以这样理解，当时德国出品的产品，比不上英国的批量化、标准化，也比不上法国的个性化和精致化，也就是质次价廉。但是，德国知耻而后勇，经过坚韧不拔、持之以恒的努力，提高了产品质量，成为了拥有2300个世界品牌的工业强国和品牌大国。

五要培育地方公共产品的有效供给。优势产业群的形成和地方公共产品的有效供给密不可分。地方公共产品的范围很广，不仅包括道路交通、通信、电力等基础设施的建设，还包括专业市场建设、集体品牌的创造、设立共同的技术创新机构、教育培训机构、产品质量检测设施、采购中心、物流中心、举办交易会展览会等完善企业集群功能方面的建设。良好的基础设施条件，是引发网络效应良性循环的重要因素。当然，除了政府部门的资源与支持外，地方公共产品的供给也需要集群中的企业参与，因为只有企业聚集起来，基础设施才能得到更有效的供给和解决。

有一点应该引起注意，就是地方各级政府在产业集群和企业集群的扶持与培育上，应贯彻看得见的原则，即扶持那些处于萌芽状态或已经形成的集群，而不是从零开始人为地去创造一个集群。已经出现的集群，表明它初步通过了市场的检验，符合集群产生所需要的需求条件、供给条件和其他条件，能在激励作用下发展为一个具备自我生长能力的集群。随着全球经济一体化和信息技术的发展，低等级要素，如简单劳动力、资本和一般生产工具的流动性加强，不再构成区域发展的优势力量。区域通过拥有雄厚的社会资本很容易吸引区外这些要素资源，形成独特的产业分工动力。政府的政策重点应该是鼓励创业与创新，扶持和创造一个有利于企业家创业、中小企业生存和成长的环境，并通过集聚效应产生外部经济，通过低交易成本提高合作效率，通过产业文化促进技术创新与扩散，从而形成优势产业。

3. 产业整合模式

产业整合就是优化资源配置，它是培育优势产业的一条重要途径。产业整合的形式多种多样，最重要和最常见的形式是企业重组。通常，企业重组是利用存量资产实现企业快速成长的有效战略，伴随着企业组织和管理模式的改进以及效率的提高和规模的扩大，一些大型跨国公司都是通过兼并重组发展壮大起来的。

一要实施大企业大集团战略，培育一批世界级的大企业，提高国际竞争力。大公司、大集团始终是资产重组和兼并的主体，在资产重组中起着主导作用。欧美企业出现强强兼并就是在当今世界经济全球化和政治多元化这两种趋势的交互作用下，各国抢占世界经济制高点，国际市场竞争优势的战略性选择。目前我国企业规模普遍较小，市场集中度低，造成企业国际竞争力不强，抗风险能力普遍较低。因此，必须根据我国国民经济和产业结构调整的要求，加快发展大型企业和大型集团，尽快缩小它们与国际大企业之间的差距，提高企业的国际竞争力，增强整个区域的经济实力。如，潍柴动力先后从法国、意大利、德国战略重组了百年品牌，海信集团收购获得了夏普电视美洲地区品牌使用权等，国家提出了扶持四川长虹、青岛海尔、华北制药等大型企业在 21 世纪中期进入世界 500 强的目标。而在短期内迅速增强这些企业竞争力的主要手段是强强合并，加强优势企业的资产重组，获取更多的高端品牌、核心技术、研发能力和销售渠道，为进行结构调整、发展规模经济提供更大的发展空间。

二要发挥企业优势，强化企业主业发展，提高产业核心竞争力。其一是企业的发展特别是企业集团的产品纵深化必须保持适当的度，不能片面强调多元化而盲目扩大企业规模，要集中资源、资金以确保主体产品的竞争力，真正实现企业的最优发展。其二是在企业兼并过程中采取正确的措施，发展彼此的主体优势产品，从而获得最大可能的比较经济效益，同样使兼并的成本尽可能减少，这应成为企业兼并的最佳选择。

三要完善资本市场，实现规模经营。不断完善高效融资体系。搭建政府、金融机构、企业"三位一体"的政策性金融支持体系：在政府层面，设立战略性新兴产业投资基金，合理引导社会资本流向，拓宽融资渠道；在金融机构层面，围绕服务实体经济推进金融改革，主动为战略性新兴产业提供"一站式服务"，积极创新金融产品；在企业层面，聚焦产业链核心环节，占据产业链高端位置，同时加快向个性化生产营销、精准化服务模式转变。发展风险投资，建立政府引导基金，引导风险投资机构参与科技成果转化项目。

四要完善相关政策，积极引导、规范和监督企业兼并。从表面上看，企业兼并重组是经济主体的自主行为，政府不应干预，但这并不等于政府放手不管。因为企业兼并重组有可能会造成行业内的垄断，从而给市场经济中的公平竞争带来负面影响。当前的当务之急是尽快完善企业重组的相关法规，规范和完善企业兼并重组的原则、范围、程序、标准等，使企业在兼并重组中做到有章可循、有法可依。

（执笔人：张同良）

**参考文献**

[1] 蒋新祺. 优势产业发展研究 [D]. 湖南大学硕士学位论文，2006.

[2] 迈克尔·波特. 竞争战略 [M]. 华夏出版社，1997.

[3] 李婷，陈向东. 产业集群的学习模式及其创新特征研究 [J]. 科技管理研究，2006 (2).

[4] 李海婴. 城市产业集群的机理分析与政策安排 [J]. 现代管理科学，2004 (3).

# 建设城市 CBD——聚集核心资源，提高发展效率

**摘要：** CBD 是 Central Business District 的缩略语，中文译为中央商务区和商务中心区。作为金融、商贸、信息、文化和服务等功能之高度集成，CBD 已逐渐成为一个城市的经济中枢和内核，是城市经济规模化、集约化和聚集辐射力的重要体现。同时，作为商务活动最集中的场所和城市最便利的交通枢纽，CBD 也是金融机构、跨国公司和中介机构的必争之地，是现代化、国际化大都市的象征和主要标志，是经济中心城市发展的活力源和运转中枢，它不仅促进了所在城市的全面发展，更通过辐射作用带动了周边地区经济的发展，在区域范围的经济活动中处于主导和支配地位。实践证明，CBD 的建设和发展体现了一个城市的经济发展水平，是城市竞争力和发展效率的重要体现，而培育有效的 CBD 产业集聚是城市发展的重要战略选择，也是提高城市竞争力的重要途径。

## 一、CBD 的定义、层次分类与功能特色

### （一）CBD 的定义

中央商务区（Central Business District，CBD）指一个国家或大城市里主要商务活动进行的地区，是一个城市、一个区域乃至一个国家的经济发展中枢。一般而言，CBD 位于城市中心，高度集中了城市的经济、科技和文化力量，作为城市的核心，具备金融、贸易、服务、展览、咨询等多种功能，并配以完善的市政交通与通信条件。

CBD 的概念最早由美国城市社会学芝加哥派代表人物伯吉斯（Burgess）在 1923 年提出，他在对芝加哥市等北美大城市空间结构进行研究后，提出了同心圆模式，即城市的社会功能围绕中心呈同心圆结构，其中的中心层为城市地理和

功能的核心区域，称为商务中心区，简称 CBD。此后，霍依特（Hoyt）、哈里斯和乌尔曼（Harris 和 Ulman）分别提出了扇形理论和多核理论，逐渐修正和丰富了 CBD 的相关理论。尽管这些理论的学术构思略有不同，建设模式各有差异，但都认为 CBD 是位于城市空间结构核心部位的重要功能区，是城市的经济中枢。

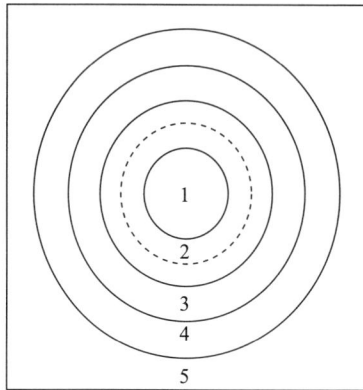

**图1　伯吉斯同心圆城市地域结构**

随着世界经济的飞速发展，城市的规模、职能和空间结构都在发生着深刻的变化，CBD 也不断地被赋予新的内容和含义。它与全球经济的发展密切相关，无论是功能构成、空间形象，还是在交通运转方式、设施配套等方面都已经演化为一个相当独立的地域，它的职能已经超出了城市本身的意义，变成了全球或区域经济一体化系统中的一个重要单元，呈现向综合化、生态化方向发展的趋势。虽然 CBD 的发展在不同国家、不同城市有不同特点，但大多数城市 CBD 的发展都经历了"传统商业中心（商业集中）—商业、商务逐渐分化—现代专门化商务办公中心（商务集聚）—多商务中心网络形成"这样一个由初级向高级过渡的过程。

我国自 80 年代引入 CBD 的概念之后，从介绍西方的研究成果和实践规划开始，至 90 年代进入学术研究和具体实践的旺盛时期，到 21 世纪初，全国各地都掀起了建设 CBD 的热潮，据不完全统计，目前我国已有超过 50 个城市在战略规划和总体规划中明确了发展 CBD 的战略目标。但是，与西方长达 70 余年的 CBD 研究相比，国内不管是理论或是实证的研究，都还处于起步阶段，多立足于空间与功能的角度，是从自发到自觉的有意为之，缺乏与城市、区域的关联研究。因此，CBD 的引入不能是国外标准和模式的照抄照搬，更重要的是，CBD 作为城市空间结构的一种综合型要素，是城市空间结构演变的必然产物，它的发展不能脱离相应的城市发展。

## （二）CBD 的层次分类

CBD 是城市高度发展的产物，是城市的核心和精华，集中反映了城市的控制力和区域影响力。根据区域影响力的大小，可划分为世界级 CBD、洲际级 CBD、国家级 CBD 和地区级 CBD 这四个层次。

（1）世界级 CBD：全球性国际经济中心。世界级 CBD 一般处于对全球活动具有控制力的世界性城市，诸如伦敦、纽约、东京等，它们对全球经济、政治和文化具有巨大的影响力，在全球经济发展中发挥着核心枢纽作用，是全球发展脉动中最为敏感的神经。作为该类城市的核心 CBD，聚集了很多实力雄厚的跨国公司和金融机构，直接操纵着全球重要经济活动的走向、拨弄着全球金融市场的琴弦。该类 CBD 的典型代表有纽约曼哈顿、伦敦金融城等。这些 CBD 一般具有较大容积率，是现代信息技术应用和基础设施建设最杰出的经济区域，汇聚着全球最杰出的管理和金融人才。以曼哈顿 CBD 为例，纽约的金融业集中在曼哈顿，位于曼哈顿 CBD 的金融街集聚了 3000 多家金融和保险公司，10000 多家外国银行和办事处。世界闻名的纽约证券交易所坐落在此，经营着 2100 多家美国公司和 30 多万家外国企业的股票和国内外债券，可以说，曼哈顿 CBD 掌握了世界经济跳动的脉搏。而在地球的另一端，伦敦金融城同样扮演着这样的角色，拥有世界上最大的国际保险市场、全球 75% 的世界 500 强企业、全球 1/3 的外汇交易量、全球 36% 的场外衍生金融产品交易量和几乎一半的国际股权交易额，管理着近 3 万亿英镑的全球资产，被奉为"全球的力量中心"。

（2）洲际级 CBD：区域性经济中心。洲际级 CBD 是指影响范围限于全球中的某个大型经济区域（如亚太区域、西欧区域、北美区域等）的现代化大都市 CBD。这些城市虽然没有纽约等世界级城市的全球经济活动的控制力，但该类城市仍然在较大范围的国际区域内具有影响力。一般来说，该类城市展现出如下三个方面的特征和地位：一是在世界的某个区域内规模较大、功能齐全、经济基础雄厚；二是在生产、流通、消费、科技、文化服务领域及国际政治等诸多方面具有明显的国际地位；三是对内有吸引力、对外有辐射力。而凭借这些城市的国际张力，凝聚这些城市核心资源的 CBD，一般也就成为国际区域内资本和商品的集散中心，国内和国际经济的最佳结合点，成为国际间政治、经济、科技、信息和文化的交流中心。该类 CBD 的典型代表有东京新宿 CBD、香港中环 CBD、新加坡 CBD 等。以香港中环 CBD 为例，拥有包括中银大厦、香港汇丰银行总行大厦、太子大厦、置地广场、交易广场、金融中心、长江集团大厦、渣打大厦、怡和大厦等在内的众多著名楼宇，集中了香港几乎所有的金融业和大企业，服务业达本地生产总值八成以上，拥有亚洲第三大股市，世界第九大银行中心和第七大外汇市场，成为世界十大服务主导经济体之一。目前，香港中环 CBD 已成为亚太区域最具影响力的 CBD。

**图 2　香港中环 CBD**

　　（3）国家级 CBD：全国性经济中心。国家级 CBD 一般位于全国性经济中心城市。该类城市具有较大的城市规模，对外交往广泛，竞争能力较强，是这个国家的金融贸易中心和物流中心，具有举足轻重的经济地位、较强的集聚功能和扩散功能、良好的社会环境和科学文化基础。这类城市具有一定的国际化水平，但全球影响力和控制力还有待大幅提升，对全球经济活动的触动力度较弱，远不及世界级 CBD 和洲际级 CBD。该类 CBD 的代表如北京 CBD、美国洛杉矶 CBD 等。北京 CBD 面积 7 平方公里，已形成国际金融为龙头、高端商务为主导、国际传媒聚集发展的产业格局。目前，北京 CBD 拥有世界 500 强企业 160 家，跨国公司地区总部 70 余家，占全北京市 70% 左右；聚集了普华永道、麦肯锡等 200 余家世界级高端服务业企业；入驻企业达 19000 家，规模以上企业 8900 家，年均增长 27%；注册资本过亿元企业 184 家；集中了北京市约 90% 的国际传媒机构 169 家，约 80% 的国际组织、国际商会 110 家，约 80% 的跨国公司地区总部 50 家，约 70% 的世界 500 强企业 160 家，约 70% 的国际金融机构 252 家，约 30% 的五星级酒店 17 家。北京市约 50% 以上的国际性会议、90% 的国际商务展览在这里举办。

**图 3　北京 CBD**

（4）地区级 CBD：地区性经济中心。地区级 CBD 所位于的城市一般为地区级经济中心。该类城市在该国家具有较强的经济实力和综合功能，具有较好的科学文化基础，相对发达活跃的地区市场。地区性经济中心城市无疑是全国性经济中心城市的补充和地区性支撑点。该类城市所处地区的经济活动主体也自然在寻求一个平台以便更好地发展，地区级 CBD 也就应运而生，在汇聚了大量的地区内企业总部、金融机构、跨国公司分部之后，该类 CBD 对整个地区的经济发展也自然形成了较强的控制力和影响力。这类 CBD 的典型代表如广州珠江新城CBD、重庆解放碑 CBD 等。地区级 CBD 因其辐射地区的范围不同，又可划分为不同的等级，一些地区级 CBD 仅对本省市的经济活动有所影响，而有些地区级CBD 则可辐射到其所在的区域板块，甚至对全国的某类经济活动具有较强的影响。面积仅 0.92 平方公里的解放碑中央商务区硬核区域，现有各类楼宇 388 幢，其中 40 层以上的建筑 9 栋，总建筑面积 659 万平方米，其中商业面积 212 万平方米，聚集了 5000 余家法人企业，微软、索尼、西门子等 58 家世界 500 强企业，占全市的 54%、全区的 70%。

## （三）CBD 的功能特色

CBD 的核心功能主要体现于其产业功能，分别是金融保险中心、总部集聚中心、高科技中心。

**图4 重庆解放碑 CBD**

——金融保险中心：金融保险是 CBD 发展的必备支撑要素，成为金融保险中心也是国内外众多 CBD 追逐的梦想，其中一些 CBD 也因金融保险功能突出而彰显自身的个性魅力，成为不同区域影响能级的金融保险中心。放眼国际 CBD，纽约曼哈顿、伦敦金融城都因控制着全球丰富的金融流动性而享誉全球；看国内 CBD，香港中环 CBD、北京金融街 CBD、上海陆家嘴也因分别集聚了亚太金融交易、全国金融管理、金融贸易及创新服务等特色功能而奠定了其金融中心的地位。一般来说，金融保险中心 CBD 都具有较强的实力，其位于市点中心或靠近市中心的黄金位置，选址"独特"，小小的地块入驻了数量众多的金融服务公司和专业服务公司（如咨询公司、会计师事务所、律师事务所等）。从配套设施来看，该类 CBD 基本都有高档零售设施、豪华居住区、宾馆旅游设施等，部分金融保险中心建设有城市标志性建筑。此类 CBD 形成金融保险的特色功能，是一个十分具有挑战性的过程，它需要创造各种适宜的条件，以充分满足全球及国内金融机构的内在集聚需求。

——总部集聚中心：CBD 是各类总部机构青睐的发展平台，也自然成为总部经济集中体现的区域，部分 CBD 也因自身总部经济的繁荣而奠定了特色彰显的基石。在 CBD 的总部经济特色中，一类 CBD 可作为国内乃至国际区域经济活动的总部集聚地，如北京 CBD、香港中环 CBD 等。这类 CBD 一般要求其所在城市具备充分的条件，满足全球及国内大型公司潜在的空间内生集聚需求。此类 CBD 一般靠近或位于重要城市的中心，多为一个国家的经济或政治中心。入驻企业中，国内领先公司或者跨国公司的总部占有较大的比例，行业种类较多，有很多可能入驻的"支柱商家"。该类 CBD 以总部的"大"和"多样化"而彰显十足的魅力。另一类 CBD，大多位于地区性中心城市，是主要涉足某一区域板块经济活动的总部的集聚地，聚集了较多的本地企业总部，一定数量的全国企业总部或地区总部。

——高科技中心：与金融保险服务和总部经济特色彰显的 CBD 不同的是，该类 CBD 以科技服务为特色，成为所在城市甚至所属国家的科技力量的象征。这类高科技中心型 CBD 一般毗邻大学及研究中心，能够充分利用当地的教育及高科技机构的优势。同时，该类 CBD 也大多占地宽阔，空间布局相对比较分散，在其中的大部分企业与技术相关（如软件、硬件研发、IT 咨询、生物技术）。此类 CBD 由于技术含量较高，企业平均占用空间呈下降趋势，但对技术设施要求较高（如宽带网速等）。美国硅谷、香港数码港、北京的中关村西区等都是高科技中心。

图 5　美国硅谷

# 二、CBD 发展面临的挑战

目前，许多城市建设 CBD 的热情非常高，有的已取得了明显成效，但许多区域的 CBD 可持续发展作为一个新的理念更多的是停留在概念层面，从概念到实践的实施机制还不明朗，高度聚集的 CBD 发展过程中仍有不少问题亟待解决。

（1）脱离实际，贪大求全，盲目建设 CBD，导致资源浪费。CBD 建设是一个全局性的、漫长的过程，一些城市在进行 CBD 建设之前没有进行周密的研究，贸然提出的 CBD 看似宏大非凡，其实其建设所需具备的条件、投入等远超自身的承载能力，过多建设带来的只能是资源的闲置和浪费。据有关机构调查显示，除了一些省会城市、副省会城市和直辖市等大型城市以外，一些中小型城市也在申请建设 CBD，无疑这些城市建设 CBD 的动机是好的，但完全忽视了地方经济的发展水平及周边地区的发展情况。忽视实际情况，仅从自身局部利益考虑的盲目跟风建设，不仅会导致资源浪费，更会打乱城市已有的产业布局与发展规划，造成资源分散，使 CBD 成为城市发展的包袱。

（2）规划缺位，急功近利，各自为政，导致 CBD "空心化"。CBD 建设的本意在于通过高度集中的公司总部、金融、咨询、保险等来行使城市商务办公的职能。但由于 CBD 系统没有统一的业态发展规划，全市各区没有形成错位经营的良性格局，不仅会导致资源的分散使用与恶性竞争，更会导致商务中心的"空心化"，而在我国已有或在建 CBD 的城市中，这种问题十分普遍。以北京 CBD 为例，其定位之一是成为北京重要的国际金融功能区，而实际情况是 CBD 金融中心与西城区的金融街、海淀区的中关村金融中心的同步进行造成了难以避免的重复建设，其他两个金融中心，特别是西城区的金融街分流了大量 CBD 的客户，影响了北京 CBD 的整体发展进度。这一情况，与奎文区作为区域性金融中心的定位和高新区金融广场的重复建设十分相似。

（3）炒作 CBD 概念，挤占产业发展空间，导致"空中楼阁"。根据国内外 CBD 建设通行的规则，一个真正意义上的 CBD，其商务用房的建筑面积应该占总建筑面积的 50% 以上，而商业服务设施和高级公寓应该各占 25% 左右。长期以来，一些地方政府在错误的政绩观、"唯 GDP"论的指挥棒下，一味招商引资、圈地卖地。许多房地产商在规划尚未出台或刚刚提出设想时就以 CBD 为概念哄抬房价，在其所谓的 CBD 中充斥着大量的商品房，而商务楼的面积相比较而言却微不足道，严重制约了第三产业的快速发展，人为降低了 CBD 的中心性，也使得居民对 CBD 的认识产生错觉，扰乱了城市 CBD 建设的顺利实施。

（4）基础设施配套不足，精细化管理缺位，发展效率不高。城市建设重"面子"轻"里子"，容易出政绩的地方就花大力气，看不到的地方就糊弄瞒骗，宏伟的摩天大楼与脆弱的下水道并存，一遇暴雨就成内涝；城市规划亲商却不亲民；交通设施外表壮观，缺乏人性化的设计，给百姓添堵。衡量一座城市生活质量高低，12 个字就可概括：衣食住行、生老病死、安居乐业。这 12 个字，无一不有赖于城市的管理与服务。如果说建设规划是塑造城市的骨肉之躯，那么管理和服务则是打通城市的血脉之源。因此，如何更好地运用信息化的开放、共享和创新，使 CBD 更加宜居宜业，是值得我们进行深入思考和探索实践的课题。

（5）高端人才匮乏，CBD 发展缺乏引领和支撑。高端人才是 CBD 区域持续良性发展的动力和源泉。在知识经济时代，国家或区域之间的竞争，更鲜明地演化为人才的竞争，人才发展在综合竞争中越来越具有决定性的意义。CBD 建设不是简单的兴建高楼、堆砌设施就可以完成的，归根结底需要各类专业人才的注入才能正常运营，产生效益。而 CBD 作为经济集聚的产物，常常忘记了与人才的融合。由于缺乏相应的人才引进和政策引导，CBD 的建设并没有带来预计的经济效益。事实上，一个真正活跃和可持续的 CBD 将包括各种各样的人群，提供不同功能的用途，成为人们进行社会交往和文化交融的活动场所。

（6）资源关联性不强，缺乏互动性，发展后劲不足。CBD 中人口密度大，公共活动强度高，并存在"自我强化"的倾向，因此，对商业、交通、娱乐、信息流通、物资供给、环境治理、消防安全等多方面提出了更高的要求，而且多是复合型、关联性要求，当这些要求达不到的时候，就会造成混乱，降低效率，给人们的工作和生活带来很多麻烦。简·雅各布斯在《美国大城市的死与生》中写道："有一点毫无疑问，那就是，单调、缺乏活力的城市只能是孕育自我毁灭的种子。但是，充满活力、多样化以及用途集中的城市，孕育的却是自我再生的种子。即使有些问题和需求已经超出了城市的限度，但它们也有足够的力量延续这种再生的能力并最终解决那些问题和需求。"美国休斯敦市的 CBD 就是一个典型的反面案例，其 CBD 的功能单纯地定位于办公，基本无公寓、住宅及配套商业、娱乐设施，这样虽然符合 CBD 的商务功能定位，但过于单一的产业形式造成了夜晚"死城"现象。

（7）体制机制不顺，行政效能低下，发展环境不优。国内外著名 CBD 建设的经验表明，一个成功的 CBD 的建设需要有效的政府行为和有效的市场机制相结合，这种结合是有机的、互动的，有效的市场机制能够扩大政府行为的作用和影响，有效的政府行为又能够使市场机制运行更加高效。政府的资源控制力、要素引导力和环境驾驭力是其他市场主体难以比拟的，政府制定的相关政策，可以引导各类高端资源聚集与整合，实现优化配置。但当前许多地方政府的"千城一面"的形象工程、"拍脑袋决策"的行政指令、"各自为政"的部门利益成为CBD 建设的桎梏，对资源的耗费现象十分突出。同时，一些地方存在的行政效率低下、招商机制不透明、执法操作不规范等问题，也严重影响了投资者的信心，阻碍了 CBD 的快速发展。

# 三、CBD 的建设与应用

改革开放 30 多年来最为深刻的经济、社会、生活方式的变化之一，就是城市化进程，形成了北京、上海、广州等一批具备城市 CBD 建设的区域和城市及城市带，对推动城市功能的合理分布和资源优化配置，促进人们生活方式和城市变迁发挥着越来越重要的作用。尽管在 CBD 规划、建设、发展中存在一些局部、暂时的问题和认识误区，但是我们相信都是发展中暂时的问题和矛盾。我们要正本清源，尊重城市以人为本的成长客观规律和 CBD 建设本身的内在要求，采取有效措施引导和规范 CBD 建设，促进城市 CBD 又好又快发展。

一要因地制宜，加强规划引领，实现"多规合一"。CBD 的建设和发展不是一个自然而然的过程。21 世纪由于全球信息的充分共享，城市 CBD 建设发展规划的重要性会提到更加突出的地位，更加强调 CBD 规划的战略性、前瞻性，更加注重 CBD 建设发展在整合资源上的作用。世界各地的 CBD 都有其自身的功能特色和发展规律，并非可以凭主观想象、心血来潮，依样画葫芦，或者脱离市场经济规律、依赖行政手段、通过提供优惠贷款、土地低廉供给和税收减免等那样的方式人为地"拔苗助长"，就能在自己的城市拼凑出 CBD。要根据拟建 CBD 在区域政治经济中所占地位、城市规模大小、城市未来发展趋势、现有城市规划等实际情况来确定 CBD 建设的必要性与可行性，因此，不能把 CBD 当作秀招牌、形象工程、政绩项目来看待，避免贪高求大、盲目攀比的浮躁心态，不顾客观条件，盲目上马。自然，CBD 的规划建设离不开政府的引导和催生，但要对本地经济社会发展状况和趋势及各种客观条件作出准确的判断和审慎的决策，只有在经济实力、商务发展、人才、资金等各种条件趋于成熟之后才有可能开始规划和启动 CBD 这一宏伟工程。

CBD 作为都市参与国际竞争与合作的龙头和基点，其发展规划的重要性会提到更加突出的地位，更加强调 CBD 规划的战略性、前瞻性，更加注重 CBD 建设发展在整合资源上的作用。CBD 的名气与力量不在其所拥有的面积和高楼大厦的数量，而在于其是否具有鲜明的特色和凝聚力，包括功能规划特色、建筑设计特色、文化特色和产业特色等在内的特色及凝聚力才是 CBD 的灵魂和生命力。因此，在进行 CBD 建设时，需要明确 CBD 功能定位，确定与城市经济、地方经济、国家经济相适应的发展规划。除了总体规划、产业规划、核心区规划外，交通规划、市政规划、环境景观规划等配套规划也十分重要。只有在交通、市政建设、人文景观、城市环境等各方面均制订了详细可行的规划时，实现"多规合一"

后，才能及早杜绝 CBD 建成后可能遇到的晚上成为"死城"等问题的发生，使得 CBD 聚集"人气、商气、财气"并维持持久活力。如北京 CBD 在 1000 万平方米的总建筑规模中，写字楼、公寓、商业等配套设施分别占 50%、25% 和 25%，合理的功能配置使北京夜晚经济也比较活跃。作为一个严重依赖外部经济的国家，新加坡充分利用 CBD 的规划和建设，把自身定位为微型 CBD，主要为地方中小型企业和居民提供性价比较好的办公场所，同时配有较高档次的住宅和商业配套设施，具有鲜明的自身定位和客户群定位，经过几十年的发展，已建成交通发达、文化氛围浓郁、商业气氛良好的现代化中央商务区，聚集了金融、旅游、地产等发达的服务产业和众多的商业企业，保证了其在世界城市网络体系中的重要节点地位。

全球化、新经济以及中国城市的快速发展，要求 CBD 必须以变应变。CBD 的规划建设要留有余地、保持弹性。CBD 应具有适应世界改变和发展与人的需求的变化的特性，既适应于当前，又符合未来，始终保持其青春和活力。如果由于规划缺乏超前性和协调性，如果规划设计、项目设施的决策只是少数人暗箱操作、缺乏公开、透明、合理的招投标和竞争，则难有科学的规划及高质量的建设，难以避免失误和多"交学费"，就会"拉链"工程不断，造成无可弥补的损失。以深圳 CBD 为例，深圳市对福田 CBD 的发展规划非常慎重，规划时间长达 18 年。规划本身重视交通对中心区发展的引导和支撑，坚持以人为本的理念，具有深厚的人文色彩和绿色环保的先进理念；高度重视土地的立体化开发，大幅度提高了中心区土地利用的效率，也使中心区各功能的连接更加便利紧凑；其规划设计与建设风格体现了高度国际化与民族性，整体 CBD 的规划南北呼应，自然之山与人文建设浑然一体。

二要突出地域特色，打破行政壁垒，集聚优质资源要素。CBD 通过第三产业、高科技和商务的培育，以产业繁荣带动社会进步，这是 CBD 建设发展的根本，确保城市可持续发展的关键。CBD 核心竞争力主要靠具有发展前景和竞争优势的产业聚集来获得，具有鲜明特色和高度集中的产业结构、产业特征正是 CBD 繁荣发展的关键所在。一方面，CBD 的主导产业应该高端化，要立足于新兴第三产业，如金融、保险、会计、审计、评估、证券、中介、法律、信息、咨询等现代服务业，积极鼓励设立跨国公司总部、外国银行、研发中心、采购与分销中心、各种事务所、外国商务代表处等；另一方面，产业凝聚特征的形成有赖于产业调节政策和良好的投资环境，包括吸引投资和公司进入的优惠政策、人才汇聚、一站式办公、行政效率高等。根据美国著名的战略管理大师迈克尔·波特在《国家竞争优势》中阐述的观点，政府在促进产业集聚作用方面，应当做的是给企业提供一个良好的生存环境。因此我们除了积极响应中央政策外，更应该根据当地现代服务业发展现状出台相关配套措施，协调现代服务业内部各行业间关系，全面促进现代服务业协调发展。

CBD 在城市群的结构优化和协调发展当中发挥着至为重要的作用，是引领城市群走向国际化，构成城市群核心竞争能力的重要基础。例如，北京的 CBD 作为首都六大高端产业功能区之一，今后在推进京津冀一体化的过程当中，更应该当仁不让，发挥核心和龙头带动作用，增强商务服务功能，广泛吸引国内外知名企业特别是跨国公司、世界 500 强企业在 CBD 内设立管理总部，同时随着银行、保险、证券、信托、基金等金融服务的不断发展，北京 CBD 逐渐建立和完善与 CBD 功能上适应的多层次、多类型的金融体系，并通过提高金融现代服务水平，使金融产业成为北京 CBD 的另一个重要的经济增长点。

三要以创新驱动促进产城融合发展，提高发展质量和效率。实施创新驱动发展战略，是应对发展环境变化、把握发展自主权、提高核心竞争力的必然选择，是加快转变经济发展方式、破解经济发展深层次矛盾和问题的必然选择，是更好引领经济发展新常态、保持经济持续健康发展的必然选择。近年来，随着互联网加速与各个行业深度融合，互联网思维深入人心，线上线下互动融合成为"双创"最为活跃的领域。不仅金融、传媒等新兴行业频频"触网"，装备制造、餐饮住宿等传统产业也纷纷插上"互联网 +"的翅膀，生机日渐蓬勃。不少大城市都确立了依靠信息技术增加城市吸引力的发展战略，使建成的 CBD 商务区能在信息网络化的帮助下冲破地域的限制，实现资源的最优配置和最高效率的利用。这些商业模式创新的企业大多聚焦在 CBD，它们引领着产业发展方向的消费源流。同时，作为企业大规模集聚地，每天都有大量新的商业创意被投资者捕捉到，使绝大多数商业创新在这里发生，并对社会、经济甚至文化产生巨大影响。北京中关村的"车库咖啡"成为创投集聚地而受到李克强总理的重视，这也正是 CBD 创新引领的魅力所在。

从方法上来说：第一要加大财政对产业技术自主创新的支持力度，鼓励企业建立研发机构，加大研发投入；同时大力发展创新风险投资、金融担保体系，吸引民间资本进入创新投资领域，拓宽风险资本来源渠道。第二要聚集各类创新人才，加大 CBD 紧缺人才引进和培养力度，培育和引进优秀创新型团队，形成对科技创新的强大智力支持。第三要继续完善以企业为主体、市场为导向、产学研相结合的自主创新体系，引导和支持创新要素向企业聚集，促进科技成果产业化。第四要继续加强以工业园区、产业集群、特色产业基地为重点的科技创新平台建设，提高商务区企业的创新能力和竞争力。第五要以专利、标准、品牌为产业技术自主创新的切入点，建立多元化的产学研合作体系，解决产业发展的重大技术瓶颈问题。第六要深化改革创新，形成充满活力的科技管理和运行机制，尊重科技创新的区域集聚规律，建设若干具有强大带动力的创新型城市和区域创新中心。

四要坚持以人为本，完善基础设施，实现人与城市的可持续发展。人是 CBD 的第一要素。CBD 虽是商务中心区，但毕竟不能只盖些吸引眼球的冷冰冰的高楼而忽略其背后所蕴藏着的社会、经济和精神力量的统一，忽视人的存在，要有意识地在 CBD 建设中融入居住、旅游、文化、娱乐等多元化功能，增加 CBD 对不同人群的吸引力，发展具有活力的多元化中心。国外 CBD 的建设倾注和强调对人本的关注，如美国开展"再城市化"研究、"城市再生"计划、新加坡重视"心件"建设等，都将和谐、稳定、合作与价值观融合在一起。从关注硬件建设到重视软件建设，追求物质与精神、经济与社会的和谐结合的实现是国外城市建设和 CBD 建设的主流和新趋势。

完善的公共设施：具体来说，要围绕实现交通畅通、市容整洁、环境优美、生态宜人、服务高效等目标，着力建设与 CBD 相适应的创业环境、工作环境和生活环境。大力改善城市环境，合理搭配商业中心、公共建筑、道路、广场、公园等设施，统一规划和调整水景、雕塑、路灯、标志牌等，实现和谐统一的建筑风格；充分发挥城市地标的辐射带动作用，丰富城市空间；建立专门的 CBD 工作机构，进一步拓宽政府服务企业渠道，打造高效便捷的办事平台。

优美的生活环境：CBD 虽然寸土寸金，大型中心广场、主题公园、随处可见的绿地、街心花园、喷水池和座椅等是营造赏心悦目所不可或缺的环境因子，不应该被侵占。这实际上怎样正确处理局部利益与全局利益、眼前利益与长远利益、经济与社会发展的关系问题。巴黎拉德芳斯商务区不仅是优越的商务场所，还有一个 32 万平方米的公园区，中心广场上的喷泉、雕塑、绿地、花园、电视屏幕和方便的购物场所，每年吸引游客达 200 多万人前来观光。应该说，我们所要追求的 CBD，不仅要让工作更高效，还要让生活更美好。

良好的人文传承：文化是一座城市的灵魂，是一个城市得以区别于其他城市的个性所在。其一，CBD 作为城市风貌的眼睛、窗口，必须要具有鲜明的特色和风格，包括城市文脉的承传与现代风格的有机结合、艺术性与实用性、功能性与智能性的统一。其二，CBD 也要靠文化特色见高低。只有高楼大厦堆积的 CBD 是僵硬的、缺乏生机、缺乏品位的，就像一个人，虽然洋装穿在身，但缺少气质与风度。其三，新经济时代的到来，势必会加速 CBD 与其他区域的整合，寻求竞争中的优势互补。因此 CBD 一定要具有国际形态，参与国际价值链、供应链。

通达的交通设施：百年大计，交通先行。高效的交通是 CBD 高效运转的保障，良好的交通能够有效保证 CBD 内各种人员、物资的出入，从而提高 CBD 的运转效率。传统 CBD 之所以产生于城市中心区，主要是由于中心区拥有最为便捷的交通网络和最高的可达性，由此吸引了大量的人流、物流和信息流在此集聚。如东京新宿商务区有 9 条地铁穿过，加上环线达到 10 条，日人流量超过 400 万人已成为东京最重要的交通枢纽；巴黎拉德芳斯商务区实现了独特、彻底的人车分流方式，其地下交通枢纽是欧洲最大的换乘中心，每天有 40 多万人换乘地铁；纽约曼哈顿在扩展过程中，为拥挤的市中心区分担压力，规划机构加强了交通运输网的建设，如把地铁和其他铁路交通的出入口与新建办公机构相连接，同时把人行道和商店设置在地下，并与地铁出入口直接相连。

　　而公共交通设施滞后，设计不合理，特别是对地下空间资源利用严重不足、各种交通工具之间缺乏合理的衔接，换乘不方便是我国所有城市拥堵难行的致命之处。CBD 的规划建设一定要规避这些缺陷。要建立公共交通优先导向下的城市客运交通发展政策与保障机制，制定持续稳定的公共交通投资和优先建设计划，重点建设快轨网和公交专用道网；以最大化既有设施的利用效率和出行安全为基本原则，鼓励灵活多样、低价清洁的共用交通模式，鼓励新技术条件下的集约化交通模式，保障交通时空资源优先分配；加大路网密度（设计参考规范：市中区的建筑容积率达到 8 时，支路密度宜为 $12\sim16km/km^2$，一般商业集中地区的支路网密度宜为 $10\sim12km/km^2$；次干路和支路网宜划成 $1:2\sim1:4$ 的长方格；沿交通注流方向应加大交叉口的间距），注重步行系统建设，实行人车分流，构建起绿色交通为主导、新技术支撑、各类交通工具与组织模式优势互补，更安全、更易达、更绿色、更公平的综合交通网络体系。

表 1　深圳 CBD 三次交通规划的道路网密度比较（单位：$km/km^2$）

| 规划时间 | 深圳市中心道路网密度 | | 其中：南片 | | 其中：CBD | |
|---|---|---|---|---|---|---|
| 1992 年 | 总路网密度 | 9 | 总路网密度 | | 总路网密度 | |
| | 主干道路网密度 | 5.8 | | | | |
| | 次干道路网密度 | 2.3 | 支路网密度 | | 支路网密度 | |
| | 支路网密度 | 0.9 | | | | |
| 2003 年 | 总路网密度 | 11.8 | 总路网密度 | 12.6 | 总路网密度 | 16.6 |
| | 主干道路网密度 | 3.42 | | | | |
| | 次干道路网密度 | 3.61 | 支路网密度 | 4.2 | 支路网密度 | 8.2 |
| | 支路网密度 | 4.75 | | | | |
| 2008 年 | 总路网密度 | 11.9 | 总路网密度 | 13.7 | 总路网密度 | 18.5 |
| | 主干道路网密度 | 3.42 | | | | |
| | 次干道路网密度 | 3.61 | 支路网密度 | 5.3 | 支路网密度 | 10.4 |
| | 支路网密度 | 4.85 | | | | |

注：深圳 CBD 在三次交通规划中，不断加大路网设计密度，以满足 CBD 不断发展需要。

一言概之，可持续发展的 CBD，在空间层面，是城市环境与区域环境的有机结合；在时间层面，是城市传统环境与现代高尚环境的有机结合；在功能层面，是城市经济环境、社会环境和生态环境的有机结合。

（执笔人：张同良）

**参考文献**

［1］李红，蒋三庚. 中国主要中央商务区（CBD）发展及特色研究［M］. 首都经济贸易大学出版社，2014.

［2］蒋三庚，张杰. 中央商务区（CBD）构成要素研究［M］. 首都经济贸易大学出版社，2014.

［3］周瑜，何莉莎. 一个影响世界的地方：服务经济时代的 CBD［M］. 北京：知识产权出版局，2014.

［4］杨达. 中国 CBD 形成影响因素分析［D］. 湖南大学硕士学位论文，2008.

［5］林跃勤. 如何建设中国一流 CBD［J］. 特区经济，2004（1）.

# 疾呼：全社会形成保护支持企业家成长发展的制度和氛围

**摘要：** 在中心城区发展过程中起到骨干作用的企业家，在发展保障、评价定位甚至自身安全等方面面临着诸多限制和挑战，为此，本文围绕形成保护支持企业家成长发展的良好制度和主流氛围，从为企业家提供更加有利的创业平台、更加优化的成长生态和更加公平的社会待遇等方面，大声疾呼，尊重企业家、善待企业家、保护企业家。

随着经济发展，在市场经济条件下，企业家已经成为推动现代企业发展和区域经济增长的重要力量，中心城区更是云集了很多实力强、规模大、发展好的知名企业总部，大批的优秀企业家也随之落户。企业的经营、产品、资金、创新，以及企业家的综合素质、经营能力、个人风采等内容，属于各界研究和讨论的热点，这里我们不再做过多的重复。本文探讨的重点是，在相对复杂的社会转型期，全社会如何形成保护支持企业家成长发展的制度和氛围。

## 一、概述

### （一）何谓企业家

要想保护和支持企业家，我们先要搞清楚哪些人可以称为企业家，他们有什么作用、有哪些特征。企业是社会财富的创造者，而企业家是优秀企业的灵魂和重要缔造者。企业家这个词，从 16 世纪诞生的那一刻起，就被赋予了冒险者的身份。在这之后直到现在的若干个世纪，企业家先后被赋予了经营者、资本家、经理、革新者、创新者等诸多身份。这些身份的赋予，反映了在时代更替，生产力发展，制度变迁的历史中，对企业家的不断思索。

经济学的主要创立者亚当·斯密，于 1776 年发表了《国富论》，自此，西方经济学正式进入古典经济学发展时期。学界先是从企业家的职能、基本模式研究和解释企业家概念，而后从创新、决策、人力资本角度构建企业家研究模式，企业家理论得到了初步发展。1937年科斯发表的经典论文《企业的性质》，不仅奠定了现代企业理论的基础，也成为企业家理论探讨上的重要里程碑。他所开创的契约理论，不仅成为现代企业理论的主流，也奠定了企业家问题在理论上进行研究的基础，为企业家理论和现实实践的发展提供了更广阔的空间。

在经济思想史上，给予企业家以重要地位的是著名的经济学家约瑟夫·熊彼特，他因此而成为企业家理论的代表人物。在熊彼特看来，企业家是企业发展的发动机，正是企业家带领企业实现着"创造性破坏"；企业家的功能不在于去寻找初始资本，也不是去开发新产品，他最核心的功能在于提供一种经营思想，这种经营思想经与企业资源结合后，将使企业创造巨大利润。企业家可以在不增加任何现有有形生产要素的情况下，通过引入一种"新的生产组合"，使得企业现有生产要素更加合理和更加有效地得到利用，从而创造出超额利润。另外，熊彼特还认为，虽然企业的创建者在一开始领导着他的企业，推动了企业最初的发展，但是，一旦停止了创新活动，他也就不再发挥企业家的功能了。根据熊彼特的观点，企业家在企业发展中最核心的功能就是创新，企业发展的最本质特征也是创新。

现代管理学之父彼得·德鲁克继承并发扬了熊彼特的观点。他提出企业家精神中最主要的是创新，进而把企业家的领导能力与管理等同起来，认为"企业管理的核心内容，是企业家在经济上的冒险行为，企业就是企业家工作的组织"。按照德鲁克的观点，企业家在企业发展过程中扮演三种角色，即组织的奠基人，自有企业的管理者，他人所拥有企业的创新型领导者。在德鲁克看来，企业家既敢于创新又勇于承担风险，既能创办企业，又能经营好企业。

那么，我们可以给企业家一个定义了，就是能够带领企业实现发展和创新的，具有冒险精神的企业所有者、经营者或组织者。企业家在社会中的定位，应当属于精英阶层。在现代企业中，企业家可以分为两类：一类是企业所有者，作为所有者他们仍从事企业的经营管理工作；另一类是受雇于所有者的职业企业家，也可以称为职业经理人。就范围而言，企业家是老板，但是并非所有的老板都称得上企业家。

### （二）企业家的重要作用

中心城区作为一个区域，其竞争力的核心在于产业，产业则与企业息息相关，正是一个个充满活力的企业，才形成了蓬勃发展的产业。企业家是企业的核心和灵魂，如果没有一支具有战略眼光、敢于承担风险、富有创新精神的企业家队伍，企业就不可能持续长足进步，区域经济也不可能有好的发展。从三者的关系看，企业家作用于企业，企业又作用于中心城区，中心城区又承载着企业和企业家。所以，我们主要从企业家作用于企业、区域和社会，来看企业家的重要作用。这主要体现在五个方面。

一是带领企业发展。这可以说是企业家最基础的本职工作。成功的企业背后一定有一个非凡的企业家和一种极具凝聚力的企业家精神。有许多企业领导人，特别是有远见的企业领导人，确实能凭借超凡的能力来改变一个企业的现有处境，挽狂澜于既倒，化优势为胜势。因此，企业需要依靠那些优秀的人来摆脱困境、向前发展，甚至是创造奇迹。恰如郭士纳之于 IBM，韦尔奇之于 GE，比尔·盖茨之于微软，葛洛夫之于英特尔，柳传志之于联想，张瑞敏之于海尔……作为主导企业成长的企业家，扮演着领头雁、掌舵手、规划师、设计者等重要角色，有的企业家甚至把企业当作自己的"孩子"一样呵护。当然，举出这些角色都是为了说明企业家对于企业发展的重要性。1985 年，刚刚来到海尔的张瑞敏，怒砸不合格冰箱，为海尔砸出了一条出路；1990 年，海尔产品通过了美国 UL 认证，为走向国际市场开拓了一条新路；1997 年，海尔进入黑色家电、信息家电生产领域，在多元化经营与规模扩张方面，进入了更加宽广的发展道路；2005 年 12 月，启动新的发展战略阶段、发展模式及新的企业精神和作风，海尔进入全球化品牌战略阶段。到了 2014 年，海尔全球营业额达到 2007 亿元，同比增长 11%，实现利润 150 亿元，同比增长 39%，按说这个数字还算不错。可是，张瑞敏仍然在为海尔寻找出路，这一次，他带领企业走的是以互联网创新为基础的变革之路，他们以互联网为平台，线下创新制造，线上销售产品。这次革新是否成功，需要时间和实践来检验，但是张瑞敏作为一名极具魄力的企业家，带领企业发展，掌舵企业决策方面所起的作用，无疑是关键中的关键。

二是创造财富、拉动就业。企业家通过从事生产、流通与服务等经济活动，创造物质财富，提供社会需要的产品服务，特别是工业企业，通过制造产品，产生价值，实现销售后，直接创造财富。服务业企业和以金融业为主的虚拟经济企业，看似不直接创造价值，但是通过提供服务、提供资金，也可以辅助地、间接或直接地创造财富。所以说，来自各行各业的企业家，都是财富创造者。同时，企业家在解决就业问题方面的作用，可能不亚于其创造财富所带来的价值。特别是来自民营企业领域的企业和企业家，在吸纳就业方面，更是发挥着不可替代的作用。据统计，截至 2013 年底，我国城镇个体和私营企业共吸纳安置就业 1.44 亿人，占城镇就业人口的 37.7%；个体和私营企业全年新增从业人员达到 1184.48 万人，占全部城镇新增就业人口的 90.4%。当然，有些企业的领导者，可能很多都算不上企业家，但是企业家也是一步步慢慢磨炼成长起来的，今天名不见经传的小民营企业主，未来可能会成为知名企业的掌舵人。

三是提供税收。税收的作用不言自明，国家的经济发展、民生事业、国防建设、基础设施以及群众生活等方方面面，都离不开税收的支撑。来自中国社科院财经战略研究院的数据，以 2012 年为例，如果将全国税收收入看作 100%，通过计算得出，企业缴纳的税收收入和居民个人缴纳的税收收入比例为 90.5∶9.5，也就是说，我国税收收入的 90% 以上来自于企业。从大企业数据看，2012 年全国 500 强企业，纳税总额为 3.65 万亿元，占年度全国税收总额的 36.28%，其中有 69 家企业的纳税额超过 100 亿元。从上面这些数据可以看出，大企业和掌管大企业的企业家，在提供税收方面的作用是举足轻重的。

四是推进经济社会发展。有种观点认为，一家大企业可能带动整个城市发展，甚至会对世界经济产生影响。一家大企业、大集团，上下游产业链涉及的企业可能有几十家，甚至几百家，它们有远有近，有的甚至被核心企业和企业家吸引过来，很可能会在这个城市形成一个大的园区，集约发展，那么，这家大企业对中心城区的带动能力就更强了。我们再放眼世界，苹果公司，2014 年营业收入超过 1800 亿美元，2015 年 2 月市值高达 7000 亿美元，相当于中等规模国家的地区生产总值，真正可以用"富可敌国"来形容。苹果的产品，也深刻影响着世界各地人们的生活，拉近了人与人之间的距离，很多人对苹果产品的推崇，不亚于追星一族。

五是引领和推动创新。从很多知名企业的发展历程来看，创新、改变一直伴随着企业的成长发展过程，企业家在这个过程中，无疑起到了关键的决定和引领作用。万达集团的老总王健林，他的开拓精神和创新精神在业内是很出名的。翻开万达的创业史很容易发现，这是一个总能"快人半拍"的企业。在大连率先从事旧城改造，在东北率先进行股份制改造，在全国率先参与足球也率先退出足球，在地产界率先开创了"订单商业地产"模式，等等，其中很多都是大手笔、高效率。这些"快人半拍"，正是王健林用独到的眼光、创新的思维，看到了别人没看到的商机，想到了别人没想到的方法，等到"半拍"以后，他已经领先别人无数个"半拍"的距离了，这就是企业家创新精神的具体体现。创新的同时，风险也就随之而来，所以，企业家也就担当了风险承担者的角色。史玉柱的案例，相信很多人都了解，他被市场击倒后，卧薪尝胆、绝地反击的案例被大家称道。在 20 世纪末，他和他带领的"巨人集团"可以说是风光无限，是仅次于"四通公司"的全国第二大民办高科技企业，史玉柱甚至提出要成为中国的 IBM。但随着"巨人大厦"动工，并且高度从 18 层到 38 层、54 层、64 层，最后升为 70 层，号称当时中国第一高楼，最终，由于资金链断裂，这个"巨人"轰然倒下。然而，剧情后来又出现了反转。这位个人能力超强的老板，凭借着一股打不倒的企业家精神，又通过卖脑白金、持股银行、开发网络游戏等等，由失败后的"首负"，华丽转身为"巨富"，被称为中国商界"著名的东山再起者"。史玉柱的二次创业过程中，创新性的思路、判断和决策，创新性的营销、措施和布局，起到了很重要的作用。我们再看来自科技部的数据，2015年，全国研发投入达到14420亿元，其中来自企业的投入占77%，这个数字充分说明，企业在技术创新过程中占据着绝对的主力位置。

## 二、企业家成长发展过程中的不利因素

### （一）发展压力大

"食者众而耕者寡"，企业家就是创造社会财富的"耕者"。发展难、挣钱难，已经成为大家的共识。以发展必需的贷款为例，银行为了保证贷款质量，门槛越来越高，贷款难度越来越大，很多银行都是乐于"锦上添花"，不愿"雪中送炭"。很多有前景、有潜力，但又有一定风险的项目和企业，因为资金问题，束缚住了手脚，影响了发展，有的甚至难逃破产的命运。这些发展的难题，往往都需要企业家想办法一步步地解决，压力可想而知。知名企业家冯仑列举他朋友的一个例子，就很形象地道出了企业家面临的压力之大。他的朋友是一个很大的房地产企业的老总，以前是政府机关的一名公务员。由于深知商海沉浮的不易，下海前，他为自己修了一个"坟"，一有不顺或陷入困境，面对着巨大的压力，这位企业家就来到自己的"坟"前，反省、检讨，并且思考解决问题的办法，有时候这位朋友会把这比作"抬棺出征"来鼓舞自己的意志。冯仑把他这位朋友的办法总结为"与死亡为友"，因为如果站在人生的终点回望通向终点的道路，会有很多更深刻的感悟。

### （二）自身安全忧

目前，社会上一些人存在不正常的仇富心理，对企业家充满了仇视的情绪，也可以通俗地表达为一种扭曲的"羡慕嫉妒恨"。有的犯罪分子甚至铤而走险，实施绑架、敲诈等行为，一些企业家的人身安全受到了威胁。20世纪90年代末，世纪劫匪张子强，绑架了著名香港富豪李嘉诚的长子李泽钜和香港富豪郭炳湘，获得数亿港元赎金，虽然张子强最终被抓获并伏法，但这让人们对企业家的人身安全更加关注，也让很多企业家着实恐慌了一阵。针对企业家的伤害行为还有很多，我们在这里不作过多的讨论和研究，我们的目的在于说明，伴随企业家的不

仅有财富、光鲜、荣耀，还有艰辛、委屈、无奈，甚至落魄和危险。另外，企业家自身对所拥有的资产、财富安全，也存在一定的担心，与之对应的，是近年来慢慢兴起的移民潮，有的在海外大量购置资产，有的在海外定居，甚至取得外国国籍，这些问题，需要引起人们的深入思考。同时，企业家因为过度劳累和压力过大而造成身体患病甚至死亡的例子也屡见不鲜，近几年离世的均瑶集团创始人王均瑶、江民科技总裁王江民、同仁堂董事长张生瑜等知名企业家，有的五十几岁，有的才三十几岁，令人痛惜不已。这些问题是日积月累造成的，并且处在这样的高压环境下，仅靠企业家自身减压很难完全解决，更需要全社会的关注、保护和支持。

## （三）行政障碍多

企业发展过程中的行政因素影响，是一个老话题了，推进政企分开、政府不插手企业经营管理行为，取得了明显的成效。但是，有的地方政府和部门还是"不放心"，仍然对企业经营和决策指手画脚。企业家面对来自行政领域的"非专业"甚至错误指令，他怎么决策、怎么落实，确实是个很纠结的问题。其中，正在成长发展阶段的企业家，为了获得政策扶持和资金支持，只能按照行政指令办理，最后出了问题，往往无人负责，很多企业只能吃"哑巴亏"。这方面的反面典型确实很多，说明进一步转变政府职能的任务仍然很重。行政审批也是企业家需要面临的问题，注册、登记、年检、上项目、争取资金，等等，都需要审批，实事求是地讲，我们的行政效能确实有很大改进和提升，但是上升的空间也确实还不小。有一位知名的企业家曾经感叹，要想审批项目，再大的老板、企业家，即使面对一名科长也必须要低头，这正是我们经常说的"小科长难住大厂长"。在行政手段特别是行政障碍面前，企业家们的无奈可见一斑。另外，高企的税收、行政事业性收费和行政处罚等等，对于企业家成长发展来说，也是重要的影响和制约因素。

## （四）评价定位偏

受到传统文化、定式思维影响，加之"贱商轻商"的旧观点难以改变，一提起企业家，很多人会与"资本家"联系起来甚至"画等号"。有的人往往简单地进行理论套用，把企业家和工人分别摆到"剥削者"和"被剥削者"的位置，就这样硬生生地把企业家放在了公众的对立面。笔者认为，这种人为制造矛盾的方式是有些偏激的，对企业家这一社会财富创造者群体来说是不公平的。诚然，企业家确实把利益和利润作为经营目的，企业家和工人之间也确实存在一定的矛盾因素，但是把这些矛盾因素放在企业家创造的财富、提供的税收、解决的就业等问题面前，可能已经算不上是主要矛盾了。所以，我们更应该本着公平的原则，更正面地、大度地来评价企业家，对于企业家在推动经济社会发展方面所作出的贡献，要理直气壮地给予积极评价和定位，而不是一味地挑剔、指责，甚至中伤、谩骂。特别是对于那些能力强、贡献大、有个性的企业家，要充分理解、包容和支持，不能让企业家一方面奋力拼搏，为社会创造着大量财富，另一方面承受着社会公众的不满、批评和指责，甚至还要灰溜溜地做人、做事，如果那样，就是有些群体甚至社会在某个方面出现问题了。

### （五）舆论影响重

受舆论导向、社会氛围、社会心理等因素影响，很多人是戴着有色眼镜来看企业家的，他们对企业家的印象往往是挥金如土、穷奢极欲的暴发户，住豪宅、养情人、乌烟瘴气，即使某位企业家做了一件大好事，也会有人跳出来质疑，"钱的来路正不正"、"有什么居心"、"是不是炒作"等等，很多说法让人莫名其妙。加之，一些媒体为了吸引公众眼球，通过各种渠道搜集企业家、大老板的负面信息，有的甚至把各种传闻添枝加叶后进行宣传，影响了大家对企业家的正确判断。还有一种现象，我们称之为"道德绑架"，特别是捐助，在国家发生一些灾害或者事故时，这种现象表现的更加明显。有的企业家，企业发展遇到困难时，想尽千方百计筹集资金，及时足额发放工人工资，这样充满正能量的例子也不少，但是很多人总认为这是企业家应该做的，却没有想过企业家面临的巨大压力和受到的很多委屈，舆论关注和宣传的也并不多。

### （六）保障机制弱

抵御风险的保障。创新、成长和发展，是需要付出一定的代价的，有的代价可能很惨痛。即使是实力再雄厚的企业家，上缴巨额税收，提供大量就业机会，也要承担巨大的经营风险，一着不慎，就可能满盘皆输。我们在这些方面，还没有形成抵御风险、渡过难关的保障机制和措施。公平竞争的保障。对于民营企业家来说，还有一个问题，就是面对国有企业的垄断和资源优势、政策优惠，不是在相同的条件下平等、自由的竞争，总有一种"矮人一头"的感觉，很多领域，只要有国企参与，民营企业只有靠边站的份，就是那些资产动辄上百亿元的知名民营企业家，在这方面也是感触颇深、无奈颇多。合法权益的保障。在有的地方，企业和企业家如果对主管部门的行政命令不服从，即使这些命令从法律和情理上讲，企业根本就不应该服从，但也有可能遭到报复性的查处。素质提升的保障。随着企业的发展壮大，很多企业家在发展理念、管理模式、战略目标、创新能力、把握形势、诚信意识等方面，或多或少出现了能力欠缺的问题，有的企业家由于担心出现风险，还会出现故步自封、小成即满的心理。这时，能力提升的问题就显得尤为重要，如果企业家的素质和能力得不到提升，企业的发展和企业家的成长就会面临一个难以突破的瓶颈。

# 三、全社会要形成保护支持企业家成长发展的良好制度和主流氛围

## （一）目的和意义

### 1. 何谓主流氛围

在这里，制度已经很明确，也好理解。我们主要解释这个"主流氛围"。我们经常说的有主流文化、主流社会、主流意识、主流阶层等等，那么主流氛围是什么呢？从字面上理解，其实就是通过积极向上的舆论引导，让更多的人关注和参与，为企业家成长发展提供更为有利的氛围和条件。说得通俗一些，就是要让社会公众和各个层面，减少原来针对企业家所表现出来的"羡慕、嫉妒、恨、指责、谩骂"等各种负面情绪和认识定位，让理解、包容、支持、鼓励等正面力量占据主导地位，从而为企业家提供更加有利的创业平台、成长生态和社会待遇。

### 2. 必要性和重要性

经济发展要依靠企业家，社会进步也需要企业家，创新发展离不开企业家。广大职工在获得劳动报酬的同时，也得到了来自企业家实实在在的好处和实惠；通过税收转化为各类财政投入，亿万市民、居民也能切身感受到条件的改善、生活的便利。如果没有一批批企业家攻坚克难、努力打拼，创造财富、提供税收、吸纳就业、推进创新，那么我们的社会、我们的生活会是什么样子，将很难想象。企业家群体看似风光，其实他们要面对的，更多的是压力、挑战、无奈、风险甚至危险，很多障碍、很多委屈，都是旁人无法想象的；他们期盼来自社会各界的理解和包容，得到更加公正的对待；他们期盼来自社会各界的支持和帮助，特别是在他们困难的时候，拉他们一把可能会救他们一命。所以，大家应当尽快转变观念，摘下"有色眼镜"，更客观、公正地给予评价和定位，本着增加正能量的原则，给企业家多一些尊重、理解、支持和善待。这种转变很有必要，也很急迫，因为在很多地方，已经形成了一种对立的关系，并且挫伤了企业家群体的积极性，误导了社会公众的评价和判断。试想一下，如果一家好好的企业因为外界原因被打垮了，倒下的不仅是企业家，还有数量巨大的工人受到伤害，他们的生活、就业问题，肯定会成为一个棘手的问题。所有这些，正是我们为什么要用

"大声疾呼"的理由。当然，有的企业家自身确实存在这样那样的问题，有的素质不高、有的做事高调、有的过于追逐利益，有的害群之马甚至做出违法犯罪的事情，对于这些，我们坚决反对，但不作为本文讨论的重点，就不再一一赘述了。

3. 目的是什么

形成良好的主流氛围，就是要为企业家群体，这一社会财富主要创造者，社会创新发展重要推进者，提供更加宽松的，能够充分自由发展、自由竞争的氛围和条件，让大企业家发展得更好，让小企业主尽快成长为企业家，让企业家这个队伍更加发展壮大，为推进社会发展形成一个更加良性的循环。形成良好的制度，就是从体制机制的层面，让企业家更加放心地投入到为社会创造财富的事业中，为他们提供一种长效的保障。总起来说，就是要为企业家提供更加有利的创业平台，更加优化的成长生态，更加公平的社会待遇。

## （二）为企业家提供更加有利的创业平台、成长生态和社会待遇

### 1. 打造更加有利的创业平台

企业家创业发展，需要良好的政务环境，有序的市场环境，有利的行政因素和市场因素，可以为企业和企业家提供更好的发展和创业平台。

（1）优化市场环境，直接搭建创业发展平台。市场环境和氛围包括经济形势、市场秩序、经营行为、诚信体系、融资渠道等很多方面，我们选取其中几项来讨论。一是市场秩序。企业家需要的是公平、规范、有序和竞争充分的市场秩序，来保障企业健康稳定发展。对于民营企业家来说，他们更希望能够创造一个能与国有企业尽可能平等竞争的平台和机会，变"矮人一截"的尴尬，为取长补短的自由、平等、互利竞争。二是经营行为。也可以说是竞争行为，一个企业家的经营行为不能形成氛围，只能是某一区域、某一行业或者产业内，所有企业家的经营行为，才能形成氛围。如果所有的或者绝大多数的企业家都能够遵守规则，守法经营，也就形成了良好的经营氛围。三是诚信体系。完善诚信体系建设，很早就提出来了，也取得了一定的成效。但是诚信经营的理念和行为，还没有真正在企业家当中扎根，以身试法的行为还是屡见不鲜。这说明，我们的诚信体系建设任务还很重。四是银行信贷。银行为了资金安全，严格程序，强化审核，无可厚非，但是还是希望能本着互利共赢、勇于担当的原则，多做一些雪中送炭的支持和帮助。毕竟，度过了困境，这份恩情企业家肯定会终生不忘的，残酷的市场竞争中，也要适当地添加一些"情"、"义"和"理"来丰富和调剂。近年来兴起的风险投资，由于可以风险共担、相互信任、合作的紧密度高等特点，对于更具发展潜力的企业家来说，除了银行信贷之外，吸引风险投资也是一

个不错的选择和补充。

（2）改善政策环境，稳固发展创业平台的根基。有一种很流行的说法，叫好的企业要环境，差的企业要政策。这听上去很有道理，但仔细一琢磨，还是有些偏颇的。好的企业和好的企业家，同样需要好的政策。从全国层面来看，面对家电下乡、低排量汽车减税等优惠政策，格力、海尔、海信等大牌企业，也参与进来，跟农民进行了零距离接触，知名的汽车品牌也实实在在地获得了优惠带来的销量增长。据统计，从 2008 年到 2012 年底，全国累计销售家电下乡产品 2.98 亿台，实现销售额 7204 亿元，其中，海尔集团、格力集团和海信集团位列销售额前三，合计占当年度家电下乡产品销售总额的 28.5%。这些例子说明，好的企业和企业家，借助好的政策，更能够实现自身加快发展。从地方政策来说，各地为了发展经济大力开展的招商引资活动，纷纷打造"政策洼地"，各地在拆迁腾地、费用减免、人员招聘等方面，面向外来企业，特别是知名企业还是提供了一系列优惠和扶持政策，同样，企业家们也是欣然接受了。所以，提供一个宽松、自由、利于经营的政策环境，对于稳固企业和企业家成长发展平台来说，还是具有很大帮助的。

（3）提升行政环境，保障企业家在平台上充分施展。行政环境和氛围主要是体现在服务、审批、保障方面。注册资本实缴制改为认缴制，放宽注册资本登记条件，放宽住所登记条件等政策措施已经落实，极大地激发了大众创业的热情；同时，压缩行政审批事项，明确权力清单、责任清单、负面清单等措施，也收到了积极成效。另外，大量资料显示，如果不是为了争取优惠政策和行政支持，多数企业家其实是不愿意与政府部门打交道的，尽管企业家经常把"恳请政府多指导、多支持"挂在嘴边。2015 年 4 月，在李克强总理召集的经济形势和经济工作座谈会上，财经作家吴晓波大胆发言，他说，有的企业家一半时间用来做生意，一半时间用来与政府部门打交道，引起了总理的强烈兴趣。吴晓波的话，反映出了企业家的经营现状，也透出了企业家的些许无奈。所以说，简政放权、减少行政干预、提高行政效能、放水养鱼等等，对于企业和企业家经常提起的政策和措施，还需要进一步加大力度，那样，我们的企业家就能够在发展创业的平台上更加充分地施展拳脚了。我们的行政部门，只有真正放下身段、转变观念、少设门槛，让自己从管理员和监督员变为服务员和保障员，企业家们才能从心底里愿意与政府部门打交道。

2. 营造更加优化的成长生态

"术业有专攻"，企业家并非完人，可能有这样那样的缺点，他们也需要一个良好的、包容的成长生态。这与评价氛围息息相关，社会公众对企业家有一个客观、公正的评价，给予支持、肯定，或者是善意的批评、激励，这些都很重要。评价氛围主要涉及评价标准问题，评价的标准确定了、合理了，才能够形成良好的评价氛围。具体来讲，就是要弱化几种标准，强化另外几种标准。

要弱化几种评价标准。不能过多地用道德标准来评价企业家。"道德绑架"就是因为过多地用道德标准来评价企业家，让企业家过多地承担一些社会责任，期望企业家成为"善人"、"完人"甚至"圣人"，从而使他们受到影响和束缚，不能很好地开展企业经营活动。当然，让企业家适当地、力所能及地承担部分社会责任，对社会、对公众、对企业家来说，都是多赢的事情。不能过多地用生活标准来评价企业家。在媒体的引导下，企业家住着什么样的豪宅，如何高消费，如何享受，往往会成为人们谈论的热点话题。对于这些问题，我们没有必要过多地关注和评价，如果纠结于此，可能会制造更多的矛盾。如果企业家的钱是他们自己合法挣来的，他们根据自己的意愿进行支配和使用，用来提高生活质量、弥补奋力打拼失去的东西，也是无可厚非的。以多次蝉联世界首富的盖茨来说，有媒体报道，盖茨不仅将一条鲸鲨作为宠物，还养了海豚、鲨鱼与之做伴，为了伺候这条鲸鲨，他甚至还成立了一个科研小组。不能过多地用政治标准来评价企业家。企业家需要把握经济形势和国内外发展大局，所以需要了解政治，但不能以政治家的标准来要求和评价企业家，对于企业家来说，发展好企业就是最大的政治。李嘉诚说的好："上帝的归上帝，恺撒的归恺撒，商业的归商业，政治的归政治。我就是一个商人，会去努力理解政治，但是我绝不僭越政治，那是政治家们的事情。"不能过多地用文化标准来评价企业家。很多企业家可能文化程度并不高，但他们的综合素质并不低；有的企业家说话看上去很土，细细品味，他们说的却很有道理；有的企业家行事大大咧咧，但他们致力于企业发展所制定的制度十分完善，采取的措施很有成效。从学历和文化程度来看，"超人"李嘉诚只有小学学历，"美的"的何享健只是小学毕业，"娃哈哈"的宗庆后通过自学考试才获得了大专文凭，"魅族"手机的黄章高中还没毕业，他们的文化程度确实不高，但他们确实知识丰富、眼光独到、充满智慧。

那么，要采用什么标准，来评价企业家呢？应当更多地用经济标准来评价企业家，就是让企业家创造更多的财富，更直观的评价就是把企业办好。作为企业和集团的掌舵人，企业家把它不断做大做强，在业界有足够的话语权甚至决定权，能够创造更多的利润，能够缴纳更多的税收，能够解决更多居民的就业问题并且保证优厚的待遇，无疑，这个企业家至少在本行业和这座城市来说是成功的。应当更多地用法律标准来评价企业家，通俗一些说，就是企业家要合法赚钱。为什么要确立这个法律标准。因为迫于经营压力，事关企业生存，全体员工饭碗，企业家确实压力很大。这种情况下，在经营中难免出现一些偏差，或者涉及违规，只要没有触犯法律，应当可以原谅。有的企业家可能为了企业发展，吃饭、喝酒、唱歌、享受以及迎来送往等等，这些经营行为，对于机关干部来说，属于"八项规定"明确禁止的行为，但对于在商海打拼的企业家来说，应当算是必要的经营行为。当然，对于到处坑蒙拐骗甚至违法犯罪的企业经营者，其实根本不是真正的企业家，也就无须用法律标准来评价，只能用法律手段来制裁了。

**3. 提供更加公平的社会待遇**

企业家需要公平、公正的社会待遇，也需要关心、支持甚至是呵护，这些都需要用制度机制来保障和落实。

（1）尊重企业家的制度。有一种观点认为，一个国家的强盛其实就是由一批强盛的企业造就的，在很多西方人眼中，造就企业的企业家是全社会最值得尊重的人；有的知名企业家，可以说是享受着"英雄"般的待遇。企业家在推进经济发展和社会进步方面的重要作用，我们无须再赘述。我们只说最直接的作用，各级政府的公务员、学校、社会福利机构以及警察队伍、国家军队等人员的工资和支出，要靠企业家纳税来解决，大量的企业职工，需要企业家发工资来生活、休闲。俗话说，吃水不忘打井人，对于企业家这个精英群体，我们要大声疾呼，给予足够的尊重。有的地方通过大张旗鼓地表彰贡献突出的企业家，授予各类荣誉称号，甚至通过法定程序授予荣誉勋章，就是尊重企业家的体现，也有助于在全社会形成良好的氛围。对于企业家本人来说，这比奖励给他们几十万元，可能分量还要重，因为这些荣誉和勋章，让他们看到了自己的社会价值，看到了努力打拼带来的回报。

（2）善待企业家的制度。善待，从字面上理解，就是友好、友善地对待他们。企业家看似强大的外表背后，可能已经体力透支了，可能已经濒临崩溃了，可能已经忍无可忍了，但他们必须继续支撑。大家只有了解到企业家的这些不容易以后，才更能理解为什么要善待企业家了。我们期待建立一种制度，针对企业的发展、企业家的成长，社会各个层面给予更多善意的支持和对待，并且形成一种相互配合的机制。政府从行政服务、发展保障和舆论引导上，给予更多的支持；各类媒体从关注的焦点、报道的重点方面，在舆论上给予善意的鼓与呼；掌握一定资源，企业家有所求的人群，适当地多想一下企业家做出的贡献，换位思考一下企业家的不容易，在合法合规的前提下，给予应有的帮助；受益于企业家的相关群体，可以通过实际行动，体现"吃水不忘打井人"的感恩之情，不制造、传播谣言，不落井下石、不幸灾乐祸。这里说的善待，还有个平等对待的意思，要把民营企业家、国营企业家，放在一个平台，利用一个标准来评价和对待，尽量减少厚此薄彼的问题，因为相对于国企，民营企业和企业家成长发展过程中面对的问题要更多、更复杂，发展的难度可能要大很多。

（3）包容企业家的制度。我们经常说"人无完人"，作为精英群体的企业家也同样适用这句话。大多数企业家把主要的精力都放在经营上，在其他方面的学习、修养可能有所欠缺，有的企业家不拘小节，有的企业家办事方法有些简单粗暴，有的企业家受到当时法律、政策规定方面的限制，在经营方面甚至存在一些违规问题。这些应当予以理解和包容，而不是一棒子打死。还有一句话叫"人言可畏"，有些人、有些舆论一直对企业家这个群体有偏见，有的甚至存在妖魔化倾向。2003 年，一位知名企业家被歹徒枪杀在办公室内，一时间关于富人生存、经营行为、企业家个人品质等议论铺天盖地，有些评论道听途说、捕风捉影，有的甚至严重失实、恶意中伤，对死者家属造成了更深的伤害。近几年，互联网已经十分发达的形势下，此种情况也越来越多，这已经上升到法律层面了，需要引起高度重视，必须完善惩戒机制。有位知名的企业家曾向决策者请愿，希望能给民营企业家一个犯错误的机会，听上去像是旧时赦免的意思，但细一琢磨，觉得其中透着企业家的一些渴望、无奈和惶恐，这正是希望借助法律、行政和制度的力量，能有更多的空间，增加成长发展的保障。

（4）支持企业家的制度。国务院发展研究中心在 2014 年底面向部分企业家的调查数据显示，与 2013 年同期相比，认为企业获得政府支持的程度"明显减少"或"有所减少"的企业经营者占 24%，"基本未变"的占 62%，"有所增加"或"明显增加"的占 14%，企业在"获得政府支持的程度"方面的得分偏低，表明 2014 年以来企业家获得政府支持的程度其实未见明显增强。企业家需要的支持，不是开会时慷慨激昂地讲讲，文件上一字一句地要求，走访时信誓旦旦地承诺，而是需要通过一系列的机制和制度，体现和落实在扎扎实实的行动上。特别是当前经济下行压力持续作用的条件下，很多企业都面临市场需求下降、人力成本上升的矛盾和问题，招工难、融资难、销售难的问题不同程度地存在。这就更需要职能部门发挥协调作用，从搭建平台、提供信息、资金筹集等方面，健全完善机制，为企业提供更多的帮助，解决更多的难题，支持企业家渡过难关。因为困难时的"拉上一把"，比宽裕时的"嘘寒问暖"更让人记忆深刻。当然，在充分调研论证的基础上，依法减轻企业的税收负担，也是支持企业家发展的重要方面，也是最具体的政策措施。"营改增"的全面推开、清理各类收费项目等措施，相信对于企业和企业家的成长发展一定具有很好的支持和保护作用，我们期待更多这样的制度和机制。

（执笔人：孙军）

# 创新无极限——持续向前的源泉

**摘要：**在国家倡导"大众创业、万众创新"的新形势下，本文从创新对于中心城区的重要意义入手，分析了中心城区在资源条件、基础设施等方面的优势和创新成本、地域面积等方面的劣势，重点围绕中心城区政府如何充分发挥作用（在加快体制创新、注重效率创新、推动科技创新、实现管理创新四个方面），进行了深入探讨。

创新是一个民族进步的灵魂，是国家兴旺发达的不竭动力；科技创新推进人类历史进程；等等。从这些高度精练的话语中，我们不难看出创新对于整个人类、对于一个国家的重要性。对于中心城区而言，作为一个各类发展要素高度集聚的重要区域，更离不开创新。那么，面对创新的大潮，作为政府，应当做些什么呢？本文将重点围绕政府如何保障和促进创新展开讨论。

## 一、创新的重要意义和作用

创新有什么重要作用，也可以说是创新的紧迫性。习近平总书记说过，"创新是引领发展的第一动力"、"综合国力竞争说到底是创新的竞争"。对于中心城区这一个相对较小的区域，创新更是起到至关重要的作用。

### （一）推动发展进步，促进转变发展方式

当前，优化经济结构、产业转型升级的紧迫性显而易见。如何转变，靠什么转变？在这个问题上，社会各界，包括专家学者的看法还是比较一致的，就是要靠创新驱动；从中央到地方连续出台的鼓励创新、支持创新的政策措施，也是这一观点的有力印证。习近平总书记在全国科技创新大会上明确提出："实施创新驱动发展战略，是应对发展环境变化、把握发展自主权、提高核心竞争力的必然选择，是加快转变经济发展方式、破解经济发展深层次矛盾和问题的必然选择，

是更好引领我国经济发展新常态、保持我国经济持续健康发展的必然选择。"这一论断，更加突出了创新在推动发展进步当中的重要作用。

## （二）提升区域核心竞争力

有一种观点认为，提升中心城区核心竞争力，机遇在创新、动力在创新、希望还在创新，也就是把"宝"押在创新上。笔者也赞同这种观点。北上广这些一线城市为什么发展快，为什么竞争力强，归根结底是它们集中了大量的创新创业的要素，人才多，投入大，信息广，技术先进，思路超前等等，各类因素综合作用强，创新也就水到渠成；加之各类创新成果再迅速转化成生产力，核心竞争力就更强了。这样，创新与核心竞争力之间就形成了相辅相成、互相促进的关系。

## （三）提高劳动生产率，创造更大价值

最近中国科学院中国现代化研究中心公布的一项研究结论让人大跌眼镜，也让人难以置信。研究表明，如果按工业劳动生产率、工业增加值比例和工业劳动力比例三个指标的年代差的算术平均计算，2010 年中国工业经济水平比德国和英国等先进国家大约落后 100 年。这项结论虽然引起了很大质疑，但也从一个方面说明了我们国家工业劳动生产率等指标的落后程度。其实，从我们日常了解的情况看，虽然我们在高铁、通信、卫星等某些领域已经达到了国际先进水平，但是从面上看，我们的生产技术、生产设备、人才储备，特别是自主创新方面，与发达国家确实存在着很大的差距。

## （四）改变人的生活，提升生活质量

从古老的造纸术、印刷术、火药，到近代的飞机、电灯、电话、电视、手机、互联网等等，一项项伟大的发明，无时无刻不在改变着人们的生活，拉近人与人之间的距离。整个人类得益于这些发明创造，生活质量得以大踏步地提高和改善，这些发明创造，就是最典型的创新。另外，从小处讲，一枚小小的曲别针，一个小小的易拉环，一张小小的创可贴，虽然不是惊世骇俗的伟大发明，但这些创新、创意都在改变着我们的生活。同样，生产线上加装一个小小的零件，工艺流程中一个小小的创新，操作软件中一项小小的改进，也会给企业带来实实在在的效益，给工人的生产带来良好的改变。

## （五）改进升级，获得重生和新的发展机会

鹰的寿命大约 70 年，但当鹰活到 40 岁时，爪子老化，无法抓取猎物，喙又

长又弯，羽毛又密又厚，飞起来很吃力。为了生存，鹰会努力飞上山顶，不停击打岩石，把喙打掉，静静等待新喙长出来；然后，再依次把指甲、羽毛拔掉，默默等待新的指甲和羽毛长出来，整个过程需要150天。这痛苦的150天，换来的是30年的新生。这个例子，对于企业来说，更具有参考价值。一家企业，不管规模再大，生产线再先进，发展到一定的阶段，必须适应环境、适应市场，做出改变，出新产品、出新成果，才能更好地发展，诺基亚这样的世界级"大佬"也不例外。

### （六）打破垄断，节约大量资金

苹果手机由美国公司设计和拥有，多数原件在其他国家生产，在中国组装。在一部手机的批发价格中，日本、德国、韩国能从中获得34%、17%、13%，而中国只能获得可怜的3.6%。为什么？关键是我们没有掌握核心技术，不掌握话语权。一直以来，航空发动机制造技术只有美、英、俄等极少数国家掌握，我国经过艰苦努力推出的"太行"发动机在性能上还不够稳定。所以，我们的飞机发动机基本依赖进口，耗费巨量资金，还要受制于人。考量其中的缘由，在于我们的工业制造综合实力不够，特别是工业创新能力远远不够。

### （七）促进政府转变职能

这方面的作用，其实更应当说是政府如何转换角色、准确定位，为创新提供更好的条件和保障。当前形势下，企业创新热情高涨，公民创新遍地开花，催人奋进的形势，必然倒逼政府主动适应、主动创新，为全民创新创业提供保障。如果有的部门再处处设槛、指手画脚而一副官僚主义、顽固不化的做派，就会被不幸言中，扮演尴尬的"挡创新之道"的角色了。前段时间不断出现的各类奇葩证明，比如证明"你妈是你妈"的问题，证明"老人还健在"的问题，证明"女孩是女孩"的问题，等等，这些听起来可笑的证明，其实一直都存在着，只是这几年随着网络媒体的迅速发展，才被更多地展示在了大家面前。这些"证明"也充分证明了政府创新的必要性和紧迫性。

## 二、中心城区创新的优势和劣势

### （一）优势

（1）各类资源高度集中。创新所需要的各类资源、各类要素，在中心城区都能找到，也就是我们经常说的"机会多"。在人才方面，高端人才依次向一、二、三线城市中心城区集中，形成智慧"高地"，必将碰撞出创新的火花。在资金方面，聚集了大量的金融机构、投资公司，资金需求量大、流动速度快，资金应用机会多。在信息方面，技术信息、投资信息、服务信息等，内容丰富，体量巨大，速度快捷，能够为创新提供更多支持和帮助。

（2）基础设施比较完善。创新，离不开完善的基础设施作为支撑。道路、交通、燃气、水电等这些基本的设施自不必说。单就基础教育这一方面说，作为吸引创新人才，解决子女接受优质教育的问题，中心城区的基础教育工作承载了超出教育范畴的很多东西，许多具有远见的中心城区，早早地就提出打造基础教育品牌，作为吸引人才、吸引投资的重要条件和筹码，效果确实也很明显。

（3）服务功能更强。中心城区在公共服务、行政审批、健康医疗、休闲娱乐、活动健身、旅游购物等方面具有不可比拟的优势，能够为在这里工作生活、创新创业的人，提供更加优质的服务和保障。以购物为例，如果愿意，可以到就近的商场超市转转，如果懒得活动，就可以动动手指从网上订购，或者是叫外卖，"互联网＋"就能够帮我们迅速解决。

（4）集聚和辐射作用明显。中心城区就像一个拥有巨大能量的吸盘，把人才、资金、技术、信息等好的要素吸引过来、集聚起来，相互之间产生作用、发生反应、开展创新。整个过程，对周边区域具有示范带动和辐射作用，周边县市的配套企业、农业产品等等，可以对中心城区的产业、企业发展提供很好的互补、接受、带动和辐射。

## （二）劣势

（1）成本相对较高。相对于周边区域，中心城区的地价、房价、物价以及办公成本、生活成本等都要高一些，开展创新工作的成本也会水涨船高。以2015年7月青岛市区建设停车场为例，每平方米土地价格为4000元，建设成本7000元，一平方米就要耗费1.1万元，一个完备的停车位需要40平方米，估算下来，建成一个停车位就要花费超过40万元，成本高，收费也随之上升。

（2）地域空间狭小。经常听到来自中心城区招商部门的抱怨：就这么小的地方，招来个大的项目都没地方放。这样的说法不无道理，一些大企业、大项目，占地多、用人多、配套多，有时围绕这家大企业，需要形成一个链条，可能要占地上千亩甚至几千亩，如果没有土地、没有空间，一切就无从谈起了。

（3）经济总量不平衡。经济总量大的中心城区，集聚各类创新要素多、创新的机会多；经济总量小的，产业、业态的多样性不够，对资金、人才等吸引能力弱，创新功能也相对较弱。从2014年的数据看，除地域面积超过1000平方公里的中心城区没有可比性之外，地区生产总值最高的北京市朝阳区达到3920亿元，比西部某些中心城区高出50~60倍，差距惊人。

（4）同质化竞争制约创新。中心城区的区位特征、产业特点、发展优势等相似或相近，同质化竞争、重复性建设成为制约发展的重要因素。如，金融保险、商贸商务、电子商务、房地产业等，基本上都是各地竞相发展的重点。有的城市在不同的中心区发展金融中心、金融综合体等等，距离不过三五千米，造成同质化竞争，制约发展。

# 三、在创新方面存在的问题和不足

从整体看，我们的创新工作仍然面临很多困难、问题和不足。如，体制机制制约较多，创新对经济发展的驱动作用没有充分显现，企业创新能力仍然不足，高端创新型人才非常短缺，科研经费的利用效率不高，等等。我们用数字和事例说明，可能更具说服力。

## （一）审批制度比较繁杂并且速度慢

国内一个医药产品由研发、临床实验、批量生产到最终上市销售需要12~15年，而美国平均只需8~10年。其中，国内仅等待临床实验审批一项就需时2年，而美国是备案制，30天就能拿到批文。国内某骨科专家带领科研团队早已研制出新型骨科手术内置物，但是一直在等待国内漫长的审批手续，迟迟无法上市应用；而美国、韩国、德国等国家的类似产品，科研起步比我们晚却已经上市。有关专家直言："我们科技创新产品的审批制度还不能适应甚至是阻碍着科技创新的进程。"

## （二）人才质量总体水平不够高

来自《中国创新发展报告》的数字，中、日、美比较：2011年中国的R&D人员是日本的3倍，但每千个就业人员中R&D人员还不足日本的1/6；中国的三方专利数是日本的6.18%，每千人R&D人员专利数是日本的1.95%；相比于美国，上述两个数字分别是6.81%和3.87%；反映出我国三方专利总量水平较低，研发人员创造专利的效率低下。我国有320多万名研发人员，居世界首位，但科技创新能力仅排第19位。

## （三）科研经费利用率低

据2012年中国科协一项调查显示：我国科研资金用于项目本身仅占40%左

右，大量科研经费流失在项目之外；我国国际科学论文数量已居世界第二位，本国人发明专利申请量和授权量分别居世界首位和第二位，但能"赚钱"的却很少，科技成果转化率仅为 10% 左右。

# 四、政府在创新中应当发挥的作用

有观点认为，政府在鼓励创新时只需要做这么一件事：别挡道。这种观点显然有些偏激，可能也夹杂了一些"恨铁不成钢"的情绪成分。那么，在大众创业、万众创新的新形势下，政府该如何回击这种偏激的说法呢，那就只能是非但不"挡道"，而且是通过发挥顺势而为、鼓劲助力的服务、保障和协调作用，为已经燃起创新创业的燎原之火加油、添薪，万万不可为了当前的或者是部门的一点利益，行卡脖子、抬门槛、设障碍之事，影响创新的进程。

## （一）政府的服务作用

建设服务型政府，优化投资和创新环境，我们已经倡导多年，各地的行政审批或者服务大厅建起来了，一站式服务搞起来了，工作人员的笑脸也多起来了，在行政效率方面，确实有了很大改观。但是在如何提高审批效能、服务效能这一核心问题上，提升的空间仍然很大，特别是如何更好地为创新的主体——企业服务，如何为创新的关键——人才服务，确实需要认真地进行研究和改进。从科技成果转化审批这一具体问题看，政府在服务和推进方面还有很大的上升空间。全国两会期间，一些代表、委员没有办法，带着自己的科研成果来到小组讨论现场，痛陈科研成果转化过程中遭遇的层层审批、效率低下问题，导致一些科研项目"起个大早，却赶个晚集"，这是一种无奈，更是一种鞭策和期待。

## （二）政府的引导作用

政府在这方面的作用，也可以说是引领、挖掘、激发作用，引领创新趋势，挖掘创新潜力，激发创新活力。引导的方式有很多，可以通过大力宣传，形成一种良好的氛围，引导和吸收更多的企业、更多的院校、更多的人才投入到创新实践中；可以因地制宜地制定优惠政策、激励措施，以实实在在的红利，吸引区域内外、国内外的有志之士投入到本地的创新事业中；可以通过发挥财政资金的杠杆作用，吸引更多的人才、资金，在科技创新、技术创新、管理创新方面发挥更大的作用。总之，政府在创新中的引导甚至引领作用，还需要下大力气充分发挥。

### （三）政府的保障作用

创新，需要综合性因素作用，也需要各方面力量的有力保障，在制定激励政策、完善基础设施、搭建创新平台、加大资金投入、集聚创新要素等方面，政府应当是大有可为的。以广州市黄花岗科技产业园为例，园区管委会充分挖掘整合区域产业资源，大力培育形成信息服务、文化创意、健康医药、服务外包等新兴产业集群，虽然面积不足 1 平方公里，但已入驻企业超过 1800 家，产值超过 500亿元。其中，入驻国家级重点动漫企业 13 家，占广东省该类企业的 80% 以上，占全国总数的 10% 以上。

### （四）政府的监管作用

除了优化环境，让各类创新主体放开手脚，让各类创新要素充分发挥作用，政府还有一项重要的职能，就是监管，也是我们通常所说的"放管结合"中的"管"。这在科研经费的使用、知识产权保护、企业和人才合法权益保障等方面显得尤为重要。但是，如何管，管到怎样的程度，怎样处理好监管与市场的关系、监管与各类主体发挥主观能动性的关系，需要认真研究和把握好。

### （五）政府的协调作用

创新是一个系统工程，创新链、产业链、资金链、政策链相互交织、相互支撑，"集中力量办大事"的优势，在这方面更能够得到充分发挥。企业如果在创新中遇到困难，最是体现政府价值和作用的时候，政府可以发挥引导扶持、沟通信息、调配资源、吸引人才等积极作用，帮助克服困难，推动创新。据统计，2013 年底，全国共有大型科学仪器设备近 9 万台套，其中高校和科研院所中的大型科学仪器设备总量 54918 套，原值总计 780 多亿元，这大量的仪器设备利用率却不到发达国家的 15%。但另外，许多科技人员却为试验设备缺乏而发愁，仪器设备的闲置和大量有效需求得不到满足并存的条件下，如果搭建一个平台，为设备拥有者和使用者对接提供服务及保障，那么将会为创新起到很好的催化作用。笔者认为，政府应当在其中扮演一个重要的角色。

## 五、勇于自我革命，为创新提供更加有利的环境和条件

在大众创业、万众创新的浪潮中，政府不仅要参与，更要全面融入进来。可以说，政府在创新机制体制、推进简政放权、搭建载体平台、改善创新环境等方

面需要做的工作还很多。从某种意义上讲，这更像是政府通过一次自我革命，树立一种崭新的形象，以为创新提供更为有利的环境和条件。

## （一）加快体制创新，形成有利于创新发展的机制

体制机制的创新，是自我革命的核心和难点。十八届五中全会提出的"十三五"时期必须牢固树立的五大发展理念中，"创新发展"位列第一，足以看出"创新"在国家发展全局中的重要地位。体制创新主要是建立、理顺创新体制，保持创新不竭的动力，更大限度地解放生产力、发展生产力。体制创新的具体内容包括着力强化企业技术创新主体地位，最大程度激发企业的创新潜力；提高科研院所和高等学校服务经济社会发展能力，发挥科研成果、技术力量、科研设备、科技信息等创新要素的利用率和转化率；深化科技管理体制改革，完善统筹协调科技宏观决策体系和建立科技重大决策机制，从全国的高度、全局的角度，理顺科技管理体制。此外，加快科技成果转化、加强知识产权保护等等，都在体制创新的范畴。另外，政策创新应当算是体制创新的一个重要方面。比如，全面推开的"营改增"（营业税改增值税）政策，被很多专家称为创新驱动的"信号源"、转型升级的"助推器"。这项以减税来实现"放水养鱼"效应的政策和举措，无疑对"压力山大"的企业来说是一剂"强心针"。税收降低了，成本随之降低，企业可以拿出更多的资金投入设备更新、人才引进、技术创新等环节和领域。这项用政府当前的"减法"为企业未来做"加法"的措施值得点赞。

作为发达国家代表的美国，在创新体制建设方面有它的独到之处，也有很多值得我们借鉴的地方。归纳起来，有三大特点：一是重视创新的基础性投资；二是促进以市场为基础的创新；三是注重重点领域的技术和创新突破。总体来看，美国属于市场调节型创新体系，政府很少颁布法律性的创新政策，而有限的政策，只在于为企业创造一个良好的创新环境，让市场去调节企业的创新活动。除创新主体的多元化外，美国国家创新体系还是一个相当开放的体系，科研人员、科研设备、科研成果、科技信息等，除部分涉及商业机密和国家安全的科研成果外，都相当公开，这种开放性促进了美国各科研主体之间的广泛竞争与合作。作为我们的中心城区，情况各不相同，虽然不能照搬"美国经验"，但他们在体制机制方面的一些好的做法，还是值得学习借鉴。比如，政府引导创新的重点领域，并且配套相关政策措施；协调开放科研机构的科研设备，供给有创新需求的群体共享使用等等。

具体到某个城市的机制创新，对于我们来说，更具针对性和可操作性。近年来，很多城市提出建设"创新型城市"，也都制定了相应的文件和措施，这些文件，可以看作是机制创新的重要内容。但从笔者查阅的很多关于加快创新型城市

建设的政策、措施和意见看，仍然没有跳出原有的老路子。如，发挥企业创新主体作用，加快创新成果转化，引进创新人才，等等，用的更多的词语是"鼓励""引导""加快"，等等，而对于政府如何鼓励、如何引导、如何加快这些措施落地，以及具体的衡量标准，还没有实现破题。也就是说，对于政府在"创新"中如何创新，还没有真正达到"自我革命"的程度，还没有树立和达到李克强总理就深化改革提出的"壮士断腕"的决心。所以说，城市层面体制机制创新步子迈得还要大一些，围绕创新开展的改革的力度还要大一些。在这方面，有的自贸区、保税区的做法值得大家借鉴。天津港保税区围绕监管机制、报关制度、融资租赁服务等方面开展具体务实的探索和创新，实现进口车检测线同步审批，企业维修周转件清关时间由 3 天减至 15 分钟，报关工作量减少 50%。这些措施和工作，都是机制创新实实在在的效果。

## （二）注重效率创新，为创新突破提供有力保障

对于政府来说，效率创新就是要在提升行政效能上下功夫，让利于民，便利于民，最大限度地释放市场活力、激发创新活动。工商注册登记门槛降低后，市场主体数量确实大幅度增加了，这部分市场主体的活力，如何释放、如何激发，除了它们发挥自身"能量"外，还要政府通过制定政策措施，从外部刺激，才能释放得更加充分。但从效果看，政还不够简、权放的还不够宽，审批的速度还可以更高效些，一些涉及部门利益或者叫"实权"的审批手续，程序、权限等还能够设置得更为合理。

效率创新需要政府更智能。当前，"智慧城市"建设方兴未艾，智慧城市的理念也在逐步提升和改进，现在已经集合了大数据、云计算、"互联网＋"等新技术，以及通信、交通等传统因素，并且一直不断细化、完善、提升。政府应该在智慧城市建设中起主导作用，并且要具体承担起将审批、服务、保障等工作"智慧"化的责任。令人感到欣慰的是，各地政府在智能化办公、信息化服务、智慧化保障等方面所迈出的步伐越来越大，进步也越来越明显了。

效率创新需要更多平台。原来的各类开发区，在创新方面起到了很好的载体作用，但随着社会发展、技术进步，特别是土地越来越紧张，大面积开发土地，大力度拆迁腾地，难度越来越大，操作性逐步降低。现在看，一个网站就是一个平台，能提供海量的信息、数据，提供无数的创新交流机会；几座或者一座楼宇就是一个孵化器，可以"孵化"几十家、几百家中小企业，这些企业利用这个平台，不断创新发展，寻求发展机会，其中的佼佼者毕业后，又会带动一批企业创新、孵化、发展。

效率创新需要更优质的保障。重点是有针对性地帮助协调解决困难，特别是

帮助企业解决实际问题。中小企业融资难是制约创新的重要因素，企业还没有发展起来，银行往往不给贷款，或者是贷款的条件很多，手续很繁杂。这就需要做银行的工作，通过降低门槛、放宽政策或者政府担保等方式，以帮助那些创新能力强、发展前景好的中小企业；同时，拓宽融资渠道，通过社会资金、风投资金等帮助企业度过创业之初的艰难期。另外，基础设施配套不齐，人才留不住，网速慢、上网贵怎么办，电费高、水费贵，刚刚起步的中小企业承担不起，职工保险越来越高，企业缴费负担重，等等，这些问题都应该在政府统筹考虑、伸出援手的范围。加快水、电、暖、网络等基础设施建设，制定创新创业优惠政策，对有潜力、能创新的中小企业，在房租、水电等费用方面进行合理的阶段性补贴，真正起到扶上马，送一程的作用。

### （三）推动科技创新，培植持续向前的动力源泉

科技创新是创新的核心内容，也是政府工作的重要着力点。2016 年 5 月召开的全国科技创新大会，更是把科技创新摆在了更加重要的位置。习近平总书记强调，科技是国之利器，国家赖之以强，企业赖之以赢，人民生活赖之以好。虽然科技创新的主要力量是企业、科研机构、高等院校以及各类科技人才，但是政府高度重视，并且积极地参与、推进和保障，同样不容忽视。很多中心城区在科技创新方面显得有些迷茫，有的认为没有工业产品，无从创新，有的认为没有好的企业，不知道在哪些方面用力，总之，客观的困难确实一大堆。但是，这些城市的决策者们把主观上的努力这一最重要的因素给忽略了。下面这个例子应该可以有一些启发。在 2015 年 9 月举行的中日韩博览会上，工业设计板块引起了很多人的兴趣，这里面包含了工业技术、工业材料、互联网技术等诸多因素，但很重要的一点，里面包含着先进的创意，这类创意，就是实实在在的产品创新、科技创新，它对于地域狭小、科技人员密集的中心城区来说，具有很强的针对性和实效性。可折叠的便携电动车、突破传统样式的遥控飞机、纸质材料的便携座椅等等，这些加入优秀创意的设计，产品的附加值得到了明显提高。这些创新不需要大片的土地，不需要大规模的厂房，也不需要大量的资金，需要的更多的是用心、用力，与很多中心城区一直想要破题的都市工业正相吻合。

政府如何推进和保障科技创新，不仅限于制定政策措施，对企业实行物质奖励这些传统的层面，更需要在意识上"自我革命"，把服务、支持、合作加以融合，可能收到的效果会更好。

杭州政府与阿里巴巴之间的经典故事，应该能得到一些启发。大家提起网购，第一时间就会想到阿里巴巴、淘宝、支付宝，这些网络产品虽然虚拟一些、抽象一些，但是在强大的互联网和数据支撑下，成为一种典型的科技创新。随着

阿里巴巴惊人的发展，很多人在争论一个问题，到底是杭州造就了阿里，还是阿里成就了杭州，这个问题确实难以回答。但如果从另一个层面解答，也就不必纠结于此了，那应该是杭州和阿里通过相互支持与合作，实现了共赢！这里有一个公认的观点，从政府层面而言，"杭州政府对阿里的扶持，几乎是全心全意、从上到下、全方位、无死角的配合"。这些能从集团的总部建设、扩大规模、征地拆迁等各个方面得到明显的体现。另外，阿里巴巴上缴的高额税收，即是对政府服务和支持的一种最好回报。2014 年，阿里全年纳税 109 亿元，平均每天纳税3000 多万元，成为中国第一个纳税额超百亿元的互联网公司。2016 年，杭州市与阿里巴巴集团战略合作包括 9 个方面 27 个项目，涉及云计算大数据、跨境电商、互联网金融、智能物流、智慧城市、城市信用等，这些业务，既加强了城市建设，提升了杭州的城市品质，又让阿里增加了收入，确实又是一项双赢的举措。

### （四）实现管理创新，提升中心城区城市品质

政府在管理创新这个领域应当大有可为。谈到管理创新，我们会想到当前一个比较热的词语——智慧城市，虽然在前文中有过简要介绍，但是我们在这里还要重点阐述一下。

智慧城市建设包罗万象，涉及中心城区的各个层面、各个方面、各个角落。①政务服务，可以通过植入"智慧"，使各类行政审批、公共服务、政务信息、行政管理等行为，实现更快捷、更高效、更准确的运行和推进。②行政执法，可以通过科技手段，更加高效甚至实现实时的执法和管理。比如，遍布城市各个角落的监控设备，甚至是更先进的"天眼"，对于加强城市管理，预防和打击犯罪就是一件利器。③市民生活，可以借助各类电子商务平台、手机终端、智能软件、无线网络等，变得更加便利；购物、消费、就医、水电缴费等，都可以用智能的手段，融入智慧城市建设当中。关于城市品质，我们可能会联系到近年来的创建"文明城市"，尽管对于"创城"这一做法有不同声音，但是它在提升市民素质、提升城市品质方面起到的重要作用是毋庸置疑的。

城市建设，政府发挥作用的重要方面。当提起一座城市，我们就不由自主地想起这座城市的标志性建筑，这就体现出城市建设的重要性了。比如，上海的东方明珠、巴黎的埃菲尔铁塔、台北的 101 大厦、迪拜的帆船酒店等等，它们的知名度有的来自高度、有的来自历史、有的来自形状，不一而足，但都是特色鲜明、创意十足，代表性、观赏性也很强。目前，各地竞相建设的几百米的超高建筑，其目的不仅仅是集聚资源、发展经济，建设地标建筑，提升城市知名度的目的也是很明显的。举一个更直观的例子，前几年热播的电视剧《奋斗》，有一段

剧情是在潍坊风筝广场拍摄的，广场上的标志性建筑——风筝主题雕塑（这座18米的雕塑只能算是广场的标志性建筑），引起了观众的兴趣，纷纷打听这是在哪里，后来靠强大的网络，大家知道这里是潍坊风筝广场的时候，很多外地人慕名到这里来一睹真容。以笔者愚见，如果这是一座高上百米甚至几百米的风筝主题大楼，引起的轰动效应还要好很多。从上面这些例子可以看出，一座地标性建筑对于一座城市来说，不仅体现了发展的需要，更体现了人的更高追求和需求，如果与当地历史、传统、特色结合，会更有创意，效果也会更好。

规划，是城市建设和管理的一项重要基础性工作，政府在规划过程中无疑起到决定性作用。大到中心城区的区域面积、功能布局、基础设施，小到一所学校、一条背街小巷，甚至一处公共卫生间，都需要规划，这些都涉及规划创新。那么规划创新的原则是什么呢？笔者认为，从规划到建设，都必须围绕满足市民的更高需求或追求进行。举一个居民小区规划的例子，十年前，很多三、四线城市的居民小区，开发商在做规划时，基本都不规划停车位或者地下车库，大家往往认为，就那么几辆车，好找地方。对于规划和建设了足够停车位的开发商，很多人不理解，甚至嘲笑他们浪费资源。但是实践证明，不规划或者少规划停车位，是完全错误的，几乎是一夜之间，很多居民都有了家庭轿车，有的还不止一辆，小区里没有车位，就只能停在路边，安全性当然可想而知。这就是富有远见的规划创新。

为城市建设和管理提供底蕴与条件的城市文化。它对于形成别具一格的城市精神和市民精神具有重要意义，已经成为了一座城市的形象和象征，也成为了衡量一座城市品质的标杆。北京的首善精神，上海的海纳百川、追求卓越，深圳的开拓创新、务实高效，等等，都是城市文化和城市精神的高度提炼。除了城市精神体系，城市文化还包括文化品牌、市民文化水平、公共文化服务、文化产业发展等诸多方面，有的已经不仅仅局限于文化的范畴，与经济、社会、生态、民生实现了交融互通，这些都需要政府引导、打造。有的城市还就城市文化创新制定了规划，使得这项事业更具科学性、指导性和计划性。深圳市在2016年初，制定了"深圳文化创新发展2020实施方案"，把五年内在文化创新发展方面的重点工作进行了归类和提炼，不失为推动文化创新的有力之举。

（执笔人：孙军）

城 建 篇

# 赋予标志性建筑时代精神，提升城市凝聚力和竞争力

**摘要：** 标志性建筑理所应当是一个地方、一个城市的形象，其代表的不仅是建筑物本身，更是一种生活方式的反映，一种新思潮的召唤，它会随着时代的变迁而不断更新。标志性建筑不仅能聚集人气，更是连接城市精神文明和物质文明的纽带。城市标志性建筑建设不仅要营造空间形态，更要表达城市的文化意义，只有从城市发展的角度探寻标志性建筑的本源特征，研究标志性建筑在城市中的地位和作用，以及在现代城市中的空间意义，才能更好地提升城市的凝聚力和竞争力。因此，在建设城市标志性建筑过程中，应该注重与城市精神相吻合，建成后能够给人以感官的冲击、情感的触动和心灵的震撼，能够引导一种新的活力，给予人们积极向上的精神激励。由标志性建筑引发的"眼球经济"往往能够形成新的经济增长点和文化娱乐点，带动很多行业，最终成就一场商业盛宴。

城市是一本打开的书，从中可以看到它的抱负。建筑就是城市的字符，字符的风格品质与排列组合反映出城市的特质与品位。标志性建筑是一个地方、一个城市的形象代表，它会因时代的变迁而更新。然而，任何时期的标志性建筑，不论是因政治、军事或者商业目的而建，都不同程度上直接或间接地影响着当时的经济发展和商业规模。因此，标志性建筑所反映出的时代水平，分量最重的也自然是经济水平。

## 一、标志性建筑概念分析

### （一）什么是标志性建筑

目前对标志性建筑的界定，尚无统一标准。美国的凯文·林奇[①]教授在其

---

① 凯文·林奇（Kevin Lynch）：1918 年出生在美国芝加哥一个富裕家庭，父母是来到美国的第二代爱尔兰居民。林奇曾就读于美国当时一流的学校——法兰西斯·派克中学。1984 年去世，是美国杰出的城市规划专家。

《城市意向》一书中，从认知城市的角度讨论了城市的标志物。他认为："标志物是从一大堆可能元素中挑选出来的，因此其关键的物质特性具有单一性，在某些方面具有唯一性，或是在整个环境中令人难忘。如果标志物有清晰的形式，要么与背景形成对比，要么占据突出的空间位置。"我们可以用相对简单的形态和笔画来唤出对于它的记忆，就像迪拜塔、悉尼歌剧院、比萨斜塔、埃及金字塔、美国的自由女神像等世界著名的标志性建筑一样，标志性建筑是一个城市的门面、城市的名片、城市的形象。

图1　迪拜塔（哈利法塔）

迪拜塔囊括了一系列最高级形容词（见图1）。迪拜塔楼高828米，观景台创纪录地设在第124层，可俯瞰海湾。它在迪拜以外数十公里处的沙丘中依稀可见；若从天空俯视，它就像一根银针直插云霄。高层建筑和都市居所理事会研究和沟通经理让·克勒克斯说："在信封上写下你的名字和迪拜塔的名字，全世界任何一个邮局都不会找错地方。"

## （二）标志性建筑的分类

通常讲，标志性建筑一般分为以下四类：

一是具有特殊功能的标志性建筑。这类标志性建筑不同于一般性的建筑，并且以公共性建筑居多。比如北京天安门，她的雄伟宏大象征着至高无上的地位与权力，是开国大典的主席台，具有其他标志性建筑无可比拟的特殊性，无可争议地成为北京的标志性建筑。综观世界各地的著名标志性建筑，如俄罗斯东红场、美国的自由女神像、法国的凯旋门等无不以其特殊性，担当起所在城市或国家的标志性建筑。

二是具有历史纪念性的标志性建筑。这类标志性建筑与重大的历史事件背景或者与一些特定的历史性人物有关联。如法国巴黎的凯旋门是拿破仑为纪念1805年打败俄奥联军的胜利，于1806年下令修建"一座伟大的雕塑"，迎接日后凯旋的法军将士。位于武汉武昌的红楼，本身这座建筑应该说是一种仿欧洲风格的，是乔治时代风格的模仿型的建筑，建筑本身在建筑学方面的认证没有太高的学术价值，充其量是一种模仿性质。但是因为辛亥革命发生的时候，这座建筑成为组织起义的一个中枢，所以这个建筑成为中国摆脱封建时代，走向革命，走向共和时代的转折点，因此成为了一个非常有意思的纪念性标志性建筑。

三是占据特殊位置的标志性建筑。这类标志性建筑规划选址大多在城市区域特殊的地段，在某些城市关键性的节点或者在城市特定的中轴线上，或者在城市比较有争议性、敏感性的地区，周边有开敞空间，有良好的视觉视线效果，并与周边环境完美结合，充分体现区位地段优势特点。

四是具有各类不同使用功能的功能型标志性建筑。这种标志性建筑多为具体使用目的而建，或为文娱活动，或为商业经济行为。不同使用功能的标志性建筑在建筑单体立面设计、建筑造型和技术手段方面都各具特色，以此达到别具匠心的独立标志。如台北101大厦（见图2），建成后第一家进驻的便是跨国企业德国拜耳公司，紧接着瑞泰人寿、富兰克林投顾、台湾金库等一流企业进驻，101商圈已经成为台湾经济发展的重要指标。

**图2　台北101大厦**

## （三）历史意义——反映时代最高实力水平

作为中国古代建筑艺术的集大成者，紫禁城代表着木结构建筑的最高水平，不仅提供了完全满足当时人们需要的空间，还有先进的防卫、防火、给排水系统和采暖系统；雅典卫城体现了古希腊圣地建筑群、庙宇、柱式和雕刻的最高水平。埃菲尔铁塔所用的技术充分反映了当时的生产力水平，不仅是法国和世界工业革命辉煌成就的标志，而且是电视塔造型的开山鼻祖。上海外滩建筑群则汇集了世界各时代、各种风格的建筑，在处理各种风格的建筑集聚时既要各具风格，又要融合于外部的大空间，这是它的独到之处；虽说每座单体建筑与其他标志性建筑相比很平庸，但组合在一起，则达到了量变到质变的升华，成为上海的标志。

综观这些标志性建筑，其建筑技术无不代表它们所处时代的最高建筑技术水平，而且也反映了当时其他科学技术的水平。

## （四）对城市发展的现实作用——"催化效应"

城市标志性建筑对城市空间有类似于韦恩·奥图提出的"城市催化"的作用，会引导城市开发的趋向和促进城市形态的改变。典型例子是一栋标志性建筑的开发建设可以增添活力，聚集人气，带来资金的投入，从而对周边地区产生引擎一般的带动作用。城市标志性建筑就如同化学反应中的催化剂，它不但可以加快原有项目的发展，而且可以促成新的城市建设项目的启动。

标志性建筑就像城市的眼睛，是城市历史文化的积淀和固有的个性风貌体现，是向外界标志城市独特存在价值的商标和载体，是判断一座城市的识别符号。看到巴黎埃菲尔铁塔、悉尼歌剧院、北京天安门、上海东方明珠，我们便能毫不犹豫地报出这座城市的名字以及符号背后的城市印象。

**表1 广州标志性建筑与 GDP 相关性分析**

| 年份 | 1920 | 1934 | 1968 | 1976 | 1980 | 1991 | 1997 | 2010 |
|---|---|---|---|---|---|---|---|---|
| 国内生产总值（亿元） | — | — | 16.4 | 26.6 | 57.6 | 319.6 | 2376 | 10500 |
| 高度（米） | 50.00 | 64.00 | 86.51 | 114.05 | 102.80 | 198.40 | 391.00 | 432.00 |
| 层数（层） | 11 | 16 | 27 | 33 | 31 | 63 | 80 | 103 |
| 建筑面积（万平方米） | 1.80 | 1.14 | 3.60 | 5.91 | 11.70 | 18.40 | 32.00 | 45.00 |
| 占地面积（万平方米） | 0.80 | 0.95 | 0.45 | 2.60 | 2.80 | 1.95 | 2.30 | 3.10 |
| 容积率 | 2.25 | 1.20 | 8.00 | 2.27 | 4.18 | 9.44 | 13.91 | 14.52 |
| 名称 | 南方大厦 | 爱群大厦 | 广州宾馆 | 白云宾馆 | 白天鹅宾馆 | 广东国际大厦 | 中信广场 | 广州国际金融中心 |

资料来源：历年《广州统计年鉴》。

具体说，标志性建筑对城市的催化效应表现在几个方面：

（1）提升现存元素的价值。

（2）带动周边元素的发展与改善。

（3）增强该地区的可识别性。

# 二、各时期标志性建筑的时代作用

## （一）古代：维护政治文化作用

古代的标志性建筑，由于种种自然的、非自然的影响，各个地域都形成了各具特色的风格，并且由于古代社会发展迟缓和交通的闭塞，使得各地的这些特色得以长期保持下来。但总体上讲，中国古代标志性建筑的建设目的普遍为政治文化作用。例如，万里长城的修筑是为了抵御外敌入侵，陕西葭州古城的凌云鼎则是为了居高俯瞰，环视全城，将外来的犯敌全部处于监控之下，保护着城市的安全。雅典卫城和罗马斗兽场，都是为了维护帝王的江山统治和皇权威严的体现。

古代社会的普遍特征是王权支配社会，标志性建筑更多的是王权心态的体现，不仅凝聚着君王至上的政治价值观念，而且体现着强化权威认同的心理。这也是为什么古代的标志性建筑大多是在君王的指令下修建，因为君王掌握着国家最高水平的人力、物力和智慧。

古代城市无论是地处平原还是山地，无论源自军事寨堡、传统聚落还是通商口埠，城中的标志性建筑都具有地处关键、形式独特、体量高大、视域无碍等共同特点，并表达城市中最根本的主题——关于城市的制度、等级、作用、安全等政治文化意义。

## （二）近代：生产力发展的反映

近代标志性建筑，是近代生产力发展条件下的产物。资产阶级理论家亚当·斯密①在《国富论》中提出"分工与竞争"的主张，也反映在新的标志性建筑思想上。1666年，伦敦大火之后的新的规划中，皇家交易所占据了广场的中心位置，其正立面古典的凯旋门和高昂的尖塔，表达了新兴资产阶级得势的时代心态。中国近代标志性建筑基本上是于近代社会发展历史时期（1840～1949年）所建造的。在中国几千年的古代封建社会里，虽然政治上有多朝皇帝更替，文化

---

① 亚当·斯密（1723年6月5日至1790年7月17日）：经济学的主要创立者。出生在苏格兰法夫郡（County Fife）的寇克卡迪（Kirkcaldy）。

上有多次的对外交流，但是，中国文化基本上是连续的一元文化。进入 19 世纪后，封建主义的清王朝经历"康乾盛世"而日趋衰落，欧美资本主义各国却因工业革命而迅猛发展。其间，一方面是中国传统文化的继续，另一方面是西方资本主义经济和文化对中国建筑的影响，这两种建筑活动的相互作用，构成了中国近代标志性建筑史的主线。至 19 世纪末 20 世纪初，由于晚清政府倡导的洋务运动，企图走资本主义道路发展中国的生产力，导致外国文化的大规模侵入，在中国国土上除了传统的古代建筑仍在延续、演变之外，外来的欧洲建筑样式逐渐多了起来，在中国近代的标志性建筑历史上形成以模仿或照搬西洋建筑为特征的一股潮流，如上海外滩和南京路建筑群。中国近代标志性建筑的历史呈现出中与西、古与今、新与旧多种体系并存，碰撞与交融的错综复杂状态。

### （三）现代：高度经济功能作用

在信息时代的今天，随着工业社会向信息社会的转变，所带来的社会的一体化发展、产业结构的改变以及高度的城市化，使得当代标志性建筑更加频繁、高效地介入到社会动态和经济发展的循环系统中，建筑规模越来越大，经济功能越来越凸显。同时，由于人们的价值观、思维方式、社会心态等文化的深层机制随社会发展的变化，同样对标志性建筑的经济功能提出了更进一步的要求，为建筑功能不断增添新的内容，从而推动标志性建筑经济功能的发展演变。

纵观各个时期的标志性建筑，无论是古代的军事标志性建筑，还是近代的受资产阶级潮流影响而建的标志性建筑，都直接或间接地影响到该时期经济发展和商业业态的聚集。有了长城，老百姓安居乐业，经济繁荣；有了天安门，人心所向，商贾聚集，京城的繁华全国无处可比，维护政治的最终结果是促成了当地经济的发展和文化的繁荣。

# 三、规划建设标志性建筑的要素分析

## （一）以创新精神发掘标志性文化内涵

城市标志性建筑设计应当具有地方创新特色和时代特色。越有地方创新色彩的标志性建筑越容易成为著名的甚至是世界的，即为别国所注意。城市标志性建筑的创新源于地域的特定地理环境、积累沉淀的历史文化以及日新月异的科学技术。如果能珍惜和发扬这些差异性的东西，就能自然而然地形成具有个性特色的独立标志，成为发展的标志，文化传承的标志。

弗洛伊德①有过建筑文化延续的哲学思想，他指出："如果我们希望在空间领域表现历史的顺序，只能用在空间中并列的方法来达到它，因为同样的空间不能有两个不同的内容。"建筑形式是表层结构，文化、历史等是它的深层结构，是一种内在的支撑体。城市标志性建筑应有特殊的意义，含有丰富多样的信息量，而不是直接肤浅的意义表达。不仅在设计上给人很强的视觉冲击，更要在人们的心理地图上占据重要位置。对城市标志性建筑而言，我们不仅需要形式上的与众不同，更需要具有深层结构的历史文化内涵。如上海浦东的金茂大厦，它虽然采用了钢与玻璃的材质，但整体造型源于我国传统建筑——塔的形态，由低到高，层层收紧，好像竹子一般节节升高。所以金茂大厦体现了现代与传统的完美融合，堪称创新的佳作。

## （二）注重凝聚人心，引领时代精神

在当前城市发展的水平下，标志性建筑，或者一个片区的标志性建筑群，代表的不仅是建筑本身，更是一种生活方式，·种新思潮的体验。标志性建筑不仅要聚集人气，增强城市凝聚力，更是连接城市精神文明和物质文明的纽带。因此作为城市的标志性建筑，应该与城市精神相吻合。

要结合本地区城市建设发展规划提出的新目标、新定位、新战略，遵循科学发展的基本原理，确保标志性建筑风格和设计样式与本地区的市民意愿相融合，体现全体人民的共同愿望。建成后能够给人以感官的冲击、情感的触动和心灵的震撼，能够引导一种新的活力，给人们一种积极向上的奋斗激励。这种力量便是建筑的创意和新意，要么是外在的，要么是内在的。然而无论怎样，都能清楚地体现建筑的独特性和开创性，引领该时期的时代精神。这样的标志性建筑物，才会在人们心目中占据根深蒂固的地位。以深圳为例，万科中心以其独特的造型和创新的功能（见图3），装载了创新、突破的城市精神，成为代表了特区发展历程的一个形象，从它的身上，可以看到一段浓缩的深圳发展史。

## （三）合理选择空间位置布局

城市标志性建筑空间位置的选择是建立城市标志性建筑系统的基础。城市标志性建筑是整个城市脉络中具有特色或易被记忆的成分，是人们认知城市的重要依据。因此，对其位置的确定应当谨慎。

（1）城市出入口。城市标志性建筑在城市出入口的设计，不仅要使标志性建筑在空间形式上独树一帜，更为重要的是它与城市空间结构的关系。城市的出

---

① 卢西安·弗洛伊德（Lucian Freud，1922 – 2011）：表现派画家，英国最伟大的当代画家之一。

图 3　深圳万科中心

入口应该是城市不可或缺的一部分，而且通过各种方式与其他城市要素相联系，只有这样，才能加强人们对城市的印象。

（2）城市交通节点。随着城市交通的日益繁忙，在城市节点处布置城市标志性建筑有可能会给城市道路增大压力，造成交通拥堵。因此，如果要在城市节点处设置标志性建筑，首先要协调好城市标志性建筑与城市交通的关系。在此基础上，有意识地将周边的建筑和景观相结合进行整体设计，从而创造出既美观又实用的城市标志性建筑。

（3）城市中心。从石器时代的聚落，到中世纪的理想城市模型，再到现代都市"核"的形成，无不证实着城市中心对人类生存的意义。人类生存空间的基本模型就是中心化了的水平面。中心与水平面的概念实际上构成了认知心理的基本：图形"点"与背景"底"。事物之间的位置关系在人的"视觉思维"中，不仅仅是定位问题，而且具有等级概念——人们总是把中心与"不一般"、"重要"等概念联系起来。城市中心是人们活动的密集场所，也是感知标志性建筑的最活跃场所。中心标志性建筑的巨大凝聚力使城市中心在城市居民的"心理地图"中具有稳固的位置。因此，城市中心是城市级标志性建筑的理想位置。

（4）城市制高空间。城市制高空间往往成为标志性建筑的必争之地。原因是它具有很多有利于标志性建筑形成的优势。这不仅仅体现在景观方面，也体现在其丰富城市生活方面。首先，城市制高空间对城市天际线的影响，使它成为城市景观中最具特色的元素，从城市中许多地方都能看到，人们会不知不觉地注意位于山顶的建筑物或者构筑物。其次，它还能够提供俯瞰全城的景观，给人们一个机会改变平常感知世界的方式，从一个全新的视角重新审视生活过的城市。这样一种绝对的优势，十分适合城市标志性建筑的建设。

（5）城市滨水区。一般情况下，城市标志性建筑的位置宜放在靠近市中心的滨水区。这是出于两方面的考虑：一方面，滨水地区的开发周期长，往往要10年左右的时间，在此期间，依托原有的市中心可以弥补建设过程中"人气"的不足，使广大市民和游客注意到该项目的存在；另一方面，在滨水的标志性建筑项目开发完成之后，可以反过来带动市中心的发展。

悉尼杰克逊港湾是世界上滨水地区城市设计的范例之一。它以一个成功的建筑物——悉尼歌剧院为中心，其他各项设计都围绕这一主题，产生"众星捧月"的效果。这对某些各自为政、忽视城市设计总体形象的做法，是一个很好的学习典范。环绕着杰克逊港，歌剧院与港湾大桥遥相呼应，成为构图中心。悉尼歌剧院由丹麦建筑师伍重设计，它的鼓胀的风帆形式博得专家和市民的一致赞扬，现在已成为悉尼乃至澳大利亚的象征。

## （四）由单个到群体系统层级组建

城市是一个复杂的巨系统，城市空间的划分具有明显的层级性。在我国漫长的封建社会时期，城市中的建筑按照等级高低依次为宫殿、衙门、官署宅第、普通民居。这种严格的层级划分反映了传统礼教的尊卑秩序。西方中世纪的传统城市同样表现出这一特征：从地段级的小广场到城市级别的大广场；从区域级的小教堂和宫殿到中心级的大教堂和宫殿。任何一个系统都有层次性的特征，城市标志性建筑系统也不例外，它由一系列不同的级别、主次分明的标志性建筑共同组成。在城市标志性建筑的层级结构中，既有处于主导地位的城市级标志性建筑，也有支持它的区域级标志性建筑。城市标志性建筑系统在空间表象上是多层次的，这是系统构成的必然方式。

现代城市标志性建筑的层级建立当然不可能采用古代建筑等级的模式。由于现代城市的规模和密度远远大于以前的城市，如何能让大众形成清晰的城市意向就变得尤为重要。以城市整体空间环境为背景，以一种体现人的精神向度的空间尺度划分城市标志性建筑的层级，可以划分为城市级、区域级、社区级三个层级的标志性建筑。

（1）城市级标志性建筑。城市级标志性建筑是级别最高的，它是城市内涵的集中体现，是城市形象的代言人。这类标志性建筑虽然有一定的使用功能，但对于大众来说，它所肩负的主要任务却是弘扬、传达自身承载的时代精神和文化内涵。因此，它的精神价值远超过物质价值，是形式大于物质的城市地标。独具特色的外形、高超的建造工艺、深远的纪念意义是它存在的根本理由。如果去掉这些无形的价值，城市级标志性建筑也不过是一座普通的公共建筑物或构筑物。所以，在设计城市级标志性建筑时要紧紧抓住这一特性，注重隐性价值的创造。

如悉尼歌剧院是以风帆似的优美造型抒发了海滨城市独特的浪漫情怀而成为一个城市标志。城市级标志性建筑所对应的物质实体一般是中心标志性建筑或构筑物。

（2）区域级标志性建筑。区域级标志性建筑是区域特征的集中体现。现代城市一般由若干区域组成，区域级标志性建筑通过塑造公众引以为豪的独特形象，区别于其他地方，从而增强区域的凝聚力。不同层次标志性建筑在城市中的适当分布，以及它们之间的联系方式是城市空间易识别的基本条件。对于现代城市空间，区域级标志性建筑的意义在于它们的显要性和在城市中的网络化。区域级标志性建筑与城市级标志性建筑通过街道空间等视觉走廊，在城市空间中形成一个有强大张力的网络。正如爱德华·贝肯所说："用能量或力线把这些点连接起来的概念。不仅可以创造出自然形态美学设计的统一体，而且可以在种种独立功能分布杂乱无章的情况下产生一种结构关系的意识。"

（3）社区级标志性建筑。社区的概念出现于功能分区后的现代社会，它是以市民居住活动为主的区域，具有居住区的特征。在大多数的社区中，除了有屈指可数的城市公共建筑外，大量存在的是一般的生活服务设施，如学校、超市、车站、居委会等。所以，在对城市标志性建筑进行优化设计时，要特别注意巧妙地利用它们，结合实际功能为大家创造一个活动场所，增加社区的认同感和归属感。事实上，看似普通的社区有许多可以利用的地方，如道路转角的超市、社区入口的物业管理等，甚至一栋独特的住宅也可能成为相当出色的社区标志性建筑。我们应当利用原有的生活设施，充分发挥创造力，将它们建造或改造成具有吸引力的、富有情趣的社区标志性建筑。

## （五）与城市其他要素的融合分析

一般而言，现代城市的标志性建筑普遍是高层或超高层建筑，而高层建筑的发展一定要在城市不断发展中得到平衡。因此，高层标志性建筑的规划和建设过程中一定要考虑与城市多方面要素的融合，减少消极影响，优化城市建筑环境。

（1）与道路的融合。即意味着与城市交通的配合。高层标志性建筑底部交通是城市交通系统的组成部分。城市交通系统制约和影响着高层建筑底部的交通，同时，建筑底部交通环境的秩序化也有助于缓解城市交通的紧张状况。高层标志性建筑对交通有着独特要求：一是高层标志性建筑的巨大容量决定了它的人流、车流量大，需要有便捷的交通以便于疏散；二是高层标志性建筑多、功能复杂，公寓与办公、酒店与商场，不同功能经常存在于同一幢楼内，这必然导致分散的、多个出入口；三是停车场的问题。这都使得高层标志性建筑底部的交通在整个城市交通中占有重要的地位。与城市交通系统一样，高层标志性建筑与城市交通系统之间的联系也遵循共同的原则，需要满足效率性、集中性、标志性、舒适性及经济性和审美方面的要求。在众多的建筑实例中，对于大流量的交通组织，基本都是采用多层化、立体化的组织方式，以使各功能部分的人流、车流互相分隔，避免交叉干扰，使交通既通畅又便于管理。

（2）与场地的融合。日照间距的要求，使得高层标志性建筑与其他建筑之间的距离变大，加大了城市的空间尺度，因此，在城市空间设计时，高层标志性建筑往往与广场相伴而生。先考虑一个建筑物，然后在建筑物前面形成内向性广场，这时广场空间往往充当了高层标志性建筑的舞台，建筑支配着广场的形状和性质。而在高层标志性建筑周围所形成的广场也因其与城市公共空间的结合方式不同可分为单体广场、综合性广场和广场群三种。

（3）与绿地的融合。绿地是环境柔质基础之一，几乎所有的植物都有助于建筑外环境小气候的改善。它虽然也是人们可以进入活动的区域，但在现代社会，绿地中的活动已经与硬质基面道路或场地上的活动相分离。另有一部分绿地不再作为人的活动场所，而是起到观赏、分隔空间的作用。如将它与高层标志性建筑有机结合，就可以有效地调节与其他建筑之间的尺度差异，形成环境的柔和性和舒适感。现代城市中越来越密和越建越高的建筑给人带来的巨大压力也可以通过绿化在空间上的集聚、分隔和围合作用得以缓解，给环境带来自然的生命力。

（4）与水面的融合。虽是作为外环境的基面之一，但水面有其特殊性。由于人与生俱来的亲水性，水在建筑外环境中向来都是不容忽视的组成部分。

1）与环境中的水相融——高层标志性建筑会强烈地影响其周围的城市公共空间，这要求高层标志性建筑不仅自身能成为人的视觉焦点，同时也要能够透射出周围的景观。美国波士顿联邦储备银行旁边就是美丽的水面，它不仅以其独特的体量、外形成为这一带的标志性建筑，同时，也在水面上投下了美丽的倒影，与水上的帆船、岸边的树木，虚实相间，创造了独特的、具有整体性的城市景观。

2）人造水景——在高层标志性建筑的底部广场中、人口处，可以建设各种各样的喷泉、水景，既可以调节小气候，又可以创造视觉中心，丰富空间层次。

# 四、当前建设经济功能型标志性建筑的目标与机遇

当前和平时期，国家的主要任务是发展经济，提高人民生活水平。纵观中外现代城市标志性建筑的设计与建造过程，发现今天的城市标志性建筑与城市战略

密切相关，其发展动力更多源于城市的发展。因此，建设经济功能型标志性建筑是城市建设的重要环节，根据城市战略对经济功能型标志性建筑的建设进行规划控制，需要城市决策部门、开发商、建筑师协力合作，以高度的社会责任感和专业态度共同完成。

## （一）把握经济功能，明确建设目标

城市经济功能型标志性建筑不仅仅是展现城市风貌与综合实力的窗口，也是助推城市经济发展的引擎。要结合本地区实际，实施聚焦战略，推动资源聚焦、产业聚焦、政策聚焦、区域聚焦，以打造高标准中央商务区为契机，建设经济功能标志性建筑，打造成为城市发展水平的缩影和鲜亮名片。在规划布局上，要充分体现"横向融合与垂直融合"的理念，实现不同业态的黄金配比。设计引入商贸中心，发展时尚消费品展贸、休闲购物和餐饮业，开拓电子商务新增长点。要将创意性渗入到经济功能标志性建筑，以赢得创意产业发展和经济结构发展协调有效的整合，实现对周边经济的催化作用和对城市的美化作用，引导整个城市经济、文化的加速演变，不仅对金融机构进驻起到强有力的吸纳作用，满足金融产业进一步升级和发展的需要，更是对城市构建成熟金融中心和扩大"辐射作用"的极力巩固。例如，上海东方明珠塔是集观光、餐饮、购物、娱乐、游船、会展、历史陈列、广播电视发射等多功能于一体的综合性旅游文化景点，每年接待来自五湖四海中外宾客 280 多万人次，作为上海的标志性建筑，早在 2001 年初就被国家旅游局评为全国首批 AAAA 级旅游景点，荣列上海十大新景观之一。

## （二）融入地域文化，寻找"眼球经济"

"眼球经济"是依靠吸引公众注意力获取经济收益的一种经济活动，在现代强大的媒体社会的推波助澜之下，眼球经济比以往任何一个时候都要活跃。电视需要眼球，只有收视率才能保证电视台的经济利益；杂志需要眼球，只有发行量才是杂志社的经济命根；网站更需要眼球，只有点击率才是网站价值的集中体现。

人们刚进入一个比较陌生的城市，第一眼认知的就是这个城市的标志性建筑，也由此对城市留下了"第一印象"。标志性建筑可以视作一张不错的"旅游名片"，理所应当是"眼球经济"的载体之一。正因为其独特的创意设计，所在之处必然会受到很大的关注，也会为当地的旅游及零售业带来极大的商业价值。而这种由标志性建筑引发的"眼球经济"往往能够形成新的经济增长点和文化娱乐点，带动很多行业，最终成就一场商业盛宴。

要找准城市标志性建筑与地域文化的关联，寻找两者之间的融合点，通过标志性建筑在主题文化系统中的地位确认，以个性化建筑风格对地域文化进行深入诠释，使得地域文化有发扬的空间，建筑也因文化的渗入而得以提升品位，上升到"象征性"的亮点层次。外来游客亦可通过标志性建筑发现城市之美，并对地域文化有初步的直接了解，利用"眼球经济"促动旅游者旅游行为的升级。例如，吉隆坡双子塔为马来西亚石油公司的综合办公大楼，也是游客从云端俯视吉隆坡的地方（见图4）。双子塔的设计风格体现了吉隆坡这座城市年轻、中庸、现代化的城市个性，突出了标志性景观设计的独特性理念。在双子塔的吸引带动下，周边购物广场、音乐厅、水族馆等，构成了以双子塔为中心的繁荣商业圈。

**图4　吉隆坡双子塔**

## （三）找准城市定位，提升城市形象

每个城市都有自己的发展规划，发展方向。是向商业之都发展，抑或是向文化名城发展，应根据发展方向确定建筑风格类。譬如上海，地理位置及政策条件决定了它要成为一个国际化的商业大都市，它的名片要体现经济科技。再如西安，众多历史遗迹及人文特征决定了它的发展方向是打造中国文化重镇。那么城市标志性建筑的设计理念就要与城市定位相一致，包含城市要素，凸显城市特色。不可否认标志性建筑设计确需"高大、新奇、特别"，具有与众不同的可识别性的特点，但"适用、经济、美观"的原则理念同样不可偏废，建设标志性建筑在具备充裕资金前提条件的同时，仍需兼顾经济、安全、实用。

要根据本地区经济实力，不要盲目攀比搞标志性建筑而劳民伤财，也不要急功近利而建造出缺乏品位的建筑。不是一线城市，不一定非要建高楼大厦，再怎么建，也肯定比不过北京、上海的建筑。因此对城市要有一个准确的定位，我们的城市不用比楼有多少、有多高，而是比谁更宜居、更精致。在设计及建造过程中，要充分考虑生态理念，体现人与自然、建筑与自然的和谐共存的特点。当然，对大城市而言，每个城市虽然只能选出一座建筑称为"标志性"建筑，但一个大城市决不会只有一个标志性建筑（北京的故宫、长城、中华世纪坛、央视大楼、鸟巢、水立方等数不胜数）；对中小城市来说，必须有超前的意识，发散的思维，全局的观念，利用有限的资金建造独具特色不可多得的城市标志。最后有一点是绝对肯定的，无论用哪座建筑代表城市，都是为了证明城市的美，为了提升城市的形象。

## （四）利用城市扩张，抓住发展契机

城市的规模扩大，使原有的城市区域呈现饱和，各地都积极兴建新城，谋求发展。例如 20 世纪 90 年代，随着上海浦东的大规模开发，城市大规模的跨越式发展成为一些城市空间扩展的主要方式。为了突出新区的特征，也常常兴建标志性建筑以带动发展。浦东新区从 1990 年开始开发，之后在短短 7 年的时间内迅速发展成为一个全新的都市。浦东陆家嘴金融贸易中心建筑群与浦西外滩隔江相望，成就了上海新的标志性区域。加之一系列基础设施，使浦东的投资环境迅速改善，吸引了大量的外资来此投资建设。它不只彻底改变了城市的轮廓线，作为上海如今最具标志性的区域，更代表了新区发展的信心，象征了上海是中国向国际市场开放最重要的窗口，是整个中国进入国际资本市场的先锋地区。

重要节日或者重大活动都会给城市建设带来发展的机遇，标志性建筑建设在此时要义不容辞地承载城市新的功能，给城市形象赋予新的面貌、记载文化历史的变迁。同时，大型活动的轰动举行也给城市标志性建筑带来了巨大的附加值，加强了其标志性。2008 年北京承办奥运会，是向世界展示首都美好形象的重要时机，因此奥运会的建筑也具有特别重要的意义。在奥运会期间，这些建筑即展示北京的文化特色、民族传统的重要载体，而在奥运会后，作为历史载体的建筑群，它们又将承载记忆这一盛会的功能。借助重大的历史契机，奥运会建筑群无可争议地成为北京一处标志性建筑群。

（执笔人：陈国栋）

**参考文献**

［1］王星．城市地标系统的合理建构［D］．重庆大学建筑城规学院，2008.

［2］戚路辉，席明波．标志性建筑与地方经济关系分析［J］．房地产开发，2014（1）.

［3］王利斌，王丽娟．浅析城市标志性建筑对城市发展的意义［J］．中华民居，2014（4）.

［4］李彩侠．浅谈城市标志性建筑建设［J］．经济论丛，2014（6）.

# 加快中心城区基础设施建设，
# 巩固城区竞争力的根基

**摘要：** 城市基础设施是城市活动有序进行和经济社会不断发展的最基本的基础和保障。城市基础设施如同一棵参天大树的根一样，牵动制约国民经济各部门的发展，对整个国民经济发展起着根基性作用。发展至今，城市基础设施已成为城市经济、社会发展的物质载体和支撑条件，更是决定着一个区域竞争力的关键因素。一个城市竞争力的提高依赖于高质量的基础设施，合理的基础设施空间配置方式可以为地区经济发展创造良好环境，进而成为推动区域经济增长的积极因素。提升城市竞争力的首要任务是加快城市基础设施建设力度，完善基础设施服务功能，充分发挥基础设施保障作用，切实巩固好城区竞争力的根基。本文通过借鉴国外在基础设施建设方面的成功经验，针对城市在基础设施建设方面存在的不足与问题，就中心城区基础设施建设的融资渠道、项目规划、建设理念，以及城区交通、管网铺设等方面提出了具体的建议和措施，为中心城区在城市基础设施建设方面提供参考，以此促进中心城区基础设施建设的较快发展和中心城区综合竞争力的不断提升。

　　基础设施建设在国民经济中处于基础性地位。基础设施既为人们的生存发展提供前提条件，同时也是国民经济其他各部门运行发展的基础。城市地面上修筑的铁路、公路，地下铺设的供水、供电、供热、供气管网以及架设的电力、通信线路等基础设施建设如同一棵参天大树的根一样，牵动制约着国民经济各部门的发展，对整个国民经济发展起着根基性作用。

　　近年来，随着改革开放的不断深入，我国经济飞速发展，城市化进程持续加快，特别是作为城市经济、科技、文化、商业核心的中心城区，由于产业高度聚集，其常住人口及外来就业人员急剧增加，人口密度随之越来越大。人口密度的不断加大，促使与之相匹配的城市基础设施建设规模迅速增加、速度不断加快，城市基础设施规模总量不断扩张和服务能力显著增强，城市基础设施在数量和质量上得到了明显提高和改善，为经济增长和社会发展提供了较好的保障，有效缓解了对经济增长、社会发展的瓶颈制约作用，并呈现出设施种类多样化、投资主体多元化、投资决策分权化、建设管理复杂化的发展趋势。要提升中心城区竞争力，首要任务是加大基础设施建设力度，完善基础设施服务功能，充分发挥基础设施保障作用，切实巩固好城区竞争力的根基。

# 一、广开融资渠道，为基础设施建设提供资金保障

## （一）用活土地资源，回收溢出效益

政府应把区域内的土地资源、相关的有收益的产业与部分纯公益性建设项目有机整合，开发商承担相应责任，使土地级差效应得到最充分的发挥，溢出效应对政府的投入有所回报。同时，政府要充分考虑基础设施建成后对周边地区带来的升值空间，通过对周边地区的土地使用权拍卖回收土地溢出效益。利用纯公共产品所产生的正外部效应弥补财政投资庞大的前期成本。

## （二）盘活存量资产

城市基础设施建设规模逐年增大，而这些设施作为城市资产未在价值形态上充分体现，特别是城市道路、立交桥、天桥、地下构筑物、绿地等非经营性城市基础设施。为使其更加货币化、资产化，可通过市场盘活城市的这部分存量资产，获取最大的收益，给城市建设和管理注入新的资金。在开发附属价值的理念下，进行商业性经营，设置广告经营权、道路桥梁冠名权等，形成新的城市国有资产，实现城市投入产出的良性循环，展现城市的良好姿态。

## （三）投资主体多元化，扩大基建融资渠道

政府可通过贷款建设基础设施，拉动经济增长，用财政多收的税就可保证偿还贷款所需的利息，国外已经意识到这种盈利模式，越来越多的外资银行愿意投资于城市基础设施建设，国内的银行却表现得不够积极。存款不能盘活，不能成为资本，对资源是一种浪费，政府应积极有效地利用城市居民存款等民间资本进入城市基础设施建设。

同时，借鉴国外的成功经验，建立城市基础设施开发基金和基金会。由政府担保基金对城市环境基础设施的私人经营者和市政提供担保，帮助直接融资，创造较便捷的长期融资渠道。

## （四）融资方式多样化，整合资源，科学管理

借鉴国外城市基础设施建设项目的 BOT、PFI、ABS、PPP 等融资方式。

（1）BOT，即建设—经营—转让，是私营企业参与基础设施建设，向社会提供公共服务的一种方式，是指政府部门就某个基础设施项目与私人企业（项目公司）签订特许权协议，授予签约方的私人企业来承担该项目的投资、融资、建设和维护，在协议规定的特许期限内，许可其融资建设和经营特定的公用基础设施，并准许其通过向用户收取费用或出售产品以清偿贷款，回收投资并赚取利润。政府对这一基础设施有监督权，调控权，特许期满，签约方的私人企业将该基础设施无偿或有偿移交给政府部门。①

（2）PFI，是对 BOT 项目融资的优化，指政府部门根据社会对基础设施的需求，提出需要建设的项目，通过招投标，由获得特许权的私营部门进行公共基础设施项目的建设与运营，并在特许期（通常为 30 年左右）结束时将所经营的项目完好地、无债务地归还政府，而私营部门则从政府部门或接受服务方收取费用以回收成本的项目融资方式。②

（3）ABS，融资模式以项目所属的资产为支撑的证券化融资方式，即以项目所拥有的资产为基础，以项目资产可以带来的预期收益为保证，通过在资本市场发行债券来募集资金的一种项目融资方式。③

（4）PPP，即公私合伙或合营，又称公私协力。该词最早由英国政府于 1982 年提出，是指政府与私营商签订长期协议，授权私营商代替政府建设、运营或管理公共基础设施并向公众提供公共服务。④

## （五）发行市政债券融资

市政债券以融资成本低、资金运用效率高、安全性高、流动性强、期限灵活、免交所得税等优点，引起广泛关注。如美国州一级政府，尤其是州以下的地方政府是城市基础设施投资的主角，其资金来源包括税收、基础设施企业的收入、市政债券、赞助捐赠等，但地方政府财力同样是有限的。为此，美国建立了一套行之有效的基础设施投融资机制，几乎所有的地方政府和地方政府代理机构均通过组织发行市政债券募集了大量低成本社会资金，不仅对推动美国城市基础设施建设的发展起到了重要作用，而且还解决了城市基础设施投资的代际公平负

---

① 百度百科：BOT 词条解释。
② 百度百科：PFI 词条解释。
③ 百度百科：ABS 词条解释。
④ 百度百科：PPP 词条解释。

担问题。20 世纪 70 年代以来，全美收益债券发行总量已超过一般义务债券。①目前，我国有规范金融市场基础、广泛投资群体、雄厚财力、常住人口特别庞大的特大城市，要争取作为发行市政债券的试点城市，进行融资，推进城市基础设施建设。

# 二、坚持科学规划，为基础设施建设做好成本控制

## （一）城市基础设施工程规划的意义、作用及原则

1. 城市基础设施工程规划的意义

城市基础设施工程规划具有现实指导和未来导向意义。它的各层面规划既能超前和科学地指导本工程系统的总体开发建设，又可以详细、具体地指导各项工程设施设计。而且，经过对各项城市工程系统规划的综合协调，能有效地指导城市基础设施的整体建设，提高城市基础设施建设经济性、可靠性和科学性。②

2. 城市基础设施工程规划的作用

城市基础设施工程规划的作用主要体现在以下几个方面：

（1）通过各项城市工程系统规划所做的调查和研究，对各项城市基础设施的现状和发展前景进行深刻的剖析，抓住主要矛盾和问题症结，制定解决问题的对策和措施。

（2）城市工程系统规划明确本工程系统的发展目标与规模，统筹本系统建设，制定分期建设计划，有利于建设项目的落实与筹建。

（3）城市工程系统规划合理布局各项工程设施和管网，提供各项设施实施的指导依据，便于有计划地改造、完善现有的工程设施，最大限度地利用现有设施，及早预留和控制发展项目的建设用地及空间环境。

（4）城市工程系统详细规划对建设地区的工程设施和管网做具体的布置，作为工程设计的依据，能够有效地指导实施建设。

（5）通过各项城市工程系统规划和工程管线综合规划，有利于协调城市基础设施建设，合理利用城市空中、地面、地下等各种空间，确保各种工程管线安全畅通。③

---

① 万冬君，刘伊生，赵世强. 基于协调视角的城市基础设施投资效果评价研究［M］. 北京：中国建筑工业出版社，2010.
②③ 李亚峰，马学文，王培. 城市基础设施规划［M］. 北京：机械工业出版社，2008.

3. 城市基础设施工程规划应遵循的原则

（1）一体化原则。编制基础设施专项规划必须按照一体化的要求，打破行政区域约束和行业壁垒，以更宽的视野予以审视和谋划，整体布局、合理设点，从而实现不同区域、不同行业的相互融入、共建共享，确保资源的有效利用和投资效益，避免不必要的重复建设和资源浪费。

（2）前瞻性原则。基础设施投资大、占用稀有资源多、建设周期长，具有很高的关联度和须臾或离的持续性。因此，基础设施专项规划必须面对现实、着眼长远、适度超前，一次规划、分步实施、留足发展空间，保证其为城区经济社会发展提供不间断的高效服务。

（3）城乡统筹原则。城乡统筹是城区建设和发展的重要原则，必须贯穿于基础设施规划建设的始终，坚持把乡村基础设施规划建设放在重要位置，努力实现城乡基础设施统筹规划、同步实施，强力推进乡村基础设施城市化和基本公共服务均等化。

4. 科学规划对于加快城区基础设施建设的作用

城区基础设施建设必须规划先行，科学规划是基础设施建设贯彻科学发展观的体现。只有科学地确立基础设施建设的近景规划、远景规划及其规划的主要内容、基本目标和具体标准，才能确保城市基础设施建设工作按照科学发展观的要求循序持续地向前推进。

科学规划是有计划、有步骤推进基础设施建设的保证。只有做到科学规划，才能因时因地合理地有组织地开展工作，把基础设施建设的各项任务和措施正确地分解到各项工作进程中，并通过采取切实有效的步骤和方法，逐步实现各个阶段的建设目标，使基础设施建设成为名副其实的惠及广大市民的民心工程，为整个城区招揽人脉，为提升城区竞争力提供人力支持。

## （二）制定战略规划并努力付诸实施

把战略目标锁定为综合竞争力的提升，并致力于获得长期的发展优势，以此连续不断地推动综合经济实力的增强。在战略推进模式上，要实现系统推进，重点突破，长短结合，动态平衡，要立足于化解发展中长期的、复杂的和深层次的矛盾和问题，不断创造条件，寻找机遇，破解发展中的瓶颈。在具体实施中，正确处理发展战略目标和阶段性目标的关系，抓好重大工程建设和高端型产业建设。

# 三、引进先进建设理念，增强基础设施的服务保障能力

## （一）将企业管理精髓注入城区建设管理中，抓好城区经营

（1）完善成片开发区的建设。在成片开发区规划时，政府通过定位片区功能、识别主导产业，策划和设计产业价值链，确定公共配套设施项目，具体规划可通过方案竞争优化：在土地开发模式选择方面，资金充足时通过一级土地储备、二级土地划拨或招拍挂模式，资金不足时可以土地入股，引进资金开发土地；在征地拆迁方面，当拆迁标准法定不变时，可有意识地通过金融创新工程，通过集体资产改制的方式，把征地拆迁居民的拆迁安置资金转为资本金，变拆迁阻力为拆迁动力；在建设招商运营方面，可委托或者招标大业主开展全面工作，按照规划定位和产业准入标准，完全放开属于公开市场化经营领域的部分，对属于政府导向领域的部分，采取业主代建或回租、回购的方式取得经营控制权，然后采取定向招商、政策扶持的方式实现政府调控意图；在资金平衡方面，应坚持"就地平衡、紧张平衡、积极平衡、综合平衡"的原则，对于基础设施建设项目建立回报补偿机制，从而充分发挥调动民间投资的积极性，为提升城区竞争力带来资本优势。

（2）强化产业价值链的经营。强化产业价值链的经营包括横向集聚和纵向延伸两种模式。横向集聚模式主要是通过功能分区并引导产业集群方式完成的，从而实现产业在空间上的整合并提升了发展势能，新区开发、城市化改造、产业结构调整、建筑物改造成为产业链横向集聚的动力和时机，以主导产业作为工作切入口，以龙头企业项目作为重要抓手，加大公共基础设施建设，打造"区位"品牌；纵向延伸模式主要是抓住产业价值链的关键环节向上下游延伸求支持，从而强化产业价值链的分工地位和带动影响力，中心城区应当抓住总部经济、高新技术产业、知识密集型现代服务业的建设，延伸下游的基础设施建设。

（3）加强城区政府办公用房等国有资产的经营。比如借助某城区政务服务中心搬迁机会，推进棚户区改造，培育周边商贸圈，促进周边一带的繁荣，进而以中部繁荣策应服务中心周边提升，搬迁的政务服务中心大楼可以发挥"发动机"的作用，以合作入股或政策出让的方式，吸引主导产业和龙头带动项目，从而推动城区周边区域"腾巢换凤"。

## （二）构筑政府服务堡垒，为企业投资发展基础设施建设助力

构筑政府服务堡垒，实际是通过政府的积极作为形成非资源性、非政策性的优势条件，加大企业对中心城区基础设施建设投资的动力，增强中心城区的魅力。这种堡垒实质是：政府不与企业在财政反哺层面上博弈，虽然实行一定的优惠政策，但决不媚商，而是在信息沟通、战略指导、产权交易、资本运作、个案设计、提供解决方案、企业并购、举荐上市、市场组织、产业链结合等方面，帮助企业赢得更大的市场份额，获得更多的发展资金，拓展更广的成长空间，共同创造中心城区经济增长并分享增量成果。

（1）与企业分享政府宏观信息，对企业实施战略指导。作为经济社会的管理者，熟悉中央、省、市政策导向，掌握地区发展的动态，有必要建立政企无障碍互通机制，通过网络发布、定期沟通、日常服务方面的机制，把宏观信息、行业动态、地区规划、功能区分布、政府意图、重大项目建设情况及时传递给企业，以便于企业分析利益关系，投资城区建设。

（2）实行政府采购政策倾斜，实行政府服务外包。鼓励开发企业参与国际、国内采购活动，把本地区的建筑产品推销出去，政府集团采购应在合理性价比范围内，优先使用本地区的建筑产品或服务。例如，厦门市基础设施建设中一个广场的夜景工程，厦门市采用本地 LED 生产厂家的倾斜政策，达到了政府、企业双赢的效果，既增加了本地区税收收入，又推动了企业的发展。积极转变政府职能，可以把一部分政府事务外包给外部市场主体，如政策咨询、法律顾问、审计事务、行业指导、招商促进等，既增加了城市商业发展，又解决了城市居民就业难题。在基础设施建设时，也可鼓励民间资金引入，客观上起到了培育市场主体、扶持民营企业、完善社会主义市场经济体制的作用。

（3）创造多元融资渠道，引导企业并购重组上市，打响城市知名度。政府在工程建设招商引资中要有意识引进风险投资公司、投资基金等，主动为中小企业推荐融资渠道、提供融资解决方案，通过融资洽谈会等方式，推进资本与技术、产品和企业股权的结合，关注和了解民间资金的走向，要有意识地通过金融创新手段把它们引导到经济建设的主战场，积极利用好商会、行业公会和其他集体经济组织的资金，为它们创造本地区的投资机会。同时，把符合现代企业制度的企业推向国内外市场，引导嫁接并购，优势互补，壮大企业价值链，提高企业竞争力，抓住当前资本市场空前繁荣、地区内成长性企业众多的机会，加强企业上市工作，促使它们获得企业发展资金，提高企业知名度，赢得市场拓展机会，增强中心城区发展的后劲。

### （三）建立城区联盟，提高中心城区克难攻坚能力

（1）与先进城区建立友好合作关系。要主动与国内先进城区建立定期互访、友好交流的互通关系。在解决技术难题的过程中，吸收最新的思想观念和先进经验，如上海长宁区的政府高端服务的经验、广州天河区营造"两个适宜"环境（适宜人创业发展和适宜人生活居住的环境）的经验、深圳福田区推进电子政务服务的经验等，这将缩短中心城区探索发展路径、破解发展难题的过程，大大增强中心城区发展过程中瞄准标杆、更新概念、改进方法、克难攻坚的能力。

（2）与平行城区建立发展协同关系。提升城区竞争力的目的是构建经济协同体系，更好地集聚资源要素，发展城市基础配套设施建设，带动城市圈共同繁荣发展。比如，有的城区在广场配套设施建设方面有特长，而我们城区在道路建设方面有特长，两者便可以相互借鉴学习，共同提升；如果两个城区在一个方面有共同的特长，便会存在一定程度的竞争，但却有助于城区做优、做强、做出特色，进而提升城区竞争力。

## 四、优化结构、提高密度，畅通城区道路交通

城市交通是在紧凑的城市"螺蛳壳里做道场"，是在稀缺的城市空间中合理而精密地分配资源，城市内部交通应讲求"紧凑、多样、低碳、舒适"。从世界各国和地区经济与交通发展史看，但凡是经济、文化和科技发达的国家或地区，都有先进的交通运输体系做保障。路网对于当地城市建设以及经济、文化的发展发挥了非常重要的促进作用。

中心城区的路网规划建设应聚焦改善环境质量和促进社会公平，以低碳目标倒逼交通结构转型，促进公共交通发展、复兴步行和非机动车交通；发展路径更加强调城市睿智增长，城市更新与空间开发聚焦公共交通走廊，注重本地化公共服务降低出行成本；发展模式更加依赖绿色交通和需求调控，以公共的多层次服务和多样化衔接，满足中心城区范围内客运交通对速度和容量的差异化需求，依托技术进步对机动车使用进行管理。

### （一）提高市区路网密度，增强城区路网性能

合理的道路网密度，既避免了城市交通需求增长与道路系统供给不足矛盾的激化，又能充分挖掘道路网的潜能，减少因城市道路修扩建引起的交通混乱、土地资源永久占用及对交通弱势群体出行空间的侵蚀。此外，还能够便于制定交通

管理措施，有效引导城市出行方式健康发展，抑制私人小汽车的过快增长，从而降低城市交通对环境污染的程度。

以曼哈顿为例，道路总长度约为812千米，按平均宽度12米推算，道路面积974平方公里，道路面积占辖区土地面积的16.5%，其中，CBD道路密度达到了20千米/平方千米。曼哈顿的道路都不算宽阔，大道最宽的是公园大道，为中央绿化带分离双向6车道，约28米宽，其余大道基本是单向5车道，约17米宽；街则绝大多数是单向3车道，约10米宽。虽然道路都不宽阔，但是道路密度很大，相邻大道间距最宽300米左右，大多数间距为150～200米；街的间距基本在80米左右。纵横交错的密集道路，构成了"动脉＋毛细血管"一样充沛的道路资源，形成了丰富的线路选择，任意两地间的交通可以选择不同的大道和街进行线路组合，一旦出现拥堵即可选择新的路线，有效分散了车流，缓解了城市的交通压力①。曼哈顿密集的路网结构和狭小的街道所表现出的巨大弹性，已经成为规划的经典。

中心城区人口密度大、车流量多，交通拥堵已成为所有城市中心城区的通病，应改变过去传统的"宽道路—低密度—大街区"路网规划理念，树立更为科学、合理的"窄道路—高密度—小街区"的规划理念，按60～180米的临街面和1:1.5～1.3的地块临街宽度和进深比例，以及道路分割的土地最小的可以是60米×90米，最大的可以是180米×180米的标准规划建设城区道路，从而提高中心城区路网密度、增加市民出行路线选择，最大限度发挥分流作用，从根本上解决城区道路拥堵问题。

### （二）优化路网结构，改善城区交通环境

城市路网类型一般有环形放射式、方格网式、自由式、混合式和组团式5种形式②。环形放射式路网和方格网式路网是各大城市较为普遍采用的路网规划类型。其中，环形放射式路网是一种至今，尤其是欧洲广泛采用的道路设计形式，这种形式的路网有助于营造出精致的、高质量的公共空间，从而促进丰富多彩的城市活动。其优点在于：明晰的城市机构、很好地组成城市景观、可以形成强烈的城市中心。较为典型的城市有英国伦敦、法国巴黎、日本东京等。

早在1963年，日本政府在首都圈基本问题座谈会上就提出了构建首都圈"三环九射"路网结构的设想。"三环"指环绕东京都市圈的三条高速道路（中

---

① 他山之石，可以攻玉——从纽约看成都市的交通现状与发展［EB/OL］. 豆丁网，2011.
② 姜海涛. 最新城市公共基础设施规划建设务实全书［M］. 北京：市政管理出版社，2014.

央环线、外环道、圈央道），"九射"指由东京都心向外围放射的九条高速公路①。"三环九射"的路网结构，基本解决了交通拥堵问题，有效缓解了东京及周边区域的交通压力，为促进该区域经济发展发挥了重要作用。

中心城区路网的规划建设应依托高密度轨道交通网络，形成"公共交通＋慢行"为主导、清洁能源车辆短租与合作为补充的客运交通模式②。路网规划建设采用以方格式和环形放射式路网结构为主的混合式综合路网结构，以满足城区经济发展和市民出行的差异性需求。一是合理规划布局，充分发挥各路网形式的特点，通达性好、非直线系数小、有利于城市扩展和过境交通分流。二是根据经济发展和城市规模的不断发展，结合原有路网的特征，顺应环境地理形式来规划路网。三是积极鼓励公交优先发展，大力发展轨道交通。公共交通是较为低碳环保的出行方式，目前发达国家和地区都已构建了适合城市自然、经济、社会环境和条件的公共交通体系。四是方便步行和自行车。在规划道路时，应专设步行道和自行车道，并与机动车道严格分开，既方便市民步行和骑自行车，也提高机动车出行的效率。

# 五、建立科学停车系统，满足城区发展需求

随着经济发展，私家车的拥有量越来越多，据统计，我国城市小汽车正以每年15％的速度增长，"停车难"已严重阻碍经济发展，并影响到市民的正常生活，其中各城市中心城区"停车难"的矛盾尤为突出。针对中心城区"停车难"的问题，应借鉴国外大城市的成功经验，从规划建设入手，坚持同步规划、合理布局，并运用先进技术，进一步完善停车场功能，以此满足经济发展需求和市民生活需要。

## （一）坚持同步规划

从发达国家的停车规划和布局发展的历史和现状看，基本都是以被动地增加停车位满足停车需求的增加，逐渐发展到以停车需求控制用地，以停车位的供给来控制交通量，即从被动建设转变为主动引导并且结合交通结构的调整，将合理布局停车场和提高已有停车场的利用率相结合。在长期的规划、建设、管理实践中，各国积累了许多经验，值得我们借鉴。

① 刘龙胜，杜建华，张道海．轨道上的世界——东京都市圈城市和交通研究［M］．北京：人民交通出版社，2013.

② 陈小鸿．未来，换一种方式行走于我们的城市［J］．城市交通，2004（3）.

在制定城市总体规划和交通规划时，必须同时制定城市停车场发展规划，并把它作为其中重要的一环。在市中心和城市繁华区域，应以建设立体停车场和地下停车场为主，以地面停车场或路边停车场为辅的形式。公共停车场的布局既要满足区域内必要的停车需求，又要考虑到周边道路容量的能力，对停车需求有所控制和引导，从而避免因停车场过于集中而吸引更多的车流。例如，上海市在制定停车场规划建设方案时指出，停车场的建设要点多面广，布局适应城市用地性质对车辆的吸引特征。停车场规划建设与地区开发规划相结合，以落实建设地点。广州市在停车场的规划上遵循以下几点原则：发展原则、与土地利用相适应的原则、便于换乘原则以及近远期相结合的原则。

## （二）多元化建设主体

城市公共停车场和城市道路一样，应由城建部门统一建设，便于形成合理的交通体系。同时，在政策上积极引导鼓励社会各界投资兴建和经营停车场。例如，北京、广州、郑州、重庆等我国大中城市均采取或拟定采取相应的优惠政策，鼓励、吸引社会多元化的投资，加强停车业产业化方向的发展。而在西方发达国家，政府一般会鼓励民间投资建设停车场，并给予税收优惠、政府补贴等优惠政策，停车场建设和运营资金的来源除政府或民间投资、停车场收费以外，还包括部分违章停车处罚收入、汽车燃料使用费收入和机动车拥有者上缴的停车费。

## （三）推广利用先进技术

1. 停车诱导系统

制定停车诱导系统专项规划，引导车辆至适当的停车场，提高个别停车场使用情况资讯，合理使用现有停车设施，减少寻停交通，建立资料收集系统，资料传输系统，资料处理系统，停车场资讯显示系统等，以点带面，逐步实现区域联网，提高城市交通的智能化水平[1]。

2. 立体停车技术

随着城市建设的高速发展，停车用地紧张显得尤为突出。停车难是一个亟待解决的问题。平面往复式立体停车场空间利用率高，大大节省了土地资源和土建开发成本，是停车场未来发展的主流趋势。

立体停车场具有节省空间、降低泊位成本、集中保管安全、防止污染、便于提供及时停车信息等优点，被称为城市空间的"节能者"[2]。根据资料统计，传

---

①② 马清．城市停车场规划建设管理体系探讨［J］．北京交通大学学报，2006．

统停车场停 50 辆车需要 1650 平方米，而采用露天电梯塔式立体停车只需 50 平方米，也就是说，可以达到每 1 平方米即停放一辆小车。从工程造价方面比较，同样以 50 个车位计算，传统建设需约 750 万元，立体停车建设造价仅 400 万元。

中心城区的规划建设应从建设传统的地上、路边停车场转向建设立体化、智能化停车场，逐步向地上立体化、地下深度化、平行重列方式的高密度化方向发展，以此满足经济发展需要和市民生活需求，进而提高中心城区的整体环境和综合竞争力。

# 六、强化地下管线铺设，提高城区发展后劲

## （一）管线铺设实现全覆盖，保障城区正常运转

基础设施的覆盖率对于保证一个区域正常运转至关重要，特别是与市民生活息息相关的供水、供电、供热、供气、排污管网等，它保障着城市经济发展和社会秩序，并决定着城市经济活动区域设置经济活动种类和产业种类。地下管线铺设到哪里，哪里就会有企业入驻，就会有商住楼宇。只有贯通地下管网，实现全面覆盖，市民生活质量才有保障，城市经济发展才有后劲、才可持续。中国社科院发布的 2015 年《城市竞争力蓝皮书》中，深圳综合竞争力排名第一，但是可持续竞争力排第五，其中就是地下管网建设"拖后腿"。

## （二）严把管材质量，保障城区生产生活安全

地下管道所有材料质量是否过硬，关乎城市发展和市民生命安全。必须严把管道材料关口，在保障城市发展和市民生活的同时，确保市民饮水安全和供电、供热、供气输送的正常运转，有效避免供水二次污染、供电中断和供热、供气泄漏事故的发生。以日本东京的自来水管道为例，1955 年以前，自来水管道普遍使用镀锌管材，1955～1980 年则大量使用的是塑料管和钢塑复合管，虽然自来水的水质和管网漏水问题有所缓解，但管网渗漏率居高不下，水质令人担忧。从 1980 年开始，从输水辅助干线到水表之间，直径 50 毫米以下的供水管道材质全部采用不锈钢，1982 年又开发了不锈钢波纹管，并制定了相应标准，自来水管道和建筑内供水管道不锈钢的使用推入了标准化轨道，从根本上解决了管网渗漏问题，保证了自来水输送过程中不会出现二次污染①。

---

① 万冬君，刘伊生，赵世强. 基于协调视角的城市基础设施投资效果评价研究［M］. 北京：中国建筑工业出版社，2010.

# 七、打造现代网络通信设施，提高城区发展效率

## （一）拓展宽带网络服务范围

作为集聚大量商务活动的中心城区，其重要特征就是信息流的高度集中，电子商务基础设施、全光纤通信网络、超宽频传输、社区网络通信技术、电子传输商务技术及多元通信技术的支持成为城区经济发展的重要条件。互联网与企业生产经营、市民生活已紧密结合在一起，现代企业的发展壮大和市民的现代化生活都已离不开互联网络的支持，只有建设大容量、高效率、安全可靠、调度灵活和满足各种业务需求的宽带传送网，并将宽带传送网络延伸至每个商住楼宇和企业单位，才能为企业发展提供良好的业务平台，为市民生产生活提供便利、高效的网络服务。

## （二）编织全覆盖移动通信网络

随着移动通信技术的不断发展和广泛使用，移动通信已成为加强信息交流、提高工作效率的重要通信方式。只有实现移动通信的全覆盖，才能更好地保障城区的高效运转和经济的持续发展。移动通信的全覆盖需要加快基站建设作为保障，通过科学规划基站位置、加快建设进度、扩大基站辐射范围，真正编织起空中现代化通信网络这张大网，以此提高城区发展效率，助推城区经济更好、更快发展。

（执笔人：谭立业）

# 建设活力公共空间，让城市更舒适宜居

**摘要：** 本文所研究的中心城区公共空间是城市公共空间的一部分，主要是指中心城区中，在建筑实体之间存在着的开放空间体，是城区居民进行公共交往，举行各种活动的开放性场所，主要包括以生态轴线为主的城市公共空间，广场与商业结合的城市经济大空间，公园与居民生活结合的城市游憩空间，倡导向上启示的城市文化主题空间，绿楔——城市开发中的呼吸空间等。从根本上说，城市公共空间是市民社会生活的场所，是城市实质环境的精华、多元文化的载体和独特魅力的源泉，是城市居民的第三个最爱（单位、家与公共空间）。人们的工作生活与公共空间息息相关，日常活动、休闲都离不开公共空间，应该说公共空间和每一位居民都须臾不可离开。

"城市的精华在于空"。这里的"空"主要是指城市的公共空间，这是城市中最易识别、最易记忆、最具活力的部分，是城市的魅力所在。城市公共空间有着不同的定义，公共空间的概念在不同的城市会有不同的含义但差别不大。城市公共空间狭义的概念是指那些城市居民日常生活和社会生活使用的室外空间。它包括街道、广场、居住区户外场地、公园、体育场地等。广义概念可以扩大到公共设施用地的空间，例如城市中心区、商业区、城市绿地等。美国学者简·雅各布认为，"城市最基本的特征是人的活动"。人的活动总是沿一定线路进行的，城市中最富有活力的地方，就是城市的公共活动空间。城市公共空间是指由城市中的建筑物、构筑物、树木、室外分隔墙等垂直界面和地面、水面等水平界面围合，由环境小品、使用者、使用元素等组合而成的城市空间。他们是从大自然中分隔出来的、较小的、具有一定限度性的、为人们城市生活使用的空间。主要包括城市的街道、广场、公园与绿地等①。还有部分学者将城市公共空间定义为供居民日常生活和社会生活公共使用的室外空间，如街道、广场和公园等；实际上，城市公共空间也包括了如城市中心区、商业区等公共设施，是为全体市民所

---

① 马修·卡莫纳，史蒂文·蒂斯迪尔，蒂姆·希斯　泰纳·欧克. 公共空间与城市空间——城市设计维度 [M]. 马航孚译. 北京：中国建筑工业出版社，2015.

共享，并提供多元化城市公共活动的复合空间。①

本文所研究的中心城区公共空间是城市公共空间的一部分，主要是指中心城区中，在建筑实体之间存在着的开放空间体，是城区居民进行公共交往，举行各种活动的开放性场所，其目的是为广大公众服务。中心城区公共空间主要包括城区内的山林、水系等自然环境及依托其建造的绿道、休闲生活空间，还有人为建造的公园、广场、道路停车场等。从根本上说，城市公共空间是市民社会生活的场所，是城市实质环境的精华、多元文化的载体和独特魅力的源泉，是城市居民的第三个最爱（单位、家与公共空间）。人们的工作生活与公共空间息息相关，日常活动、休闲都离不开公共空间，应该说公共空间和每一位居民都须臾不可离开。公共空间建设的整体质量直接影响到中心城区的综合竞争力和大众的满意度，因此，城市的决策者、建设者和使用者应对其给予特别关注，特别用心，格外用力。

中心城区的公共空间分布及容量对城市环境质量和景观特色有不可低估的影响作用。如上海的外滩风光带、西安的钟鼓楼广场、大连的城市绿地及哈尔滨的中央大街都为所在城市的环境增光添彩。因此，高质量、统筹自然环境与人为改造、构建人与自然和谐相处的中心城区公共空间体系对增强中心城区核心竞争力，提高美誉度，起到了不可低估的作用。

# 一、建设以生态轴线为主的城市公共空间

城市公共空间的构成要素种类多、形态异、分布广，包括街道、广场、公园、绿地、运动场等，是城市物质环境巨系统中重要的分系统。如何使这一系统更好地强化其城市功能，首先应该考虑将其整体纳入城市规划设计中。要充分认识到，这一系统不是可有可无的，不是在建筑实体定位定型后随意用其填补空白的。城市公共空间系统的总规模约占城市总建设用地的一半，它对城市环境建设、社会经济文化发展和公众生活质量提高的影响作用，可谓举足轻重。因此，必须从整体上，从宏观、中观和微观上把握好公共空间系统的规划与建设。应当将各类城市法定规划及历史文化名城规划、旅游建设规划中关于公共空间的内容整合为专项或专篇，结合城市、城区的性质、规模和用地分配，做好城市公共空间的整体布局，在定性、定位、定量、定型上实现公共空间的网络化。如广州市的步行系统规划提出，要在全市建成 11 条总长约 145 千米富有特色的步行生态

---

① 吴志强，李德华. 城市规划原理（第四版）［M］. 北京：中国建筑工业出版社，2010.

连廊，串联起该市各个自然生态及历史文化区。

生态轴线由自然环境生态与人工环境生态组成。

## （一）自然环境

景观休闲区：风景名胜区、森林公园、植物园、动物园、自然文化遗址保护区。

生态景观区：风景林地、滨水生态廊道、自然绿地。

## （二）人工环境

公园：综合性公园、动植物园、街旁绿地、林荫散步道、历史名园、烈士陵园。

街道：景观大道、步行街区。

广场：市府广场、交通广场、商业广场。

体育休闲设施：体育公园、运动场。

室内化开放空间：室内广场。

防护绿地：防灾绿地、隔离带绿地。

城市公共空间应该是维护城市生态环境大众实现"诗意地栖居"理想的有力保障。但是在一些城市发展中，盲目追求 GDP，片面追求领导任期政绩，以致对破坏自然生态、污染环境的恶行惩治不力。许多所谓的"天灾"，实际上都与"人祸"有关。为此，必须将环境友好、生态优先的战略原则贯彻到城市公共空间建设的始终。在城市规划中切实做好环境保护及相关基础工程的专项内容；对任何重大建设项目在规划设计的同时就进行环境影响分析与评估；反对形式主义和"形象工程"，重视生态和实用功能，尽力保护建设地块内的原生态自然环境（或可进一步绿化），严加管制填沟、挖山等行为；重视城市主导风向上的氧源森林及向城市中心输氧通廊的建设；如有条件，可借鉴纽约中央公园的经验，将棚户区拆迁后的土地，辟建为大型森林公园绿地。协调自然，优化生态空间，是健康城市、宜居城市的基本构成条件。沼泽、溪流、江河、湖海、山岳、林地以及地形等自然地理因素都是难得的景观特色资源和生态要素。在开辟城市公共空间时，要万分珍惜这些资源，并以其为基础，建立城市绿色走廊、滨水景观线、生物园以及各种绿地，从而构成一个完整的、连续的开放空间系统。这种空间系统往往是步行者的专用系统，是脱离了汽车干扰的系统。如美国波士顿把沼泽地、林荫道、公园广场、滨海绿地等连成一条绵延数十公里、贯穿城区的绿色长链。如山东省潍坊市的"三河"（白浪河、虞河、张面河）综合整治工程，特别注重市民的活动需求及环境感受，以"绿"和"水"作为空间基质，构建景观开敞的亲水性休闲活动空间（见图1）。在城市中心区，每隔两三百米就设计一个亲水平台，并设置充足的广场空间和连贯的滨河步道。在湿地公园和北辰公园，设置了陆路交通和水路交通多种交通方式。陆路交通设置了交通道、景观道、电瓶车道、自行车道、人行道，并尽量保持了原有地形自然风貌，游人行走时与河道形成互动。水路交通主要是提供亲水游览路径，游人可乘坐游船、画舫、竹筏进行水上游览，也可直达河岸景区、水中岛屿，创造了一幅人与自然和谐共处的动人画卷。

图1　白浪河湿地风景图

# 二、建设广场与商业结合的城市经济大空间

广场型的中心城区公共空间包括广场、公园、停车场等，具有"静"与"动"的特质，也是人们停留下来，在其中进行活动时间较长的公共空间。而现代城市中的广场和公园的"迷你化"，便是高密度的城市中心满足市民公共活动需求的见证。广场作为城市的公共开放空间，不仅是城市居民的主要休闲活动场所，也是市民文化的传播场所，代表着一个城市的形象。与公园、商业步行街等相比较，广场更集中地反映社会文化，并且包含了更多的社会生活内容，也更具有时代特征和区域文化特征。例如，在2010年上海世博会的城市生命馆里，通过播放发生在世界五大洲的五个广场——阿根廷布宜诺斯艾利斯五月广场、尼亚内罗毕广场、印度孟买站前广场、加拿大埃德蒙顿广场和中国汉旺镇钟楼广场上的故事，让游客寻找到每一个城市的魅力个性。大的公共空间建成气势恢宏，小的公共空间建成精品。

休息场所型的中心城区公共空间，它们更是无处不在——它们像一个个点一样遍布城市中心，可能在你上班的路上、回家的路上，还可能在你吃午餐的地方。这需要造就一种广场与商业结合的城市经济大空间。

城市公共空间总的发展趋势是功能多样化、形态多元化，只有适应于不同使用需求的多样性，才能为使用者提供多种选择的机会。各类公共空间承载着诸如交通、交往、休憩、散步、观赏、健身、娱乐、餐饮、展示、教化、节庆等多种功能。多种人群、多种活动、多种事件、多种故事的汇聚生成了场所的活力，这就是公共空间的魅力所在。阅读城市、体验城市的本地居民和外来观光者都会首选公共空间享受人生、享受幸福。但是，有些城市公共空间特别是广场，占地很大，功能却单一，没有人群聚集，没有事件发生，除了放放风筝外，很少有人光顾，花费了大量资金却缺失活力。总体来看，城市里高质量的公共活动场所并不多，因为许多土地都让开发商盖楼了。在这有限的空间里，我们应该通过合理的规划设计，使不同年龄、职业、爱好的人都能找到各自的兴奋点，都能在这里收获阳光，收获愉悦。比如在部分城区适当开发或保留一片布局紧凑的小尺度、多功能的商住混合的步行社区，使人群和活动相对集中，并保持较大的密度，必定会积攒人气，充满活力。另外，在邻近居住区的部分街巷或空地，有计划地定位、定日或定时地组织集市、早市、夜市，也必会受到市民百姓的欢迎。熙来攘往，人头攒动，类似《清明上河图》的集市景象，正是经济繁荣、社会稳定的生动写照。当然，这与城管部门适度的人性化管理及引导是分不开的。

街道是公共空间的重要组成部分，它承载着城市交通和社会生活双重功能。但许多城市尤其是一些特大城市都不同程度地遭到交通拥堵"城市病"的侵扰。为了建设畅通城市，各地政府都在加强交通立法和交通环境治理，但这些整治工作往往把重点放在车行交通特别是小汽车畅通上。在交通规划分配街道空间时，也往往优先考虑车行，而将人行空间置于末位。经常采用拓宽马路，建造立交桥的方式，甚至于允许小轿车占用人行道停车，使步行环境更为恶化，致使街道生活消失。据有关统计，在我国25个特大城市中，步行在诸多通勤方式中平均占37.2%，大于总出行量的1/3；在小城市中，步行则占更大比重，因此，我们不能忽视舒适、安全、便捷的现代步行环境的建设。应当在相关规划中，采取倒置的交通方式排列顺序，即按步行、自行车、轨道交通或一般公交、私人轿车的次序发展交通，以便更好地适应低碳城市和低碳生活的要求。编制步行或慢行交通规划，将各类空间中的步行道、楼宇间的空中连廊、地下通道等连接成步行系统；建设步行商业街、步行文化街、步行休闲街，并在步行街区中设置完善的服务设施，如座椅、报刊亭、小卖亭、室外餐饮等。吸取西方发达国家"汽车崇拜"的歧路教训，倡导健康、低碳出行，构建绿色城市经济大空间。

# 三、建设公园与居民生活结合的城市游憩空间

在欧美有许多"口袋公园"（Vest Pocket Park），它面积小，从车行和步行交通线中分离出来，是一个尺度宜人、远离噪声，围合而有安全感的室外开放空间。口袋公园一个独特的特征是——它们是由一块空地或被遗忘的空间发展起来的。许多口袋公园是社区组团、私人实体或基金会利用这些空间建成公园，为当地的邻里使用。包括小型活动空间、儿童游乐空间、会见朋友的交谈空间、午餐休息空间等。

城市需要综合性的市民公园，也需要街区的小公园。公园在市民公共生活中的作用越来越明显。现代公园在很大程度上已不再只是作为个人与自然交流的环境，已经成为有助于公众休闲、健康，引导公民意识和增加其自然常识的环境。

加强中心城区公共空间建设，是政府汇聚民心，体恤民情，为民积德行善的大好事、大实事，市民大众的爱市意识和公共意识也会逐渐增强。

人们对城市公共空间最直接最真切的体验，往往是从细部细节中得到的，城市政府对市民大众的人性关怀也往往是在细微处体现的。如在街口或广场的一角设有报刊亭或阅报栏，人们从浏览中体味城市文化氛围；凡是公共空间必有洁净的休憩设施；广泛设置各种文字的街路指示图；统一装设公众信息自由发布板；路名牌提供街道方位及该路段门牌的起止号；完善配置专为老年人和残障人服务的无障碍通道和智能化设施；历史文化街区和历史保护建筑安设铭牌；等等。这些精作的细节，有助于起到传递爱心，引领世风回归道德高地。在城市公共空间建设中，要积极倡导与实践人性化设计理念，勤力创建人性场所：尺度宜人，设施完善，通达便利，供人自由平等享受；一般不需要"宏大叙事"，而是处处为普通人的普通事着想，夏可乘凉，冬可纳阳，坐有椅凳，行有甬道，赏有风景，娱有场地，一切皆为使用者的舒适和惬意。这样的公共空间建得越多越好。北京市天坛南门外的安乐林公园本是一座禅寺的绿地（见图2），现已成为附近居民区普通百姓的休闲天堂。这里没有几何构图，只有人性细部，树荫浓密，空气清新，满园洋溢着恬静安逸。现实中，小而亲、小而美的人性场所比大而冷漠的旷地更受公众欢迎。

城市文化和文化力是城市软实力的组成要素。在公共空间建设中，利用文化设施、文化活动及建筑艺术、环境艺术来表现城市文化主题特色，对提升环境文化品位和社会教养水平有潜移默化的作用。尊重文化，传承文脉，是城市公共空间规划设计的重要原则，据此而设计建造的公共空间易为市民大众所认同。当

然，还要注意兼顾高雅文化和草根文化、民俗文化的融合。重庆市长寿区有一个长寿广场，其主题就是"长寿"。在广场上并没有立什么伟人雕像，而是敬奉了一尊和蔼可亲的老寿星塑像。许多老年人都坐在老寿星周边的座椅上歇息、养神，真是一幅和谐安详的社会图景，很有生活情趣和感染力，老百姓都亲昵地称其为老寿星广场，如图 3 所示。

图 2　安乐林公园

图 3　长寿广场

在中心城区公共空间组织中要贯彻以人为本的原则，时时刻刻考虑到什么是广大居民的需求以及如何满足他们的需求等根本性问题，通过设计实践尽力予以解决。居民对城市公共空间的需求是多层面、多方位的，但总括起来，就是人们希望通过各种行为活动，获得亲切、舒适、轻松、愉悦、尊严、平等、安全、自由、有活力、有意味的心理感受。所谓人性空间就是能给人以这样的体验与感受的空间。如何达到这一要求，应从以下几个方面入手。

（1）尽量创造条件使人们可以自由参与其中。使人们的自身行为与环境有机结合，从而体现自身价值。适度的围合空间，增强使用者的安全感和领域感。创造适宜的尺度，空间规模过大时化整为零，如西单文化广场的网格状道路组织。利用绿地分割，既方便通行，又可以消除由于规模过大给人带来的空旷感和压迫感。注重细节处理，为人们提供精致舒适的宜坐空间。将城市公共空间设于人员密集的场所，既便于人们休息活动，也可以提高空间的利用率。

（2）空间适度围合，形成积极空间，可以增强使用者的安全感和领域感。

（3）遵从边界效应规律，把空间的边缘部分作为设计重点，尽力提供阴角空间、袋装空间或中介空间，公共场所的活力和生气往往自边缘空间中引出。

（4）当空间规模过大时，可适当化整为零，利用植物、地面高差、铺地、设施等创造尺度宜人的空间环境。

（5）强化精品意识，在细部处理上精雕细刻，为人们创造舒适方便的条件。如在寒冷的北方城市配置木质椅面，在座椅附近设垃圾桶，为残疾人设无障碍设施。著名的纽约佩利小游园，就是非常典型的、具有浓郁人情味的袖珍绿地。在不足 400 平方米的楼间空地，铺上块石，种上 12 棵洋槐，侧边的两面墙有垂直绿化。正面的高达 6 米沿墙而泄的水幕，是这个空间的主景。树荫下摆放着几套桌椅，朴素简洁而精致，投资不多，生机盎然，深受居民欢迎。这是微型城市公共空间精品化的范例，值得我们借鉴学习。在各地城市中心区中，这样的空间是很多的，应该积极去开发利用。

（6）提高供座能力。供座能力是衡量空间环境质量的重要标准之一，有人研究广场上可坐的面积至少应占总面积的 6%～10%。椅凳、隔离桩、台阶、花池壁等都能够提供坐憩的条件。

（7）空间的选位一定要靠近居民区或人力密集的地方，以保证白天或夜晚都有较多利用者。

（8）建设人性的公共空间，能够将市民大众引向室外活动，引向社会生活。长期坚持参加这些活动，接触自然，联系社会，可以促进市民身心健康，增强城市活力。

# 四、倡导向上启示的城市文化主题空间

在我国城市公共空间建设中，追风逐浪的现象屡见不鲜。世纪广场热、新天地热、微缩景园热、大草坪热、大树进城热等曾经盛行一时，在各地城镇都能找到巴黎凯旋门、北京天安门、圣彼得堡冬宫和华盛顿国会大厦等粗糙低劣的仿制品。这种不研究创造本土特色的城市建筑文化，却盲目克隆外国外地成果的行为是没有前途的，其所复制的东西因缺失文化价值，早晚会遭到被拆除的命运。有人说，当前中国人的仿制能力已从工业产品发展到城市和城区，是有一定根据的。在我国倡导建设创新型国家的科学发展进程中，在各行各业都在将"中国制造"转化为"中国创造"的奋斗中，我们的城市公共空间规划设计也必须摆脱桎梏，走创新之路，用实际行动支持原创现代空间和建筑走向全国、走向世界。在城市规划领域，有些规划师常习惯于套用现成的规章标准，甚至将规范、条例具体内容照抄至文本中。他们很少去思考如何凸显该地特色和文化创新，因而容易形成"千城一面"、个性不强的空间形态。当前，我国城市规划设计如何创新，还有待继续努力。① 挖掘当地文化、当地故事更能吸引人、启迪人、感染人、教育人。如潍坊的风筝广场里的风筝博物馆，广场里雕塑的风筝、年画、和乐及朝天锅的制作，就是挖掘本地传统文化的一种典型代表，如图4至图8所示。

能够适应人们求奇、求新、求佳心理需求的环境，才具有较强的吸引力，这是我们构建公共空间体系应该追求的方向。对使用者吸引力较强的环境一般具有以下特点：

（1）景素对比强烈，如在主次、新旧、大小、高低、深浅、冷暖、软硬等方面利用对比手法组织各类景观元素。

（2）环境形态独特，如具有地方风格、刺激性强的景观。如潍坊的风筝广场，就体现了潍坊的地域文化及现代化、国际化。风筝是潍坊的市标，这件雕塑也成为城市的标志，为南来北往的朋友留下鲜明的视觉记忆。

（3）形式与内容多样化，传递的信息量丰富。

（4）富有趣味性，有幽默感，如在波士顿某小广场上设有一条长椅，椅子的一端"坐"着一位原市长的纪念铜像，人们可以坐在市长雕像的旁边合影留念。

---

① 郭恩章．再议城市公共空间［J］．北京规划建设，2010（3）．

图4　风筝广场及风筝博物馆

图5　风筝制作　　　　　　　图6　木版年画制作

图7　和乐制作　　　　　　　图8　朝天锅制作

（5）具有历史意义和文化价值，如上海人民广场上标有市区简图的喷水池，就能引起人们的联想。

强化形式信息，即强化形式特征及其构成关系，是提高城市景观质量的有效途径。可以应用以下手段：

1）突出视觉上的有特色的景物。

2）运用群化原理，使形式连续统一。

3）增加形式构成的层次，扩大信息感受量。

4）形式化元素交接清晰，结构鲜明。

5）强调动感效应，注意动态构景。

6）重视累积效应，使形式元素有适量重复。

在实际空间体系组织中一般综合选用以上手段，以提高环境的可印象性。

具有一定历史沿革的城市中往往留存着一些旧建筑、旧街区，其中有些精品因其所具有的历史价值和文化价值已被列为各级文物保护单位。这些保护建筑、保护地段以及大量旧建筑及其环境都是该城市的历史见证。在旧城改造过程中应很好地发掘和利用这些宝贵的人文景观资源，将其建设成为旅游景点和市民文化生化基地。特别是对于外地观光者来说，寻求各地景观信息中的历史性、地方性差异，是最具有刺激性的。在保护与开发利用这些历史遗存的过程中，值得注意的是保护他们的历史信息不受破坏，对其周边环境须加以控制，以延续城市的传统文化特征，突出城市、城区的个性。哈尔滨中央大街的环境整治就是历史型地段保护和利用的良好实例。中央大街是哈尔滨这座历史文化名城中一条有百年历史的名街，这里集中坐落着一系列有历史文化价值的、独具异域风采的建筑群。特别是这里的一些新艺术运动风格的建筑是世界上这种风格建筑的最后精品。与这些历史建筑相结合，这条名街里的块石路面、休闲区的陈设及路灯、牌匾等共同构成了完整统一的历史性环境。整治后的步行街受到市民的交口称赞。

# 五、建设绿楔，城市开发中的呼吸空间

要做到把提高环境的吸引力作为创造高质量公共空间的重要目标；现代公共空间设计应重视其文化品味和文化氛围的创造；以人为主体，组织为人所用，为人所体验的人性空间；强化形式信息，增强空间的观赏性和感染力；充分利用自然生态条件，建立完整连续的公共空间体系；珍惜历史遗存，保护和利用其环境，为现代生活服务；做好气候防护和微气候设计，减轻环境压力；使创新成为构建中心城区公共空间体系的有力支撑。

（1）生态要素得以尊重，景色优美。如城市的滨水地区往往是吸引人的好去处。

（2）主体建筑具有标志性。如哈尔滨的圣·索菲亚教堂广场就具有很强的吸引力，主要是因为这一广场的主体是当年远东地区最大的东正教教堂。

（3）能提供活动支持条件，如在空间的边缘部分设有露天咖啡座和服务商等。

（4）能提供"人看人"的"舞台"和"看台"，如罗马的西班牙大台阶是供人们边休息、边观赏街景的空间，吸引了大量游客。

（5）有独特的事件发生发展，如天安门广场的升国旗仪式，英国伦敦王宫卫队的换岗仪式等。

（6）有环境艺术精品点缀，特别是富有想象力的小品往往有点染环境气氛的作用。

以上还不够完善，本文认为最重要的是要具有场所精神，凡是具有场所精神的环境必定是吸引人的环境。

城市气候与社会生活紧密相关，对城市空间质量影响很大。做好气候设计是处理城市生态问题的重要方面，其目的是通过改变环境物理条件，提高公共空间的舒适度。

在寒冷地区或温热地区的不同季节都有严酷的气候条件，为了克服这些不利因素的困扰，并达到节能的目的，许多城市很重视拓展室内外公共空间以及非地面层公共空间，如空中或地下步道系统的开发建设，使这些空间能够全天候充满活力，如哈尔滨市经过多年建设已建成了遍及三大城区的地下商业城，并做到地上地下大贯通。

在地面层的公共空间的规划设计中，尽力做到冬季向阳防风，夏季遮阳通风。

增加植被，扩大水面，利用自然因素创造有利的微气候条件。

城市可以充满绿色，可以变得更加自然。习惯上人们把"城市的"和"自然的"总是对立起来，其实恰恰相反，城市本质是深植在自然环境中的。如果我们再以自然界的方式构想城市的运作——城市自然可与重新复原，可以重新获取营养，重新生机盎然；简而言之，城市就像森林、草原、沼泽那样，是一个天然生态系统。欧洲城市在城市绿化和城市生态运动方面提供了许多建设性和富于创意的实例，我们可以从中得到许多启发。在高密度的欧洲城市中存在着很多自然成分，让人吃惊也令人羡慕，如柏林与海德堡，城市里有大量的多样化的动植物，在许多废弃的场所，出现了动植物群落与独特的群落环境，在建筑物之间、在室内、在庭院空间及屋顶都出现了自然的元素。许多欧洲城市拥有大面积的森林和绿地，像维也纳森林，可以搭乘公共交通工具方便地到达（森林到停车站点仅需步行几分钟）[①]。

欧洲城市的大量保护及改善绿色环境的举措，值得我们学习，也有许多可以应用到我们的城市建设中。要把高绿化率及加强自然环境风貌作为新开发或再开

---

① 蒂莫西·比特利. 绿色城市主义——欧洲城市的经验 [M]. 北京：中国建筑工业出版社，2011.

发规划方案的一部分，新开发项目应将大量的自然地带与居民区结合，才能很好地容纳相对较高的人口密度，但通常要对新开发及再开发项目在公共交往空间上的设计和规划实行严格的控制，切实使既定设计和规划得到严格执行。

**图9 维也纳森林及维也纳公共交通图**

总之，高质量的中心城区公共空间体系应该具有以下几个特征：

（1）识别性：具有个性特征，易于识别。

（2）社会性：基本特征，大众共创共享。

（3）舒适性：环境压力小，身心轻松，安逸。

（4）通达性：方便，既可望又可及。

（5）安全性：步行环境，无汽车干扰，无视线死角，夜间有照明。

（6）愉悦性：有视觉趣味和人情味，环境优美、卫生。

（7）和谐性：整体协调、有序。

（8）多样性：功能与形式灵活多样、丰富多彩。

（9）文化性：具有文化平稳，有利于文明建设。

（10）生态型：尊重自然、尊重历史、保护生态。

以上几条可以作为中心城区公共空间体系综合质量的一个评价标准。当然，由于每个城市中心城区的物力、财力、观念及先天条件的不同，不可能每个地方都在上述标准的每个方面做到尽善尽美，但可以做到"四有"：一有全部覆盖的地面，即不留裸土，可硬质铺装，也可软质铺装；二有可供坐息的设施；三有一定的绿化；四有专人维护管理。"四有"可以作为一个初级标准，要想真正打造高质量的空间体系，还要在此基础上，按照以上逐条特性逐条对照，做到能有尽有，宜大宜小，大的少而精，小的广泛普及，遍地开花。①

（执笔人：王可玉）

---

① 郭恩章．城市设计知与行［J］．北京规划建设，2010（6）．

# 优化住房供给体系，满足不同层次需求

**摘要：** 针对住房市场和中心城区发展的话题，本文主要从供求关系的角度，在深入分析影响住房供应和需求方面的关键因素、各类住房供应和社会住房需求现状，以及住房供需存在问题的基础上，就如何形成稳定正常的住房供求体系，满足多层次住房需求，从基础数据、供给结构、住房需求、供需对接、法规保障等方面，进行了探讨和分析。

自古以来，人们对"家"的感情可以说是无以复加，作为家的载体，住房也就得到了高度的重视和关注。对于中心城区来说，住房问题，既是民生问题，又是发展问题，也是社会问题。通过完善和优化多元化的住房供给体系，满足不同层次、不同群体的需求，进而形成相对健康和稳定的供求关系，对于解决住房问题具有积极而关键的意义，对于提升中心城区竞争力具有重要的推进和保障作用。

## 一、 住房供求体系

对于中心城区整个住房体系来说，供给如同"源头之水"，它决定着住房需求，也受到住房需求的影响，它们之间相互联系、相互作用，形成了动态的供求关系，从而对住房体系发生关键作用。

### （一）住房供给的基础性条件及影响因素

（1）土地供应。中心城区的一个重要特点是土地稀缺，所以，土地供应成为影响住房供应的一个重要制约因素。从福建省漳州市中心城区几年来的土地供应数据看，2012 年，受到宏观调控的影响，市区土地出让规模下调，全年共成交 17 幅地块，出让面积 412 亩，其中 9 幅为汽车 4S 店用地；2013 年，土地成交回转，供应增加，全年出让土地面积达到 778 亩；2014 年，受到大环境下跌的影响，市区土地市场走势并没有延续上一年的态势，而是以 274 亩的最终成交量平稳收场；2015 年上半年，土地出让面积也呈现明显下降趋势。这基本能反映近几年全国各地中心城区土地供应的基本情况。

（2）资金保障。开发商的资金保障来源包括自有资金、银行信贷资金、预售房款以及融资、借款等多种渠道和方式，这些受到国家信贷政策、社会融资渠道、企业和个人诚信度等方方面面的影响及制约。如果开发商资金充裕，选择相对较好的地段，建筑材料也供应得及时，工人工资也有保障，工程进度必定快；地段好了、进度快了，购房者就会"慕名而来"，预售款、房款就会大量涌进来，补充原来的建设资金，这样，一个充裕而良性循环的资金链条就形成了。所以说，资金保障是住房供应的关键，这不仅对于房地产开发适用，对于商住房、保障房、廉租房等同样适用。

（3）内外环境。一是法律法规。《城乡规划法》、《土地管理法》、《城市房地产管理法》等法律法规，对住房建设等要求和条件都作出了具体规定，土地使用、房地产开发等各类活动都必须在法律规定的框架内进行，住房供应体系必须在相应的范围内运行。二是经济形势。经济形势的影响是综合性、全面性的，经济下行压力持续作用的情况下，资源、建材、装修、人力、资金等一系列因素，也会受到影响，最终集中反映在住房市场。三是政策措施。各级政府推出的阶段性或者长期性政策措施，是影响住房供应的重要因素。特别是在国家层面，五年一次的全国党代会、每年的全国"两会"、中央委员会全体会议等重要会议做出的重要决策，是众多企业感知政策、把握政策的重要途径。另外，信贷政策、土地政策、建设政策等，对住房供应也产生着直接影响。四是市场需求。严格地说，市场需求应当属于住房需求体系的范畴，但从实际运行过程看，住房需求体系确实反过来影响着住房供应体系，正如买方、卖方之间的互相作用关系。

（4）供给结构。也可以说是住房类型。分类方式不同，住房的结构也不同。各类住房供应的数量、结构，对于住房市场稳定，特别是住房价格，起到了重要的关联和影响作用。习近平总书记在主持十八届中央政治局第十次集体学习时的讲话中，要求加快推进住房保障和供应体系建设，并就满足多层次住房需求提出了明确要求。这对于丰富住房结构、增加多层次供给，具有很强的针对性和实效性。

## （二）住房供给现状

（1）住房供给的类型。住房的分类很多，为了更加清晰，我们按照住房性质划分，可以分为商品住房、房改房、集资房、小产权房、经济适用房、廉租房、政策性租赁房等。另外，不可否认，部分中心城区还存在一定数量的违章建房，但我们不作为住房供应体系讨论和研究的内容。需要特别指出的是，上市交易的二手房，确实有很大的数量，应当作为住房供给体系中的一部分。

（2）规模、数量及特点。房改房，主要来自于党政机关、事业单位、公有制企业等，数量不在少数，但是时间较早，有的已经拆迁，有的已经进入二手房市场进行了交易，数量确实难以统计。集资房，属于一种过渡类型，在产权没有完全过户到职工手中以前，不能上市交易，它最重要的意义在于解决房屋所有人及租赁人员的居住问题。小产权房，关于它的处理问题引起的争论一直没有间断，我们不作过多的讨论。

二手房的供应，主要从交易情况来分析。以首都北京为例，2014 年，二手房住宅成交面积为 916.41 万平方米、成交套数为 102418 套，相较于 2013 年，成交面积下滑 39%、成交套数下滑 27%。虽然数量总体下跌，但是从成交量看，二手房已经成为住房供应体系中一股重要的力量。保障性住房包括经济适用房、廉租房、政策性租赁房等，是指政府为中低收入住房困难家庭所提供的限定标准、限定价格或租金的住房。"十二五"期间我国共建设 4000 万套各类保障房，其中，2015 年建成 772 万套，棚户区住房改造开工 600 万套。

我们重点分析作为住房供应主要力量的商品住房。商品住房，其中也包括商住两用房。据统计，截至 2015 年 8 月，全国住房库存总计为 4.286 亿平方米，较 2014 年同期增加 15.7%。但是，根据统计口径，全国性的住房库存数据仅包括已竣工且可以上市销售的房屋，因此，仅部分竣工的楼盘或还没上市销售的楼盘可能不计入数据，实际库存可能比上述统计数据显示得更庞大。2015 年上半年，全国住宅施工面积 444447 万平方米，增长 1.7%，住宅新开工面积 46891 万平方米，下降 17.3%，住宅竣工面积 24354 万平方米，下降 16.5%；上半年，中国房地产开发投资增速只有 4.6%，比受国际金融危机严重冲击的 2009 年上半年增速 8.3% 还要低很多，是 1998 年房改以来最低的，而且上半年呈现增速逐月下降的趋势。这些数据显示，住房供应量呈现较为明显的下降趋势。从地方看，以湖南省株洲市统计数据为例，2014 年全年城区商品房共上市 357.25 万平方米，下降了 10.64%，其中商品住房上市 288.85 万平方米，下降了 19.71%；全年共成交商品房 278.64 万平方米、25036 套，分别下降了 12.31%、10.67%，销售额 138.7 亿元，下降了 15%。

## （三）住房需求

住房供给和需求，是一个有机整体，不能孤立地进行分析和研究。住房需求包括刚性需求、保障性需求、改善性需求、投资性需求等，刚性需求，就是必须要购买住房的一种情形，包括安家、结婚等情况。2014 年 6 月，西南财经大学所做的调查显示，我国家庭自有住房率达九成，超过20%的家庭拥有多套房，而住房刚性需求不到25%，其中可实现的仅占3.1%。保障性需求，带有公益性质，本地户籍无房家庭、生活困难群体、创业群体、外来人才群体、务工群体，中心城区保障性住房需求可谓千差万别。据统计，截至2015年底，全国保障房覆盖面达20%左右。改善性需求，这不是第一次买房，而是为了改善居住条件而买房。比如，一个家庭有了一定的积蓄，现有的房子有点小了，或者旧了，再买一套面积更大的、地段更好的、质量更优的房子，这就成为了改善性需求。据某住房研究中心统计，从2007年起，我国首次购房家庭比例呈逐年下降趋势，而有一套房及两套房家庭购房比例则呈逐年上升的趋势。投资性需求。指在自身已经有住房的情况下，继续购买住房，并且长期不入住，当房价升值到一定程度时就转卖的行为。买卖投资性住房的人群俗称炒房团，其实，投资性需求也包括投机性需求，投资多了、购买的量大了，就成为投机性需求了。过多的投资性和投机性需求多了，对住房市场是一种不利因素，需要加以抑制。

## 二、住房供给和需求体系存在的问题

### （一）政府主导性过强

具体体现在，住房供给的基本方式、供给类型等要素均由政府决定；涉及商品住房的土地供应、城市规划、建设规划、配套设施等方面，政府发挥着决定性作用；保障性住房的类型、对象、结构等方面，更是由政府发挥着决定性作用。市场经济条件下，行政手段与市场手段除了互为补充，更多的是"你进我退"的关系，在住房供给领域，政府的决定性、主导性过强，市场的作用就会相对弱化。

### （二）部分住房背离了"家"的本质

住房，最重要和最本质的作用就是承载好每一个家庭。我们经常说的"住有所居"，就是说明有了房子，才有住的地方，才有自己的家。但是当前，很多情况下，很多住房已经偏离了"家"的本质。有的家庭有几套，甚至几十套房，如最近几年频繁出现的"房叔"、"房姐"等等，把炒房客推向了前台；温州炒房团的起起伏伏，也让温商原有的吃苦耐劳、眼光独到形象发生了很大转变。另外，很多低收入家庭、流动人口、务工人员，面对高企的房价，不禁慨叹，"买"个属于自己的家，究竟有多难？

### （三）相关数据掌握不充分

虽然已经进入大数据时代，但是关于住房供给以及需求的数量、类型、特点、趋势等，还没有一个细致的数据，有的只是一些大略的、基本的，甚至是遮遮掩掩，并不十分准确的数字。这一方面说明数字不够准确的问题，另一方面也说明信息不对称的问题。住房供给和需求的底数不清、数量不明、情况不细，那么，就很难进行客观、准确的分析和定位，一些规律性、趋势性的问题就难以总结和把握，完善住房供求体系所采取的措施就缺乏针对性，甚至会影响到决策者的正确判断。比如，当前住房市场上存在的投资性、投机性需求所占的比例，真正的刚性需求有多少，等等，这些都是需要掌握的重要数据。

### （四）结构性失衡的倾向和问题

2014年以来，全国房地产市场呈现总体走弱的趋势。但是从地域上、从住房供给结构上，又呈现出不同特点。从地域上看，一线及部分二线城市销售依然火爆，有的房源甚至供不应求，房价高歌猛进；三线、四线和五线城市则出现大量积压，房价徘徊不前甚至变相下降，"去存量"任务艰巨。从某个城市看，有的中高端房源，凭借地段、质量、物管服务等优势，销售看好；有的低端房源，仅靠价格优势支撑，位置、生活、物业等条件都比较差，很少有人问津。全国人大代表、清华大学教授蔡继明用"冰火两重天"形容当前的房地产市场，他认为之所以出现这种现象，是因为房地产行业脱离了城市化进程的真实需求，不是去迎合广大需要住房的中低收入人群，而是演化成了富人投资甚至投机食利的工具。这种观点，得到了很多人的支持。同时，一方面是大量空置的住房，另一方面是大量的困难群体、外来务工人员和创业者买不起房、租不起房，这也是"失衡"的一种体现。

### （五）财税和发展对于房地产的依赖过重

中心城区对于房地产的税收依赖，对于拉动地区生产总值的依赖，已经成为不争的事实。在我国，与房地产有关的税收包括，房地产业营业税、企业所得税、个人所得税、房产税、城镇土地使用税、城市房地产税、印花税、土地增值税、契税、耕地占用税等，来自2013年的数据，全国房地产领域相关税种收入总计2.4万亿元，占到全国公共财政收入的18%。从地方看，很多中心城区房地产相关税种收入要超过一般公共预算收入的1/3。至于经常被作为"土地财政"说事的国有土地出让金，数额更是巨大，根据财政部公布的数据，2013～2015年全国土地出让金收入分别达到3.9万亿元、4.2万亿元、3.3万亿元，在政府性基金收入中占据较大比重。至于房地产业占中心城区地区生产总值的比重，由于住房市场相关的产业、行业很多，相关数字很难统计，但有一点可以肯定，这一条龙式的产业链条，所占的比重确实不低。正因为如此，很多地方把大力发展房地产市场作为刺激发展，增加 GDP 的重要手段，潜移默化之间，就形成了一种难以摆脱的依赖。

## （六）部分领域存在违规违法现象

这些现象具体表现在，没有取得施工许可证就擅自开工建设；违反规定批少建多、批低建高；建设质量不合格，以次充好、偷工减料、弄虚作假；开发商一房多卖、卷款跑路；买房过程中的虚假合同、骗取信贷资金等，这些问题在各地都或多或少地存在，已经对住房供给造成了很多不利影响。究其原因，有的是受利益驱动铤而走险，有的是钻政策和法律的空子，当然，与法律法规不健全、监管不严、打击不力不无关系。

# 三、优化住房供给结构，满足不同层次需求

对于中心城区来说，目前实行的是"市场供应 + 政府保障"两条腿走路的住房供给体系，这个体系的形式和架构已经基本成型，今后工作的重点应当在规范、完善、改进和提升上下功夫，特别是着眼于通过多元化供给，满足多层次需求，进而形成相对健康和稳定的供求关系。

## （一）坚持市场化与政府主导相结合，科学布局住房市场

十八届三中全会就加快经济体制改革，围绕处理好政府和市场的关系这一核心问题，提出使市场在资源配置中起决定性作用和更好地发挥政府作用。这一部署，同样适用于房地产市场和住房供求体系。住房供求体系的完善，需要政府的"有形之手"，也离不开市场的"无形之手"，必须坚持市场化与政府主导相结合。

一是发挥市场的调节和配置作用。房子卖得不好，开发商肯定会减少投入，并且想方设法开发更畅销的房型；某个城市的房子卖得好，肯定会吸引大量开发商来淘金；整个房地产市场火了，银行资金、社会资金就更容易涌进来。这些现象，都是市场在发挥指挥棒的作用。笔者认为，在商品住宅领域，应当更多地发挥市场化的作用，更多地让市场自主调节，减少政府干预。因为市场的调节作用和纠错能力，是我们很难想象的。具体到微观上，如果有的开发商在调研不细、

定位不准、准备不足的情况下就匆匆开设项目，甚至盲目投资，很容易与当地实际脱节，与市场需求脱节，这时，市场就会发挥其淘汰作用了。

二是发挥政府的引导和保障作用。2015年4月，财政部、住房和城乡建设部等部委联合下发了《关于运用政府和社会资本合作模式推进公共租赁住房投资建设和运营管理的通知》，这对于拓宽住房融资渠道，增加保障房供应，无疑是一个利好消息。与此相对应，全国每年大量的保障房建设和保障房需求，也充分印证着政府在保障性住房建设方面的重要作用。可以说，政府应当在商品住宅领域"少插手"，在保障性住房领域"多下手"，才能让广大居民，尤其是中低收入家庭早日有个像样的"家"，早日共享改革发展的成果。另外，保障还包含很多内容，包括通过行政手段采取的调控机制，作用于住房供求方面的税收、土地等政策机制，加强中心城区基础设施建设的配套机制，等等。充分发挥这些机制的作用，行政手段的引导和推进作用十分明显，但是，重在稳定、长效、管用。

三是抑制过多的投资性需求。投资性需求是一种正常的市场行为，但是，过多、过滥，就会造成一种住房市场的虚假繁荣，使得真实的数据无法统计，甚至会影响决策者的科学决策。所以，面对过多的投资性甚至投机性住房需求，就应当注意采取针对性措施予以调控和抑制了。这些措施应当是综合性的，包括调整信贷政策，出台限购措施，调整税种或者税收比例，等等。

四是弱化中心城区对于房地产的依赖。如果说在当前的房地产市场，特别是对于三、四线城市来说，"去库存"是当务之急，那么对于所有的城市来说"去依赖"，必须要列入重要议事日程了。"去依赖"，就是弱化各个城市对于房地产在推进发展、增加GDP、增加税收等方面的依赖，不能再把房地产作为推动经济发展的"杀手锏"、甚至是"救命稻草"，要让中心城区经济发展、税收来源更加多元化，改变房地产税收所占比重过高的被动局面。

## （二）发挥大数据作用，摸清住房市场脉搏

科学的调控手段，甚至是高层的决策，要基于翔实、准确的数字。住房供求体系涉及的数字，可以用"庞杂"形容，要掌握这些基本数字，除了我们传统的统计手段和深入细致地调查研究以外，目前正在兴起的"大数据"技术，应当能够发挥积极的作用。这些基本数字主要分四类。

一是经济方面的。包括中心城区经济发展情况，有哪些优势产业，未来重点发展的产业和区域，居民就业情况、收入情况、消费水平、消费理念，等等。

二是人口方面的。中心城区的户籍人口数、常住人口数、外来人口数，常住人口的人均居住面积、拥有住房情况，其他包括学历层次、年龄结构、家庭人口、大体住房需求，以及困难居民人数、无自住房人数、引进人才人数，等等。

三是土地方面的。城区总面积、储备土地面积、待开发土地面积、老旧小区面积、待拆迁房屋土地面积、年可供应上市土地面积、未来城区规划面积，等等。

四是住房方面的。一方面，现有住房存量，包括已入住的商品住房、保障性住房、房改房、集资房、小产权房等各类型住房的套数和面积，当年建成的和在建的商品住房、商住两用房、保障性住房套数和面积，上市的二手住房套数和面积，等等；另一方面，每年的各种类型结构住房的交易量、交易价格，等等。各类数字掌握了，还要建立和完善信息发布机制，解决市场与市民信息不对称的问题。信息发布及时、高效、权威，可以为政府决策、出台政策措施提供有力的参考，可以为市民了解房地产市场行情，对号入座，科学选择，还可以消除社会上各类不实信息和谣言，可谓一举多得。

### （三）优化住房供给机构，体现多元化、多层次特点

巧妇难为无米之炊，住房供应是基础、是关键，所以，在建立供给、开发、建设机制的基础上，健全和完善住房供给分类机制势在必行。

总体供应要合理。2014 年以来，房地产市场进入调整期，交易量下降，开发投资增速回落，区域之间的差异进一步加剧，有的城区住房仍供不应求，房价坚挺甚至持续上涨，有的城区则出现了卖房慢、卖房难问题，房价出现了明升暗降，甚至应声下降，有的楼盘出现了中止建设、甚至烂尾楼、开发商跑路的情况。在这种复杂的情况下，需要各地坚持总体稳定的前提下，因地制宜，灵活施策。房源紧张的中心城区要想方设法增加土地和住房供应量，相对过剩的中心城区要有针对性地限制供应量，真正做到顺应市场趋势、切合本地实际，合理安排住房及其用地供应规模。

住房结构要分类。最近国家提出的供给侧结构性改革，对于住房供给结构具有很强的针对性，对于房地产市场形成有限、有序、有数的局面，具有重要意义。从目前情况看，很多地方的住房供应存在高端住房和保障住房短缺、一般性住房过剩的"两头细、中间粗"的问题。那么，要坚持以稳定住房供求关系，满足多层次需求为目的，在充分调查研究、科学统计分析的基础上，合理安排住房供应结构，努力形成多层次、多种类、差异化，并且相互补充、紧密衔接的住房供应体系，努力解决一拥而上、一成不变、千篇一律的问题。充分调动房地产开发企业的主观能动性和发展积极性，允许和鼓励企业根据市场需求和趋势，适当调整套型结构，努力实现供需的无缝对接，满足合理的居民住房需求。

产业链条要稳定。房地产行业 10 多年来的高速运作，带动了一个很长、很大的产业链条，包括钢铁、水泥、设计、施工、设备、建材、装饰、管线、环保、园林等，庞大的链条背后，是数千万甚至上亿的就业人口，链条内部错综复

杂，外部环境千变万化，有时可能要牵一发而动全身，所以，这个链条的整体稳定性至关重要。链条内的企业竞争行为不可避免，但应该在竞争的基础上互相补台，不能相互拆台，我们可以形容为"一荣俱荣、一损俱损"，假设整个行业不好了，只要还在这个链条上，没有哪个企业能独善其身，所以对于房地产相关企业来说，抱团发展、整合发展、互补发展更加重要。

特殊群体要保障。对于中心城区中生活困难、居住困难的居民这一群体，政府有义不容辞的责任来"托底"，否则，这部分人就会有被社会抛弃的感觉。这个时候，行政手段"该出手时就出手"了，要多渠道、多举措地进行帮助和扶持，通过加大保障房筹资和建设力度、增加住房保障货币化投入、整体购买在建房地产项目用于棚改安置房和公共租赁住房等措施，保障困难群体的利益，保证这些实实在在的保障措施，能够发挥实实在在的作用。新加坡的组屋制度，致力于解决"居者有其屋"的问题，再到提高全民居住水平，一步步完善，一步步提高，让更多的中低收入者有了自己的家。承托这个国家独立 50 多年来有效运转的机制，其中政府的支持、相关建屋机构的执行、民间对此机制的信赖，都是不可或缺的部分。

## （四）准确把握住房需求，及时采取应对措施

要精准定位。住房需求多样性的特点也十分突出。每个群体都有不同的需求，定位的过程，也是一个细分市场的过程。例如，中心城区的哪类人群、哪个区域的人群、甚至哪个单位的人群，有什么样的住房需求，需要什么类型的房子；更具体一些，企业老板需要什么样的房子，在职场打拼的白领需要什么样的房子，学校的老师需要什么样的房子，处于事业起步阶段的创业人员需要什么样的房子，等等，这些定位越准确越好，数据越翔实越好。我们可以通过调研、分析、总结，形成规律性、综合性的需求情况，从而使得下一步建设住房、满足需求等措施更具针对性。

要及时应对。我们以扶贫为例，国家提出了一个新的理念——"精准扶贫"，主要是就贫困居民而言的，谁贫困就扶持谁。受到精准扶贫的启发，我们不妨对住房需求也进行精准应对，这里还涉及精准营销的问题。先举一个例子，"加多宝"已经成为家喻户晓的凉茶品牌，它的广告语"怕上火喝加多宝"连小孩子都能脱口而出。这句广告语面对的重点人群就是忙忙碌碌的白领人群，因为他们工作压力大、生活节奏快，更容易上火，这就是精准营销的典范。再回到住房市场，开发商建成的高、中、低档楼盘，分别对应着哪一类或者哪几类消费群体，就抓住他们的心理，结合他们的特点，重点面向他们推介和宣传；在某个区域建成的楼盘，对应着哪个或者哪些区域的消费群体，就突出他们的需求，联系他们的优势，重点向他们推介。另外，及时应对还涉及调控措施、行政手段、市

场管控等方面，需要综合施策、对症施治。以上所述，精准定位和及时应对的结合，其实就是市场和需求的有机衔接、相互作用。

## （五）完善政策法规，依法打击违规违法现象

住房市场的问题不少，违法违规的乱象也很多，影响着住房供求体系发挥作用，必须要政府出手进行打击、纠正和规范，沿着正确的轨道前进和运行。

要完善法律法规。通过法律的形式加强对住房市场的长效性规范十分必要。从住房的建设、营销、交易等各个环节，从建房者、购房者、租房者、监管者等各个角度，从规划执行、配套设施、住房质量、物业管理等各个层面，对相关法律法规进行健全和完善，很有必要。同时，还要有法必依、违法必究、执法必严，确保法律的严肃性、权威性。

要抓住关键环节。住房供求体系涉及很多环节以及多个相应的链条，抓住了其中的关键，就牵住了整个体系的"牛鼻子"。规划、土地、资金、信贷、价格、营销等问题，无疑是住房供求体系的关键环节，从国家和各地出台的政策措施看，多数是围绕这些环节在做文章。国务院出台的《关于做好稳定住房价格工作的意见》、《关于调整住房供应结构稳定住房价格的意见》、《关于进一步整顿规范房地产交易秩序的通知》以及降准降息等措施，都是在上述环节上发力。

要加强市场监管。房地产市场的日常监管必不可少，特别是对于房地产开发企业，要把规范经营行为、加强房屋预售管理作为监管的重点，通过常态化、规范化、系统化的市场监管措施，努力预防和杜绝不法现象的发生。对于百年大计的质量问题，更不能马虎。应当吸取各地住房质量出现的惨痛教训，加大监理、监管力度，确保让居民住上安全、放心、舒适的房子。

要打击违规行为。霸王条款、信息不透明、虚假欺诈、一房多卖等问题时有发生，坑害了消费者，影响了社会稳定。对于这些违法犯罪行为，必须提高发现问题的主动性，加大查处和打击力度，提高违法成本，起到"打就管用、打就打疼"的效果。

要规范政府行为。正人者须先正己。行政机关在采取服务、监管、处罚等措施时，必须严格依法办事，认真履行职权，在加强房地产市场方面做到知责、思为、到位、有为。特别要注重增强行政执法人员的宪法法律意识，提高依法行政的能力和水平，营造依法有序的行政环境，提高行政效能，提高工作人员效率。对于不作为、乱作为甚至权钱交易、利益输送，触犯党纪国法的行为，及时发现、纠正和处理，从行政机关的角度为住房供求体系提供更加有力的保障。

（执笔人：孙军）

# 城市更新，赋予城市新活力

**摘要：** 在城市漫长的历史进程中，中心城区一直占据城市的核心地位，它是城市经济活动、文化娱乐、生活交流的集中地，统率城市的精神和物质活动，代表城市一段时期内的形象和特质。因为带有时代烙印，随着经济社会的不断发展，各种城市功能已不适应新的经济结构和更大人口密度要求。

为了不断满足新功能的需求，城市更新作为城市发展的调节机制，一直伴随中心城区的发展。本文通过对英国、美国、新加坡中心城区城市更新模式的对比，以及对国内典型更新案例的介绍，总结出四种城市更新的基本模式，为后期的城市更新提供借鉴和参考。

## 一、中心城区和城市更新概念的界定

### （一）中心城区

城市中心区是城市经济活动、文化娱乐的集中地，统率城市的精神和活动，代表城市的形象和特质。城市发展漫长的历史进程中，城市中心区一直占据核心地位，集中反映城市的社会经济特征。城市更新作为城市发展的调节机制，一直伴随中心城区的发展。

中心城区总体上应以现代商务为主体功能，不同中心城区间在功能定位上有一定的差异性和多元化。

中心城区的主导产业以高增值、强辐射的现代服务业为主，是综合服务功能和产业能级较高的现代化城区。目前，全国中心城区逐渐走出房地产发展的强势阶段，支撑经济发展的产业结构处于调整优化中，现代服务业正在逐步取代传统生产加工行业而成为主导产业。不同中心城区之间有一定差距。

### （二） 城市更新

城市更新是城市发展的新陈代谢过程，是一定经济发展阶段的必然产物。通过城市更新可以完善城市功能，改善居民的居住环境，提升城市形象，满足社会的需要和发展。当前，我国正进入城市化快速增长时期，如何进行旧城区的更新改造和现代化建设，是当今城市化面临的重大课题，也是引起广泛关注的重大社会问题。

现代意义上的城市更新起源于 1949 年美国国会通过的《全国住宅法》引发的持续多年的大规模城市更新运动（Urban Renewal）。迄今为止，学术界还未能形成一个关于城市更新的确切定义。我国的城市更新概念从"Urban Renewal"转译而来，实践过程中与城市更新相类似的术语有：旧城改造、城市改造、旧城更新、旧区改建、棚户区改造等。旧城是指大城市中建成历史相对悠久的区域，经过多年演变生长，形成相对稳定的社会经济结构和特定的地域风俗文化，具有丰富的可持续发展资源，一般都曾作为该城市历史上的中心区域发挥较大影响力。在我国《城市规划法》中"旧区改建"指的是对城市中陈旧、衰退的地区进行改造，以便根本改善劳动、休息和生活服务，达到满足社会、政治、经济及个人生活需要的目的。"旧区改建"源于计划经济体制，主要着重于棚户区改建，满足居民生产、生活基本需要。在改革开放经济发展的新时期，城市更新内涵应有更广泛的定义，包括城市结构更新、功能重构等多方面内容，远超出旧城改造的范畴。

按照吴良镛先生在《北京旧城与菊儿胡同》中的定义，"更新"活动主要体现在以下三方面内容：①改造、改建或再开发；②整治；③保护。旧城更新是一项涉及社会、经济、环境、文化等多方面的系统工程，具有多重发展目标，这些目标不应该单独分隔对待，而应以可持续发展观去重新定位。

## 二、 国外的经验做法

发达国家城市更新在 20 世纪 50 年代就开始进行，随着"二战"后经济的复苏，西方许多大城市的经济发展速度都成指数式增长，城市化的程度也越来越高，据 1980 年的国际城市统计资料显示，发达国家城市化的水平均达到 60% 以上，这样的发展速度严格地说是具有一定的盲目性的。城市人口剧增后，基础设施跟不上，紧接着出现供水供电困难、环境污染严重等现象，城市急需改造。经历了从单一物质条件改善向综合性多目标行动的发展，物质条件的改善主要包括重建性开发、整治性开发和维护性开发三种方式。随着时代的发展，城市更新改造的目标、思想理论基础以及所产生的社会效果都发生了很大变化（见表1）。政府及社会公众发现，城市规划不应停留在单一物质规划的阶段，而应发展到多学科综合规划阶段。

**表1 发展阶段**

| | 50年代重建 | 60年代复兴 | 70年代翻新 | 80年代再开发 | 90年代更新 |
|---|---|---|---|---|---|
| 主要战略和导向 | 按照郊区增长总体规划重建和扩张城镇老区 | 50年代方向的延续，郊区和边远地区的增长，开始了一些恢复式更新城市老区的实验 | 集中就地更新和街区更新项目；继续延续边缘地区的开发 | 大量大规模开发和再开发项目；示范项目；城镇之外的项目 | 政策和实践趋向于采用比较综合的形式，强调全方位处理城市问题 |
| 关键行动和参与者 | 国家、地方政府；私人部门开发商和合同承包人 | 向公共和私人部门之间协调方向发展 | 私人部门功能增加，地方政府分权 | 强调私人部门和专门政府机构的作用；合作发展 | 合作成为支配性方式 |
| 行动的空间层次 | 重点在地方和场地 | 区域层次的活动出现 | 区域和地方并举，后期强调地方 | 早期强调场地，以后强调地方 | 重新引入战略规划，区域活动增加 |
| 资金 | 公共部门投资以及一定程度私人参与 | 私人投资影响持续增长 | 公共部门资源约束，私人投资增加 | 私人部门支配了一些公共基金 | 公共、私人和自愿部门相对平衡 |
| 社会 | 改善住宅和生活标准 | 改善社会福利 | 社会行动和提高社区能力 | 社区自助，国家支持相当有限 | 强调社区作用 |
| 建筑环境 | 内城地区拆除重建和开发边缘地区 | 继续50年代的做法，同时开始现存地区的恢复建设 | 老城区的大规模翻新 | 大规模拆除重建，新开发示范项目 | 比起80年代，规模适度；历史遗产保护 |
| 环境 | 景观和公园 | 有选择的改善 | 有选择的改善 | 增长关注大范围环境 | 引入环境可持续发展观念 |

## （一）英国

英国的城市更新政策从 20 世纪六七十年代政府主导、以公共资源为基础、以内城社区改善为目标、带有福利主义色彩的政策，经过以市场为主导、以引导私人投资为目的、以房地产开发为主要方式、以经济增长为取向的政策过程，转变为 20 世纪 90 年代以来，以公、私、社区三方伙伴关系为导向的城市更新政策体系，该体系主要包括"城市挑战"、SRB、欧盟结构基金，并通过基金公开竞投与地方伙伴关系来具体实施。

（1）"城市挑战"计划。该计划的主要机制是，中央政府设立一项"城市挑战"基金，由各地方政府与其他公共部门、私有部门、当地社区及志愿组织等联合组成的地方伙伴团体进行竞争，获胜者可用所得基金发展他们通过伙伴关系共同策划的城市更新项目。"城市挑战"试图将规划及更新决策的权力交还给地方，并且在强调公、私部门紧密联系的同时，将本地社区人士或组织也看作决策过程中重要的一极，使得更新目标有了更强的社会性。

（2）综合更新预算（Single Regeneration Budget，SRB）。SRB 比起以前的各种更新模式有着更好的效果。SRB 的 80% 的基金流向了全国 366 个城市地区中最为衰落的 99 个地区，显示 SRB 基金的地理分布切实呼应了最衰落地区的需求。而且，SRB 的覆盖范围非常广（惠及 99 个地区），远远超过 20 世纪 70 年代开始的"城市计划"（57 个），80 年代的 UDC（只覆盖 16 个）和"企业开发区"计划（40 个），以及 90 年代初的"城市挑战"基金（少于 30 个）。此外，SRB 除了面向衰落地区，还对其他非衰落地区的个别更新项目开放，使得 SRB 成为针对全国范围内不同规模与区位的各种城市更新问题的一项有力政策工具。从 1997 年的第四轮 SRB 竞投开始，新上台的工党政府要求 SRB 政策对社会因素给予更多关注，并强调 SRB 更加呼应衰落地区中社区大众的实际需要，加强本地"更新伙伴"与区域政府机构的合作。

（3）欧盟结构基金（Structural Funds）。该基金采取竞争性的基金分配方式，并把地方性的三方伙伴关系作为一个强制性的技术要求：一个城市要想赢得基金，它就必须要展现出公、私和社区三方凝聚共识、紧密合作的能力。1994 ~ 1999 年，欧盟承诺拨款 100 亿英镑资金来配合英国各城市的地方更新项目。结构基金的设置，令各地之间在城市更新方面的竞争呈现更加国际化的特点。

## （二）美国

美国的城市更新运动是自上而下开展的，它先通过国会立法，制定全国统一的规划、政策及标准，确定更新运动的重点及联邦拨款额度，而且由联邦统一指导和审核更新规划，并资助地方政府的具体实施。更新项目的实施更加强调地方性，充分考虑到不同城市的更新需求，由地方政府来提出和确定具体的更新项目。美国的城市更新主要有三种做法——授权区、税收增值款、商业改良区。

（1）授权区（Empowerment Zones）。授权区旨在通过对衰退区内进行减税、减免日常负担、降低用工成本和其他不利因素刺激商业机构在该区内落户，从而促进该区内经济的发展、居民收入的提高，缓解衰退大潮。其实质是通过私人和公共部门的协作将社区发展起来，吸引投资发展区内经济。该做法有两个原则：一是以地域为基础的协作，这种方式能提高各利益方的参与兴趣，包括城市居民、商业机构、政府等，大家必须同心协力来解决改造区域内的问题；二是经济机会，政府需要给改造区内的居民提供就业机会，包括相邻区域的就业机会，并为居民提供职业训练和职业安置任务，同时为企业提供技术援助，为商业机构提供更多的商业支持，来增加其为居民创造就业机会的能力。

（2）税收增值款（TFI）。税收增值款是州和地方政府使用的一种融资方式，为在特定地区吸引私人投资，促进地区的再开发。税收增值筹款通过发售城市债券，筹得的资金可以用于改善公共设施，也可用于向私人开发商贷款进行划定区域的建设。城市债券通过 20～30 年期的地产税收入偿还，因该做法可以让更多人收益，推行效果很好。TFI 的实质在于其利用再开发中产生的税收收入填补在开发中的意外成本，从其使用中获益的依旧是公共事业和商业。且在所有 TFI 的规定中，要求其资金必须用于公共事业。只有项目成功实施并获得利益，政府才能从中收取地产税。

（3）商业改良区（BID）。商业改良区是一种基于商业利益资源联盟的地方机制，征收地方税为特定地区提供发展资金。BID 代表了一种地方行动和商业团体与地产商自愿联盟的资金机制，是一种以抵押方式开展的自行征税，通常用于划定区域物质环境的改善。除政府投资外，通过该方式筹集扩展业务或改良设施的资金，其目的是为提升 BID 地区的居住、商业和零售业用地的价值。

## （三）新加坡

概念规划于 1971 年得到联合国开发计划署的援助，并指导新加坡城市的长期开发。这项规划设计用于指导基础设施的开发，其目标是促进经济增长、满足住房需求以及人们的基本社会需要，并通过一项周密的分散政策，将市中心的居民人口和工业人口逐渐转移。然而，在 20 世纪 90 年代初期，新加坡原先的城市规划已经不能满足其城市发展的长期目标，需要将指导新加坡城市发展了 30 年的规划系统进行变革。为能更好地进行城市发展，市区重建局实施了两级计划，第一级是修订概念规划——从策略上提出城市长期发展的愿景，第二级是 55 个开发指导计划（Development Guide Plan，DGPs）——在 1991 年修订概念规划实施的基础上针对每一块土地进行更详尽的规划。

（1）修订概念规划。为了可以从更加综合和广泛的角度进行城市规划，新加坡国家发展部从 1987 年开始修订全岛的概念规划。新 URA（城市更新局）成立后，它综合修订了 1971 年的概念规划，达到了以下目标：通过征地来增加土地储备；提供多类房屋来满足人口需求；向区域中心分散商业活动；在居住区提供更多的学校和娱乐设施；提高休闲区的质量。1991 年的修订概念规划建立的整体策略目的是最大化新加坡的土地使用率，一个重要目的就是增加住宅类土地的供给。修订概念规划的实施将环境和经济可持续发展的理念注入了新加坡城市开发。

（2）"开发指导计划"（DGPs）。为了能够很好地实施概念规划，新加坡政府出台了更为详尽的规划策略即将新加坡划分为 55 个 DGPs，并对每个 DGP 都进行了详细的规划。对每一个定义的 DGP 区，都做了详细的规划，并通过这样的一些规划指导划分区域的土地开发。内容上包括明确每一地块的具体规划用途、最大开发密度、容积率、建筑限高等，为不同分区的土地提供日常监管依据；明确划分保护区和自然保护区等。总体规划是法定文件，每 5 年修编一次，一经发布即具有法律效力，必须严格执行。

（3）开发控制。实现"开发指导计划（DGPs）"的目标必须借助"开发控制"这个强有力的工具。新加坡规划法规定，在进行土地开发之前，所有的开发提议必须获得主管部门的批准。并通过"开发指导计划"对这些开发提议的价值做出指导性评估——评估涉及多个部门的参与，包括环保局在内的其他相关政府部门也要经常商议，以保证工程在获得批准之前符合政府相关的政策。

## （四）启示

（1）城市更新管制模式。通过对英国、美国和新加坡三国城市更新相关经验的分析可知，其城市改造都经历了从中央政府和地方政府为主导，到政府、私人部门和地方团体三方共同进行和控制城市更新开发的过程。城市更新的成功有赖于建立一个真正有效的城市更新管治模式，即要有一个包容的、开放的决策体系，一个多方参与、凝聚共识的决策过程，一个协调的、合作的实施机制。目前我国许多旧城改造项目由开发商的商业利益所支配、由政府部门给予配合的运作模式，正是西方 20 世纪 80 年代所盛行的市场主导、公私合作的管治方式，如今这种方式在西方已经被证明是忽视社会效益的、是不成功的。

（2）政府的积极作用。要建立一个有效的城市更新机制，政府的积极作用是必须的、不可替代的，而政府在财力及其他方面对城市更新的承诺也是必不可少的。政府既要运用一些激励性政策吸引私有部门对城市更新的投入，为城市更新提供大量的财政补贴和政策支持，利用资金的杠杆效益力图以最小的公共资金带动私人资金投入到城市更新过程中去，又要维护公众利益，为社区参与创造条件，确保社区利益不被商业利益所吞没。因而，政府在城市更新的三方伙伴关系中，应该扮演着举足轻重的协调、引导、监察和调解角色。

（3）公共参与的积极性。通过居民协商，努力维护邻里关系和原有的生活方式，并利用法律同政府和房地产商进行谈判。具体做法如下：由社区内部自发产生的"自愿式更新"——即"自下而上"的小规模的以改善环境、创造就业机会、促进邻里和睦为目标的"社区规划"。法国城市计划中市民群体"协商"原则——既有政府官员与城市各行业代表及社会各界代表进行充分协商、对话，共同完成城市计划的编制工作，便是公众参与的极好典型。积极的公众参与，使居民的社区归属感、认同感和现代感不断得以提升，促使城市内部各种资源的有效整合与发挥，实现真正的完整意义上的城市更新与城市文明的进步与发展。

（4）成立相应的组织管理城市更新。成立相应的组织，如英国的城市开发公司，美国的授权区等，对城市更新开发授权管理，执行政府的财政措施，对授权区的土地、基础设施进行经营开发，实现更新改造的目标。

（5）因地制宜设定多种城市更新模式。每个地区因其特殊的环境、特殊的人文特色使其改造的模式也各不相同，因而对不同区域改造项目需要根据其区域的特点和其定位确定采用何种更新模式，不能够将其他城市的改造经验完全照搬。

# 三、国内中心城区城市更新案例探究

## （一）单一开发商主导的城市更新——太平桥重建计划

太平桥地区地处卢湾区东北角，东、北侧紧邻上海繁华的商业街淮海中路、西藏路和商业副中心老西门，地理位置优越，周边交通便捷。随着历史发展，整个太平桥地区建筑老化、房屋陈旧、配套老化不足、公共设施匮乏的现实与居民对改善居住环境的要求互相矛盾的问题日益突出，要求改造的呼声愈演愈烈。1996 年 5 月，卢湾区政府与香港瑞安集团签署《沪港合作改造上海市卢湾区太平桥地区意向书》，通过引进外资、出让土地实施改造计划，预计用 10～15 年时间完成整个地区的改造。

1. 太平桥重建计划

太平桥重建计划项目占地 52 公顷，是一个市中心的商住综合开发项目，分为三部分：①娱乐购物热点项目——新天地广场；②豪华住宅项目——翠湖天地；③企业天地，包括甲级写字楼、酒店及商业设施项目。"新天地"更新改造吸引了广泛关注，成为当时旧城更新改造的明星。

新天地广场作为太平桥重建计划的首期发展项目，占地 30000 平方米，建筑面积约 60000 平方米。将原有居民全部迁出，把重建后的传统里弄让位给旅游、休闲、文化娱乐等商业活动，实现街区功能的整体置换性改造。

翠湖天地总建筑面积 61.4 万平方米，面向太平桥人工湖绿地，毗邻淮海中路，热闹时尚的新天地及地铁站近在咫尺。属于中高档住宅。

企业天地位于太平桥人工湖畔长 1.2 千米的湖滨路旁，上海地铁 1 号线及 8 号线从边上穿过。此部分总建筑面积达 56 万平方米，包括众多甲级写字楼、商场及其他商业设施，成为卢湾区的新焦点。

2. 运作方式及项目经营模式

在整个太平桥重建计划中，瑞安集团同卢湾区政府签署了《沪港合作改造上海市卢湾区太平桥地区意向书》，通过土地使用权有偿转让，协议方式获取开发权。开发过程中，太平桥重建计划通过"市场运作，政企合作"方式，瑞安集团和卢湾区政府达成"总体规划、分期开发、一家牵头，多家参与"的改造原则，由瑞安集团牵头项目操作，占整个项目 97% 权益。

太平桥重建计划是借助外资缓解城市更新中的资金短缺矛盾，瑞安集团是整个项目的主要资金来源。新天地整个工程共耗资 14 亿元，保留、改造、新建建筑面积共计 5.7 万平方米，每平方米的建造成本高达 2.28 万元——这一数字相当于当时上海最高档公寓的销售价格。照此计算，收回新天地 14 亿元的投资至少要在 10 多年以后，因此尽管当年商家入住踊跃，表面看一片繁荣景象，但新天地整体经营却处于亏损中。

虽然"新天地"开业以来始终处于亏损状态，但"新天地"的品牌效应提升了目前的租金年收入，带动了周边房地产地价提升，从最开始的每平方米 8000~10000 元，到现在的每平方米 5 万元，实现了瑞安集团参与太平桥地区开发的真正目的——通过地区的全面开发获得较高的经济效益，使最初高额投入在三年内收回。

3. 经验总结

新天地改造是以商业和旅游为号召力、改造旧城传统街区样板。从积极角度看，它提供了市场条件下政府和市场主体—企业合作进行旧城更新的新模式，带有有益的启示。

一是探索了一条政府公共干预行为和市场行为合作的新思路：政府提供优惠政策和拆迁行动支持，开发企业负责投资实施改造，形成双方优势互补、发挥各自领域所长的联动机制，而这一模式正是在市场经济条件下所应鼓励和倡导的。

二是市场意识主导规划实施。"太平桥公园"和"新天地"奠定了整个太平桥地区整体开发的坚实基础，虽然前期没有产生巨大的经济回报，但为后续整体开发营造了良好的环境氛围，提升了整体开发价值。基于整体价值观上使代表公共利益的政府与市场开发企业寻求到共同合作的基础。

## （二）公众参与城市更新的典型案例——上海田子坊

最初田子坊的成名起源于原有的 6 家作坊式里弄工厂，1996 年，泰康路艺术街的总策划吴梅森租下田子坊的几家旧厂房，1998 年随着上海画家陈逸飞率先将自己的工作室搬进简单翻修过的厂房后，田子坊开始逐渐热闹起来。英国女设计师克莱尔等艺术家对老厂房进行设计，并在其中开设自己的公司。通过这些艺术家的努力使得名不见经传的田子坊成为海内外视觉创意设计机构争相进驻的"热土"，成为上海最大的视觉创意设计基地，形成了一定的视觉创意设计产业规模。这些老厂房租金为每天每平方米 1.5 ~ 2 元，商铺为每天每平方米 4 元，入住率一直占 100%。田子坊北面的历史风貌居住也开始成为创意产业机构的入选地，2004 年 11 月，田子坊北面石库门民居第一家居民里弄开始出租，这些新近开发的石库门租金最高，达每天每平方米 8 元，租金每年的涨幅为 10%。通过设计师的精心设计，这些老的里弄居住民房外貌依然，但内部变得干净雅致。这种保护历史风貌、改善生活环境和发展创意产业和谐共存的新模式渐渐被称为"田子坊二期"。

1. 田子坊的运作模式

田子坊的更新改造是一种自下而上，小规模由当地居民自发组织起来的更新模式。当地住户周心亮是率先将自家一楼 32 平方米房子出租给一位服装设计师之人，月租金 3500 元，再花 1000 元租用二楼邻居房子，自己再被设计师聘用邀作保安，月收入 1000 元。如此一来，石库门解决了收入和就业两大难题，破旧的石库门也被设计师维修一新成为艺术坊。周围邻居看到石库门房子增值都动心了，一呼百应集体出租，并且当地居民还共同出资整修弄堂路面、路灯、添置公共休闲桌椅和阳伞，自发组织业主委员会进行自主管理。

2. 经验总结

这是城市更新改造的一大创举，极大地调动了居民和企业参与里弄的更新改造，避免政府在现阶段经济力量不足的情况下，依靠开发商进行城市更新造成大拆大建，割断城市历史文脉的后果。同时，由于新兴产业的进入，使得居民得到了租金，改善了非工资收入和生活条件。

田子坊的成功不仅提升了地块土地价值，延续了城市历史的文脉，还探索出了一条政府引导、居民自主、自下而上运作机制的道路。

## （三） 政府型运营商主导——成都宽窄巷子

宽窄巷子是成都遗留下来的较成规模的清朝古街道，它是古成都城市格局和百年传统建筑的最后遗存，是北京四合院气韵和老成都居民风味所融合的文化"孤本"。宽窄巷子与大慈寺、文殊院一起并称为成都三大历史文化名城保护街区。

### 1. 开发过程

2003 年，由成都市政府出资 3000 万元作为启动资金，成立了隶属于成都国资委旗下成都文旅集团的少城公司，全面负责整个宽窄巷子旅游开发的商业化运，保障了商业运作的融资问题，又提高宽窄巷子产业的准入机制。

2003 年下半年，宽窄巷子历史文化区全面动工改造。其涉及的范围是北起支矶石街，南至金河街，东抵长顺街，西含同仁路之间的区域，这个占地面积近 20 万平方米的区域主要包括核心保护区和环境协调区两方面内容。其中，核心保护区主要是地处支矶石街以南、井巷子以北的宽巷子、窄巷子两个街坊，这片区域大概占地 5.3 万平方米，周边剩下的 13.3 万平方米为环境协调区。此外，两个区域在具体实施中着重点不同，前者强调的是保护，后者则着重开发，新建高端住宅。实质也是取得更新项目的收支平衡。2007 年初，成都文旅集团成立了"资产运营管理有限责任公司"，接手宽窄巷子项目。所在地的青羊区政府牵头有关职能部门组建"宽窄巷子历史文化保护区管委会"，对宽窄巷子进行综合执法与管理。2008 年 6 月 14 日，宽窄巷子正式开街。

### 2. 运作方式

对于宽窄巷子更新范围内的土地来源，具体做法是核心区内本着"只迁不拆"的实施原则，即采用产权买断、调换等方式，获取该区域内所有房屋产权，并外迁原所有人和使用人。

开发主体为隶属成都国资委旗下成都文旅集团的少城公司，宽窄巷子的保护更新是属于典型的政府主导型开发项目。资金全部来自成都市政府财政资金。

宽窄巷子的运营实现"三权分立"制度：文旅集团拥有项目的所有权，由成都市国资委直接领导，政府相关部门组建的管委会具有监督权；文旅集团旗下的资产管理公司拥有经营权；允许回迁的居民具有参与权，允许参与巷子内商业经营。

### 3. 经验总结

宽窄巷子改造是一个成功的城市旅游品牌塑造案例。通过财政资金投入，短时间内完成了项目。但短期内，也面临着一些尴尬的现状。

收益回报数据不理想。宽窄巷子保护历时 6 年，投资超 6 亿元。开街后，街区内 2012 年提供 3000 余个就业岗位，产值超 3 亿元，按同期文殊坊街区内产值 2 亿元创税 1000 万元看，宽窄巷子创税约 1500 万元。而据项目策划业内人士分析，宽窄巷子内出现租不抵债的情况，至今文旅集团未能实现很好的盈利。

投资无回报，溢出过高。宽窄巷子周边商业迅猛发展，但政府却不能轻易从周边地块获得宽窄巷子带来的增值收益，否则还得负担周边地价升值带来的更新成本上涨问题。即是说，宽窄巷子范围的局限性限制了政府继续投资的动力，政府的投资外溢给了周边居民。

居民与创业者未实质性得利。宽窄巷子改造后定位高端，注定原住民不能轻易回迁。纵然在保护区回购安置过程中取得一定的补偿，得到即时利益，但是原住民不能获得宽窄巷子增值带来的可持续性收益，原住民受到隐性的剥削。从创业者角度看，由于开发保护的高额投入和高端定位，使得街区内租金必然不菲，这要求街区内产业必须达到一定的盈利性，不是普通年轻创业者能够轻易选择入驻创业，极大限制文化创意产业的多元化特性。另外，从制度建设上看，宽窄巷子虽然实现三权分立，但实质上是政府大权在握，居民与创业者处在被选择的被动地位，名义上居民拥有所谓的参与权仍旧是政府授予的。

## （四）启示

本章通过介绍上海新天地、上海田子坊和成都宽窄巷子三个国内知名旧城更新案例，分析国内已有两种主流自上而下的旧城更新模式，与田子坊自下而上更新模式进行空间、时间、制度构成上的对比，分析旧城更新中的投资收益、时间成本、发展潜力等问题。分析发现：

（1）空间上，田子坊模式更具有灵活性，旧城更新可根据发展需求调整政策适应范围，也因此具有更好的可发展潜力。

（2）时间上，利用好民间已有更新启动之火苗，政府能在更短的时间内点燃燎原之火。

（3）投资成本方面，利用好存量资源与民间力量，同样可获得不菲收益。

（4）产业与长期的租金控制上，相比统一运营招商模式，"大市场小政府"的田子坊模式在这方面是其短板，政府需发挥更大力量，引导保护早期创业者利益。

# 四、小结

城市更新是多元化、深层次概念，城市管理层应在广义上对城市更新有更深入的理解。不能只停留在旧建筑、旧设施的翻新上，认为仅是一种城市建设的技术手段和一种房地产开发为导向的经济行为，还应明白城市更新具有深刻的社会和人文内涵。如果忽略社区利益、缺乏人文关怀、离散社会脉络的更新并非真正意义上的城市更新。城市更新理念策略应以城市发展密切相关，在更新思路上要切实地从实际出发，进行统筹考虑。

## （一）加强城市规划的作为

城市规划是政府公共政策和有效调节手段，有利于在宏观上制约并平衡各方利益。在中心城区过程中，应结合具体实例，充分利用市场机制，调动多种经济力量。扩大平衡范围，在重视广大普通居民的实际利益下保证利益分配的公正性。

城市规划可以在以下几个方面有所作为：①更正市场失效；②促进长期效益的城市发展模式；③通过平衡经济、环境、社会，文化和政府财政等方面的考虑推动城市可持续发展；④通过价格和税收制度引导土地开发，实现规划目标；⑤通过土地利用和交通的整合，最优化城市内部的人流和物流。

## （二）政府主导下的更新运动

政府掌握控制权，强化住宅的保障功能，实施主体不用开发商。主要做法是，组建政府旧城改造发展公司（指挥部），其具有政府背景和政府授予的特殊职能，为非营利性公营事业机构，主要由政府各相关部门抽调主要领导和管理人员组成公司核心，由政府提供旧城改造开发启动资金和融资担保，统一改造，统一开发。

这种做法的优点是其从公众利益出发，投资市政设施和公共设施建设，可以更大程度上得到被拆迁人的支持；从整个城市景观、环境效益和社会效益上按照城市规划的要求进行改造，能够保证改造质量，也能在一定程度上降低改造的成本；积极响应国家政策，探索旧城改造与经济适用房、廉租房的结合，容易得到国家的支持。然而该做法使得政府承担着巨大的资金压力，政府投资巨大，资金成为瓶颈，缺乏市场化运作，并且很难使得土地市场价值最大化。

## （三）开发商主导下的更新运动

将需要更新改造的土地交给开发商去进行整体规划改造，政府只进行政策引导和协助，开发商根据自身利益去进行房地产开发。根据城市总体规划，政府划出地块由开发商进行投资，独立承担拆迁补偿、安置、回迁和商品房建设。目前的旧村改造大都基于该模式。

该做法为政府降低了改造风险，减轻政府投入，同时在一定程度上加快了投资建设进度；该做法通过市场化的渠道，开放了投资渠道，通过行业间的竞争，优胜劣汰，有利于行业的整合，最后也有利于培养一批适应旧城改造项目的企业，成为中间力量。但是，该做法使得被拆迁户无法参与到改造项目中，如果赔偿安置不妥，容易造成矛盾的激化。另外，由于房地产开发商的介入，使得旧城改造受到市场经济规律的支配，盈利往往成为其主要目的，这种积极的、迫切的目标激发开发商想尽一切可能办法去强化旧城土地利用，经土地使用价值发挥到极致，而且房地产开发可以超越原有区位、功能的束缚，调整、塑造该区域的产业经济结构。

## （四）政府主导下的开发商参与型

政府主导下的开发商参与。市区两级政府共同做好居民的搬迁安置，进行总体规划、土地开发和市政设施建设，然后实行土地招拍挂，由开发商组织进行设计、建造和运营。开发商可以由一家具有良好资质、经济实力和旧城改造经验的企业独立完成，或者是分片区由不同的开发商完成。

该做法由政府组织居民拆迁补偿和安置，补偿的资金和安置的措施能够相对妥善地处理；由政府进行总体的规划，一定程度上抑制了开发商利益驱动下，提高容积率；开放了投资渠道，社会各界参与到旧城改造中来，社会分工明显。

然而，在采用该模式时，如果政府调控与管理不当，在经济利益的驱使下开发商的一些行为容易引发大量的社会、经济和环境问题；如果拆迁费用过高，必然导致土地价格上涨，一定程度上限制了开发商的投资热情。

（执笔人：王昆）

**参考文献**

［1］管娟. 上海中心城区城市更新运行机制演进研究——以新天地、8号桥和田子坊为例［EB/OL］. 百度文库，2011－10－19.

［2］李挚. 自下而上旧城更新模式研究［J］. 福建建筑，2013（1）.

［3］董玛力. 西方城市更新发展历程和政策演变［J］. 人文地理，2009（5）.

［4］严若谷. 城市更新之研究［J］. 地理科学，2011（1）.

# 实行环卫管理标准化，
# 打造整洁有序城市环境

**摘要：** 建设美丽中国需要美丽的城市环境，美丽的城市首先应该是一个环境整洁优美，环卫服务保障有力，秩序井然有序的宜居宜业城市。城市环境卫生管理作为城市综合管理中的重要组成部分，是衡量城市管理水平高低的重要尺度之一，其管理水平的高低直接关系到城市的形象和综合竞争力。提高城市环境卫生管理工作水平，是提升城市品位、城市综合竞争力的重要渠道。中心城区应通过引进、建立，并严格执行国际标准化运作模式，切实改善和促进中心城区道路保洁、垃圾处理及公厕管理等标准作业能力和水平，为城市经济社会发展和市民工作、生活提供一个整洁有序的良好环境。

城市环卫管理工作是城市综合管理中的重要组成部分，是衡量城市管理水平高低的重要尺度之一，其管理水平的高低直接关系到城市的形象和综合竞争力。而提升城市品位、城市综合竞争力的重要渠道就是对城市环卫管理工作实施标准化，通过引进国际标准化管理体系，建立与环卫管理工作相匹配的标准化管理系统，对环卫工作实施标准化管理，以此提高环卫管理工作质量、提升城市品质，增强城市的综合竞争力。

## 一、实行管理标准化是提升城区环卫工作的重要举措

城区是一个城市的核心区域，是城市的政治、经济、文化中心，区域内产业高度集聚、功能多元复合，聚集大量的金融、商务、文化、服务机构和商务办公酒店、公寓等配套设施，且人口众多、人流密集，由此对城区环卫管理工作提出了更高的要求。要适应并满足城区经济发展和市民对环境需求，就必须建立量化管理标准体系，使之成为新时期推动行业科学、协调、有序发展的载体。

## （一）市区环境的不断发展，要求必须建立明晰的行业标准

伴随着城市文明程度的不断提升，城市设施的更加完善，市容环卫工作专业化程度也有了新提高。一是作业分工更细。道路清洁、废弃物收集箱（果皮箱）设置与日常管护、建筑垃圾监管、生活垃圾收集与清运、公厕管理等各环节，都形成了各自独立的作业项目，都有具体的标准和要求，已成为环卫工作的有机组成部分。二是作业要求更高。随着作业内容要求的提高，对从事环卫工作的保洁员、公厕管理员、环卫车辆驾驶员以及各级管理人员的要求也更加细化、量化和具体。如道路保洁员负责清洁的路段、范围、流程、标准、时限等都要有十分具体的任务和指标。三是作业方式更新。清扫综合化、保洁及时化、垃圾收运密闭化以及工作精细化、作业规范化、管理标准化的要求不断提高，必须用发展的眼光重新审视市容环卫管理工作，建立科学化、规范化、制度化的管理机制。

## （二）机械化设备的广泛使用，要求必须建立准确的质量标准

随着城市经济社会的不断发展，促进了环卫机械化设备的不断普及和使用，机械化作业的效能逐渐凸显，专业设备数量的不断增加和广泛使用已成为环卫行业的发展趋势。以潍坊市奎文区为例，2004 年以前，全区仅有扫路车 6 辆，机扫率不足 20%。近几年，区政府在不断加大对环卫作业设备购置力度的同时，通过主次干道保洁市场化运作不断增加道路保洁车辆，其辖区各类机扫车、洒水车、高压冲洗车等达到 24 部，主次干道机械化清扫率达到 75% 以上。同时，区财政投入近 500 万元，购置了 12 部垃圾收集车、8 部电动小型机扫车、128 部电动三轮快速保洁车，用于沿街门店垃圾收集、人行道机械化保洁、道路垃圾捡拾等作业项目。专业设备的配备与使用，要求必须把提高技术含量与提高工作质量、工作效率紧密结合起来，建立准确的质量标准，通过标准化的建立和实施，更有效地发挥科学技术与现代专业设备在市容环卫管理工作中的推动作用。

## （三）公卫设施不断升级，需要建立科学的管理标准

环卫管理工作硬件不断升级，必然会对相应配套的管理制度提出更高要求，包括工作人员的从业理念、综合素质、工作目标的标准，因此必须要建立科学的管理标准。2006 年以前，奎文区生活垃圾收集转运主要依靠桶、箱、站，转运效率低，管理粗放，易形成垃圾裸露和积存。近几年，区政府不断加大垃圾压缩站建设力度，新改扩建垃圾压缩站 20 座，覆盖率达 2.6 平方千米/座，形成了以压缩站中转为支撑的垃圾收集新模式。同时，不断加快公厕建设，新建公厕 15 座，改造翻建公厕 23 座，全区由环卫部门直接管理的公厕数量达 53 座，其中一

类以上公厕占到 90 ％，数量和档次有了显著的提升。要实现生活垃圾收集由粗放裸露向密闭压缩的转变，公厕管护由单纯管理向人性化服务的转变，就必须从改善城市环境的全局出发，科学统筹环卫工作，把工作质量与量化管理相结合，形成科学有效的管理体系。

# 二、树立管理标准化理念

## （一）管理标准化的概念

标准化是指在经济、技术、科学和管理等社会实践中，对重复性的事物和概念，通过制订、发布和实施标准达到统一，以获得最佳秩序和社会效益。标准化是制度化的最高形式，可运用到生产、开发设计、管理等方面，是一种非常有效的工作方法。经营管理标准化就是在企业管理中，针对经营管理中的每一个环节、每一个部门、每一个岗位，以人本为核心，制定细而又细的科学化、量化的标准，按标准进行管理。经营与管理标准化，可以使企业从上到下有一个统一的标准，形成统一的思想和行动；可以提高产品质量和劳动效率，减少资源浪费；有利于提高服务质量，树立企业形象；更重要的是标准化经营与管理能使企业在连锁和兼并中，成功地进行"复制"或"克隆"，使企业的经营管理模式在扩张中不走样，不变味，使企业以最少的投入获得最大的经济效益[1]。

## （二）管理标准

管理标准是企业为了保证与提高产品质量，实现总的质量目标而规定的各方面经营管理活动、管理业务的具体标准。若按发生作用的范围分，标准又可分为国际标准、国家标准、部颁标准和企业标准。以生产过程的地位分，又有原材料标准、零部件标准、工艺和工艺装备标准、产品标准等。在标准化工作中，又通常把标准归纳为基础标准、产品标准、方法标准和卫生安全标准[2]。

## （三）管理标准化的职能

管理标准化的作用与功能。它主要是对制定、修订和贯彻实施标准等整个标准化活动进行计划、组织、指挥、监督和协调，以保证标准化任务的完成。这五个职能相互联系和制约，共同构成一个有机整体。通过计划，确定标准化活动的目标；通过组织，建立实现目标的手段；通过指挥，建立正常的工作秩序；通过监督，检查计划实施的情况，纠正偏差；通过协调，使各方面工作和谐地发展。

指挥职能。主要是对标准化系统内部各级和各类人员的领导或指导，其目的是保证国家和各级的标准化活动按照国家统一计划的要求，相互配合、步调一致，和谐地向前发展。

组织职能。主要是对人们的标准化活动进行科学的分工和协调，合理地分配与使用国家的标准化投资，正确处理标准化部门、标准化人员的相互关系，其目的是将标准化活动的各要素、各部门、各环节合理地组织起来，形成一个有机整体，建立起标准化工作的正常秩序。

计划职能。主要是对标准化事业的发展进行全面考虑，综合平衡和统筹安排，其目的是把宏观标准化工作和微观标准化工作结合起来，正确地把握未来，使标准化事业能在变化的环境中持续稳定地发展，动员全体标准化人员及有关人员为实现标准化的发展目标而努力。

监督职能。主要是按照既定的目标和标准，对标准化活动进行监督、检查，发现偏差，及时采取纠正措施，目的是保证标准化工作按计划顺利进行，最终达到预期目标。使其成果同预期的目标相一致，使标准化的计划任务和目标转化为现实。

协调职能。主要是协调标准化系统内部各单位、各环节的工作和各项标准化活动，使它们之间建立起良好的配合关系，有效地实现国家标准化的计划与目标[①]。

# 三、引进国际管理标准化体系

## （一）管理标准化体系

标准化体系是一定范围内的标准按其内在联系形成的科学的有机整体。标准化体系它规定了质量方针、目标、职责和程序，并通过建立相关体系进行过程管理、质量策划、质量控制、质量保证和质量改进。2013年，ISO9000标准已经被100多个国家转化成本国标准。ISO9000标准的出台，标志着国际标准化活动已经从名词术语、试验方案及产品质量三大传统领域，迈向了管理体系的标准化与认证。1996年ISO又制定了ISO14000环境质量体系标准，它是企业自愿采用、

---

① 百度百科：标准化管理职能，词条解释。

自我约束性的标准。ISO14000 的管理模式有利于提高企业环境管理水平和人员素质，是一种行之有效的管理方式，已经被 80 多个国家和地区采用[①]。

## （二）建立城区环卫管理工作标准化体系

标准化是制度化的最高形式，是科学管理的重要组成部分，是一种行之有效的工作方法。世界 500 强企业——肯德基之所以取得成功，就是在原材料选购、产品加工、服务质量、品牌营运等方面实施了标准化运作，从最初的一家门店发展到如今的 2000 多家门店，演绎了一种美国速度，更演绎了一个关于标准化的发展神话。

制定环卫管理工作标准化体系，应依据 ISO9001：2008 标准、ISO14001：2004 标准和 GB/T28001—2011 标准，并结合城区环卫工作实际，按照管理标准、工作标准、技术标准、质量标准"四位一体"的原则，适时对工作实践中好的做法进行总结和提炼，对行之有效的作业方式进行归纳和提升，对解决难点问题的有效措施进行梳理和完善，认真编写符合行业特点、符合工作实际的标准化管理体系。

制定该体系应遵循的原则：一是内容系统原则。从工作标准到管理制度，从作业范围到作业内容，从作业方式到作业时间，从设施配置到人员配备，对涉及市容环卫工作的各个环节进行了细化和规范，突出了量化与标准化的管理。对安全措施、行为规范、应急机制等制定出明确的量化指标，使标准的内容对环卫工作全过程实现全覆盖。二是工作规范原则。针对环卫工作具有动态性的特点，将工作的要求和质量以固定的形式予以明确，如对道路清扫保洁实行动态管理，推行"一扫、二转、三捡、四掏、五清"的规范作业模式，对治理道路"三灰带"进行"冲、洒、清、拖"综合作业，规定各项管理工作的内容及要求，规范各类清扫工具的技术指标和配备标准。三是标准统一原则。针对不同的工作岗位、工作内容、工作目标，围绕总体目标，全区各环卫单位均实行统一的管理标准，实现规章制度的标准化、人员配备的标准化、作业程序的标准化、工作质量的标准化，使之成为一切活动的依据和评价一切工作的准绳。四是合理实用原则。制定与工作内容、工作目标相适应的量化指标，体现合理性和实用性。如道路保洁废弃物控制指标，不同道路每标段少于 2～4 个，公厕开放时间根据季节和人流量确定，扫路车出车率达到 90% 以上，这些标准更符合区域的实际和行业的特点。

## （三）实行城区环卫作业标准化

城区环卫管理工作担负着城市道路保洁、公厕管理维护和建筑、生活垃圾的

---

① 百度百科：标准化体系，词条解释。

收集转运等任务，保护着市民的身心健康、保障着城市经济活动的正常运转、保持着城市的整洁面貌、展示着一个城市市民的高尚情操。制定管理标准仅仅是推行标准化作业的前提和基础，执行标准、达到标准才是推行标准化作业的最终目的，只有将标准化作业全面推开，真正将具体标准落到实处，切实提高城区环卫管理水平，才能为城市经济发展和市民工作、生活提供一个整洁有序的良好环境。

作业队伍专业化。随着城市文明程度的提高，市容管理内容不断丰富，分工越来越细，要求越来越高，以人力为主的传统作业方式已经不能满足需要，必须依靠专业设备和专业队伍。而推行标准化工作的主体就是各级环卫单位和干部职工，只有使他们的标准化意识大大增强，真正了解标准化建设的重要意义和相关内容，并化为工作和行为中的自觉行动，标准化建设才能够取得好的效果。因此，必须把学习标准、掌握标准、熟知标准作为实施标准化管理的基础工作来抓。一是要采取集中学习、辅导讲座等方式，对环卫单位科室负责人、工作人员、保洁员、公厕管理员、环卫车辆驾驶员等进行集中培训。二是将作业人员培训纳入各作业单位日常工作，由作业单位负责组织对作业人员定期进行岗位培训，并将作业人员培训工作作为考核内容的一部分，由相关科室按照考核办法进行考核。三是编制《管理手册》，并下发干部职工，促使干部职工对自己所从事岗位的工作内容、工作范围、作业流程、具体标准等有一个清晰的认识，让作业都有遵循标准，作业流程符合标准、作业结果达到标准。

作业要求标准化。作业标准是工作人员进行作业所遵循的工作依据，作业标准准确、具体、明晰是完成作业任务的基础。环卫部门应结合各作业单位工作实际，对各作业单位的工作内容、组织架构、岗位职责及作业人员的素质以及工作质量标准等都以量化指标的形式作出明确的规定，督促工作人员按标准进行作业。如奎文区环卫处对道路保洁、公厕管理、垃圾清运等工作从总体要求、上岗作业、作业质量以及收集车辆等方面都进行量化并将量化指标分解到科室、作业单位及作业人员，所有涉及道路保洁的作业人员必须对照此标准要求对其所负责的工作内容开展工作。一是提出作业人员上岗标准。要求作业人员统一着装、佩戴证件，按时、按标准进行作业；作业车辆证件、牌照齐全，车容整洁，车体外无污物、灰垢。二是提出作业质量标准。要求道路保洁达到"五无五净"，即：无泥土、无砖瓦石块、无纸屑、无畜粪、无果皮塑料袋；路面净、人行道净、树穴净、路牙石净、沟眼下水口净。沿街果皮箱每日一清掏，箱体保持清洁完好、箱体内垃圾无漫溢现象，箱体周围无抛洒、存留垃圾；公厕实行专人服务管理，全日保洁，达到"五净、五无、一全"，即地面净、蹲位净、便池净、墙面净、环境净，无蝇蛆、无恶臭、无垢、无破损、无灰网，设备齐全；垃圾清运采取密闭运输，无垃圾扬、洒、拖、挂现象，无污水滴漏现象，必须保证辖区内的生活垃圾日产日清，各转运站正常运转，转运站垃圾运输及时率和垃圾运输清洁率都达到95%。三是提出作业时间标准。对作业时限要求严格的作业单位提出明确标准，以便作业人员按时上岗、准时作业。在街道保洁垃圾收集车的时间安排上，根据各片区实际，分别确定不同的垃圾收集时间。

管理制度标准化。制度是保障各项工作规范高效运行的基础，把建立健全权、责、利相统一的制度体系作为标准化管理的基础，不断完善规章制度，细化工作流程，理顺工作程序，形成了量化管理、督促检查、奖惩分明的良好机制。要根据环卫工作实际，对内部科室、下属单位所承担的工作都制定相关制度，就各科室及各科室负责人、工作人员的工作内容、工作流程、工作标准、工作时限等都作出明确规定和要求，并列出各项工作的标准清单，以便于工作任务的执行和工作结果的检查和考核。如奎文区环卫处根据工作实际，先后制定了清扫保洁队管理规定、清扫保洁员管理规定以及垃圾运输队管理制度、垃圾转运站管理规定等规章制度61项。同时，根据各项管理制度又配套制定了相关的检查办法，对违反规定的行为进行严查，并根据检查考核办法进行扣分或罚款，督促环卫从业人员严格按照制度进行作业，切实提高了城区环境卫生工作的整体水平。

作业流程标准化。作业流程决定着作业效果，作业流程未按标准执行，其作业结果必然不会达到预期效果。环卫部门应对作业人员培训、作业设备维护、物资采购等各项管理工作以及道路清扫、垃圾收集清运、公厕管理等具体作业项目进行认真研究，并详细绘制各作业项目的工作流程图，真正实现点、线、面管理的一体化。一是对办公室、各业务科室及作业单位的具体工作都一一列出工作流程，每项工作、每个步骤的办理标准、办理时限、具体负责人也都十分明确，从而保证了内部管理工作的有序、有效进行。二是对各个具体作业流程均绘制工作流程图，确保作业单位、作业人员按流程进行作业。对城区所有道路重新划线定位、定员定岗，使每名保洁小队长、保洁员、机扫驾驶员明确作业时间、作业范围、作业内容、作业程序、作业标准，有效解决漏扫、脱扫、漏保、断档及工作无序的问题；对垃圾清运推行了"五定一包"责任制，明确"六步"管理程序，并实行"站内收集—车辆运输（垃圾场）—返回驻地"的作业流程，确保垃圾运输安全有序；对公厕管理实行"定人定岗—按标准不间断打扫"的作业流程，确保公厕达到"五净、五无、一整洁"的卫生标准。作业项目具体流程如下：

1. 清扫保洁工作流程

确定作业范围→定人定岗→组织清扫

2. 垃圾运输工作流程

（1）转运站：站内收集→车辆运输至垃圾场→返回驻地完成运输

（2）上门有偿服务：接收任务→派车收集→车辆运输至垃圾场→返回驻地完成运输

3. 公厕管理工作流程

（1）有偿抽吸服务工作流程：受理登记→安排车辆→服务收费→上交财务

（2）公厕卫生管理：定人定岗→按照作业标准不间断进行打扫

考核工作标准化。工作考核的目的是以奖惩机制和责任追究调动工作积极性，是监督工作开展和检验工作效果的唯一手段。环卫部门应根据各作业项目的工作性质和特点，并对照其作业内容和标准，制定相对应、统一的考核办法，为推行环卫管理标准化提供监督支持。

一是明确考核事项。考核办法应对被检查考核内容及标准作出明确规定。如奎文区环卫处实施的道路保洁工作检查考核办法，分别对保洁小队长、保洁员就工作（作业）内容、时限要求等都提出了明确要求。要求保洁队长必须随保洁人员作业时间上下岗，每天对所管理道路保洁员到岗和保洁情况进行的巡回检查不得少于三次；要求保洁员必须严格按照上下班制度上下岗，路面整洁卫生，无漏扫现象；沿街果皮箱整洁，擦洗、清掏及时；服务良好，无社会投诉等。

二是明确考核周期。对所有作业单位及作业人员的考核周期都应根据其工作性质确定下来，并予以明确。如奎文区环卫处在公厕管理队的考核中，对公厕管理的考核周期确定为每周一次；对公厕清洁群众满意程度的考核周期确定为每年一次；对公厕管理培训工作的考核周期确定为每半年一次；对化粪池清抽工作的考核周期确定为每年一次。负责考核的科室按照严格此标准再确定具体时间对考核对象进行考核。

三是明确考核方式。对所有考核项目都应采取科学、实用的考核方式来进行考核，以确保考核结果的真实性、公正性。如奎文区环卫处对公厕清洁群众满意程度的考核采取通过群众投诉等渠道，全面了解群众对公厕清洁服务的要求，以此确定公厕清洁群众满意程度，把对公厕管理的考核权交给群众，充分发挥群众对环卫管理工作的监督作用。

（执笔人：谭立业）

# 社 会 篇

# 打造基础教育品牌，增强中心城区的"向心力"

**摘要**：百年大计，教育为本。教育是人类社会的永恒范畴，与人类社会共始终，为一切人、一切社会所必需。教育发展决定人的发展，教育的兴衰反映了国家民族的兴衰，教育的质量决定了一个地区竞争力的高低。教育作为有目的地培养人的工作，它是为培养人而人为建构的社会活动系统，它的核心问题是引导和规范人的发展，是解决培养什么人和怎样培养人的问题，同时也是引领一座城市特别是中心城区核心竞争力的关键所在。因此，从不同的角度、采用不同的方式方法去研究教育，打造教育品牌，是有益的、必要的。本文着力从教育的概念、构成要素、社会功能、形成与发展、地位和作用等方面进行归纳、研究和分析，力争通过打造"全面、均衡、开放、可持续"的教育生态体系和生成机制，找到"办好人民满意的教育，增强城市凝聚力和向心力"的实践路径。

## 一、教育的定义与基本要素

### （一）教育的定义

《学记》里，曾这样给教育下定义："教也者，长善而救其失者也。"长善救失是一项教学原则，揭示了学习者学习中长短、得失的辩证关系。许慎在《说文解字》中这样解释教育："教，上所施，下所效也；育，养子使作善也。"一般来说，人们是从两个不同的角度给"教育"下定义的，一个是社会的角度，另一个是个体的角度。

从社会的角度定义"教育"，可以把"教育"定义区分为不同的层次：①广义的教育，凡是增进人们的知识和技能，影响人们的思想品德的活动都是教育。②狭义的教育，主要指学校教育，指教育者根据一定的社会或阶级的要求，有目的、有计划、有组织地对受教育者身心施加影响，把他们培养成一定社会或阶级所需要的人的活动。③更狭义的教育，有时指思想教育活动。这种定义方式强调社会因素对个体发展的影响，把"教育"看成是整个社会系统中的一个子系统，分配或承担着一定的社会功能。

**图1　教育**

## （二）教育的基本要素

所谓教育的基本要素，是指构成教育活动必不可少的最基本的因素，主要包括教育者、受教育者、教育影响（教育内容、教育手段）三个方面。

1. 教育者是教育过程中"教"的主体

教育者，包括一切对他人施加有意识的教育影响的人。能够利用现有的知识技能，对受教育者的智力、体力、思想意识发挥教育影响的人，都是教育者。比如，家庭中的父母长辈、生活中的师傅，在有明确目的和独立进行的自学活动中，教育者也就是受教育者本人，是由自己承担教育自己的责任。从学校教育的角度看，教育者主要是指教师。教师是指有明确的教育目的、能够在一定社会背景下促使个体社会化和社会个性化活动的人。

首先，表现在它是教育过程的基本要素，即离开了教育者，教育活动将无法进行。在某种意义上说，教育者的基本职责是对受教育者进行有意识、有目的的教育影响，引起、促进受教育者的身心产生预期的发展、变化。而教育者本身的素质状况，如专业知识经验、专业能力技巧、职业道德品德和心理健康水平等，将直接影响着教育活动的效果。所以，我们提出了"百年大计，教育为本；教育大计，教师为本"的理念。

其次，表现在它是教育实践活动中"教"的主体，即教育者在教育过程中居于领导、控制和执教的主导地位。教育者的"教"必然涉及"教什么"、"对谁教"的问题，即教育者必须面临教育内容和学生两个客体。在具体教育实践活动中，两个客体共同存在于统一的教育过程中，而不作为单独的客体存在的。所以，教育者不仅要研究两者的特点，而且要把两者统一于自己的教育活动中，不能单独面对一方。

2. 受教育者是教育过程中"学"的主体

所谓受教育者，是指在教育过程中以学习为主要职责的人。在广义的教育中，凡是为提高自身素质而处于学习状态的人都是受教育者。在学校教育中，受教育者主要指学生。

首先，表现在它是教育活动另一基本要素。一个完整的教育活动是由"教"的活动和"学"的活动构成的复合活动。离开了受教育者的"学"的活动，就无所谓教育活动。

其次，受教育者是教育的对象。任何教育活动总是指向一定对象的，教育者总是谋求这些对象按照预期结果发展变化。为此，教育者总是研究影响教育对象的各种因素，并通过一定的控制措施强化积极的影响，缩小或消除消极影响。从这个意义上说，受教育者相对于教育者处于被领导、被控制的地位。

最后，受教育者是教育活动的另一个主体。尽管教育者对受教育者施加这样或那样的影响，但受教育者不一定完全按照教育者的要求发展。因为，如果教育施加的影响不符合受教育者的需要和认识水平、个性特点，就难以被受教育者接受。从这个意义上说，受教育者也不是消极、被动地接受教育者的影响，任凭教育者随意塑造，都是积极主动地选择影响，主动地成长发展的。所以，教育者要使受教育者朝着自己期望的方向发展，一方面，必须认真研究受教育者的需要和特点，因材施教；另一方面，学习是一种高度个性化的活动，因此要启发受教育者能够主动参与到教育教学的过程中，发挥主观能动性，自觉学习文化知识，促使其有效学习和高效学习，以增进自身的才能、智慧和道德品质。

3. 教育影响是教育过程的中介

教育影响是教育者和受教育者进行教育活动所依赖的一切事物的总和，包括教育内容、教育方法、教育组织形式和教育手段等。

教育内容，是指教育者和受教育者共同的认识对象和客体，是教育活动的必要媒介，也是教育者和学习者互动的媒介。广义的教育内容泛指学校、家庭和社会等一切对受教育者的发展有影响的各种因素；狭义的教育内容是指学校传授给学生的各种知识、技能、技巧、思想、观点、信念、行为、习惯的总和。教育工作的重要目标就是充分有效运用这些媒体来直接促使学习者的最大发展。

教育方法和教育组织形式，是在教育过程中，为完成教育任务所采取的教学方法、教学组织形式。教学方法有谈话法、讲授法、讨论法、练习法、参观法、实验法等；教学组织形式有个别教学、小组教学、班级授课、课外活动、社会实践等。

教育手段是教育活动中的一切物质条件，如教育场所、教具、器械材料、技术设备等。社会实践也是中小学教育主要途径的补充。社会实践是指学校为实现教育目的，有计划地组织学生走出校门，走进社会，在广泛的社会活动中对学生施加各种影响的教育活动。

4. 教育者、受教育者和教育影响的关系

教育者、受教育者和教育影响的关系，既相互独立，又相互联系，共同构成一个完整的实践活动系统。

首先，相对受教育者和教育影响而言，教育者的作用是调节两者之间的关系，缩小两者之间的距离，促成学生和教育影响之间有机联系的形成。比如，学生和教材之间的矛盾问题是教学中的主要矛盾，老师的作用是了解研究学生、设计教学内容、组织课堂教学、注意启发学生的问题意识，缩小学生和教材之间的陌生感、疏离感，完成教学内容有效转化为学生的知识和技能的目标。

其次，教育影响是教师对学生施加影响的桥梁。教师对学生的教育作用是以教育影响为中介的，在教育教学过程中，教师正是以提高对教育影响的直接控制、掌握和调节来间接控制和调节学生的发展的。

最后，受教育者是教师使用和选择教育影响的依据。老师的教育对象是学生，学生的学习任务不是单纯地接受知识，而是主观地自觉改造和自主创造。因此，教师在选择和使用教育影响的时候要依据学生的身心发展规律及其个性特点。教师作为一种外部影响是不会自动地转化为学生的意识的，它必须以学生的活动为中介，使外部的影响纳入学生的主观世界中。在这个意义上说，教育活动不仅是一个由外向内的传导过程，也是一个由内而外的主动作用的过程。即老师的活动目的一定要以转化为学生的主体活动为目的，教师所施加的教育影响一定要成为学生自主活动的手段和对象，这样的教育才能起到其作用。

教育的三个基本要素是相互联系的，其中，教育者是主导性的，是教育活动的组织者和领导者，掌握着教育的目的，通过采用适当的教育内容，选择一定的教育活动方式，创设必要的教育环境，调控着受教育者和整个教育过程，从而促进受教育者的身心健康发展，使其达到预期的目的。需要指出的是，教育的基本要素只是一种对教育活动的过程结构的抽象分析与概括，而这些要素本身及其相互关系随着历史条件和现实选择的变化而变化。

# 二、当前教育发展中面临的主要问题

近年来，各级政府高度重视义务教育发展，认真贯彻落实《义务教育法》，各级各类学校办学条件明显改善，基本解决了"人人受教育"的问题，进入了"追求教育质量"的时代。当前的问题是，为了让子女获得优质教育，不少家长不惜以高昂的教育成本送子女到国外或北京、上海等地求学。先是高中，继而初中，现已发展了到小学，先是城市、继而乡镇，现已发展到了农村。造成这种现象的根源是义务教育发展不均衡，优质教育资源总量不足，不能满足人民群众对高素质、高水准教育的渴求。如何培育和扩大优质教育资源，正确处理享有优质教育资源和促进教育均衡之间的关系，正成为教育发展面临的关键问题。

## （一）教育投入的体制机制问题，多元化的投融资机制没有形成

首先，是教育经费投入不足的问题。国家财政性投入不足。国家财政性教育经费占国内生产总值4%的投入指标是世界衡量教育水平的基础线。虽然现在国家对教育投入了较多的财力，但占国内生产总值的比例一直较低，2010年只达到3.15%，仍然低于4.5%的世界平均水平，低于大多数发达国家。另外，支出的结构不合理。以1997～2004年为例，全国教育经费总额分配格局的变化是：高等教育支出里面所占比重持续提高，从原来的17.2%提高到31.2%；中学所占比重从原有的3.4%下降到3.34%；小学所占比重从原有的33%下降到24.9%。特别是农村小学所占比重是持续下降态势，从20.1%下降到14.8%，下降了5.3个百分点。

其次，是教育经费来源单一的问题。当前情况下，政府承担了从学校的基本建设、仪器设备、教学经费、办公经费到教师的工资福利等费用的投入责任，教育经费来源单一化。根据世界银行的统计，在人均GDP 2000美元的时候，GDP公共教育指数应该占4.5%。中国高的是3.23%左右，还是低于世界平均水平。近几年，虽然我国教育的水平迅速增长，但教育投入跟不上，就造成了一系列发展中的问题，其中最显著的是高等学校的银行借贷问题，到现在也没有明确的解决办法。

最后，是配置比例失衡的问题。义务教育在高等教育、义务教育和基础教育三级教育中的份额不公平、不合理。高等教育的大投入、义务教育和基础教育小投入是不适当的。一方面是投资风险大，如果还不了钱，还得政府拿钱；另一方面是削弱了对义务教育、基础教育的投入。同时东西部的差距进一步拉大。上海、浙江、江苏的教师工资平均收入、生均教育经费投入，与贵州、云南、宁夏这些地方比起来，差距就不止两倍、三倍。还有个别地区，流失率、复读率，各地区表现是不一样的，这种情况造成了教育经费的浪费。原因有各方面，有城市取向资源配置的问题，有政府难以筹措经费的问题，有限制政府资源筹集的问题，也有政府投入教育力度不同的问题，构成现在一系列的教育经费投入不足问题。

## （二）基础教育的产业化问题，应该怎样定位模糊不清

在认识上，对此有不同的观点。第一种观点，认为教育根本不是产业，是社会公益性事业，是纯公共的产品。"文化大革命"前我们国家就是这么做的，从小学到大学基本不存在"筹不上钱就上不成学"的问题，但那是低水平的教育，是国家负责，如现在的朝鲜和古巴，还是低水平的，还是政府拿钱。发达国家是高水平的，我们也做不到。这两种，一个是我们曾经走过的路，一个是我们目前走不通的路。

第二种观点，认为教育是有一定的产业属性。比较典型的是把它作为一种准公共产品，而不完全是社会公益。像日本和韩国，在义务教育阶段，是国家全免费的，包括校服、校舍、课本、校车，都是政府拿钱。但是，对高等教育，是区别对待的。

第三种观点，是教育部分产业化，把教育看成是一种组合产品。像美国、英国、澳大利亚、新西兰，对不同阶段、不同的类型采取不同的收费标准。这些国家把教育当作一种产业运作，作为一种服务贸易，把教育作为一种输入和输出。中国每年14万留学生，约13万是自费学生，平均每个学生一年要花2万美元，完全是一种产业，学生愿意上学，家长愿意拿钱。这就是国际市场上教育产业化的做法。

第四种观点，认为完全产业化和市场化。这是经济学家的观点。对不同类型的教育进行分析，既要把义务教育阶段和整个教育作为一种公益产品及公共事业，政府要加大投入。但从另一个方面讲，要多渠道筹措教育资源，包括发挥民营经济作用，进一步激励民营经济更多地投向教育。在某些方面，是可以采用产业的形式运作的，比如说后勤管理、科研的社会化管理，应该是用市场机制、民营的形式、民间介入的形式扩大教育资源。因为这些方面不可能全靠政府。反过

来讲，如果什么都是公办，什么都是国有，效率必然不高。

### （三）教育的均衡发展与激励特色问题，不能统筹兼顾，融合发展

我们说教育要均衡发展，地区要教育均衡，东西部要教育均衡，但是如果过分的资源均衡，如何激发学校的特色，如何使学校发挥激励的作用？举一个例子，韩国20世纪70年代开始搞教育均等化政策，新时代还搞，新时代的小学、初中，后来到高中，大学的教育均等化，20世纪70年代至80年代，就消除了地区间、学校间的教育差距。日本也定期地对教师进行融化，包括校长、教师工资都一样，凡是同一年的，均是一个工资水准，过两年再加薪，完全采取公务员的形式。确实，教育水准都差不多，学校都差不多。但缺点是不利于尖子生的培养，不利于学校特色的发挥，不利于特长生的特长突出。所以，他们也来中国看看科大的少年班、特长班、特长生、重点学校怎么办的。他们也认为，如果过分地均衡，不利于学校的特长，不利于学校发挥特色。

义务教育均衡发展最重要是防止走过场。一是拉平意识高于问题意识，不是想解决问题，主要是想怎么样能够最后拉平一下，也就是说重视均衡，但不重视整个的教育水平的提高和存在问题的解决。二是目标意识高于资源意识，只重视提了一个目标，保障落实和推进措施看不出来。三是量化评估高于秩序评估，认为整个均衡发展的工作就是一个算账的过程，算完账就完事。四是公平理性高于价值理性，最后总结的时候说做了许许多多的工作，但老百姓关注的问题没有解决，教育自身内部存在的问题也没有解决。

教育均衡发展是不是将教育体制僵化？既是我们面临的教育问题，也是世界各国在激烈讨论的问题。教育的目的，既要面向全体学生的德智体美全面发展，要注重人的个性；同时，要选拔精英，培养精英，提高国家的竞争力。只有精英人才、创造性的人才，才能够创造出科研成果。这涉及体制、人才培养目标、人才培养模式，不同的发展阶段也确实应该有所侧重，现在强调教育公平，强调教育均衡配置，强调资源均衡发展，不应该忽略学校办学特色和精英人才的培养，不能在强调一方面的时候忽略另一方面。区域内义务教育均衡发展，首先是教育发展水平跟教育均衡水平并重，既要重视均衡，更要重视发展，也就是义务教育均衡发展不是义务教育均衡，而是义务教育均衡发展，发展水平与均衡水平是互相密切联系，但又不是相同的概念，有的地区发展水平很高，但是均衡水平不高，有的地区均衡水平很高，但是发展水平很低。

### （四）教育的开放性与信息化问题，重"硬件"，轻"软件"

随着现代信息技术的飞速发展，一场全球性的教育革命，正在教育的各个领

域全方位迅猛地展开，教育信息化已成为世界范围内教育现代化的重要标志之一。首先，面对知识经济的挑战和国际社会激烈的竞争，各国都在制定教育战略以谋划21世纪的教育发展。我们国家的"十一五"规划、"十二五"规划已经顺利完成，现在正在实施"十三五"规划，还有更长远的十年规划等，这是根据我们国家的战略来考虑。

随着我国综合国力的增强，教育信息化的步伐越来越快，校园网、校校通等信息化工程覆盖面越来越大。但从目前某些学校教育信息化的实施情况看，有些学校领导和教师还存在着片面的模糊认识，只是关注建机房、购设备、网络布线等硬件设施的建设，只是片面地追求学生的升学率，仍停留在"黑板+粉笔"的传统教学模式上，而对与信息化教育相匹配的新型教学模式的构建不甚重视甚至根本不去考虑。具体表现在：一些教师根本不去或者很少主动地去学习计算机，掌握信息技术方面的知识；不用或者很少用学校已有的教育信息资源；一些学校领导也不重视信息技术课的开展情况，不重视培养教师掌握信息化教育教学的能力，对教师能否用现代教育教学手段开展教学活动及是否使用了现代教育教学手段开展教学活动的情况不重视或不作要求。时下不少的中小学耗巨资建立的校园网，由于缺乏教育教学信息资源，难以发挥其在教学、科研和管理上应有的作用与效益，造成设备的闲置和浪费，并且随着时间的推移和信息技术的高速发展，校园网的设施将面临着急速贬值的尴尬境地。这便是称为"有路无车无货"的现象，造成这种局面的根本原因是教育教学信息资源的严重缺乏，这一问题也成为了制约中小学教育信息化发展的"瓶颈"。

如果是这样，我们便会步入一个"怪圈"：一方面叫喊投资教育信息化建设的经费短缺；另一方面花费了大量资金建设起来的计算机机房、多媒体计算机教室、电子网络教室、电子阅览室、电子备课室、远程教学信息网络系统、校园网等现代化教育教学设施和大量的教育信息资源却闲置在那里，对一线的教学改革起不到多大的实质性作用，仅成为供检查、参观、炫耀的奢侈品，并且随着时间的推移，又将面临升级换代贬值的风险，因此将严重阻碍教育信息化建设的进程。

当然，这些问题只是当前教育中存在的部分问题，对于我们来说是一把双刃剑。一方面，这些问题的出现对于教育有一定的不利影响，这对我们而言是一个挑战；另一方面，问题的出现也有助于我们认识到目前在教育上还有许多不足，这对于我们来说反而是完善教育体制机制的机会，值得我们去深思和改正。

# 三、打造具有核心竞争力的教育品牌

实施教育品牌战略，是在我国经济进入新常态，教育由单一的"规模扩张"、"数量型增长"向"整体优化"、"内涵式发展"转型的一种必然选择，是学校自身发展的一种客观要求，也是促进教育均衡发展、教育与社会经济和谐发展的需要，是主动迎接教育国际化的挑战，提高教育核心竞争力和整体实力的需要。

## （一）建立教育发展投入保障机制，推进义务教育均衡发展

教育均衡发展的关键在于转变教育资源的投入方式，由"注重生均意义上的投入公平"向"保证每一个学生获得的教育服务均等"转变。

一是推动优质资源共享。扩大优质教育资源覆盖面，发挥优质学校的辐射带动作用，实行对口帮扶和"捆绑式"发展，整体提升学校办学水平。推动优秀教师通过共同研讨备课、研修培训、学术交流、开设公共课等方式，共同实现教师专业发展和教学质量提升。在教育资源薄弱的地区逐步为学校每个班级配备多媒体教学设备，提升教育水平。开发丰富优质数字化课程教学资源，博物馆、科技馆、文化馆、图书馆、展览馆、青少年校外活动场所、综合实践基地等机构要积极开展面向中小学生的公益性教育活动。统筹安排学校教育教学、社会实践和校外活动，积极利用社会教育资源开展实践教育，探索学校教育与校外活动有机衔接的有效方式。

二是均衡配置办学资源。深化义务教育经费保障机制改革，从经费的来源途径上，实行国家划拨与社会力量筹措相结合。要加大投入的比例和力度，力求做到与基础教育发展的需要相适应。要广开财源，鼓励社会力量捐资助学，实行公办与民办并举。对城乡基础教育经费的分配，首先要面向全体，对不同地区、不同类型的学校一视同仁，个个受益，从根本上彻底改变城市中心的不公平倾向。建立多元化的财力投入保障机制，可采用基础教育 PPP 模式，吸纳社会资金进入教育领域，以提高基础教育的服务效率和竞争力。

三是合理配置教师资源。改善教师资源的初次配置，采取各种有效措施，吸引优秀高校毕业生和志愿者到偏远薄弱学校任教，在工资、职称等方面实行倾斜政策，在核准岗位结构比例时，高级教师岗位向薄弱学校倾斜。完善医疗、养老等社会保障制度建设，切实维护教师社会保障权益。合理配置各学科教师，配齐体育、音乐、美术等课程教师，重点为民族地区、边疆地区、贫困地区和革命老

区培养和补充紧缺教师。

## （二）加强师资队伍建设，提高教育教学质量

俗话说："名师出高徒。"一个地区教学质量的高低，关键在于师资水平的高低。而师资问题的解决，主要应该建立四种机制：城乡交流制、定岗聘任制、提高培养制、长效激励机制。

一是加强教师培养力度，提高教书育人水平。学校教师队伍要实行现代化，首先要求全体教师具备丰富的现代化科学知识，要通过多种途径和形式不断提高教师队伍的学历层次及相应的文化知识水平，力求全体教师具备良好的师德修养。其次要求教师具备良好的教学基本功和技能技巧，通过有意识的培养和锻炼，普遍提高教师的教学水平。

二是加大名师培养力度，以点带面，全面发展。成立"名师工作室"，以骨干教师促进教科研做法，既全面提高学校教师队伍的实施素质教育能力和水平，又可培养和造就一大批骨干教师，为当地教育发展起辐射和支撑功能，成为"研究的平台、成长的阶梯、辐射的中心"。

三是加大教师交流力度，促进师资均衡配置。实行区域内公办学校校长、教师交流制度，推行校长聘期制；建立和完善鼓励优秀学校校长、教师到薄弱学校任职任教机制，完善促进区域内校长、教师交流的政策措施。

## （三）完善差异化倾斜政策，缩小城乡区域差距

2016 年 7 月，国务院印发了《关于统筹推进县域内城乡义务教育一体化改革发展的若干意见》，要求按照全面建成小康社会目标，加快缩小城乡教育差距，促进教育公平，统筹推进县域内城乡义务教育一体化改革发展。《意见》提出，加快推进县域内城乡义务教育学校建设标准统一、教师编制标准统一、生均公用经费基准定额统一、基本装备配置标准统一和"两免一补"政策城乡全覆盖，到 2020 年，城乡二元结构壁垒基本消除，义务教育与城镇化发展基本协调；城乡学校布局更加合理，乡村教师待遇稳步提高、岗位吸引力大幅增强，乡村教育质量明显提升。

一是建立城乡基础教育均衡发展的健全制度。建立健全相应的责任制，把各级履行职责的情况纳入政绩的考核范围，做到分工合作，上下协调，渠道畅通，以充分发挥推进城乡基础教育均衡发展的整体效应。建立健全基础教育的科学评价制，转变评价思想，完善评价内容，改革评价方法，做到定量评判与定性分析相结合，形成性评价与过程性评价相结合，确保评价的科学性、合理性和有效性。建立健全各级责任制，科学评价制和全面监控等制度，并严格执行这些制

度，是城乡基础教育均衡发展有章可循，走出误区，实现预期目标的重要保证。

二是采取城乡基础教育均衡发展的有效策略。城乡基础教育均衡发展，其均衡不是绝对的，而是相对的，是由不均衡到均衡，再由新的不均衡到新的均衡的渐进的长期发展过程。在这一发展过程中，要正确处理好现在与未来的关系，即继承与创新的关系。继承是创新的基础，创新是继承的发展，二者相互联系，相互促进，正确处理好这一关系，不仅有利于实现城乡基础教育均衡发展，而且有利于促进城乡基础教育不断取得新的成果。

三是不断缩小地区差距。城乡免费义务教育全面实现后，城乡、区域间发展不均衡上升为义务教育的主要矛盾之一。区域间实现均衡发展，即在省域之间、市域之间、县域之间、乡域之间统筹规划，城乡间实现均衡发展。努力缩小区域差距，对中西部采取特殊的政策和财政支持，同时，加大对口支援力度，其中包括扎实推进教育援疆、援藏工作等。加快缩小城乡差距，坚持教育资源向农村倾斜。切实缩小校际差距，推进义务教育均衡发展。

### （四）打造教育现代化品牌，实现一校一品牌、一校一特色

教育现代化是指一个国家或地区适应现代社会发展要求所要达到的一种较高水平状态，是传统教育在现代社会的现实转化，是包括教育思想、教育制度、教育内容、教育方法在内的教育整体转换运动。

教育现代化的核心内容是教学信息化，就是要使教学手段科技化、教育传播信息化、教学方式现代化。要求在教育过程中较全面地运用以计算机、多媒体和网络通信为基础的现代信息技术，从而适应正在到来的信息化社会提出的新要求，对深化教育改革，实施素质教育，具有重大的意义。

第一，领导重视，行政推进。学校领导要亲自挂帅，成立教育信息化领导组，制定强力推进制度，保障这项工作健康开展。

第二，强化培训，骨干推进。精心选择具有网络知识及应用特长的教师组成教育信息化排头兵，聘请各级专家和电教能人分层组织培训，采取边培训边实践，边总结边提高的方式螺旋上升。

第三，典型引路，全员推进。骨干教师示范引路，其余教师模仿跟进，全员展开。

第四，政策倾斜，保障推进。利用评模、评优、晋职等方面的评价机制激励全体教师踊跃参与课件的制作和应用，倡导研发新作，努力提高课堂教学效率。

第五，课题引领，科学推进。在各级教研室的指导下，立足备课组开展草根教研，以问题定课题，以课题促整合，提升课件的针对性和有效性。

第六，拓展延伸，全面推进。充分利用网络的资源优势，不仅把信息技术与

学科课程的整合运用到课堂教学中，而且延伸运用到学校的德育教育和养成教育中，利用视频、声频、影视动画等召开主题班会、团会，使理想教育、爱国主义教育形象化、生动化，增强品德教育的实效性。

国运兴衰，系于教育；教育振兴，全民有责。当今世界各国，以经济和科技实力为基础的综合国力的竞争日趋激烈，而且将长期存在。这种竞争在很大程度上决定于人才的数量和质量，而人才竞争的实质是教育的竞争。教育要与我国经济社会发展的战略目标和战略步骤相适应，才能为我国社会主义现代化建设提供足够的人才支持。为了实现这一目标，必须深化教育改革，更新教育观念，改革教育内容和方法，逐步建立适应新时期经济社会发展和现代化建设需要的新的教育品牌。

（执笔人：张同良）

**参考文献**

［1］王道俊，郭文安．教育学［M］．人民教育出版社，2010.

［2］陈孝彬，高洪源．教育管理学［M］．北京师范大学出版社，2012.

［3］秦梦群，黄贞裕．教育管理研究范式与方法论［M］．教育科学版社，2013.

［4］马文．个人教育规划师事务概论［M］．华中科技大学出版社，2012.

［5］戴群，董辉，熊秋菊．十五年一贯制学校管理创新研究［M］．人民出版社，2012.

# 建立中心城区医疗资源聚散机制，把大型医院办强，把社区医院办优

**摘要：**改革开放 30 多年来，我国的医疗卫生事业取得了长足的发展。但医疗卫生资源总量不足、配置失衡，医疗费用过高，百姓"看病难、看病贵"的问题也日益突出。

这与公共医疗服务中关键的两条支柱——大型医院和社区医院没有发挥应有作用，有着根本联系。大型医院决定着区域医疗卫生水平的上限，是区域医疗资源中的中流砥柱。社区医院扮演着方便群众就医、减轻病人费用、建立和谐医患关系的重要角色。

如何建立有效的聚散机制，使优质医疗资源在大型医院和社区医院合理聚集和分散，成为考验中心城区医疗保障能力的重要课题。本文通过学习借鉴、总结经验，提出了建立中心城区医疗资源聚散机制，把大型医院办强，把社区医院办优的办法。为加强中心城区医疗资源合理布局，给百姓提供优质高效医疗服务提供参考。

## 一、医疗卫生服务现状

切实缓解"看病难，看病贵"是 2009 年以来新一轮卫生医疗体制改革要破解的主要任务之一，在下大力气解决医疗服务体制机制问题的同时，也应看到还有很多服务体系和管理层面的问题。时间过去 7 年多，"看病难"问题并没有得到根本性的解决，从一线城市到三线城市，"大医院人满为患，基层医院门可罗雀"的现象仍普遍存在。医患矛盾仍然紧张，新闻中时常看到暴力伤医事件发生。

随着《2015 年中国卫生统计年鉴》公布，统计数据反映出了一些问题。

### （一）诊疗人次趋向

统计年鉴数据和趋势图显示，2005 年以来，大型医院的诊疗人次增速明显

快于一级医院和二级医院（见图1）。就诊人次反映服务结果，分级诊疗推进了这么多年，无论资源布局如何，但老百姓最终还是更愿意去大型医院看病。

**（万人次）**

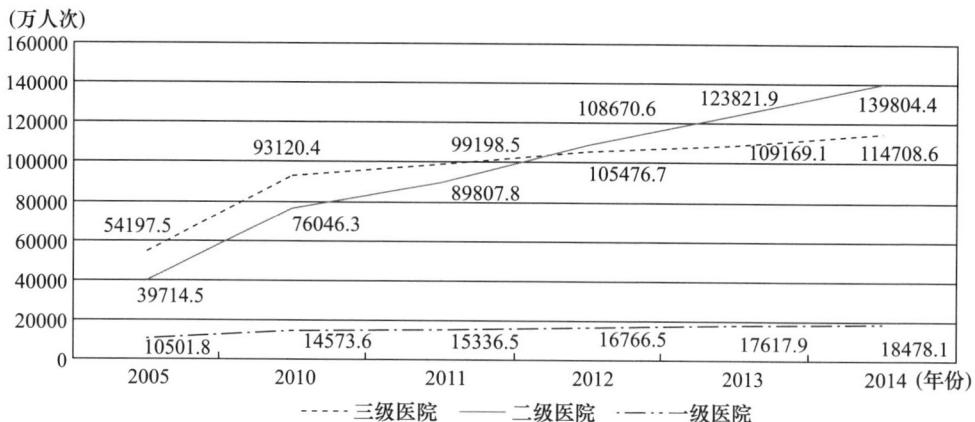

图1　各级医院诊疗人次对比

## （二）医疗资源配置

各级医院的服务量和执业医师数量是成正比的。统计年鉴数据显示（见图2、图3），2014年大型、二级、一级医院执业医师数占比分别为49%、44%、7%，诊疗人次占比分别为51%、42%、7%。一级医院看上去清闲的背后，一级医院医生并不清闲。

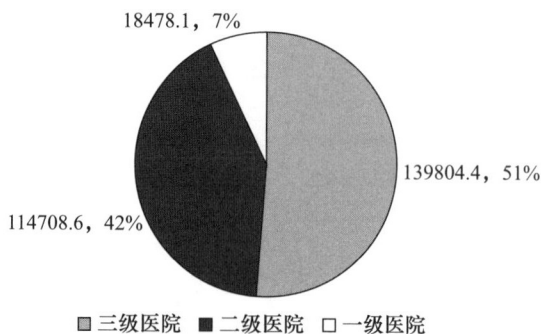

图2　2014年各级医院诊疗人次占比（万）

## （三）看病贵

根据国家卫计委的统计数据显示，2014年全国25860家医院中，大型医院仅有 1954 家（占比 7.56%），但是其所提供的医疗服务量却达到了 14 亿人次，占全国所有医院诊疗人次的 47.1%（2014 年全国医院总诊疗人次 29.7 亿）；而位于最底层的一级和未定级医院有 17056 家（占比 65.96%），却仅仅提供了 3.2 亿人次的诊疗量（占比 10.78%）。一级与大型医院在数量与服务提供量上的巨大反差，显示出目前医疗服务格局的极度失衡。

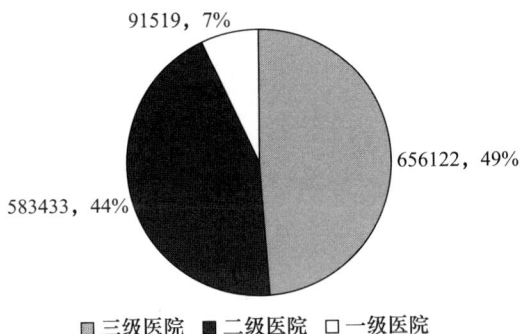

**图 3　2014 年各级医院执业医师数量占比（个）**

　　居民就医蜂拥至大型医院，不但导致就医体验下降，另外一个最直接的后果是推高了整体医疗费用。中国医疗服务价格体系的特性，决定了大型医院在收费标准方面高于一、二级医院。以 2014 年的人均门诊费用为例（见表 1），大型医院的人均门诊费用要比二级医院高出 53.3%，比社区中心高出 192%。如果大型医院的诊疗人次有 40% 能够转移到二级医院进行就诊的话，那么全国的医疗卫生支出每年至少将节约 525 亿元。

**表 1　2014 年各级医院门诊与住院费用对比**　　　　　　　　　　　　　单位：元

| 项目 | 大型医院 | 二级医院 | 社区医院 | 乡镇卫生院 |
|---|---|---|---|---|
| 人均门诊费用 | 269.8 | 176.0 | 92.3 | 56.9 |
| 人均住院费用 | 12100.2 | 5114.6 | 2635.2 | 1382.9 |
| 日均住院费用 | 1132.4 | 5815 | 267.3 | 220.7 |

资料来源：《2014 年中国卫生和计划生育事业发展统计公报》。

　　这种状况与我国医疗资源配置的结构性问题和医疗资源使用的合理性等问题有很大关系，其中医疗资源配置不均衡、无序就医是核心问题，这一问题大大削弱了新医改政策发挥的正效应。世界卫生组织于 1957 年提出的大型卫生医疗服务模式并建议各国实施，即大型医院主要承担部分危重疾病的诊疗、一般疑难复杂疾病、一般疑难复杂疾病和常见多发病的诊疗；社区医院主要承担常见多发疾病诊疗和慢性疾病管理、康复治疗。

从国际经验看，合理利用医疗服务资源，可以有效地缓解就医压力、节约医疗费用。这其中的关键一环是建立区域优质医疗资源的合理聚散机制。让优质医疗资源、人才在大型医院聚集，提升地区诊疗能力的上限；让优质医疗资源、人才向社区医院分散，加强社区卫生服务标准化建设，提升服务质量，病人用脚投票，自觉自愿地选择大型医院或是社区医院。

## 二、聚集，把大型医院办强，提升城区医疗水平上线

### （一）人才是医院最核心的竞争力

大型医院的诊疗水平，决定了区域医疗水平的上限。国内外知名医院的发展史已经证明了优秀的人才对医院发展的重要作用。

当前，我国综合性大医院的发展已经进入了关键时期。一方面，经过多年的发展，医院自身一些长期积累、制约发展的问题逐步显现，如信息化建设进程有待进一步加快，科学化、规范化管理体系有待进一步完善，医疗质量和安全意识有待进一步增强等；另一方面，外部环境对医院的影响日益加剧，近年来，国家卫生政策逐步进行调整，预示着国家将加大卫生资源的配置力度，重新划分医疗市场格局，综合性大医院将在很大程度上受到影响。此外，如雨后春笋一般涌现的民营、外资以及各地方专科化医院在管理模式、运营手段、服务价格上采取更为灵活的方式，对大型医院也形成了巨大挑战。

面对这些困难和压力，要确保大型医院持续、稳定、快速发展，归根结底还是在于抓好人才建设。人才既是大型医院现阶段解决医疗水平提高、学科内涵发展、科研水平提升、医院管理水平上台阶等许多重大问题的关键，也是医院未来发展的基石，是保证医院可持续发展的源泉。

### （二）大型医院人才培养模式

人才培养的方式可分为以人才引进、人力资源共享为主要内容的外部人才培养，以及以医院现有人力资源的品质提升为主要内容的内部人才培养两个基本方面。外部人才培养的方式主要有引进专门人才（或高层次、高学历人才）、聘请客座教授（名誉教授）等；内部人才培养方式则灵活多样，如全员培训、继续

教育、学历提升、进修深造、专题讲座、学术讨论，等等。

1. 高端人才培养

学科带头人队伍是医院人才队伍的中坚力量，也是竞争力的核心，他们在各学科发展和医疗活动中发挥着"领头羊"和骨干作用，因此培养一批学科带头人对医院的建设和发展都事关重大。有无出色的学科带头人，是衡量一个群体学科水平优劣的重要标志，关系到医院的前途和命运：一个医院没有几个"顶尖人才"，牌子很难打出去，牌子打不出去，吸引病人就比较难。因此，在抓好群体素质提高的基础上，更应把注意力集中在培养和造就一大批学科优秀人才上。为各类学科的带头人设计不同的要求，本着缺什么补什么的原则，针对个人的实际情况，制订培养方案。对专业上欠缺的，采取技术帮带、送出去专项进修等方法，尽快提高其临床技能；对管理经验不足的，聘他们为各级领导助理或挂职锻炼，搭建造就接班人的舞台。并且采取多渠道培养方式：①根据人才成长的时效法则，透彻分析人才成长的规律，紧密结合医院的长远规划，确定学科带头人为重点培养，合理使用，人尽其才；②充分利用国家和地方各种人才培养资助政策，通过多渠道联系国内外培训基地，每年医院出资选派重点人才到国外高水平医疗研究机构学习、进修；③引进人才和培养人才相结合，根据学科特色和发展要求适合时机、切合实际的引进高层次人才，推进医院开展临床新技术、承担重大科研项目、提升医疗品质，打造医院品牌等；④邀请国内外知名专家、教授来院授课，帮助他们进行技术帮带和科研指导；⑤鼓励重点人才参加国际学术会议和国内外学术交流；⑥积极申报各级各类学术、人才称号，加大其在学科领域的知名度和影响力；⑦积极安排重点人才参与科务管理工作，培养科室行政管理能力，为科室带头人提供后备人才。

2. 基础人才的培养

对初级人才主要进行基础与素质的培养。"临床住院医师规范化培训"是近年来对临床住院医师实行的一套科学化、标准化的全面、全程培养的方法，对医院人才培养具有战略意义。做好人才储备，使青年人能发挥智力和潜能，在实践中脱颖而出，是医学持续、快捷、健康发展的保证。

（1）知识拓展型培训。通过知识拓展型培训，重点加强基本知识、临床基本技能训练和专业学科基本知识的扩展。

（2）专业范围临床培训。针对大型医院分科细、专业化程度高的特点，为避免青年医师临床技能过于单一，应在青年医生结束"临床住院医师规范化培训"后，进行专业范围内临床培训，即在本专业系统内相关科室进行轮转学习，又要在本专业系统内相关科室学习。重点加强青年医师本专业系统的临床操作技能，了解交叉学科之间的联系，使其知识结构系统化。在此基础上，根据学科建设需要，推荐青年医师到国内有突出专业特长的医疗机构进修，学习先进的和独特的诊疗技术。

（3）科研能力培训。完成科研任务、出科研成果、发表高水平文章是现代大型医院的重点工作之一。医院应积极拨款作为科研启动基金，培养青年医师的科研意识、科研能力和科研思路，积极培养临床、科研复合型人才。

对大型医院而言，无论是培养基础人才还是培养高端人才，都应充分考虑到学科特点和学科发展，有的放矢，紧紧抓住、吸引、凝聚高水平人才；要站在战略的高度，制定符合医院院情的人才培养规划，使各类人才脱颖而出、健康成长，努力造就高素质的专业人才和一大批拔尖创新人才，建设结构合理的人才队伍，并为他们营造发挥才干的良好机制和环境，只有这样才能提升医院的竞争力和综合实力。

## （三）借力院士工作站——潍坊市第二人民医院的人才培引模式

潍坊市第二人民医院（以下简称"二院"）是一所集医、教、研、防于一体，尤以呼吸疾病诊治为优势学科的现代化综合性医院。

2015 年 5 月，山东省呼吸病院士专家工作站在"二院"正式挂牌成立；2016 年 8 月，国家呼吸临床研究中心·中日医院呼吸专科医联体在北京成立，"二院"成为首批成员单位。医院借力院士工作站的成立，把握加盟医联体的机遇，大力实施"科技兴院，人才强院"战略，提升呼吸疾病分级诊断和预防、治疗水平，为加快发展提供了坚强有力的人才支撑和智力保障。

### 1. 精准引才，突破发展瓶颈

2014 年以来，随着医疗改革持续发酵，医院发展遇到"瓶颈"，人才成为制约医院发展的短板。立足医院现实处境，经过反复论证，管理层做出了人才陪引规划：引入国家级高端人才，铸造强力推动发展的"人才引擎"，牵引医院驶入发展"快车道"。立足医院呼吸病优势学科，争取引进中国工程院院士、中日友好医院院长、国家呼吸病临床医学研究中心主任、中华医学会呼吸病学分会主任委员王辰院士。

同区委、区政府作了专题汇报。经过市区领导及院方领导一年多的交流，王辰院士签署了合作协议，在二院建设山东省首家呼吸病院士专家工作站。院士专家工作站团队由王辰院士领衔，18 位国内呼吸界顶尖专家组成。二院成功引进了呼吸病学科的国内最顶尖人才。

### 2. 平台用才，助推医院发展

2015 年 5 月 9 日，二院成功举行了潍坊呼吸病医院、山东省呼吸病院士专家工作站揭牌暨首届潍坊呼吸论坛，来自省内呼吸领域专家学者 600 余人参加学术研讨。2015 年 7 月 17 日，中国肺癌联盟潍坊肺结节诊治中心在二院成立，并举办专题研讨会。截至目前，已成功举办两届潍坊呼吸论坛，举办潍坊市慢阻肺基层培训、肺部感染及临床微生物标本采集规范专题讲座等学术会 20 余期。2000余名专业技术人员直接受益。最顶尖的团队，最先进的理念，最专业的技术，辐射带动了奎文、潍坊乃至山东呼吸病领域人才队伍的发展。

在王辰院士的影响带动下，一些呼吸病领域高端人才牵头的国家级医疗科研项目落户二院，促进了医疗科研水平的全面提升。

2015 年 9 月，二院加入"长江学者"特聘教授、中日友好医院呼吸与危重症医学科主任曹彬教授主导的中国"社区获得性肺炎（CAP）"流行病学调查课题组，入组 2014 年住院患者 347 例，率先完成调查。

2015 年 12 月 13 日，参与中国工程院王辰院士主导的中国工程院科技中长期发展战略研究、国家自然科学基金专项基金项目《慢性呼吸疾病防治策略研究与政策建议》基层呼吸疾病防治能力基线调查研究项目，成为全国唯一试点调查城市。完成二级以下医疗机构呼吸专业医师基线调查共 1022 名，医疗机构调查 457个，高质量地完成项目调查任务。

2016 年 5 月 8 日，"极光计划"全国县级医院管理及医疗服务能力提升项目，2016 年山东省县级医院呼吸系统疾病医学培训班首站在潍坊举办，培训全市基层呼吸专业医师 260 名。

根据王辰院士的建议，医院修订了 2015 年外派医师进修培训计划，向呼吸学科重点倾斜。先后派出 10 名业务骨干分别到北京朝阳医院、北京协和医院、中日友好医院进修学习。近水楼台先得月。"顺路"工作站活动开展，二院医师接受呼吸病专业高层次培训 130 余人次，诊治技术的规范化、科学化水平实现质的飞跃。

3. 人尽其才，催生医院发展新变化

整个团队尽其才、展其能，催生了二院翻天覆地的裂变。"人才兴院"的累累硕果清晰地展现在人们面前。

医院业务的快速发展，呼吸与危重症医学科由 1 年前的 1 个部发展到了目前的 7 个部，呼吸学科床位达到了 600 余张。呼吸与危重症科门诊量由原来的40 多人次增加到现在的 80 余人次。病人住院要提前一星期预约才有可能住进去。建站以来，呼吸与危重症医学科增幅 47.69%。业务量的提升也带来了直接的社会效益和经济效益。2015 年，呼吸疾病相关学科收入 1.58 亿元，占 50.9%。

高超的专业技术水平，提高了服务人民群高超的专业技术水平，提高了服务人民群众的质量，产生了良好的社会声誉。

在王辰院士的引领和院士专家工作站团队专家的帮助支持下，二院正在朝着建设潍坊地区呼吸医学领域集医、教、研、防于一体的现代诊治中心与人才培训基地，打造江北地区最具特色、实力最强的呼吸病医院的目标前进。

# 三、分散，把社区医院办优，强化基层医疗卫生保障能力

## （一）推动优质医疗资源向社区分散

强化大型医院和社区医院的合作，建立合理有序的分散机制，引导和调动大型医院与社区医院实现人才、技术、设备、管理等医疗资源的整体共享，促进大型医院参与社区医疗服务已是大势所趋。

（1）缓解医疗压力。由于历史原因所造成的医疗服务资源、技术和服务质量之间存在的差异，且患者具有选择医疗机构的自由，导致我国目前基本医疗服务70%以上是由大中型综合性医院提供，形成"倒三角"的就医模式，造成现在大医院"人满为患"，社区医院"门可罗雀"的现状。通过大型医院和社区医院合作，利用大型医院的品牌影响效力，使就诊人群向社区医院分流，可以有效缓解大医院的医疗压力。

（2）落实"双向转诊"，降低患者就医成本。"双向转诊"制度的实施，减少了病人进医院的次数，减少了看病的环节，根据邹伟在实际工作中的统计，通过社区卫生服务，合理利用了有限的卫生资源，减轻了社会及家庭的经济负担，为医院带来了经济效益。

（3）充分利用卫生资源，物尽其用，人尽其才。大型医院开展社区卫生服务，打破了传统的医疗服务框架，使医疗服务从医院走向社区，由被动服务变成了主动服务，使医院的资源得到了合理的使用，使社区居民不出家门就得到快捷、方便、有效的服务，获得了很好的社会效益。研究者大多认为大型医院与社区医院实现良好合作后，有利于防止社区医院的人才流失。

（4）为群众提供了"家门口"式的便捷服务。大型医院进驻社区，能为社区居民提供更安全、更优质的服务。大型医院通过与社区医院合作使原本局限于市区的医疗资源发挥了长效作用，通过协作使城市大医院的医疗技术实现最大范围的辐射，让城乡大大小小的医院编织成一个服务网络，扩大医疗服务半径，充分利用大型医院在技术、人才、急救方面的优势，提升当地医疗服务水平。

## （二） 大型医院和社区医院合作模式的比较和分析

综观现有学术成果，对于大型医院与社区医院合作模式的探讨，总结起来，大致有以下几种合作模式：

（1） 大型医院直接办社区医院的模式。这种社区医院的所有权归大型医院所有，其所有运营体制由大型医院制定。这种模式也叫作"院办院管"模式，如厦门模式、大庆模式和首钢模式。这种合作模式有利于大型医院根据实际需求，统一管理和调配不同专业、不同层次的人才到社区医院，从而促进社区卫生服务的发展，达到优化卫生服务结构、方便广大居民就医的目的。同时，还能充分发挥大型医院的品牌效应，增强老百姓对其的信任度，将大型医院品牌的知名度、美誉度延伸到其下属的社区医院。

（2） 大型医院托管社区医院的模式，这种模式的特点在于社区医院的所有权归属地政府所有，但其日常医疗和运营的统一管理由受托管的大型医院负责。实行托管制的社区医院的药品管理实行收支两条线的原则，政府按照服务人群数量的大小每年给予社区医院一定的资金补贴及药品补贴，支持社区医院的运营。如北京复兴医院与月坛卫生社区的托管合作模式。

（3） 大型医院与社区医院联合的模式，这种模式是指社区医院的隶属权不变，只是在管理方式与经营模式上和大型医院合作，联合经营社区医院。

从这些模式中可以看出，大型医院与社区医院是一种科学分工、密切配合的关系，两者从不同层次、不同水平、不同角度向服务对象提供医疗卫生服务。这种服务是一种优势互补的关系，而不是竞争的关系。在这种关系中，社区医院充分发挥城市公共卫生服务和基本医疗服务双重网底的作用，承担大中型医院的一般门诊、康复和护理等服务。大医院逐步减少一般门诊服务，集中力量从事疑难杂症和重大疾病的救治，其最终目的在于使医疗服务系统产出最大的社会效益和经济效益。

表 2 至表 4 为"院办院管"模式，"托管"模式和"联合"模式 SWOT 矩阵分析。

表 2　"院办院管"模式 SWOT 分析

| 优势 | 劣势 |
| --- | --- |
| 有利于解决社区卫生服务发展面临的信任困境；有利于社区医院人才队伍建设；有利于双向转诊机制的建立；增强了慢性病的防治能力 | 大型医院和社区医院服务理念存在冲突；大型医院的医生不能充分发挥自己的专业特长；大型医院没有公共卫生方面的优势 |

续表

| 机遇 | 风险 |
|---|---|
| 医院能够拓宽医疗市场；社区医院能够得到快速、良性的发展 | 政府可能推卸自己在发展社区医疗中的责任；基本医疗之外的公共卫生等社区卫生服务功能弱化 |

资料来源：根据《基于 SWOT 分析的大型医院支援社区卫生服务"院办院管"模式研究》等文献总结而成。

### 表3 "托管"模式 SWOT 分析

| 优势 | 劣势 |
|---|---|
| 托管后，大型医院和社区医院有着共同的经济和利益目标；双向转诊阻力小；医院在技术力量上得支持力度比较大 | 医院可能将托管社区医院当作扩展医院医疗市场的手段，医院为了其自身的发展，出现诱导社区居民的住院医疗服务，或者导致区域内的医疗市场垄断 |
| 机遇 | 风险 |
| 大医院的托管，带动了社区医院知名度的提高 | 托管的一般是基础较好的社区医院，原本基础条件比较差的社区卫生服务中心"无人问津" |

资料来源：根据《江苏省城市社区卫生服务模式比较研究》等文献总结而成。

### 表4 "联合"模式 SWOT 分析

| 优势 | 劣势 |
|---|---|
| 通过协议内容对医院和社区利益冲突进行协调；方便综合医院医生对社区医院的技术指导 | 协议的稳定性不够；转诊考评困难；下转率低 |
| 机遇 | 风险 |
| 社区医院能够在比较"自由"的状态下完成大型医院对其的技术指导等 | 政府缺乏监管，不能保证持续性；协议双方出现违约概率高 |

资料来源：根据《我国公立医院与社区卫生服务中心合作模式的比较分析》等文献总结而成。

# 四、大型医院参与社区卫生服务的成功案例——厦门模式

2008 年，厦门市确立了政府主导、体现公益性质的社区卫生服务"厦门模式"，这一模式在国内是首创的，在全国产生了较大的影响。本节以厦门模式为

例，简要介绍大型医院直接办社区医院的特点、效果、存在问题等进行探讨，为选择适宜的社区卫生服务方式提供参考。

## （一）厦门模式的内涵与特点

（1）厦门市于 2008 年 2 月正式实施"医疗重组计划"，将原来的社区医院的医疗服务与公共卫生服务的职能进行合理划分，原社区医院的医疗服务职能由市属大型综合性医院举办的社区医疗服务中心承接；原公共卫生服务职能由区政府举办的每个街道 1 个的社区医院承接。从而推进厦门医疗资源的垂直整合，由大型综合性医院分区、分片延伸医疗服务，从大型医院一直到社区医院，组成若干个以综合性大医院为骨干实行一体化管理的"医疗服务集群"，承担基本医疗服务职能，解决社区医疗资源匮乏的问题。

（2）完善具体配套政策，加大财政投入。厦门市卫生局制定下发了一系列规范性文件。市委编办等有关部门制定并下发了《关于贯彻〈中共厦门市委、市政府关于改革和发展医疗卫生事业、破解人民群众"就医难"的决定〉有关职能、机构、编制和人员调整的实施意见》，市财政局、市发改委等有关部门制定了《关于社区医疗卫生服务补助政策的意见》。同时分两批预拨了补助经费901.57 万元和 1366 万元，以确保社区医院的正常运转。

（3）出台多种优惠便民政策，引导居民小病在社区就诊。免挂号费，免专家门诊挂号费；检查、检验、治疗费执行一级医疗机构收费标准；《厦门市社区基本药物目录》中的 1000 多种药品实行零加价销售，其他药品实行优惠差率（10%）销售，比大医院低 5%；医保患者在社区就诊自付比例比到大医院就诊低 7% ~13%。

## （二）"厦门模式"显著的社会效果

（1）居民的满意度明显提高。居民在家门口就可享受到大型医院提供的高水平的医疗服务；因为打破千丝万缕的利益格局，双向转诊更顺畅，医院提供绿色通道服务，居民因病情需要做进一步检查、化验时可以在社区医院开单、收费，直接到医院检查或由中心负责抽血、统一送医院检验；检查结果可在社区直接打印；因病情需要住院时帮助预约联系，必要时可救护车免费接送，享受免挂号费等优惠待遇；开展家庭病床、慢病随访、家庭出诊、家庭护理、适宜中医药技术服务，使社区居民"走更短的路"就能及时得到良好的医疗服务。

（2）医疗费用明显降低。实行社区医疗服务改革以来，为群众免挂号费 100多万元，药品让利全额 178 万多元，在社区医院就诊患者的人均处方费用约 43元，比在大型医院就诊的人均处方费用减少 50% 以上，社区医院门诊服务量逐步上升，分流了大型医院部分患者，居民"花更少的钱"就能得到大型医院的服务，降低了患者的医疗费用。

（3）社区居民的就医环境得到了改善，社区医院与公共卫生服务中心的业务用房面积全部达标，设备均按标准配置。

（4）社区医疗技术力量得到充实和加强。一年内，全市大型医院共下派管理、医疗技术人员177人下沉到社区医院工作，定期坐诊的专家达106人。原有社区卫生服务人员定期到大型医院轮岗，大型医院主治医师晋升副主任医师、副主任医师晋升主任医师前必须在社区工作半年，并形成长效机制。

# 五、结束语

"倒三角"的就医模式，使大型医院人满为患，同时，盈利也屡创新高，走上不断扩张的道路似乎也成了顺理成章的事。在公立医疗逐步推向市场的今天，如果在政策层面没有相应的措施，任其发展下去，结果将与放羊挣钱娶媳妇的陕北放羊娃一样，进入"人满为患，再扩张"的循环。

解决就医难的核心，在于合理分布优质医疗资源，引导病人理性就医。本文通过对比分析，总结出了建立优质医疗资源聚散机制的模式，最核心的问题还是在于利益。例如，根据《2014年中国卫生和计划生育事业发展统计公报》显示，如果三级医院的诊疗人次有40%能够转移到二级医院进行就诊的话，那么全国的医疗卫生支出每年至少将节约525亿元，更何况是大型医院和社区卫生医疗机构间的转移。所以，想要解决就医难，触碰大型医院的利益成为绕不过去的一道坎。

形成区域的优质医疗资源聚散机制，主动权和话语权都在于大型医院，是一个聚易散难的过程。不能只单方面依靠市场的调节，相适应的政策约束也必不可少。国家卫计委副主任曾说："大医院参与社区卫生服务建设，是让大医院把先进的管理经验和医疗技术带到社区，而不是把社区医院办成自己的分院或门诊部。"所以，要防止出现垄断现象，要在大型公立医院和社区医院之间寻找利益共同体和责任共同体的支撑点，这样才能有序推进医疗卫生资源聚散机制的形成，加快建立医疗卫生机构的分工协作机制，实现优质医疗资源的合理流动，逐步破题"看病难、看病贵"。

（执笔人：王昆）

**参考文献**

［1］2015 年中国卫生统计年鉴［M］. 北京：中国协和医科大学出版社，2015.

［2］2014 年中国卫生和计划生育事业发展统计公报［EB/OL］. 国家卫生计委规划与信息，2015 - 11 - 05.

［3］王保真.“看病贵、看病难”的卫生经济浅析［J］. 中国卫生经济，2007（4）.

［4］陈航，王钰，王文娟. 三级医院和社区卫生服务中心合作现状研究综述［J］. 医院院长论坛，2012（6）.

［5］张中. 浅谈大型专科医院人才培养［J］. 中国商学医学教育，2008（4）.

# 健全的社会保障，是中心城区竞争力的稳定器

**摘要：** 中心城区的社会保障是国家社会保障的重要组成部分，它是国家通过立法和规定，以国民收入再分配为基本手段，对中心城区居民的基本生活权利提供安全社会保障行为及机制、制度和事业的总称。中心城区社会保障体系由社会保险、社会福利、优抚安置、社会救助和住房保障等内容构成。社会保障不仅与百姓的生活息息相关，而且涉及改革发展稳定的大局，直接关系到社会经济发展的安全和稳定，因而又被称为社会经济发展的"安全网"和"稳定器"。中心城区社会保障应做到应保尽保，让城市居民安心。

## 一、中心城区社会保障体系建设理论概述

我们将由法律规定的、按照某种确定规则经常实施的社会保障政策和措施体系称为社会保障制度。"社会保障"一词最早出自美国 1935 年颁布的《社会保障法》，后被国际劳工组织接受，一直沿用至今。我国第七个"五年计划"中开始使用"社会保障"一词。由于各国的国情和历史条件不同，在不同的国家和不同的历史时期，社会保障制度的具体内容不尽一致。但有一点是共同的，那就是为满足社会成员的多层次需要，相应安排多层次的保障项目。一般来说，社会保障由社会保险、社会福利、优抚安置、社会救助和住房保障等内容等组成。中心城区的社会保障是国家社会保障的重要组成部分，它是国家通过立法和规定，以国民收入再分配为基本手段，对中心城区居民的基本生活权利提供安全社会保障行为及机制、制度和事业的总称①。

### （一）社会保障制度的发展

我国社会保障立法从社会保险开始，以 1951 年政务院颁布的《劳动保险条

---

① 郑功成. 社会保障概论 [M]. 上海：复旦大学出版社，2010.

例》为起点，我们建立起除了失业保险以外的养老、医疗、工伤和生育方面的社会保险制度。改革开放以来，随着计划经济体制向社会主义市场经济体制的深刻转变，我国社会保障制度实现了由政府和企业保障向社会保障、由职工保障向城乡全体居民保障的重大变革。1982 年《宪法》第五条的规定（中华人民共和国公民在年老、疾病或者丧失劳动能力的时候，有从国家和社会获得物质帮助的权利。国家发展为公民享受这些权利需要的社会保险、社会救济和医疗卫生事业。国家和社会保障残疾军人的生活，抚恤烈士家属，优待军人家属。国家和社会安排盲、聋、哑和其他残疾的公民的劳动、生活和教育）则为社会保障立法给予了原则性的指导。1984 年开始在全民和集体所有制企业实行退休费用社会统筹试点。1991 年国务院发布《关于企业职工养老保险制度改革的决定》，提出逐步建立基本养老保险、企业补充养老保险和职工个人储蓄性养老保险相结合的养老保险制度，改变养老保险完全由国家、企业包下来的办法，实行国家、企业、个人三方共同负担，基本养老保险基金实行部分积累，并明确规定先由市、县级统筹，再逐步过渡到省级统筹。1986 年国务院颁布《国营企业职工待业保险暂行规定》，首次在我国建立了企业职工待业保险制度，为企业实行劳动合同制度改革、搞活用工机制提供了制度保障。经过改革试点，1994 年颁布的劳动法专章规定了社会保险。1994 年和 1996 年劳动部先后颁布《企业职工生育保险试行办法》和《企业职工工伤保险试行办法》，规范建立了社会化的职工工伤、生育保险制度。1997 年国务院发布关于建立统一的企业职工基本养老保险制度的决定，规定了统一的缴费比例、个人账户规模、基本养老金计发办法和基金管理办法。1998 年国务院作出关于建立城镇职工基本医疗保险制度的决定，开始对原公费、劳保医疗制度进行改革，明确要求在全国范围内建立社会统筹和个人账户相结合的城镇职工基本医疗保险制度，覆盖城镇所有用人单位及其职工。1994 年国务院颁布关于深化城镇住房制度改革的决定，1998 年又对进一步深化城镇住房制度改革作出部署，提出建立和完善以经济适用住房为主体的多层次城镇住房供应体系。1999 年国务院发布《失业保险条例》，以法规形式规范完善了失业保险制度，将原来只适用于国有企业的"待业保险制度"扩展到所有城镇企事业单位及其职工，将只由企业缴费改为由用人单位和职工个人共同缴费；颁布《城市居民最低生活保障条例》，规范了城市贫困居民社会救助工作；颁布《社会保险费征缴暂行条例》，明确了社会保险费征缴和基金实行收支两条线管理等政策，建立了社会保险基金监管制度。1998 年国务院机构改革方案决定在原劳动部基础上成立劳动和社会保障部，初步理顺了社会保险管理体制。2003 年国务院提出加快建立和完善适合我国国情的住房保障制度，2007 年开始加快推进住房保障制度改革，加大政府对城市保障性住房、城市棚户区改造和农村危房改造的投入力度，重点解决城乡住房困难群体的住房问题。在此期间，国家还制定实施了支持发展企业年金、商业保险和城乡医疗救助的政策措施，多层次的社会保障体系框架初步形成。到 2010 年 10 月 28 日，经全国人大常委会审议通过，我国正式颁布《社会保险法》，这是我国社会保障体系建设中具有重大意义的一个历史事件，是中国社保制度走向成熟的里程碑。

## （二）中心城区社会保障的特点和构成

从定义来看，中心城区社会保障具有三个明显的特点：第一，社会保障的责任主体首先是国家和政府，各种社会组织和个人在社会保障中也担负着一定的责任；第二，社会保障作为一项福利制度，其目标是保障社会成员生存和安全等较低层次的需求；第三，社会保障的出发点是为了补偿现代社会中被削弱的家庭保障功能，社会保障和家庭保障之间的关系是相辅相成的。

中心城区社会保障体系由社会保险、社会福利、优抚安置、社会救助和住房保障等内容构成。

（1）社会保险是以国家为责任主体，对有工资收入的劳动者在暂时或永久丧失劳动能力，或虽有劳动能力而无力工作亦即丧失生活来源的情况下，通过立法手段，运用社会力量，给这些劳动者以一定程度的收入损失补偿，使之能不低于基本生活水平，从而保证劳动力再生产和扩大再生产的正常进行，保证社会安定的一种制度。社会保险在社会保障体系中居于核心地位，它是社会保障体系的重要组成部分，是实现社会保障的基本纲领。一是社会保险目的是保障被给付者的基本生活需要，属于基本性的社会保障；二是社会保险的对象是法定范围内的社会劳动者；三是社会保险的基本特征是补偿劳动者的收入损失；四是社会保险的资金主要来源于用人单位、劳动者依法缴费及国家资助和社会募集。

（2）社会福利是指政府和社会组织通过建立文化、教育、卫生等设施，免费或优惠提供服务，以及实物发放、货币补贴等形式，向全体社会成员或特定人群给予帮助，以保障和改善其物质文化生活的制度。社会福利是社会保障的最高层次，是实现社会保障的最高纲领和目标。它的目的是增进群众福利，改善国民的物质文化生活，它把社会保障推上最高阶段；社会福利基金的重要来源是国家和社会群体。

（3）社会救助是依据法律规定，政府和社会对因自然灾害或其他原因而无法维持最低生活水平和低收入的个人或家庭给予帮助，满足其生存需要的制度。社会救助属于社会保障体系的最低层次，是实现社会保障的最低纲领和目标。一是社会救助的目的是保障被救助者的最低生活需要；二是社会救助的对象主要是失业者、遭到不幸者；三是社会救助的基本特征是扶贫；四是社会救助的基金来源主要是国家及社会群体。

（4）社会优抚安置是社会保障的特殊构成部分，属于特殊阶层的社会保障，是实现社会保障的特殊纲领。社会优抚安置目的是优待和抚恤；社会优抚的对象是军人及其家属；社会优抚的基本特征是对军人及其家属的优待；社会优抚的基金来源是国家财政拨款。

（5）住房保障制度的发展是伴随着住房制度改革的不断发展而完善的，其演变基本遵循着从全民福利迅速转型为市场主导，再到当前的民生主导的路径。我国自从 1998 年停止了住房的实物分配，住房分配体制发生了根本性的转变，由过去社会福利分房转变为由市场决定的货币购房。同时由于我国城市化进程加速，中心城区的土地价格和住房价格迅速上涨，使得部分居民的住房支付能力不足，这要求有一种制度即住房保障制度来保障这一部分人的住房，体现社会的公平性原则。

## 二、中心城区社会保障体系建设中存在的问题及对策

### （一）健全完善社会保障制度，遵循社会保障法制化

社会保障对政府而言是社会的民生工程，是社会的安全保护网，是解决一定社会问题的一种手段。社会保障法制化建设是通过立法的行为把这种保障功能上升到法律地位，以法律的权威保障人与人之间相互帮助的稳定性和持续性，有利于维护和改善被保障对象的经济生活条件，保护劳动力资源，维护和安定社会秩序和经济秩序，从而维护和巩固社会稳定和国家的长治久安。[①]

要健全社会保障财政投入制度，完善社会保障预算制度。明确政府所承担的社会保障责任，更好发挥公共财政在民生保障中的作用。通过实施预算管理，增强社会保障资金管理使用的透明度和约束力。要建立健全合理兼顾各类人员的社会保障待遇确定和正常调整机制。以职工和居民收入为基础合理确定社会保障水平，建立综合考虑收入增长、物价变动等主要因素的正常调整机制，实现社会保障待遇与经济社会发展相联系的持续、有序、合理增长。要加强社会保险基金投资管理和监督，推进基金市场化、多元化投资运营。要健全社会保障管理体制和经办服务体系。根据社会保障制度新的改革发展变化，及时调整社会保障行政管理体制，着力整合行政管理职能，提高行政管理效率。还要加快推进多层次社会

---

① 陈元，郑新立，刘克崮 . 建立和完善覆盖城乡全体居民的社会保障体系研究［M］. 北京：研究出版社，2010.

保障体系建设。不断完善最低生活保障制度，改革和完善住房保障制度，积极发展补充社会保险和商业保险，制定实施免税、延期征税等优惠政策，加快发展企业年金、职业年金等补充社会保险和各类商业保险，构建多层次社会保障体系。更要健全特殊群体的服务保障制度。积极应对人口老龄化，加快建立社会养老服务体系和发展老年服务产业，更好满足老年人特殊的服务保障需求；健全残疾人权益保障制度，大力营造尊重残疾人的良好社会氛围，让残疾人平等享有各种社会权益；健全困境儿童分类保障制度，完善工作机制和监管机制，加强政策制度创新和服务体系建设①。

## （二）坚持公平与效益相统一，实现保障的社会化

缩小社会贫富差距、创造并维护社会公平，是社会保障制度的基本出发点，也是社会保障政策实践的归宿。公平原则的最充分体现是建立覆盖全民的社会保障体系，让全体国民普遍享受社会保障。社会发展最终是为了满足人类的自身需要，是要在社会稳定和公平的条件下，使人民的生活富裕、美满、幸福。因此，在社会发展中，不仅要增加社会成员发展的机遇，而且要最大限度地分排风险，不断扩大社会保障覆盖面。我国原有的社会保障制度，社会化程度低，社会保障面小，除国家干部和国有企业职工，其他劳动者处在"社会安全网"之外。这种状况下，社会保障制度的稳定作用是远远达不到社会发展的要求的。

## （三）要与社会经济发展相适应，坚持普遍性和选择性原则

社会保障是国家用经济手段来解决社会问题，进而达到特定政治目标的制度安排。因此，社会保障的发展必须坚持与社会经济发展相适应的原则。

普遍性原则是1942年贝弗里奇起草的《社会保险及相关服务》政策研究报告中提出的一项基本原则。普遍性原则符合社保制度对社会公平公正的追求，体现了人类社会的终极目标。选择性原则是一些强调效率优先的国家与发展中国家在社会保障制度安排中遵循的一项原则。其含义在于根据国家财政的承受能力和受保障者的经济收入状况及对社会保障的需求程度，有区别地安排社会保障的项目、对象范围、筹资方式和待遇水平等。遵循选择性原则既能满足社会成员不同的社会保障需求，亦不会超越社会经济发展水平而构成沉重包袱。

一方面，社会发展变化决定着社会保障制度的结构变化；另一方面，社会保障制度的确立无一例外地需要相应的财力支撑。社会发展总是在不同社会群体的

---

① 尹蔚民．建立更加公平可持续的社会保障制度［EB/OL］．人民网，2013 - 12 - 20.

利益差异基础上，力求达到社会公平的。社会保障是社会不同群体收入分配的调节器，是实现从一部分人先富而最终迈向共同富裕的桥梁，是协调各种社会关系的中介体。旧的社会保障制度由于自身的缺陷和不完善，难以实现社会保障的"调节器"、"桥梁"和"中介体"的作用，甚至在某种程度上拉大了不同所有制生产者之间的利益差距，包含着一定程度的不公平。只有改革旧的保障制度，并不断在改革的基础上完善现有社会保障制度，才能创造稳定和公平的社会条件。

### （四）应该坚持社会化、基金化、规范化和法制化

当前，社会保障体系构建日益呈现出政府主导和社会分责的发展趋势：一方面，在正式制度安排中，政府虽然承担着主导责任但已经不再是全部责任，企业与个人均参与其中；另一方面，正式制度安排与非正式制度安排的结合正日益构成现阶段社会保障制度建设的新特色，而非正式制度型社会保障措施通常都是企业、社会乃至个人承担着更多责任，政府只起支持和鼓励的作用。正式制度安排与非正式制度安排的有机结合，将放大整个社会保障体系的效能。

建立统一的社会保障管理机构，提高社会保障事业的管理水平，形成社会保险基金筹集、运营的良性循环机制，社会保障行政管理与社会保险基金经营要分开。坚持资金筹集与保值相结合，实现保障资金运行的良性化。规范管理行为，实现社会保障事务管理的有序化。社会主义市场经济体制以市场为资源配置的决定性机制，其中劳动力是最活跃、最积极的生产要素，其流动是否具有"市场性"是经济运行的关键环节。原有的社会保障制度，受单位所有制的严重制约，并反过来影响着劳动力市场的建立与完善。因此，只有在不同所有制单位之间建立大体一致的社会保障制度，劳动力市场才能真正建立起来。

一要改变所有制的分割局面，逐步建立以全体劳动者为对象的多层次、一体化的城市社会保障体系，提高城市社会保障的社会化程度，使社会保障真正体现社会公平。二要改变由国家和企业"包"的体制，建立国家、企业（社区）、个人三方合理负担的多元资金来源结构。在我国居民个人收入水平较低和国家财力有限的现状下，可考虑由企业负担主要费用。三要改变现收现付的筹资模式，逐步实行现收现付与预先积累相结合，以便在城市人口老龄化高峰到来时，可以达到收付的动态平衡。四要改变单纯按部门分别管理的体制，建立既有统一管理机构又有分类分级管理系统的管理体制。在建立统一管理机构的同时，还要建立社会保障基金的专门管理机构，负责基金的运营管理。

# 三、中心城区社会保障应做到应保尽保，让城市居民安心

新时期城市社会保障建设既是考验城市政府执政能力的重要标志，也是保证城市正常社会秩序的关键步骤。社会保障不仅与百姓的生活息息相关，而且涉及改革发展稳定的大局，直接关系到社会经济发展的安全和稳定，因而又被称为社会经济发展的"安全网"和"稳定器"。社会保障问题的存在，直接制约着经济体制改革的深化和经营机制的转化，阻碍着社会主义市场经济的发展，也不同程度地影响着社会稳定。加之，我国已逐步进入老龄化社会，人口老龄化问题需要完善的社会保障体系来化解。为此，必须建立适应社会主义市场经济要求的完善的社会保障制度。

## （一）建立与完善医疗、失业、养老等一系列社会保障体系

城市社会保障，表面看是社会问题，但就其本质而言，又是分配问题，即国民收入的分配和再分配问题。基于城市社会保障的本质，笔者认为城市社会保障应坚持以下原则：①法律原则。将国家、集体和个人在社会保障活动中的各种社会关系以法律的形式固定下来，既维护社会保障的权威性，又为社会保障制度的建立和实施提供法律依据。②权利和义务相统一的原则。法定范围内的成员只有依法缴纳一定数量的社会保障税、费，或为国家和社会成员做出一定贡献，履行相应义务，才能获得享受社会保障待遇的权利。③互助原则。社会保障作为一项经济制度，奉行的是取之于民、用之于民的原则，即通过社会保障在全社会范围实现年轻人与老年人、在职人员与失业人员、健康人与残疾人、成年人与儿童、强者与弱者、富人与穷人、物质生产部门人员与非物质生产部门人员等多方面的互助互济。这种取之于我、部分用之于人，或者部分取之于人、用之于己的互助特征，是社会保障的灵魂。建立完善的社会保障制度，为居民提供最基本的生活保障，既是政府应尽的义务和责任，也是维护社会稳定的基础；既是保障民生的百年大计，也是保障改革进程的当务之急。

经过多年的努力，我国城市社会基本确立了以两个确保、三条保障线和两项保险制度为基础的有中国特色的社会保障体系框架。两个确保：即确保下岗职工和失业人员的基本生活和确保企业离退休人员养老金按时足额发放。三条保障线：即下岗职工基本生活保障、失业保险和城市居民最低生活保障线。两项保险制度：即企业职工养老保险制度和城镇职工基本医疗保险制度。据统计，截至

2014 年底，全国参加城镇基本养老保险人数为 84232 万人，全国参加基本医疗保险制度的人数达到了 34124 万人。

尽管取得了上述成绩，但我国城市社会保障由于受历史和文化传统的影响，受人口众多、经济不够发达等因素限制，除了具有社会保障的一般特征外，还显示出其特殊性：①低水平。社会保障覆盖面窄，社会保障体系还未真正建立，社会保障管理体制还有待进一步完善。②差异大。城市中部分国有行业职工与民营企业职工、个体私营企业者等的保障方式不同；有收入与无收入的社会保障方式不同等。③家庭保障占较大比例。家庭保障在整个社会保障中占较大比例，是我国社会保障区别于其他国家社会保障的突出特征，也是一种有效的、为中国老百姓乐意接受的保障方式。

当前我国城市社会保障制度存在的主要问题是：①国家和企业包揽过多，个人的权利和义务相脱节。②覆盖面小，实施范围窄。③管理服务的社会化程度低。④社会保险基金收缴困难，使用不够合理。⑤社会救济、社会福利、优抚安置等方面的社会保障资金的投入和实际需要之间的矛盾突出，社会救济对象和优抚对象保障标准偏低，生活相对贫困，退伍军人、残疾人安置就业难度加大。⑥管理体制不顺。⑦缺乏必要、有效的社会监督。

要扩大社会保障覆盖面，提高社会保障基金的征缴率。加快构建适应多种所有制共同发展需要的社会保障体系，把不同所有制的企业职工和城镇个体劳动者都要纳入社会保障"安全网"。随着我国市场经济的发展扩面要以非正规从业人员特别是进城务工的农民工为主，其就业岗位不固定，流动性大，特别是跨统筹地区流动，容易造成重复参保。对此可采取以下措施：一是统筹地区的各地市级社会保险机构之间实现信息共享，网络互连；二是非本统筹地区的各级社会保险机构之间，对户口不在本地区的参保人员要求本人出示参保证明并与其户口所在地社会保险机构联系，核验其是否重复参保，并逐步实现社保网络互连、信息共享。

适当降低社会保障费征缴比率，降低企业负担，增强征缴的可持续性。费率过高则会加重企业负担，不但会使老企业举步维艰，还会拖垮新企业，增大收缴难度，使收缴率下降，导致养老金入不敷出。目前，我国企业的负担偏重，应适当降低企业征缴率，从而保证养老保险费足额收缴，保障养老金支付①。

强化管理，用好社会保障基金。社会保障基金在保值增值的运营过程中，投资的安全性和流动性要求，较之盈利性来得更为重要。因此，采取有效措施，强化对社保基金的管理。人力资源与社会保障部门作为对社保基金的管理，需要加

---

① 杨燕绥. 社会保障［M］. 北京：清华大学出版社，2011.

强自身建设，充实一些熟悉资本运作的投资人才加入到我们的队伍中。要经过慎重考虑比较选择合格的投资机构，对其信誉、资本实力及以往其投资的绩效要作出基本的规定和要求。对社保基金入市慎重行事，更需要作出基本的规定和要求。组合投资风险分散，将成为社保基金投资的主要手段。根据现阶段中国证券市场的具体情况，社保基金入市应该采取多样化的方式，尤其在现阶段证券市场仍然缺乏有效避险工具的情况下，除了直接或间接进入一、二级市场以外，还应该同时参与债券、风险投资、产业投资等，并进行优化组合。

### （二）完善最低生活保障制度，建设社会保障辅助体系

最低生活保障制度（简称低保）的含义是，法律赋予每一个公民不能维持最低生活水平时，由国家和社会按照法定的标准向其提供满足最低生活需要的物质援助的制度安排。之所以成为重点是因为它保障人民的最低生活水平，不至于社会成员在最困难的时候发生生存危险。当然，笔者认为低保的实行必须维护个人尊严。不应该把对贫困者的救济视为一种恩赐、施舍和怜悯。我国宪法明确规定公民在年老、疾病或者丧失劳动能力的情况下，有从国家和社会获得物质帮助的权利。所以，最低生活保障制度是公民享有的基本权利。

慈善事业和商业保险应该作为社会保障体系的重要补充。慈善事业是在政府的倡导或帮助、扶持下，由民间的团体和个人自愿组织与开展活动的、对社会中遇到灾难或不幸的人，不求回报地实施救助的一种无私的支持与奉献的事业。从现代慈善事业的性质看，它是建立在社会捐助基础上的社会救助事业，它的资金来源不是政府拨款，而是建立在自愿基础上的无偿捐赠，大家把自己生活当中多余资金帮助社会上需要帮助的人。尤其在遭遇自然灾害的时候，慈善发挥的作用愈显著。"非典"、汶川地震等，如果没有慈善团体的募捐和社会各界的捐助，政府承担的救灾压力将会更大。所以说，慈善事业是动员社会力量参与社会救助的重要载体，是全社会献爱心的事业，是我国社会保障制度的一个重要补充。并且，现代慈善事业除了救灾济贫还扩展到了文化教育、环保等各个领域，提高了全社会的福利水平。商业保险是一个更为人们熟知的概念，现在加入商业保险的人也越来越多。首先，商业保险项目众多，既有寿险也有意外险还有子女教育基金等众多项目，社会保险保不到的项目可以通过商业保险来补充；其次，社会保险保障基本生活，满足基本需求，而随着经济发展和人们收入的增长，社会成员对生活水平的要求不断提高，较低的社会保障标准也越来越难以满足社会的需求。而商业保险双方的权利义务以合同的形式约定，投保水平可高可低，投保人可自由选择，这样就适应了不同经济发展水平和社会成员的需求层次，不断提高社会保障的整体水平。可以说商业保险是社会保障的有益补充。

党的十八大报告提出全覆盖、保基本、多层次、可持续的社会保障工作方针，把"广覆盖"调整为"全覆盖"，要求实现人人享有基本社会保障的目标。尽管社会保障还有很长的路要走，但我们坚信，它会走得越来越远。

要建立与完善社区服务与社会救助体系。社区服务既作为社会福利的重要组成部分，同时也较多地体现着社会互助的基本要求，并与其他方面关系密切，因而是我国社会保障体系中的一个重要环节和载体。社区养老服务是完善城市保障功能的重要组成部分。通过大力发展社区养老服务，既为经济体制改革服务，减少政府的负担，又为老年人造福。搞好社区服务，以社区为依托，以市场需求为导向，按照产业化的发展方向，在便民、利民的服务领域最大限度地开发着社区就业岗位，吸纳下岗职工、失业人员再就业。在医疗保障方面发挥社区卫生服务的功能，融合基本医疗、预防、保健、康复、健康教育和计划生育技术指导等综合卫生服务一体的，深入社区和家庭的综合性服务模式。以社区为依托，健全社区服务网络，即要通过在社区修建一批福利服务的设施和网点，基本满足社区居民的各种福利服务需求。

社会救助制度是世界上最古老的社会保障制度，一般认为，它起源于原始社会末期出现的出于人类恻隐之心或宗教信仰而对贫困者施以援助之手的慈善事业。然而，开现代社会救助制度之先河的是 16 世纪欧洲一些国家制定的国家济贫制度，即由国家通过立法，直接出面接管或兴办救济事业，救济贫民。当时，工业革命引发的激烈的社会变迁，使原来由教会或私人兴办的慈善事业无法解决层出不穷的社会问题，因而国家不得不将救济贫民视为己任。法国率先进行济贫改革；但以 1601 年英国伊丽莎白一世制定的《济贫法》最为著名，该法规定的救济对象有三种：一是有劳动能力的贫民；二是无劳动能力的贫民；三是无依无靠的孤儿。英国《济贫法》的制定和实施奠定了英国乃至欧美各国现代社会救济立法的基础，开创了用国家立法推动社会保障事业的先例。19 世纪末，德国创建了社会保险并且很快被欧美各国普遍采用。但是，在 20 世纪 30 年代遍及欧美的经济大萧条中，社会保险所扮演的角色还是不如社会救助显得重要。这显然是因为面对大量现实存在的贫困现象，能将有限的资金有针对性地用到需求更为迫切的人身上的社会救助具有更大的优势。例如，英国政府面对 300 万失业大军，在 1930 年和 1934 年连续颁布了两个失业救助法，扩大对失业者的救助范围。在法国，主要也是依靠第一次世界大战前建立的范围广泛的社会救助网来渡过难关。[①] 美国的罗斯福新政，主要的社会保障措施也是以工代赈，即组织大批失业工人修建公共工程，这是典型的社会救助手段[②]。

---

① 褚福灵. 社会保障国际比较［M］. 北京：中国劳动社会保障出版社，2014.
② 李超民. 美国社会保障制度［M］. 上海：上海人民出版社，2013.

借鉴国外社会救助事业发展的经验，我们可以得出这样的结论：在当今世界市场经济国家都有一个普遍的社会救助（或称公共援助）制度，它像一张张在最低生活标准之下的安全网，能确保每一个社会成员在因各种主观或客观原因生计断绝时，不至于陷入无助的境地。在我国向市场经济转轨并引起激烈社会变迁的今天，为保持社会的稳定，我国城市应构建以社区为基础，以最低生活保障线为核心，以老年人、残疾人、妇女和儿童为主要服务对象的社会救助体系。各社区要结合自身情况，建立不同类型的社区救助机构。

（1）建立社区老人救助所，收留被子女遗弃的老人，为他们提供临时的生活场所，并对其子女进行教育和帮助，让他们承担起扶养老人的责任和义务，对于有实际困难的家庭提供一些必要的社区援助。

（2）建立社区妇女庇护所，救助受到家庭暴力摧残和面临各种危险的妇女，为他们提供临时庇护、倾诉的场所和心理、法律咨询及调节夫妻矛盾等方面的帮助。

（3）建立完善社会低保制度，对家庭收入处于最低保障线以下的居民，全面给予救助。

（4）建立社区嫖娼、卖淫、赌博、吸毒人员教育收容所，发挥家庭、邻里、社区特殊的教育功能，对那些有轻微越轨行为并有悔改之意的人员进行教育、引导和亲情感化。

（5）建立生活无着落流浪人员收容遣送所。

## （三）建立弱势群体的化解机制

弱势群体是在社会各个群体中处于劣势和脆弱的社会群体，它是一定社会发展时期政治、经济和文化综合作用的结果。随着我国改革开放的不断深化，随着一部分人先富起来，出现了收入分配不均的现象，城市社会分化的加剧，催生了一大批弱势人群。为缓解社会矛盾、维护社会稳定，必须从如下几方面入手，建立健全弱势群体的化解机制：

（1）积极做好弱势群体的就业和再就业工作。一方面，通过免费为弱势群体举办就业培训，提高他们的劳动技能和自主谋生的能力；另一方面，认真贯彻落实促进再就业的各项扶持政策，广开就业门路，积极创造就业岗位，尽可能使更多的下岗失业人员实现就业和再就业。

（2）确保弱势群体的基本生活。要进一步完善下岗职工基本生活保障、失业保险和城市居民最低生活保障线制度，积极运用电子政务手段，保证低保资金按时足额发放，并形成严密的低保对象的申请、审核和审批机制及工作程序，形成健全规范的城市弱势群体基本生活保障管理制度。

（3）确保弱势群体的基本医疗。要以企业职工养老保险制度和城镇职工基本医疗保险制度为基础，积极稳妥地推进医疗保险制度改革，形成完善的多层次医疗保障体系，使弱势群体能享受到基本的医疗。

（4）完善劳动保障监察制度，规范监察执法行为，切实维护弱势群体的合法权益。重点查处无故克扣和拖欠职工工资、拒缴或拖欠社会保险费、非法职业中介等违法行为，建立健全行政执法监督机制，妥善解决劳动保障行政争议，积极推进劳动保障的依法行政。

（5）大力发展社会救助和慈善事业，积极倡导社会各界对弱势群体的捐助。一方面要不断规范各项制度和程序，总结捐助工作经验，把经常性社会捐助工作深入持久地开展下去，同时认真做好社会公示，使捐助工作形成良好的信用；另一方面要进一步规范慈善工作，促进各类慈善组织活动的规范化、透明化，以便为慈善活动的开展提供良好的制度保证。

### （四） 政府通过市场与计划相结合的方式为居民提供住宅

随着住房制度改革的深化和完善，住宅的属性也从简单走向复杂，从最基本的居住和福利属性发展成为融居住、商品、资产和社会保障等于一体的多重属性。伴随着住宅属性的变化和不同收入阶层的出现，住宅的供应方式也在发生根本性变革，并初步形成多层次的住房供应体系。这主要表现在：一是通过建立完善的商品房市场，为较高收入居民按市场价购买商品住宅提供便利。二是住房保障逐步实行实物保障与货币补贴并举，大力推广廉租房。对居住特别困难的低保家庭给予住房救助。三是充分运用现代网络信息技术，为居民及时了解房地产政策、法规和市场信息，办理有关房地产手续提供便利。

### （五） 建立与完善城市救急系统

完善的城市救急系统，对于提高居民生存保障能力，建立健全社会保障体系具有十分重要的意义。根据急救的性质，城市救急包括医疗急救报警、火灾报警、治安和求助报警，以及交通事故报警等方面。在我国，为满足居民急救服务的需要，目前已经基本建立了由120急救报警服务台、119火警报警服务台、110报警服务台和122交通事故报警服务台组成的城市救急系统。同时，随着信息技术的迅猛发展，城市救急系统也在进行不断创新和完善，这主要表现在：

（1）医疗急救实现零距离链接，形成绿色生命通道。为及时有效地救治危重病人，在城市120急救中心与各医院之间建立完善的急救网，形成高效快捷的绿色生命通道。病人一旦报医警，急救车立即在最短时间内赶到，实施院前抢救，同时通知目的地医院的大夫做好准备；危重病人入院后，根据病情需要，不分科系，急救医学部立即组织各方面专家进行紧急会诊，实施紧急抢救。实施院前抢救、院中急救与院间急救零距离链接的整体救治模式，大幅度提高了抢救成功率[①]。

（2）实行120、110、122、119之间的急救联动，建立城市急救中心，构筑更加顺畅、准确、及时、高效的应急救援系统。目前我国南宁、大连、张家港、漳州等许多城市已在积极研究探索和推进城市应急救援中心建设，整合急救资源，实行120、110、122和119等不同类型报警服务台的合并，实现社会联动，以提高政府及有关部门对重大紧急事件的快速反应能力。

（3）建立突发公共卫生事件应急反应机制，切实保障人民群众的健康与生命安全。按照中央统一指挥，地方分级负责；依法规范管理，保证快速反应；完善监测体系，提高预警能力；改善基础条件，保障持续运行的原则，建立突发公共卫生事件应急指挥系统，对突发公共卫生事件实行统一指挥，统一部署，统一行动。完善信息网络，及时、准确地对突发公共卫生事件做出预测、预报和预警。

（4）认真借鉴西方发达国家社区发展建设的经验，结合社区的设立，建立社区警务制度，发挥社区警务对社区安全和社会稳定的直接预防作用。通过科学合理的划分警务区，使110指挥调度人员熟悉警务区的各个方位；积极研究探索社区110建设，适时开通社区110，实现应急救援服务的全覆盖，进一步缩短110的出警时间。

（5）建立和完善警民互动机制。通过开展警民共建活动，增强居民的参与意识，提高居民参与热情，让居民了解自己的社区和警区在地图上的确切位置范围，了解社区和警区的各种治安组织的名称、功能和联系电话，及时将犯罪活动信息报警，为警察提供罪犯线索，将影响社区安全和社会不稳定因素尽可能地消灭在萌芽阶段。

（6）实现全国急救信息资源共享。依托全国统一的公安和卫生信息网络和信息系统应用支撑平台，建立并完善有效开发利用急救信息资源的应用系统和工作机制，加快实现各级急救中心在全国范围内的跨地区、跨部门信息共享和综合应用。建立应急救援指挥的快速反应机制，确保各级应急救援指挥中心和一线实战部门全程全网警令畅通，促进应急救援中心统一指挥、信息共享、协同作战，提高应急救援中心处置紧急情况和突发事件的快速反应能力。

总之，社会保障是保障人民生活、调节社会分配的一项基本制度。要坚持以人民为中心，建立全覆盖、保基本、多层次、可持续的社会保障体系。

（执笔人：王可玉）

---

① 任云兰，郭力君. 新时期的城市社会保障建设［J］. 天津行政学院学报，2014（4）.

# 织密城市公共安全网，
# 为城市居民撑起保护伞

**摘要：** 随着城市化进程的加快，城市公共安全体系建设已成为影响城市可持续发展的重大战略问题，必须给予足够的重视。本文从城市公共安全的内涵、特征、意义入手，阐述我国公共安全体系建设的现状，并与美国、日本的公共安全体系作比较，论证中心城区的公共安全体系建设存在认识不足、基础设施不健全、安全规划战略缺失等问题，在此基础上对公共安全体系的构建内容提出建议，从而为公共安全体系的构建提供参考。

当前，我国正处于社会转型、经济转型的关键时期，随着城市化进程不断加快，各种深层次的矛盾和问题逐渐暴露出来，影响公共安全，不利于社会稳定。城市作为国家或地区的经济、政治、文化发展的中心枢纽，若发生公共安全问题，将会带来连锁性、爆发性的破坏。2003 年"非典"之后，我国开始注重建立应急管理体系和城市公共安全管理机构，但由于多种因素的影响，我国城市公共安全体系建设中还存在许多问题亟待解决，公共安全体系建设已成为影响城市可持续发展的重大战略问题，必须给予足够的重视。本文主要从城市公共安全的内涵、特征，我国公共安全体系的现状、存在的问题、体系的构建完善方面进行分析探讨，从而为我们中心城区公共安全体系的构建提供参考。

## 一、城市公共安全的研究范围、特征和意义

### （一）城市公共安全的定义

城市公共安全是指城市生活中的安全问题，包括城市生活中人们生产、生活、生存范围内诸多方面的安全，它既是城市及其居民人身和财产需要的满足，也是城市依法进行社会、经济和文化活动以及生产和经营所必需的良好内部秩序

和外部环境的保证，它反映了自然灾害、生态环境、经济状况和资源供给等社会、政治、经济和文化因素对城市长治久安和持续发展的影响。

城市公共安全具有人群聚集、脆弱性和社会敏感性，若城市公共安全作为一个系统，它的风险，由于人群的聚集而被放大；由于系统的脆弱性而易受攻击和破坏；由于系统的社会敏感性而被激化及猝变。① 因此，以科学的态度认清城市公共安全存在的风险十分重要。

2006 年 1 月，《国家突发公共事件总体应急预案》发布，根据突发公共事件的发生过程、性质和机理，将突发公共事件主要分为自然灾害、事故灾难、城市公共卫生事件和城市安全事件四种②。

自然灾害，主要包括水旱灾害、气象灾害、地震灾害、地质灾害、海洋灾害、生物灾害和森林草原火灾。事故灾难，主要包括工矿商贸等企业的各类安全事故、交通运输事故、公共设施和设备事故、环境污染和生态破坏事件等。公共卫生事件，主要包括传染病疫情、群体性不明原因疾病、食品安全和职业危害、动物疫情以及其他严重影响公众健康和生命安全事件。社会安全事件，主要包括恐怖袭击事件、经济安全事件和涉外突发事件等。

## （二）城市公共安全的研究范围

城市工业危险源、城市公共场所、城市公共基础设施、城市自然灾害、城市生态环境、恐怖袭击与破坏、城市公共卫生等对城市经济和社会发展带来风险，上述风险存在于人们生产、生活、生存范围的各个方面，包括衣、食、住、行、工作、休闲娱乐等各个领域及环节。结合现代城市特征及事故灾害特点，城市公共安全研究范围主要包括以下七个方面。中心城区公共安全面临的挑战概莫能外。

### 1. 城市工业危险源带来的风险

工业化是城市化一个重要的方面，而与此相关的各类重大安全事故威胁的可能性也大大增加。如工业原材料因其化学、物理或毒性特性，容易导致火灾、爆炸或中毒的危险；储罐区、油库、生产场所、压力管道、锅炉、压力容器等疏于管理引发重大事故。根据《中华人民共和国安全生产法》第九十六条规定：重大危险源是指长期或者临时的生产、搬运、使用或者贮存危险物品且危险物品的数量等于或者超过临界量的单元（包括场所和设施）。工业危险源带来的事故隐患极易造成巨大损失，甚至使城市功能瘫痪。如 2015 年 8 月 12 日天津滨海新区瑞海公司危险品爆炸事件，事故造成 165 人死亡，400 余人受伤，9420 户房屋受

---

① 刘茂，王振. 城市公共安全学——原理与分析 [M]. 北京：北京大学出版社，2013.
② 刘茂，张青松. 城市公共安全——理论方法及应用 [M]. 北京：中国石化出版社，2013.

损；再比如 2013 年 11 月 22 日发生的青岛输油管道爆炸事件，都属于工业危险源带来的公共安全问题。

**2. 城市人口密集的公共场所存在的风险**

城市的基本特点就是高密度的人口聚集形式以及高频率的人员流动，而公共场所作为人群聚集的地方，更是隐含了众多的安全隐患。公共场所究竟有多少安全隐患？商场、超市、车站码头、城市广场、娱乐服务场所、宾馆、公园、旅游景区等人员聚集场所，都不同程度存在各类安全隐患，例如安全设施陈旧、通道不畅、照明不足、安全标识不清、安全设施检测合格证过期等。近年来事故频发，更是危害严重，使得密集人群的安全问题成为社会关注的重点。如 2014 年最后一天跨年夜，上海外滩发生的严重踩踏事故，36 个年轻生命离我们而去；再比如 2015 年 9 月 24 日，沙特阿拉伯麦加朝圣地发生的严重踩踏事件，沙特阿拉伯官方公布的死伤人数为死亡者 769 人、伤者 934 人。这些事件的发生，不能不引起我们对人口密集的大城市或者中心城区，对公共场所安全问题的重视和思考。

**3. 城市公共设施安全风险**

城市是人们生活、生产以及商业活动的中心，功能多样、结构复杂，特别是对水、电、气、油、信息、交通等资源的高度依赖性，因而也使遍布城市地下纵横交错的自来水、煤气、天然气管网和电信、电力、网络管线系统显得特别脆弱，任何一个方面出现问题，都会威胁到经济建设和工农业发展的城市公共安全。如 2015 年 7 月 4 日，北京地铁 4 号线动物园站 A 口上行扶梯发生设备溜梯故障，造成一名少年身亡、3 人重伤、27 人轻伤；最近频发的电梯、自动扶梯吃人事件。这些事件的发生虽然具有偶然性，但因为距离人们生活太近，和每个市民息息相关，极易引起社会公众的恐慌和对政府监管不力的不满，影响社会的和谐稳定。

**4. 城市自然灾害**

我国历来是自然灾害多发地区，容易受到大规模自然灾害的威胁，如地震、台风、水灾、地质灾害、雪灾等天灾不断发生，每年沿海省市因台风而损失上千亿元甚至更多。由于生态环境受到影响，也加大了自然灾害的发生概率和严重程度。如 1998 年长江洪水灾害，造成直接经济损失 2500 亿元，其他灾害和污染损失至少 6000 亿元，基本抵消了当年 7.8% 的经济增长；再比如 2008 年南方雪灾，129 人死亡，166 万人紧急转移安置，直接经济损失超过 1500 亿元；更不用说 2008 年的"汶川地震"，造成 69227 人遇难，374643 人受伤，17923 人失踪，直接经济损失 8452 亿元。

**5. 城市公共卫生安全**

疾病具有不可预测性、难以控制性，而城市是人口聚集的地方，一旦出现流行性疾病，将使得城市公共卫生系统经受重大的考验。如一些突发性公共卫生事件，主要包括传染病疫情、群体性不明原因疾病、食品安全和职业危害、动物疫情以及其他严重影响公众健康和生命安全的事件。最有代表性的例子就是 2003年的"非典"疫情，波及我国 24 个省份，造成大量的人才损失。中心城区人口更加密集，人员结构更加复杂，更易受到突发公共卫生事件的侵袭。

6. 恐怖袭击与社会治安管理

由于受国际经济、文化、社会局势的影响，国内贫富差距的扩大，公共场所成为各种恐怖事件袭击的目标，也必然给城市安全带来更多隐患。我国当前的恐怖活动主要指使用爆炸、劫机、投毒、暗杀等严重暴力手段进行犯罪活动，滥杀无辜、制造影响、破坏稳定、报复社会，严重危害公共安全，并在一定范围内造成不特定人群普遍的心理恐慌。再加上我国当前社会转型期的矛盾多发现状，各种群体性事件频发，社会治安和信访维稳面临较大压力，这些都是城市公共安全面临的严峻挑战。例如：美国"9·11"恐怖袭击；我国近年来，新疆等地经常出现的打砸抢烧事件；以及城管暴力执法、土地房屋暴力征收等群体性事件。

7. 城市生态环境安全

城市是生产单位与城市居民的集中地，产生大量的废气、废渣、废水等，往往造成大量的工业污染与生活污染。城市化进程中，对自然资源无节制的开发也会对生态环境造成不良影响，进而引发一系列社会问题。如 2011 年 3 月日本发生大地震引起核泄漏，导致核辐射，对人和生物造成了毁灭性的伤害，直到现在，对周围的海域生物还有影响。

## （三）城市公共安全的特点

（1）涉及范围广，破坏性强。城市是一个复杂的有机体，城市公共安全涉及人们生活的方方面面，一旦出现问题就会牵涉到各方利益，影响到整个社会的稳定和发展，而后果往往随着危机的恶化而加剧，单体的突发事件极易被放大为群体的社会危机，造成巨大的损失。

（2）风险的不确定性。引起突发事件的原因是多方面的，还加入了一些以前所知甚少或全然无知的新的风险因素，而且在因果关系上不是简单的线性关系。城市规模越大，相应的安全隐患也越多，而且不容易发现，各种风险的不确定度比较高，特别是中心城区，人员密集、结构复杂，生产结构多样，风险的不确定性更高。

（3）公共安全事件国际化程度加大。中国作为国际社会中的一部分，任何安全事件都有可能造成国际性影响。而随着世界经济一体化，日益便捷的交通与国际化的信息网络，恐怖袭击与传染性病毒很容易就被带到世界任何一个角落，使得这种影响波及的范围更大，后果也更严重。一个城市的国际化越高，被世界影响和影响世界的可能性越高，像前段时间的 MERS 疫情，就是最先从韩国传播过来的。

### （四）构建城市公共安全体系的意义

安全是人的第一需求，保护工作和生活在城市中的市民的生命和财产安全，是城市经济、社会和谐发展的根本目标。城市要发展，社会要进步，人们生活水平和幸福指数要提升，都离不开城市公共安全体系的构建和保障。

（1）构建和谐社会需要一个稳定的环境。和平与发展是世界的主题，在构建和谐社会的过程中，需要保持社会的稳定。而稳定是建立在对城市公共安全风险进行控制的基础之上的，因此，我们要提升市区，实现快速健康的发展，必须加强对中心城区公共安全风险的管理与预防，建立公共安全风险防控体系。

（2）城市公共安全体系的构建和保障是政府执政能力的重要体现。及时、正确地应对危机是政府的责任，而进行城市公共安全风险防控管理则是政府执政能力的重要体现。安全是人的第一需要，如果连这个市民最基本的需求都满足不了，市民凭什么理解你、拥护你、支持你。所以，党和政府为了更好地管理社会，巩固政权，必须具有风险意识，不断提高风险管理水平。

（3）城市公共安全体系的构建和保障是作为国际社会一员的义务与责任。在全球化时期，一切安全问题都是围绕国家这个中心展开的。而在全球化背景下，任何一个国家的安全问题都有可能波及到更大的范围。而具有传染性的病毒、恐怖袭击更是因为快速便捷的交通成为全球化问题。因此，将风险控制在一定限度内，或将损失降低到最小，是每个国家的义务与责任。再以韩国的 MERS 疫情为例，如果韩国最开始将疫情控制住，阻止其扩散，那我国也就不需要花费那么大的财力、物力、人力应对 MERS。

## 二、国内外城市公共安全体系建设的现状及存在的问题

### （一）国内外城市公共安全体系建设的现状

#### 1. 国外现状

欧美等发达国家经过多年的摸索，已建立起一套行之有效的公共安全管理模式，如欧洲国家处理疯牛病等危机，美国"9·11"面对恐怖活动采取有效迅速

的国际协作等。目前，世界各国的公共安全管理模式大体上可划分为：以联邦应急计划为法律基础，总统直接领导，联邦紧急事务管理局等核心机构协同运作的美国危机管理体系；以内阁总理负责，内阁官房直接管辖，国防安全危机管理——防灾减灾为一体的日本内阁危机管理体制；归司法部所属，承担民防职能，协调联邦政府对重点灾害地区物质帮助，提高地方政府应急管理能力的澳大利亚应急管理体制；由国防部领导，其他部门密切配合，承担安全保障和灾害预防的加拿大关键基础设施保护与应急办公室制度。在公共安全管理体系的建设上，国际上有较大影响的系统有三个，即美国的 EMS 系统、欧洲尤里卡计划中的 EMM 系统、日本的 DRS 系统。这些系统通过采用先进的 GIS、RS、GPS 及通信网络系统等，实现了公共安全管理技术的体系集成与辅助决策支持。

在这里重点介绍一下美国和日本的公共安全风险防控体系。

（1）美国的公共安全管理体系。"9·11"事件后，美国进一步完善了风险管理与应急救援体制。目前美国联邦政府共有 15 个部、62 个独立机构，其中，12 个部、40 个机构的主要职责与风险管理有关。突发公共事件应急管理机构主要是美国联邦应急事务管理总署（FEMA），联邦应急计划将应急工作细分为交通、通信、消防、大规模救护、卫生医疗服务、有害物质处理等 12 个职能，每个职能由特定机构领导。美国应急体系已形成整体的国家应急网，具有立体化的特征。

（2）日本的公共安全风险防控管理体系。日本政府在内阁增加安全保障会议的职能、在总理府新设相当于副部长级的风险管理总监和内阁风险管理中心。东京都在 2003 年 4 月建立了知事直管型危机管理机制。该机制设置局长级的"危机管理总监"，建立起一个面对各种各样的危机全政府机构统一应对的体制。这是一种基础很扎实的危机管理体制，这也是一种成熟发展下的资源整合方式。

2. 国内现状

我国的城市公共安全管理体系是随着全国应急管理体系同步建设的，我们在经受了"非典"的严峻考验后，开始在全社会普及应急管理体系建设。例如：2004 年，重点围绕应急预案编制，推动突发公共事件预防工作开展；2005 年，重点推进预警体系、应急救援和社会动员机制建设；2006 年，全面加强应急能力建设，重视培训、演练和科普宣传工作；2007 年，推进应急管理工作进基层，重点加强企业应急管理工作，建立专兼结合的基层综合应急队伍，逐步推进各个层面的工作和整个应急体系建设。截至目前，按照"一案三制"（预案、体制、机制、法制）的要求，全国主要城市的各个管理层次都制定了相应的应急预案，符合应急管理需要的各项体制、机制和法制建设也在加紧进行中。

近年来，我国城市应急管理系统的建设已引起各级政府的重视，并形成了具有各自特点的管理体系。如深圳成立的处置紧急事件委员会，建立总值班室制度，并在1998年正式颁布实施《深圳市处置紧急事件工作预案》；上海成立了减灾领导小组，其下设办公室、减灾专家委员会、救灾应急指挥中心，实现了对全市"测、报、防、抗、援"等减灾资源的统一组织和指挥；沈阳将"人防"与"民防"结合，成立城市应急救援中心，实现资源共享，应急联动；南宁市成立了城市应急联动中心，利用集成的数字化、网络化技术，将110、119、122、120、市长公开电话、水、电、气、防洪、防震、防空等应急救助系统进行统一指挥调度，实现了统一接警、统一处警、资源共享、统一指挥、联合行动。

## （二）中心城区公共安全体系建设存在的问题

首先必须肯定公共安全体系建设已经取得了不小的进步，在以往遇到的各种危机中，没有出现严重的失误。但随着城市规模的不断扩大，城市遇到威胁的不断增多，我们发现当前的城市公共安全体系建设问题依然很多，有的甚至是根本性的，阻碍了城市公共安全体系建设的速度，甚至部分问题还是城市安全威胁之源。

### 1. 社会对城市公共安全认识不足

从政府层面讲，各级政府和部门都习惯于常态管理，预防灾害危险的意识不强，因此，重危机应急处置、轻灾前防范检查现象比较普遍，尤其是一些看得见的公共安全隐患无人监管和解决。例如：一些新启用的道路，其十字路口无安全标识和红绿灯指导，导致车祸不断；商业区和居民区附近存在化学品营销点、加油站，一旦发生泄漏后果不堪设想。从公民层面看，长期以来，公众习惯于常态生活，对现实生活中各种潜在的和显现的公共安全隐患认识不足，缺乏识灾、防灾能力和自我保护意识。如在火灾中处置不当而丧命者不在少数。从社会层面讲，大多数人并不关心城市公共安全，而较多关注的是灾后的现场处置、恢复建设和责任追究等。但是应急处置只是一种被动的补救措施，为了更好地应对各类公共安全事件，政府、公众和个体都必须牢固树立公共安全危机意识，并主动地、科学地进行城市公共安全规划，建立统一的工作预案，采取积极的行动确保人民群众的生命财产安全。

### 2. 公共安全基础设施建设存在薄弱环节

由道路、通信、水、电、热、气六大系统组成的城市基础设施网络系统是城市运行的生命，其运行状况往往决定了一个城市的安全状态。而近年来大规模、大面积的城市建设，对城市基础设施网络系统的运行构成极大的威胁，增加了更多的安全隐患；随着人民生活水平的提高，各种易燃、易爆、危险品也越来越多地进入家庭，使基础设施网络系统的运行处在一个十分脆弱的环境中。

城市公共安全基础设施的建设却较为薄弱，重点工程防灾标准低、防护系统薄弱，缺乏全面系统的公共安全工程规划，不同行业、不同部门之间的工程项目相互之间不匹配，综合监测预测能力不强，预警及通信网络系统不健全、不统一，技术基础薄弱和风险管理意识不足，尤其是在重大安全事故的应急反应、洪涝灾害和火灾防治等方面缺乏综合性和系统性的研究。像武汉经常发生的城市内涝，就反映了城市基础设施建设安全欠账较多。

3. 城市公共安全法律体系不健全

目前已经修订和执法的法律有《防洪法》、《防震减灾法》、《传染病防治法》等，但都是专项法规，综合性的如《紧急状态法》、《地方城市安全减灾条例》等法律法规则显得欠缺。从法律法规层面看，对城市新的致灾因素或新出现的危机考虑较少，现有法律法规对一些非传统灾种尚未涉及，如信息安全、网络入侵、恐怖事件、群体闹事、公共场所的骚乱事件等。公共安全管理法规或条例出台较少，危机事件的预防预警、应急反应和善后处理的法律依据和法律保障不足。

4. 公共安全规划战略缺失

公共安全体系建设应该是与城市的经济发展、社会构建等基础工作紧密结合在一起的。在制定城市整体发展战略的同时，也应该将公共安全建设战略融入其中，并且还应占据基础性的重要位置。但由于城市目前更多地侧重于发展经济，依靠经济指标定成效，"公共安全管理的研究和实践领域还主要集中在一般应急管理和防灾减灾层面，从城市可持续安全发展的角度对城市公共安全进行全方位的战略思考还不够，公共安全管理没有摆上城市发展应有的战略地位。"① 忽视安全体系的基础建设，强调临时性的应急管理，这是目前安全管理战略规划缺失的明显反映。

城市在基础建设过程中就将安全因素作为重点纳入规划是一种先天植入式的战略，而只按经济考虑进行建设，出现问题再寻求应急解决方案，这是一种后天嫁接式的战略。两者比较，显然前者在实际中发挥的作用更加强大。在很多城市中都不乏一种现象，即居民住宅及密集商业区建筑都非常高，且建筑群极其密集，周围缺乏足够的空旷逃生地带，甚至还有少部分带有危险性的企业设在生活区旁边。这些规划设计本身就没有系统地考虑城市的公共安全，先天遗留下的安全隐患只能通过后天无限的投入应急管理来弥补。② 如不能在城市开始建设的规划阶段合理考虑整体安全战略，一味追求城市模式，甚至将眼光仅瞄准经济，比规模、求速度，都可能导致忽视系统安全设计，最终将背上后天安全管理巨额投

---

① 兰贵兴. 城市公共安全管理的战略思考［J］. 中国公共安全（学术版），2008（1）.
② 刘晓亮. 中国城市公共安全体系建设的现状与发展［J］. 江南社会学院学报，2010（3）.

入的长久包袱。

**5. 城市公共安全的管理体制不规范**

（1）从组织机构上，一些地区公共安全的管理机构空缺，往往在出现危机后临时组建抢险班子，没有完整的组织体系和常设的领导机关，也没有危机处理一揽子计划和应急预案。由于人员临时抽调，工作不具连续性，在处理危机中得到的宝贵知识、经验难以积累和提炼。

（2）应急指挥模式多是"条块分割、独立作战"，虽然有卫生医疗急救、地震救援、交通救援、城市消防、工程抢险、城市危险救援等应急救援机构，但缺乏统一协调和联动配套，力量分散，行动迟缓，难以形成合力。看似"各司其职"，一旦发生爆发，经常出现"打乱仗"现象。

（3）日常管理上，由于"条块分割"，有关公共安全的信息渠道分散，收集、汇总、整理缺乏规范，报告体系尚不健全，难以对危险因素进行全面的、及时的监测，实施早期预警。

（4）在预警机制上，在上报程序、灾害标准、报告内容，到复审核查、测算、确认，再到向社会公布的时间及审批程序等一系列环节上，还缺乏完整的制度规范、科学的指标体系和系统的评估方法，甚至存在缓报、瞒报、漏报等问题。

# 三、中心城区公共安全体系的构建完善

## （一）公共安全体系的构建原则

（1）人本原则。在城市中，人是最根本的因素，引起危机和遭受危机影响的是人，因此，公共安全体系建设的出发点和落脚点都要从人这个因素考虑，坚持以人为本。

（2）预防原则。应急与救援是危机发生后的行为，城市公共安全体系的建设要着眼于危机的预防。因此，应着重于构建公共安全预警系统，建立城市公共安全风险管理制度。

（3）分级管理原则。各级政府与相关部门应该建立起相应的城市公共安全管理机制，将公共安全风险管理纳入行政工作，形成一套行之有效的城市公共安全风险管理体系。

## （二）中心城区公共安全体系的构建内容

建立高效、协调的公共安全管理模式，优化配置公共安全资源。本着"集中指挥、统一调度、信息集成、资源共享、专业分工、分层负责、快速高效、管理科学"的原则，建立全新的公共安全管理体系。这一体系应以整体治理能力为基础，通过法制化的手段，将高效的核心协调机构、完备的危机应对计划、全面的危机应对网络和成熟的社会应对能力包容在内。通过立法，在法律上明确政府不同部门和社会团体在整个系统中的职责定位，实现以规则创新为基础的制度创新；通过建设先进的信息管理系统，将各种分离的信息与通信资源进行全面的系统集成，为管理体系的运行创造必要的技术基础；根据公共安全运行管理机制，实现在组织创新基础之上的机制创新，从而形成集中统一、层次分明、序列协调的新型公共安全管理模式，承担起向全社会提供系统全面的公共安全服务的职能。

1. 加强公众防灾减灾安全意识和危机意识教育

现今城市灾害中，人为因素占八成以上，很多灾害是由于人的主观行为造成的。因此，要从义务教育阶段抓起，通过公民的防灾减灾意识教育、文明安全生产教育、普及安全文明知识等措施，把灾害控制在源头，减少因人类自身行为不当造成的严重事件。要建立城市居民安全教育体系，对城市建设与城市安全的有关概念、安全价值观、综合发展观、安全法规体系以及守法意识、事故应急救援知识等进行全面的社会化教育，形成良好的社会氛围。同时利用大中专院校，加强城市公共安全规划的系统研究，培养专业人才，加强对主管干部、基层干部、企业负责人开展应急管理工作和处置突发公共安全事件能力的培训，为城市建设和持续发展创造良好的社会环境。

危机意识的增强，能使我们在重大突发事件发生时，降低社会动荡的激烈程度。要大力加强公共的危机意识教育，把居安思危教育作为现代公民意识教育的重要内容之一。要加强公民的安全自救知识的教育，增强抗灾救灾意识，遇到突发灾害事件，能够做到听从指挥，临危不乱，并能够积极参加救灾行动。

2. 加快公共安全信息管理系统建设

结合当前的数字化建设，尽快建立起基于3S技术（遥感、地理信息系统、全球定位系统）的公共安全数据库和网络规划，搭建公共安全信息管理的技术平台，为公共安全管理提供有力的技术支持。公共安全信息管理系统在功能上应实现"综合信息与辅助决策平台"、"受理与指挥调度平台"、"科学研究网络平台"和"安全信息和咨询服务平台"四大功能。

"综合信息与辅助决策功能"就是在各子系统及其专业数据库建设的基础上，划分并整合共享资源，各专业数据库通过数据网络支撑平台向综合数据库提供必要的信息存于基于GIS的中心数据库中，以满足应急管理系统的信息查询、统计分析、预警、方案预测制定和辅助决策的应用。应急管理中心通过综合信息平台和专用数据网络可将政府决策转送到下属各子系统，在应急管理中心的统一协调下，实现快速有效的协同工作。

"受理与指挥调度功能"就是在各子系统建设的基础上，通过各种通信手段，受理各子系统上传的多种信息（例如：音频、视频、传真等），在发生突发性重大事件时，构成全方位、立体式的调度中心，实现快速、准确的通信指挥调度。必要时，开通现场移动指挥中心，沟通现场与中心的多种信息通道，为现场和中心的指挥机构提供有效的通信手段。

"科学研究网络功能"就是将各大学和研究部门建立的用于研究的信息网络系统与该系统联接。一方面，可通过网络建立起公共安全专家服务系统，为政府综合信息与辅助决策提供帮助；另一方面，各研究机构可利用该系统对城市公共安全问题进行超前研究，使公共安全资源得到充分有效的利用。

"安全信息和咨询服务功能"就是充分发挥网络这一特殊媒体的巨大功能，及时、准确地为公众提供包括灾害预警、安全指导、官方声音、疏散程序、救护指南、生命线状态报告、损失评估等多方面的公共安全信息服务，为社会的有关部门提供所需的咨询服务，建立起数据可靠、功能综合、多通路和智能化的城市公共安全信息服务系统，形成公开、开放、互动的信息资源共享平台。

3. 加强公共安全突发事件指挥系统的建设

在综合利用计算机网络、通信网络和数字监控等先进技术的基础上，结合城区公共安全应急指挥的实际情况建立公共决策系统。公共安全指挥决策系统应以城市公共安全数据尤其是各类空间数据为基础，从技术上保证对突发事件的快速反应和正确应对，实现对公共安全事故的数据收集、状态分析、事故预防、控制、应急处理、紧急调度、现场显示。为实现城区公共安全突发事件的高效指挥，应在现有的110、119、120、122等系统联动的基础上，建立紧急救援信号，将防洪、防震、防空、海上救援、水电气等公共事业、市长公开电话等公共服务的公共安全信息资源统一集成在新的信息化、数字化平台上，实现全区范围内的应急紧急联动，对特殊、突发、应急、重大事件做出有序、快速、高效的反应。

4. 制订公共安全规划纲要和行业公共安全规划

在编制专业突发公共事件应急预案的基础上，编制综合性应急联动预案。公共安全规划的编制必须以调研、评估、区划、监测预报、设施及其能力评价为基础，是包括工程性与非工程性对策方案的制定、实施、检验的综合性工作，均涉及信息采集、储存、显示、检索、分析和统计。因此，应尽快完成对城市重大危险源的辨识调查，建立基于GIS的公共安全管理、评估、预警、制定预案和事后紧急处理所需要的基础数据库，并对城区总体安全进行评价，确定公共安全体系建设的合理方案。通过编制公共安全总体规划纲要和行业公共安全规划，掌握危及城市公共安全危险源的现状，在此基础上，设计动态模型，根据事态发生的环境和防御能力，输入危害强度，确定类别，进行危害评估，优选应对方案，编制和完善城市重大事故的应急预案；建立和完善基于地理信息系统（GIS）的城市重大事故应急处置预案数据库、应急专家及救援队伍数据库、应急物资存贮数据库等，通过编制应急预案，建立应急处理机制，提高紧急状态应变能力。

5. 对重大危险源、重点保护目标实施动态管理

尽快完成城区重大危险源、重点保护目标的辨识调查和评估报告并建立相关管理系统，编制和完善城市安全基础数据库，应根据城市具体特点，结合国家行业标准，对城市危险源制定划分标准，量化城市危险源，选择评估理论，建立数据模型，进行预警评估。对涉及城区公共安全的周边其他区域的重大危险源，也应做出相应的技术评估。在此基础上对危险源进行分类管理及重大事件和事故上报。紧急情况下，可给出重大危险源及周边环境情况、事故影响范围、警戒区域、应急预案等信息，为应急指挥和决策提供科学依据。

6. 建立完善的公共安全保障体系

（1）完善组织体系建设。健全城市公共安全管理体制。应建立健全组织机构，对应急办的职能进行完善，在应急办的基础上，设立城市公共安全管理中心，专门负责城市公共安全管理工作，以承担公共安全应急准备、监测预警、信息资源编制、公共安全突发事件应对指挥、媒体沟通、恢复管理等职能。应完善《突发公共事件总体应急预案》，提前假设事件可能发生的方式、规模，并拟订出多套的应急方案，事件一旦发生，可立即根据实际的情况进行方案优选。此外还应在预案中界定政府各部门在公共安全管理中的职责、任务，为公共安全体系提供坚实的组织保障。

（2）建立和发展资源保障机制。应从人、财、物等方面，保障城市公共安全管理工作，加紧人力资源的培养，加强战略资源的储备，建立政府和社会的专项基金等，建立并不断发展公共安全资源保障机制，促进各职能部门协作，广泛动员社会力量的积极参与。①人力保障。除政府公共安全管理系统中的队伍建设外，包括消防、公安、军队、医疗等，还应充分发挥社会人力资源优势，将街道、社区的非政府组织团结起来，成立民间抗灾队伍，组织公众学习应急知识和实施自救演习。②资金保障。要加大直接为公众服务的基础设施建设投入，把公共安全管理预算纳入政府整体预算，设立必要的专项基金，应对各种公共安全突发事件和危机。还要突出社会资源在公共安全管理中的重要参与作用。应向大型企业、慈善机构、国际社会、国际组织等社会各界筹集资金，建立监督制度和程序，保证资金的合法合理使用。③物力保障。要完善各种战略物资的储备制度，建立起救灾物资储备、调配、紧急发送的系统，保障突发事件应对中的资源调

配，确保在危机状态中所需器材和生活必需品的发放到位。在日常状态下，要保障一定救灾物资的储备量，对其生产和进货渠道要时时检查和疏通；加强物资监管力度，坚决杜绝一切假公济私、偷用、非法挪用现象的发生，一经查处，要严厉追究其责任；要与周边区域和城市建立起物资紧急调用渠道，以随时解决物资匮乏的问题。

（3）制定考评机制，保证效率。完善和强化问责机制，不断提高政府的公信力和执行力。严格划分不同部门和不同岗位的职能职责，坚持有权必有责的原则，完善和强化城市公共安全失职问责机制，对危机处理不当，严重影响政府形象或在人民群众中造成恶劣影响的，必须严肃查处，及时追责，从而提升政府应对城市公共安全管理的公信力，赢得公众的支持与信赖。

（4）完善公共安全法规体系，为公共安全管理提供法律保障。考虑到我国目前还没有综合性公共安全法规，特别是缺乏针对城市公共安全管理的法规这一现实，应建议市人大、市政府尽快在城市立法权限范围内加强城市公共安全管理立法体系的研究，强化公共安全工程建设的程序化和规范化，建立有序的城市公共安全管理秩序，应通过法制化的部门联动，快速调度和高效配置公共安全资源，实现对紧急状况的应急处理。具体而言，应尽快定制《城市公共安全紧急状态管理条例》、《城市公共安全突发事件应急处理办法》、《城市重大公共安全工程建设管理办法》等。

目前，社会各界已经普遍认识到，健全的社会公共安全制度，应该是一个完整的体系，它包括政府决策、预防预警、应急救援、善后处理等各个有机联系的环节。完善社会公共安全制度，不仅仅是中央领导和政府部门的事，它需要全社会的共同关注。加强国家公共安全体系建设，对于国家未来的发展是有力的保证。对于加快中国特色社会主义建设、全面建成小康社会起到了积极的推动作用，同时为实现中华民族伟大复兴的"中国梦"奠定良好的社会基础和良好的公共安全环境。

总之，在谋求经济与社会发展的全部过程中，人的生命始终是最宝贵的，应当像对待人口问题、资源问题、环境问题一样，把重视公共安全问题作为一个不可动摇的基本国策来认真对待。

（执笔人：彭丽华）

文 化 篇

# 培育城市品牌，塑造城市精神

**摘要：** 品牌是城市竞争力的制高点，是提升城区的竞争力的有力因素，好的城市品牌可以带来市民的认同和信任，可以把城市的现有价值经营成未来收益资产。因此，对城市品牌塑造的探讨显得尤为重要。本文从城市品牌的定义和构成要素入手，阐述城市品牌的构成要素、特征类型以及塑造城市品牌的价值所在，运用营销学推介产品品牌的方法分析城市品牌的塑造方法，论证城市品牌塑造中存在定位单薄、设计粗糙、民间参与不足等问题，并在此基础上提出要通过挖掘历史文化、发掘优势产业、提高人文素养等方式方法，来加强城市品牌建设和管理。

新加坡前任总理李光耀认为，21 世纪世界经济、文化最重要的竞争单位是城市。在知识经济时代，城市品牌因其特殊价值，日益成为城市的核心竞争力。不管这座城市愿不愿意，商业化社会的进程必然将城市带入一个开放后的市场交易平台，如果这座城市不想被淘汰，就必须像营销产品一样营销这座城市，并把城市做出品牌，进而继续保持自己在市场竞争中的地位。品牌是城市竞争力的制高点，是提升城区竞争力的有利因素。

## 一、城市品牌概述

### （一）城市品牌的定义

品牌一词来源于古斯堪的纳维亚语"Brand"，意思是"燃烧、烙印"，美国市场营销学会（AMA）对品牌的定义是：品牌是一种名称、术语、标记、符号或设计，或是它们的组合运用，其目的是借以辨认某个销售者、某群销售者的产品及服务，并使之与竞争对手的产品和服务区别开。[①] 可见，品牌实质上代表着

---

① 凯文·莱恩·凯勒. 战略品牌管理（第四版）[M]. 吴水龙，何云译. 北京：中国人民大学出版社，2011.

卖者对交付给买者的产品特征、利益和服务的一贯性承诺，现在，城市可以像产品或服务一样进行品牌建设和管理，已经成为国内外专家学者的共识。

什么是城市品牌呢？城市品牌是一个城市在推广自身城市形象的过程中，根据城市的发展战略定位所传递给社会大众并得到社会认可的核心概念。具体是指地理名称在某一空间区域内政治、经济、社会、文化、环境等方面所传递信息的总和，以及由此所产生的感知、认知与联想，是城市政府、社会组织、企业、人及城市所提供的产品、服务等品牌的综合。城市品牌既是区别于竞争对手的标识，也是城市个性化的表现。例如：罗马——永恒之都；巴黎——时尚之都；维也纳——音乐之都。一个响亮的城市品牌，代表的是这个城市的独特竞争力。

美国杜克大学富奎商学院 Kevin Lane Keller 教授认为：城市品牌应该具备四大特征：一是城市品牌是一个相对固定地理名称，体现着城市的个性和价值取向；二是城市品牌是一种象征，是一个地区政治、经济、文化、科技等的综合象征；三是城市品牌是一个品牌体系，是城市在不同的领域、不同的方面所创造的品牌的综合；四是城市品牌是城市的一种资源和无形资产。城市品牌是城市个性化的沉淀，是在竞争激烈的市场中所引起的受众偏好的重要识别特征，是城市在长期的经营或服务过程中形成的无形资产，是一种系统合力的体现，对城市受众乃至整个社会都有着巨大而长远的影响，极大地提高了受众的生活质量，体现了城市的生存能力，并可以带动所在地域的经济发展，有利于增强国家的经济实力，是城市竞争力的核心，最终可促进整个人类社会的进步。从城市自身角度看，好的城市品牌既能为受众带来信任和满意，又可以把城市现有价值经营成未来的资产，能为城市带来增值的市场和价值，这已经成为赢得受众忠诚、求得长期生存与发展的关键。城市品牌既是城市的性质、名称、历史、声誉以及承诺的无形总和，同时也使目标受众对城市产生清晰明确的印象和美好联想，既是城市个性化的表现，也是城市经济活力的增益和城市精神的塑造，可以实现受众、城市、社会三者关系的协调发展，综合体现城市的核心竞争力。

## （二）城市品牌的构成要素

（1）地理位置。城市的地理位置可以看作城市无形资产。城市具有独特的地理位置，在一定程度上决定了它的区位优势和核心竞争力的培养与形成，也影响到它的支柱产业的发展和新兴产业的培育，甚至影响到城市品牌战略的制定，如青岛市的"以港兴市"战略和"以海兴市"战略的提出并有效实施就是充分发挥其区位优势的结果。

（2）气候环境。城市的气候与其地理位置密切相关具有天然性，但它最终能否得到保护和利用，却与人类的观念和行为密切相关。城市气候环境可以分为自然环境和人造环境，它们的有机结合形成城市的整体的气候环境。城市的气候是否宜人，已经成为吸引各类人才和资源的重要因素，因此气候环境必然成为影响城市品牌经营的重要条件之一。

（3）精神文明。城市的科技、教育与文化的发展状况和水平，是城市竞争力的体现。城市是否重视科教文化的发展，直接影响着城市品牌的吸引力和可持续发展。为此必须把科教文化作为城市的品牌进行运作与经营，主要宗旨是以市场为导向实施"科教兴市"战略，把科技、教育、文化事业塑造成带动城市发展的产业品牌。城市文明包括物质和精神两个方面，两者既有区别又有交叉。城市的精神文明建设，从时间上看是一个长期的潜移默化的过程；从内容上看是一个涉及方方面面的系统工程。现实中体现在市民的文明行为、企业的诚信行为、政府的廉政高效行为等方面。需要强调的是，城市精神文明建设与市场经济并不矛盾，相反可以用市场手段进行文明建设，这比脱离实际的口号效果更好。

（4）政策制度。城市政府对内的凝聚力和对外的吸引力，关键的因素在于体现政府开放意识、服务导向的各种政策和制度。良好的政策和科学的制度作为城市品牌的主体是促进城市经济发展及社会进步的最重要因素。因此，城市品牌建设必须用政策制度这一无形要素促进整个社会的全面进步。

（5）发展理念。城市应当有自己的发展理念，城市发展理念体现城市风格特点，表达城市精神风貌的价值体系与发展观念，它既有来自城市历史的传统文化的沉淀，更有现实生活中所形成的新观念，是城市品牌建设的指导思想和行动指南。城市发展理念可以从根本上推动城市品牌战略的有效实施。

## （三）城市品牌的特征和类型

### 1. 城市品牌的特征

（1）独特性。城市品牌具有不可替代的经济文化内涵和不可交易的专有功能。城市品牌以高度凝练的形式，集中了一座城市自然资源和人文创造的精华，比如，巴黎作为"时尚之都"，是经过了几个世纪文化和经济的积累而成，从卢浮宫到香榭丽舍大街，均成为其引导世界时尚的标志。这便是城市品牌的独特性。还有位于重庆东部长江北岸的丰都县城是闻名于世的"鬼都"。其独特的鬼文化经历几百年的岁月洗礼，依旧牢牢吊着人们的胃口，深深吸引着人们的眼球。

（2）关联性。城市品牌可以带动一个产业群，带动城市周边地区的发展。比如，以"国际影都"著称的洛杉矶，不但以电影制片业为主力阵容，而且发展起演艺业、置景业、电影特技业、休闲旅游业、电影发行业、音像制品业等电影延伸产业。

（3）实用性。城市品牌不同于纯粹的人文的诗意联想，它能够转化成为有效的商品（服务）或商业附加值。德国小城汉诺威是国际汽车展的举办地，他以区区几十万人，创造了一个享誉世界的"会展业之城"。而提起中国的义乌，人们就会联想到义乌小商品城。城市品牌的实用性是一座城市的文化活力之所在。

2. 城市品牌的类型

城市品牌塑造的差异性要素多种多样，主要有城市的历史角色、文化底蕴、人文风情、地理特征、产业优势、经济实力、发展前景、类似性特征或自发识别内容等，这些要素是城市品牌分类的主要依据。本文在归纳国内外学者对城市品牌分类的基础上，概括出四大类城市品牌。有些分类项可能存在一定的交叉或重叠，但这恰恰说明城市品牌的形成并不是单一因素作用的产物，而是一个复杂的系统。城市品牌类别的划分，有利于指导城市经营者根据城市本身所特有的资源优势和环境条件进行城市品牌定位。

（1）地理型城市品牌。其又划分为区位型城市品牌，如"中国的芝加哥"武汉、"祖国的南大门"广州、德国的法兰克福等；地貌性城市品牌，如"浪漫水都"威尼斯、"东方威尼斯"苏州等；矿藏型城市品牌，如"石油城"玉门、"钢城"鞍山等；气候性城市品牌，如"冰城"哈尔滨、"春城"昆明、"花城"广州、"雨城"雅安、"太阳城"攀枝花等。

（2）空间型城市品牌。其又分为商务区型城市品牌，如"国际金融中心"纽约、"北方商贸中心"郑州；居住区型城市品牌，如"世界休闲之都、住在杭州"、"住在威海"；科教区型城市品牌，如美国的硅谷、日本的筑波、中国的中关村；公共设施型城市品牌，如巴黎的埃菲尔铁塔、纽约的自由女神像、悉尼的歌剧院、广州的五羊雕塑等。

（3）历史文化型城市品牌。其又分为政治型城市品牌，如"欧洲首都"布鲁塞尔、"国际会议中心"日内瓦等；文化型城市品牌，如"浪漫之都"大连、"动感之都"香港、"创业之都"深圳、"时尚之都"巴黎等；宗教型城市品牌，如"宗教圣地"耶路撒冷、"伊斯兰教第一圣城"麦加等；遗址型城市品牌，如"九朝古都"洛阳、"三国圣地"成都、古都西安等；人物型城市品牌，如"将军之乡"平江、"孔子之乡"曲阜等。

（4）经济型城市品牌。其又分为服务型城市品牌，如"世界经济论坛"达沃斯、"东方明珠"上海、"博鳌亚洲论坛"博鳌；企业型城市品牌，如底特律的汽车制造公司（通用、福特、克莱斯勒）、青岛的"五朵金花"（海尔、海信、澳柯玛、青岛啤酒、双星）、绵阳的长虹等；旅游型城市品牌，如"赌城"拉斯维加斯、夏威夷的火奴鲁鲁、印尼的巴厘岛、桂林、北戴河等；产业、产品型城市品牌，如"汽车城"底特律、"国际影都"洛杉矶、"中国瓷都"景德镇等。

# 二、塑造城市品牌的价值和作用

城市品牌化能够有效地提升城市竞争力，已成为学界和实务界的普遍共识。塑造城市品牌的作用和意义，可归纳为以下十个方面：

（1）凸显差异化优势。城市品牌有助于城市在目标市场中凸显自身差异化优势和区隔，并在受众心智中占据比竞争城市更为优越的地位。

（2）协同营销努力。城市品牌具有统一和凝聚的功能，有利于城市各界的力量能够自觉地投入城市吸引力营造和品质提升的努力中来，城市利益相关的各界组织或个人的诉求能有效地协同到城市品牌信息上来。

（3）确保城市形象的一致性和持续性。城市品牌有利于城市形象的可持续建设和管理，规避设计和主题的散乱动摇。

（4）提升城市营销效益。城市品牌能够提升城市的溢价和增值能力，从而也是降低城市营销成本、提升城市营销效益和效果的有效途径。

（5）支持顾客决策。城市品牌有助于城市顾客的识别和认知，从而简化投资、旅游、迁居等目的地选址决策过程。

（6）增强危机应对能力。城市品牌有助于城市经受危机的考验（如信任危机），并能够帮助城市尽快实现危机后的恢复或重建（如自然灾害）。

（7）促进经济增长。城市品牌通过增进城市吸引力，有利于从促进旅游、引进投资和人才及企业保留和发展等角度，增加城市收益，帮助城市达成经济发展目标。

（8）放大原产地效益。城市品牌能够促进本地企业和产品的出口贸易，提高相关产品的附加值。

（9）增加顾客认同。城市品牌有助于提高城市良好的口碑效应，从而增进城市外部顾客如投资者和游客的信心，提升本地顾客如企业、居民及其他利益相关者的认同感和自豪感。

（10）产生正面外部效应。城市品牌能够产生积极外部效应。良好正面的城市品牌能够惠及多项城市功能，特别是通过城市总体品牌与城市营商、旅游、宜居和原产地等子品牌的协同和互动，能够有效提升城市总体价值和综合竞争力，促进城市的可持续发展。

总之，城市品牌是城市管理的一项重要议题和任务，是提升城市竞争力的有效手段和战略性杠杆。

# 三、城市品牌塑造中存在的问题

近年来，我国的城市品牌化努力日渐升温，从一个侧面表明我国城市公共管理认识和管理水平的提升。然而对比前沿的理论框架和国际经验，目前还只能说我国城市品牌化进程尚处于摸索和起步的阶段，存在着诸多问题和不足。这些问题、不足概括起来，主要表现在以下八个方面。

## （一）定位混乱单薄

我国城市品牌化努力中的最大问题，首先表现为品牌定位的混乱和单薄。具体包括以下情形。

（1）优势未彰。城市品牌定位，必须是能够将城市最美好、最动人的一面展示出来，而这种优势，尤其需要通过审慎和深入的研究来把握。许多城市的品牌定位，并未充分彰显其核心优势。比如，一些拥有深厚人文传统积淀的城市，偏偏要以公众未必有好感的产业来定位，诸如"煤都"、"鞋城"等。类似的口碑只是资源或产业的特色或优势，轻易拿来作为城市品牌来定位和推广，实在太自以为是。

（2）越位错位。城市品牌是一个多元层级体系，对应着不同的城市产品或城市功能。许多城市往往追求一劳永逸的"定位"，却对其品牌的层级和类型不假思索。比如，"时尚水都"、"浪漫之都"等，很明显是城市旅游品牌，如作为城市主品牌推广，就是典型的"越位"或"错位"，由此必会导致诸多的消极效应。

（3）定位单薄。大多数城市的品牌定位往往只是一个品牌口号的提炼，缺乏更多的定位元素的支撑，因此显得单薄脆弱，空泛而缺乏实质，也难以凸显城市未来发展的方向感，但这几乎是我国城市品牌定位中的一个通病。

## （二）推广飘忽多变

品牌塑造，唯有在准确定位的基础上不懈地坚持推广、沟通，才能在受众头脑中生成对应的形象。但以目前的情势来看，不少城市的品牌建设，常常是不断地更换品牌主题，令公众无所适从，推广方面，也常常忽冷忽热，甚至一曝十寒，严重缺乏连贯性和稳定性。其后果只能是城市品牌的空心化，这也意味着所有的品牌化努力都可能是无效的。当然，正当的品牌更新不在此列。但在我国城市品牌化进程方启未启之际，是谈不上更新的。这种飘忽动摇，很大程度上是品牌定位不准所致。"临渊羡鱼，不若退而结网"，城市应该花更多的力量在定位环节。定位决策既出，就应该长久地坚持并不断地深化这一定位，方可望收到成效。

## （三）缺乏国际视野

尽管有近200个城市纷纷提出要建"国际化城市"，但在实际的品牌建设中，却鲜见有国际化的意识和努力。比如，从标识到口号，从网站到宣传品，只见中文而不见英文或外文，更遑论营销渠道和传播策略等的国际化。而在韩国、日本等国，大多数的城市品牌都有对应的英文表述及设计。国际化意识的缺失，不利于城市参与国际竞争，同时也大大降低了我国城市品牌化努力的品质和价值。

## （四）设计粗糙轻率

除少数城市外，我国城市的品牌标识设计普遍未达专业水准。尽管一些城市正式注册了其品牌标识，但却迟迟不见相应的设计规范问世；尽管有些城市延聘设计公司做了整套的城市品牌视觉识别系统，但从设计所体现的定位内涵或设计本身所呈现的审美水平看，还不能说是成功的城市品牌标识设计。如前所述，城市品牌对城市发展影响深远、意义重大，品牌标识设计是城市颇具战略意义的投资，因此对标识设计应予高度的重视。

## （五）民间参与不足

政府是城市品牌化的主要发起者和推动者，却不应该一手包办城市品牌的建设。然而我国城市品牌化过程，大多是政府绝对主导，其间或有对市民意向的调研，但仅做到这点也还远远不够。民间参与的不足，必然降低城市品牌应有的感召力并稀释城市品牌的凝聚功能。事实上，城市品牌的实质，是城市市民自豪感和信念的表达，而绝不是政府谋求政绩的工具。从定位、设计到推广和管理，城市品牌建设，应充分接纳社会部门和私人部门和市民的参与。在心怀抱怨或愤懑的市民、企业或游客看来，是不存在任何城市品牌可言的。因此，城市品牌建设，应是城市精神动员以及达成谅解和共识的良好机会和特殊机制，扩大有效参与是有益且必要的。

## （六）热衷短期效应

许多城市热衷于追求短期的轰动效应，过分依赖战术性的城市促销或城市推广，以为宣传或吸引眼球就是在做城市品牌，这实在是一个很大的误解，甚至是一种投机。城市品牌作为市场导向的城市管理工具，其价值之一是能够指导城市的发展、建设和创新。因此，根据城市品牌定位及城市顾客需求，进行城市品牌的长期规划和建设，才能充分发挥城市既有的特色和优势，并且不断建设和生成城市新的特色和优势。短期导向的品牌化努力，极易蜕变为劳民伤财的"政绩工程"。

## （七）沟通重外轻内

城市既有外部的顾客（受众），如投资者和游客，也有内部顾客（受众），如企业和居民。城市品牌应针对其外部和内部的顾客进行协同推广。然而，我国城市在品牌推广中，往往一味重视对外推广，忽视内部营销。例如，在招商引资活动中流传的"开门迎客，关门打狗"的说法，就是这种内部营销不作为的恶果。更重要的是，如果忽视了与内部受众的沟通，则城市品牌早晚会失去民心、失去支持，最终沦为自欺欺人的虚假宣传。

## （八）品牌管理缺位

城市品牌建设是一项专业性很强的公共管理任务，必须要有专门的机构进行规划和管理，而这也正是我国目前城市品牌化实践中的明显短板。当前，我国的城市品牌营销，往往是谁发起（如旅游局）、谁负责管理，或有人发起却无人管理，这使得城市品牌管理存在着很大的随意性和局限性，也反映出我国城市政府体制对于城市品牌化潮流的不适应。有效的参与机制及公私合作模式，是当前城市品牌化的国际主流经验。即使是在强势政府的东亚地区，这种公私合作的城市品牌管理模式也渐成趋势。如何通过治理（Governance）途径规范和加强城市品牌管理，一定程度上也是一个城市政府体制改革和公共管理创新议题，值得我们政府探索和深思。值得强调的是，城市品牌究其实质，是城市市民对其城市、对其生活方式的自信心、自豪感以及未来愿景和期望的表达，而这一实质却常常被忽视或误读。此外，有效的民间参与和广泛的公私合作是城市品牌化成功的关键。战略性的城市品牌营销，应该是提升价值导向的公共管理以及建设城市和谐社会的新兴途径之一。

# 四、如何塑造城市品牌

## （一）挖掘历史文化，赋予时代光芒，是城市品牌的"根"

（1）丰富的文化底蕴，高度的人文自信，会为打造城区品牌提供充分条件。

通过对历史名人、典故等相关历史文化题材的全新视角和深入挖掘，反映浓厚悠久的文化历史；通过对风土人情、民俗民艺等文化深层次挖掘、与旅游、节会、商贸、餐饮等休闲性文化相关的景点、饮品、商场、酒店等方面的配套建设，会为创建城区品牌打下良好的基础。

（2）合理规划，处理好城区建设与保护的关系。伴随着城市规模的迅速扩大和发展，城市建设与文化景观的保护逐渐成为当前城市规划的两个难题。在建设城区品牌时，同样要处理好城市建设与保护关系，必须加强保护历史原貌、自然景观。保持自然景观的原生态，保持历史遗址、人文景观的原风貌，保护基本农田、水源等资源，通过规划把孤立的景观在空间上有机地结合在一起，强化文物古迹的整体形象。如福建漳州为实现"田园都市、生态之城"的目标，根据本地实际制订适宜的建设方案，突出本地特色，发挥本地优势，注重保留好农耕文化特色，保护好物质文化遗产和非物质文化遗产。因时就势引导建设，将新建筑、传统文化元素等融为一体，对于城区功能合理分区，解决江河治理、绿地绿植等问题，营造宜居环境，提高城区居民生活质量。

### （二）发展优势产业，塑造品牌产品，是城市发展的"势"

城市竞争的核心是经济的竞争，经济竞争的核心是产业的竞争，打造产业发展优势就是打造经济发展优势，就是打造城市发展优势。世界各国发展的历程表明，产业优势决定着一个国家、一个地区、一个城市的竞争力。

产业发展优势，具有很丰富的内涵。①要打造自主创新优势。要以企业为主体，大力推进原始创新、集成创新、消化吸收再创新，以创新提升产业的核心竞争力。②要打造龙头企业优势。龙头企业对产业发展带动作用是显而易见的，例如奇瑞的发展，吸引了200多家零部件配套生产企业，确立了芜湖汽车产业在全国的地位。③要不遗余力地引进、培育龙头企业，以龙头企业带动产业发展。④要打造集群化发展优势。要围绕本地的地理条件、产业特点，通过推进发展、积极引进、鼓励创业等多种形式，形成更多、更大、更强的产业集群。⑤要打造品牌优势。鼓励企业争创全国知名品牌，以品牌带动企业发展和产业发展，除政治中心和旅游城市外，基本上每个知名城市都有自己的知名品牌产品，这也是保证城市可持续发展的重要因素。

### （三）提高人文素质，倡导积极向上的价值观，是城市品牌的"魂"

随着物质生活水平的提高，广大市民对精神文化的需求愈加迫切，一个只能满足人们物质欲望的城市是缺乏凝聚力的，一个平庸得毫无人文特色的城市对于具有现代化心理的人来说是无法认同的。倡导"自由、理性、宽容、奋进"的价值追求，形成城市的文化凝聚力，将是城市品牌的灵魂所在。

（1）城市价值观有利于强化城市居民意识，增强城市品牌的向心力、凝聚力。城市的价值观是长期积淀形成的，是由城市居民共同创造的，因而人们对其有认同感和归属感，共同的价值观能调动他们的积极性，产生巨大的向心力和凝聚力，并起到显性激励和隐性激励的作用，进一步促使城市文化深入人心，强化市民的服务意识。一个好的城市品牌对于本城市的居民具有鼓舞作用，使他们油然而生一种自豪感。通过富有个性的城市理念传播，城市文化建设及城市品牌形象的塑造，会把市民的精神凝聚到城市发展这一中心上，增强居民的参与意识，并进而营造出人人为城市发展做贡献的良好气氛，推动城市的发展进步。深圳的"拓荒牛"形象就极大地增强了深圳市民的城市意识和主人翁意识，在深圳特区的建设中起到了积极的作用。城市文化的构建有利于提高城市市民的生活素质，增强凝聚力、向心力。一座城市的市民生活素质，反映和表现了这座城市的发展程度和水平。一般说来，市民生活素质包括个人的受教育水平，是否健康的生理、心理和道德，是否丰富多彩的文化生活方式等方面，生活素质决定了市民所具备的视野，也决定了一座城市的总体文化品位的高低，这一切都是构建城市品牌的关键要素。显而易见，要提高市民的生活素质，文化建设在其中起到了根本性作用，这既依赖于普遍有效推行的基础教育和高等教育，也依赖于总体性的社会文化的发展。从而为居民的智力成长和知识底蕴提供基础性的支持，同时也能使人们在社会生活的主要方面形成共同的价值观和精神提升。

（2）城市文化决定了城市品牌的定位，丰富了城市品牌的内涵。随着城市现代化进程的加快，各个城市均加大了了绿地花园、喷泉广场、高楼大厦、宽阔街道的建设，要想从城市的外在面貌区分城市的优劣越来越难。只有城市文化这种深层次的底蕴，才是识别城市特征的首要标识，只有从市民的生活风俗、审美情趣、生活理想、精神崇尚、行为方式、处世态度等方面才能把握城市的内在脉动。当然我们并不否认一座城市的标志性建筑，独特的自然景观，新颖的街道布局，以及它的外在特征对于人们认识一座城市的价值，但是，标志性建筑除了外在形象特征之外，真正让人们长久品味的还是建筑中所包含的历史文化内涵。所以，每一座城市在建设城市品牌时，都在深入地研究本城市的文化个性和特色，从而做出准确的定位。每个城市的文化都有其个性特点，或是历史悠久的传统文化，或是具有创新性的现代文化，这些特点往往需要城市品牌来展现出来。例如，上海市就以外滩丰富多彩的建筑、繁荣的商业和逐步崛起的金融业为内容的品牌形象，展示了上海的城市文化特色。美国的洛杉矶则以好莱坞电影、篮球和知名的大学构成了它的城市形象，体现了它的品牌独特性。

（3）城市文化增强了城市品牌的辐射力和吸引力。现代城市文化对城市周围的地域，对其他城市具有很强的文化辐射作用，其文化的内容和风格可以辐射、感染、影响其周围群落，乃至整个区域的文化，促进整个文化的发展繁荣。城市文化的辐射性有利于城市品牌的传播。城市是文化的集散地，城市的形成为人流、物流、信息流提供了条件，人员的流动带动了跨地区文化的传播，使城市品牌在一定程度上向四周辐射，这是城市品牌作用于外部的扩散力。好的城市品牌必然具有较强的辐射力，城市品牌的文化内涵越丰富，认同性越大，其辐射力也就越强，相应地其吸引力也就越大。如广州作为商都，商贾云集，游客络绎不绝，不仅带来了异地文化，更传播了广州的城市文化，使广州"商都"这一城市品牌闻名全国。

城市品牌建设是一个系统工程，需要将城市品牌的定位、设计、营销、管理都贯彻和融入到城市建设和发展的各个环节中。从市政建设、基础设施建设、环境保护、城市文化和旅游业发展到市容市貌、市民的文明行为的树立等，都需要在城市品牌塑造的统一指导下，对各个职能部门进行协调安排，做到对城市发展力要素的最佳整合。无论城市整体形象的宣传活动、大型的文化艺术节，还是企业、学校、单位的宣传活动，都必须维护城市品牌的形象，不能偏离城市发展的方向，要使每一个部门和企业都成为城市品牌宣传和推广的窗口。只有各行各业统一，从上至下的一致行动，才能打造出好的城市品牌，使城市品牌形成巨大的凝聚力、带动力、竞争力和辐射力，从而提升城市区域平台的含金量和吸引力，推动城市功能和环境得到不断优化，促进城市经济文化的全面发展。

（执笔人：彭丽华）

# 繁荣公共文化供给，彰显和塑造城市价值观

**摘要：** 文化是城市的灵魂，是城市核心竞争力的源泉，繁荣公共文化供给，是保障和改善民生，提高城市核心竞争力的重要途径。本文通过探讨公共文化对城市竞争力的影响和我国公共文化服务体系存在的问题，借鉴英、美两国在市场机制下公共文化服务的多元化供给模式成功经验，就探索完善我国公共文化服务体系、提高城市竞争力作出初步探讨。

## 一、公共文化在城市建设中的作用及面临的困境

城市是文化发展的土壤，又是文化在不同历史时期凝结的总体，每一座城市都有自己独特的历史和精神特质，成功的城市应该具备深厚的文化积淀、浓郁的文化氛围和美好的城市形象。

城市公共文化是人类进化到城市生活阶段的产物，是人类在城市中创造的物质财富和精神财富的总和，它是城市人群生存状况、行为方式、精神特征及城市风貌的总体形态，显示着城市人群的完整价值体系、生活情趣以及城市的气质和品位，如同城市的"遗传基因"，通过人们对城市的集体记忆，影响城市的演变和发展历程。

### （一）在现代城市建设中发挥的作用

城市在形成过程中孕育出公共文化，公共文化又反过来影响着城市的发展和演变。

（1）公共文化是形成城市特色的重要条件。一个城市有其经济上的特色，地理上的特色、建筑上的特色等，但最终决定城市灵魂的是其内在的文化。城市的标志性建筑、代表性景观、城市格局和风貌，城市的名人、名作、著名的文化事件，独特的民俗风情等各个时期的文化遗存诉说这个城市的历史，引起市民的

认同感，激发市民的爱乡热情，是城市的文脉和灵魂，更是城市不可再生的宝贵资源。

（2）公共文化能够实践市民的核心价值，提升对城市的归属感和认同感。自十六大以来，我国城镇化率以平均每年 1.35 个百分点的速度发展，城镇人口平均每年增长 2096 万人，大量自农村进入城市成为新市民，他们面临着角色的转换，生活环境的改变、文化习惯的冲突，必须通过自身的不断调整与改变以适应新环境，而优秀的公共文化能够增强不同市民认同感，使广大的民众接受自己所在的城市、理解其中的城市公共文化精神、促使市民增加对自身城市的认同感、满意度，可以极大地激发市民的自豪感、优越感，使他们凝聚成一个整体，促进政治、经济、社会各方面持续健康和谐发展。

（3）公共文化可以为城市的发展提供经济支撑。文化是城市发展的重要动力源，近年来在我国经济面临较大下行压力，寻求经济转型新动力的关键时刻，文化产业不仅保持较快的增长速度，而且发展质量逐步提升，文化与经济一体化发展趋势日益凸显。文化产业已成为城市经济发展的新增长点。目前，美国是世界第一大文化产业强国，文化产业规模在其国内产业结构中位居第二，在出口方面则是第一大产业。日本仅次于美国，其文化产业的规模比电子业和汽车业还要大，文化产业被誉为未来最具潜力的产业之一，它的发展能有力地推动城市经济的增长。目前长沙已形成媒体传播、文化旅游、出版发行、娱乐文化等七大文化支柱产业，一些内陆山区城市也把文化产业作为新的经济增长点，通过挖掘本地丰富民族文化资源，培育地域文化的支柱产业。

（4）公共文化直接影响着城市的综合竞争力。在推进城市化进程中，文化影响着城市特色的培育、城市形象的树立等基本要素，文化竞争力较强的城市，能够不断吸引世界各地的人们来此工作、生活，随之而来的各种文化不断为城市文化注入新的元素，构成了城市独特的记忆，多样的文化为创意产业的蓬勃发展提供了强劲的动力，完善的公共文化设施与服务为人们的文化活动提供了良好的条件，实现了城市的可持续发展。城市公共文化的作用和地位已日益被人们认识和接受，以文化为轴心的城市发展战略必将成为更多城市的共同选择。长沙、深圳都提出了"以文兴市、文化立市"的战略思路，广州提出"城市以文化论输赢"、苏州突出"文化苏州"的定位。各具特色的城市公共文化定位，反映了城市公共文化在城市发展进程中占有特殊重要的地位。在现代城市建设中，深入研究城市公共文化，发掘文化资源，凸显文化优势，对增加城市的个性与魅力、提升城市竞争力、改善人居环境、提高城市生活质量，都有极其重要的作用。

## （二）当前城市公共文化服务所面临的困境

城市的主体是人，公共文化是人的文化，只有满足城市公民的公共文化需求，才能更好地发展公共文化。近年来，虽然我国公共文化服务建设的成绩斐然，已初步形成了覆盖省、市、县、乡、村的五级公共文化服务网络，但在公共文化服务的具体供给过程中仍存在着一些困境不容忽视。

（1）政府"越位"与"缺位"现象并存。所谓"越位"指的是政府承担了过多本不应该承担的职责，而"缺位"指的是政府未能履行好自己的应有职能。在传统的公共文化服务体系中，公共文化服务生产和供给一般由各类文化企业与事业单位来承担，私人文化企业和国外资本进入文化服务市场，往往需要严格的行政审批和政府管制。随着公众对于公共文化服务需求的层次不断提高，原有的公共文化服务体系已不能满足公众的需求。另外，政府在公共文化服务中"缺位"的现象也一直存在，如对公共文化服务的投入长期不足。一般来说，满足公共文化服务需求，公共文化服务上的投入应占政府公共支出的 1% 左右，如法国，在 1995～1999 年文化预算占国家财政预算的比例就达到了 0.95%～1%，而韩国和中国台湾，也于 1999 年和 2000 年立法规定文化开支不得少于公共开支的 1%，芬兰、荷兰、瑞典等福利国家则在该方面的财政支出则远远高于 1%。而我国多年来文化事业费占国家财政支出的比重一直在 0.3%～0.4%，其中，2015 年全国文化事业费总计 682.97 亿元，占国家财政总支出的 0.39%。财政投入的长期不足，导致了部分文化事业单位的事权与财权的不匹配，公共文化设施因缺乏必要资金，长期得不到必要的更新和维护，许多公共文化活动也因为经费问题而无法开展，从事文化服务的相关人员也因待遇偏低而逐渐流失。

（2）公共文化服务供给的效率偏低。我国的公共文化服务仍在很大程度上存在着政府"包办"的现象，市场化程度不高，政府部门经常在缺乏调研与咨询的情况下从自己的角度及高度决定供给内容，造成了"好心却得不到好评"的现象。同时，有效的群众需求反馈机制尚未建立，群众的呼声与需求不能顺利传达至相关政策制定者，二者造成了供给与实际需求的脱节，公共文化资源得不到有效利用，供给效率偏低。有学者在河南嵩县调查发现，当地农民最需要的三个公共文化设施分别为体育健身场地（器材）、电影放映室（电影院）和图书室；而农村公共文化设施供给最多却是有线广播（大喇叭）、体育健身场地（器材）和寺庙。供给与需求脱节，这种供给效率低下的现象，浪费了公共资源的同时也影响了民众进行公共文化活动的积极性。

（3）公共文化服务绩效评估体系不健全。近年来，我国对培育现代化的公共文化服务体系重视程度逐渐提高，有关公共文化服务的绩效评估也受到了越来越多的关注。但因长期以来，我国政府"既管文化又办文化"，再加上我国整个行政管理体制的绩效管理都处于探索阶段，所以公共文化服务的绩效评估体系也存在着不健全之处。

绩效评估的主体单一化。我国公共服务类绩效评估还处于政府部门自发状态，主要以上级对下级的评估为主，政府自评为辅，这种绩效管理方式促使其将上级的评估指标摆在第一位，而忽视社会公众的利益与需求，缺乏社会公众的参与和媒体监督。

绩效评估方式不科学。当前，由于受现行官员绩效观的影响，我国不少公共部门的绩效评估指标设置上，仍是片面追求较高的经济效益，忽视社会效益。一些官员往往不了解民众的真正需求，而是钻研如何做出"政绩"，故常常搞一些形象工程、面子工程，不仅极大浪费了公共资源，而且违背了公共文化服务应有社会价值。

# 二、国外公共文化服务多元化供给经验

针对当前我国公共文化服务供给体系的困境，在立足于本国国情努力进行转变与改革的同时，应适当借鉴他国在该领域的成功经验，为我国解决针对供给体系的困境提供经验借鉴。

## （一）英国的公私共建型多元化供给

一直以来，英国在公共文化服务领域成绩斐然，目前英国已成为全球文化创意产业占 GDP 比重最大的国家，文化创意产业已成为英国的第二大产业，仅次于金融服务业。据估计，到 2017 年英国文化创意产业的从业人数将再增加 15 万人，数字化和创意产业将成为推动英国经济增长的主要支柱。

（1）公私力量相协调的运作模式。公私共建模式通常强调政府与市场、社会力量等民间力量相合作，共同履行公共文化服务的职能。第二次世界大战结束后，英国在公共文化服务体系的建设与完善过程中，政府相关文化服务部门一直扮演着"导向者"的角色，引导整个国家公共文化服务发展。在政府部门的积极培育下，市场、民间组织参与文化事务的能力与积极性不断增强，越来越多地承担起各项公共文化服务的职责，逐步形成了一种政府、市场与社会三者相互协调、互动的模式。在这种运作模式下，政府虽然设立有管理公共文化服务的主管部门和多层次文化管理层级体系，但政府部门与文化服务企业与机构之间，并不是直接管理与被管理的关系，而是通过设立一级非政府的中介机构进行管理。

（2）"一臂之距"的间接管理模式。所谓"一臂之距"原则，是指国家对公共文化服务的一种间接管理模式，政府不直接管理成百上千个文化艺术机构或企业，而是在政府和艺术机构（企业）之间设立某种中介机构。这类机构负责向政府提供文化政策建议和咨询，又接受政府委托，决定对被资助文化项目的财政拨款，并对拨款使用效果进行监督评估。这类机构一般由专家组成，如英格兰艺术委员会、博物馆和美术馆委员会等，负责对文化企业和艺术团体进行评估和财政拨款的分配，同时也负责对全国各文化领域的文化艺术团体、企业和个人的联络和资助，形成了一个全社会的公共文化服务管理网络。

从本质上说，"一臂之距"是属于一种"管办分离"的文化管理模式，它既促进了英国文化资源的合理分配，同时也使得政府权力向地方和民间机构分散，从而杜绝了政府对公共文化服务的"大包大揽"。通过借助中介管理机构行使管理权，首先，避免了政府文化主管部门过多的事务性管理，保证其将精力运用于关键的决策层面。其次，非政府的公共文化服务中介机构独立于政府与文化企业之外，能够独立履行职能，在人员与经费方面不受二者制约，这就有利于监督的进行，避免"权力寻租"等腐败行为的产生。最后，非政府的公共文化服务中介机构一般由文化、艺术等领域的专家组成，专业性更强，能够有效指导公共文化服务的顺利进行。

### （二）美国在市场机制下的多元化供给

以美国为代表的市场化分散化的公共文化服务模式，最大特点是通过多元化的供给主体来满足民众多样化的文化需求，利用非政府组织的有效运作来避免政府直接干预所造成的效率损失。

（1）立法引导文化产业发展。自由主义是美国国家建构的基本原则，公共文化服务模式也是按照自由主义原则展开，美国一直没有设立"文化主管部门"，政府在公共文化发展方面不直接干预，主要通过法律对公共文化事业进行宏观调控，政府不扶植特定的文化类型、文化风格、文化品质，也不干涉各类文化的传播与交流。此外，独立的社会组织，如艺术家协会等各种相对于政府独立的行业协会，在文化产业的发展中也具有强大的影响力，不仅使文化政策的制定更加合理、能够保证政策的适当性，而且对于行业标准和技术规范的确立都有不可代替的作用。

（2）以市场为基础的文化资源分配模式。文化资源的占有方式体现了文化产业的发展模式，美国文化产业在资源配置方面是以市场为基础的，在市场配置中体现价格机制的作用，对文化资源中用于营利的部分往往需要交付资源占用费，这样既提高了文化资源的使用效率，又促进了文化资源的再生产和积累。

（3）民间资本推动文化产业的发展。美国文化产业的发展以市场为基础，政府对文化产业的投入非常少，主要靠民间资本投资实现。美国的迪斯尼乐园、好莱坞环球影城、百老汇等文化设施都是民间的创意，是吸纳民间资本投资形成的。即使是由政府出资的文化项目，在决策方面也采取董事局的组织形式，由董事局聘请的专业人士管理与经营，日常经费则通过各种门票、培训收入以及社会捐助方式筹措。民间资本进入文化产业不仅解决了美国文化产业发展的资金问题，而且形成了文化产业的竞争局面，保证了足够的、差异性的文化产品供给，更好地满足了人们的文化消费需求，同时促进了文化资本的再循环和文化产业的发展。不仅如此，为吸引更多资金进入文化产业，美国的文化市场向国际资本打开了大门，积极鼓励外来资本投资，通过跨国资本运作加速本国文化产业的发展。

# 三、探索完善城市公共文化服务模式

经过前文的分析与探讨，可看出在当前的公共文化服务体系下，出现的各项政策与法规不健全、措施不完整、综合效率不高的情况，可以从以下方面着手改革。

## （一）建立多元化的决策与评估体系

要从根本上克服当前我国公共文化服务供给模式所面临的质量差、效率低、供求错位等弊端，必须通过对政策的科学制定与评估以弥补行政人员的不足等问题。

（1）建立多元化的决策机制。改变现有决策机制，在决策过程中努力实现以公众需求为导向，培育服务意识。重新整合公共文化决策过程中不同主体的角色，让政府、第三部门、行业协会乃至社会公众充分参与到文化政策的制定中，实现多方共赢。首先，必须完善公共文化决策的专家咨询制度，明确专家在决策中的权力与地位，确保其工作的相对独立性。可通过设置正式的职位，明确专家及政策咨询机构的权力与责任，凡涉及重大公共决策，应广泛听取他们的建议以做出慎重决策。其次，应完善公共文化政策的社会公示制度，将重大的公共文化服务决策放置于透明的环境中，接受公众监督，鼓励利益相关者献计献策。最后，借助强制性的法规与制度，制定详尽的咨询论证制度、听证制度、公示制度等，逐步形成开放的决策氛围。

（2）进一步完善绩效评估体系。公共文化服务的绩效评估绝不是公共文化部门"自上而下"评价或GDP决定论那么简单。在具体评价过程中，应注重效率、效益和公平等三个方面。应抓住其是否促进了整个社会文化产品与文化成果总量的增长，是否增强了对社会的文化供给能力，是否使公民得到了充分的文化参与权利，是否有利于对创造所产生的精神或物质上的艺术成果进行保护，是否有利于造就具有文化创造为和想象力的现代公民群体，是否有利于提高公民的文化素养、塑造公民的人格、提升国家精神等多维度进行评价。从效率来说，绩效评估是看公共文化服务的方案能否以最低的运作成本而实现预期目标，若某项公共文化服务不仅实现了预期目标，而且实现了成本的最小化，那么该项服务就可称为有效率的。从效益来看，是评估公共文化服务能否产生的良好的社会效益，即满足广大民众对于文化的多样化、多层次的需求，使得人们能够通过该项服务在精神上得到愉悦的同时，自身也能得到发展。从公平来说，则意味着民众在接受公共文化服务的过程中，其文化权利是否得到了保障，他们是否能够获得平等地享受与评价公共文化服务机会。

十八届三中全会公布的《中共中央关于全面深化改革若干重大问题的决定》（以下简称《决定》）中指出应"建立群众评价和反馈机制，推动文化惠民项目与群众文化需求有效对接"。这要求公共文化服务必须适应现代公众的需求，应通过调查了解不同地域、年龄、性别群体的需要，才能真正提高服务效率，实现公共文化惠民项目与群众文化需求有效对接，从而提高公共文化服务的科学化水平。

（3）建立和完善公共文化发展的政策与法规。在市场经济大背景下，政府应逐步摆脱集公共文化服务生产者、提供者和管理者三种角色于一身的状态，尝试转型成为一个为文化发展提供服务的新角色。同时，对于文化市场的管理也应从以行政手段管理为主向以经济手段、法律手段规范为主转变，承担"掌舵者"的职能，加强宏观调控，减少对于微观事务的管理，充分利用市场优势，提高资源配置的效率。同时，政府必须意识到"公共服务可以民营化，但公共责任不能民营化"。不能以"甩包袱"心态，过分依赖市场的自我调节，必须完善相关的法律，制定相关的文化政策，并对一些不良行为进行治理，以引导文化市场积极健康发展，充分保障广大人民群众享受到应有的文化权利。必须认识到，不同的主体存在着不同的利益诉求，在公共文化政策制定与运作过程中的互相博弈是不可避免的，因而在公共决策的过程中不仅应该发挥党和政府的作用，更应吸引包括非政府组织、社会团体、大众传媒及公民等其他主体参与到决策的过程中来。

政府对于公共文化政策制定过程应适当放开，为多元化主体的共同参与留出空间。同时，努力兼顾各方利益，充分调动整个社会参与文化建设的积极性，促进社会总体利益的最大化。首先，应规范公共文化政策制定过程中的多元参与机制，为文化市场各主体参与决策提供健全有效的保障。充分落实现有的听证会、专家咨询、社会公示等已经推行的制度，避免其流于形式。其次，文化企业、文化社会团体、第三部门等非核心、决策主体应正视自己在公共决策过程中的作用，通过合法途径表达自己的利益诉求，也可以为核心决策层提供相关领域的数据信息、对策建议及备选政策方案等，从而侧面影响其决策导向。

## （二）寻找多元化的资源与要素支持

公共文化服务的供给必然意味着资源与要素的投入，多元化的供给模式不仅以政府作为唯一供给主体，应探索更为广泛的各类资源来源。

（1）国家财政应加大对公共文化服务的拨款力度。当前我国政府在公共文化服务领域的投资明显不足，多年以来其占国家财政支出的比重一直远远低于1％的水平，这也是我国公共文化服务至今仍徘徊在一个较低水平的重要原因。政府对于公共文化服务的财政支持应从其实际的财政能力出发，以符合我国公共财政改革要求的方式，合理安排资金供给。首先，对于公益性质较强的基本公共文化服务，应加大财政投入力度，优先保障有效供给，通过行政手段和法律手段，力争使公共文化服务投入占国家总支出的比重从目前的不足化0.5％逐步上升到1％。在部分发达地区，这一比重还应相应增大，使之达到西方发达国家的普遍水平，从而使得各级文化服务部门是财权与事权相匹配。在现阶段政府投入相对短缺时，应该合理统筹资金的使用途径，区分基本公共文化需求和高层次公共文化需求，优先保障公众的基本文化权利，确保财政资金向基本公共文化需求倾斜。其次，应加大对公共文化服务基础薄弱地区的转移支付力度，充分发挥中央财政的导向性和示范性作用，通过增加专项资金以提升对公共文化服务发展的宏观调控能力，有效扩大公共财政的覆盖范围，保证一定数量的资金能够用于对部分中小城市、中西部困难地区、少数民族地区，以促进我国公共文化服务体系的总体协调性发展。最后，对于需求层次较高的准公共文化产品和服务，可以利用税收政策的引导性功能，通过免税、减税等优惠的税收政策，间接性刺激相关文化服务企业的生产与供给。

（2）鼓励市场与社会力量参与协助。虽然政府的财政拨款对于一个国家公共文化服务的能力起到极为重要的影响，但公共财政是稀缺资源，难以在管理一切公共文化事务的同时继续提供高质量的文化服务。因此，很多国家的做法是政府减少公共文化产品和服务的直接供给数量，同时推出一些具有竞争性的文化产业领域，放宽对市场的限制、扩大准入领域、转变政府的主要职能，通过制定各项优惠政策为非政府力量的介入提供保障，将大量烦琐的公共文化服务事务逐步分散或委托给市场与社会组织，减少各类行政审批、减轻政府负担，从而有效实现管理成本的降低。同时，帮助社会组织和社会中介机构逐渐成熟与健全，使民众可以越来越多地参与到公共文化服务的管理中，将各类公共文化产品与服务的需求能通过正规渠道有效体现出来。

## （三）增强机构与组织的竞争动力

把市场和社会力量引入公共服务领域，实行多元化服务供给，将部分政府权力返还社会。在公共文化产品和服务的供给中，政府与市场、社会之间不应仅仅被视为管理者与被管理者的关系，而应是以民众的文化利益为核心一种竞争与合作关系。转变传统的由政府独立提供公共文化服务的方式，逐步培养起一种由政府参与的多种力量共同合作的混合型公共文化服务供给模式。

（1）政府保障基本公共文化服务供给。基本公共文化服务是指一个国家或地区在现有资源的条件下，通过政府公共财政和公共政策的作用，让全体公民都获得生存与发展所必需的文化服务，保障其基本文化权利。如果单纯依靠市场机制，就必然会进入到文化企业追求利益最大化、忽视居民基本文化权益的轨道，在相关法律与规制不完善的情况下，极易损害到部分弱势群体的文化权利。因此，政府相关部门应在整个公共文化服务供给中应着眼于弥补市场缺陷，适当加大财政转移支付的比例以及专项补贴数额，优先保证欠发达地区的文化服务供给。同时，着力完善贫困地区的基本公共文化服务体系，尽可能减少和平衡不同地区之间公共文化服务在数量上和质量上的差异，从而保障公共文化服务体系的一个基本底线。

（2）引入竞争机制，提升文化服务效率。近年来，我国也虽然在公共文化服务体系建设中尝试引入竞争机制，例如项目外包、委托管理等，但是总的来说，我国现在公共文化服务还以由政府和事业单位包办为主，这些公共部门最显著的特征就是垄断和非市场性，而这两点恰恰是公共文化服务方式单一，效率低下，活力不足的主要原因。针对这一问题，十八届三中全会公布的《决定》中已明确提出"引入竞争机制，推动公共文化服务社会化发展"。一般而言，虽然私人文化企业或组织普遍规模不大，但极为注重对追求投入与产出的效率的考量，故往往具有极大的生产能力和专业化的优势，在某些具体的公共文化产品和服务的供给过程中能在第一时间回应顾客的需求。这些优势是政府的文化服务部门所无法比拟的。在公共文化服务体系中通过引入社会力量，加强对竞争的鼓励，给予民众自由选择文化服务的自由，必然会迫使现有的公共文化服务单位，如图书馆、博物馆、美术馆、出版社等进一步加强内部管理，提高服务的质量与效率，增加与民众的互动性，进而提高公共文化服务的实效。例如，近几年上海、北京开展的文化消费优惠活动，就是探索基本公共文化服务社会化的尝试，把公众自觉自愿的消费与政府补贴结合在一起，让市民选择自己感兴趣的文化娱乐方式，改变了以前政府包办基本公共文化服务的单一方式，取得了良好的成效。应通过项目外包、政府采购和委托生产途径鼓励各类社会力量参与公共文化产品及服务的生产，使竞争在不同政府文化部门之间、不同社会力量之间以及政府文化部门与文化企业之间得以广泛开展，进一步提高公共文化服务的供给效率。

（3）联合第三部门，弥补文化服务不足。第三部门通常是指在公共部门（第一部门）与私人部门（第二部门）之外，既非政府单位，又非一般私营企业的志愿型组织的总称，它们在经济上一般自主经营、独立核算、自负盈亏。第三部门所倡导的积极的公民精神，是体现利他主义精神和个人主动承担社会责任的体现，该价值取向往往拥有更强烈的供给动机，不仅能降低组织内的交易成本，而且可以提高供给效率。虽然第三部门具体内涵和组织形式在不同国家间略有差异，但它们无一不具备三个基本特质，即公益性、志愿性和非营利性。正是在这三者的支配下，第三部门在一定程度上弥补了市场失灵和政府失灵所带来的社会负面影响，从而也有效避免了为片面追求利润最大化而提升服务价格或者降低服务质量的机会主义动机。在这种公益理念的引导下，第三部门可以为政府和市场的日常公共文化服务供给提供有效补充，提高服务的质量与效率，回应广大民众日益多样化和多层次的精神文化需求。此外，众多的社会文艺社团、文化中介、民间文化机构等非营利部门或志愿型组织往往在公共文化服务领域具有更强的专业性和活力，能够为民众提供不同质量、不同特点的公共文化产品和服务。

从全球范围看，第三部门正在凸显出越来越重要的作用，但目前在我国，第三部门若要广泛介入我们的生活领域，发挥其功能，首要面临的问题是政府给予第三部门的合法性的问题。由于历史原因，我国的第三部门政治色彩和官僚化问题严重，不少民间协会的主要人员来都自于政府、协会开展相关活动、工作及经费来源都依靠政府，长此以往，第三部门日益失去了其独立性，逐步沦为政府的一个下属机构，而民众也普遍把各民间协会理解为管理机构或者领导机构，而不是服务和中介机构。第三部门今后要获得健康发展，关键在于政府与第三部门这两大主要治理主体之间关系的准确定位。在如今的社会转型时期，政府仍是强势主体，起主导作用，但这两者之间需要有比较稳定和制度化的关系定位，有明晰的职责划分，各司其职、各尽其能。从长远看，摆脱对政府的依赖、增强自身独立性和自主性是其必然的趋势。对政府而言，应自觉进行权力收缩，并通过法律手段划定和规范其权力运行的边界。要赋予第三部门一定的自由空间，给第三部门发展提供有利的法律和政策环境。

（执笔人：李斌）

**参考文献**

［1］任志远.解读城市文化［M］.北京：中国电力出版社，2015.

［2］连玉明.重新认识世界城市［M］.北京：当代中国出版社，2013.

［3］马树华.公共文化服务体系与城市文化空间拓展［J］.福建论坛（人文社会科学版），2010（6）.

［4］柯平，宫平，魏艳霞.我国基本公共文化服务研究评述［J］.国家图书馆学刊，2015（98）.

［5］胡税根，李倩.我国公共文化服务政策发展研究［J］.华中师范大学学报（人文社会科学版），2015，54（2）.

［6］朱艳鑫，赵立波.公共文化服务绩效评价：基于DEA的实证研究［J］.山东行政学院学报，2013（1）.

# 保护文化遗产，留存城市记忆

**摘要：**随着现代化和城市化进程的加快，文化遗产保护与社会经济发展的矛盾日益突出，过度追求商业化和经济效益，对城市文脉和文化的整体性造成了极大的冲击。本文通过探讨城市发展与文化遗产保护的关系，以及在市场经济条件下文化遗产保护的机遇与挑战，就如何合理保护与利用文化遗产，充分实现其社会价值和经济价值，促进文化遗产保护的可持续发展做出初步探讨。

## 一、城市发展与文化遗产保护的关系

城市是一种历史文化现象，自它产生的那一刻起就不断演变和发展，而城市的文化遗产保护是力求在发展中，对优秀的文化遗产，如历史街区、历史建筑和传统民居等进行修复及控制。在以市场为导向的快速城市化进程中，保护和发展成为不可避免的矛盾。我们在处理二者关系时应该清楚地认识到：两者之间的矛盾并非简单的对立和冲突，而是既对立又统一的辩证矛盾关系，通过采取积极的手段和科学合理的方式，可以使城市文化遗产保护与发展达到和谐统一的动态平衡。

### （一）文化遗产保护源于城市发展

城市的发展从城市起源的时候一直未曾停息过，城市的文化遗产环境产生于城市过去发展的痕迹之中，在这个过程中，城市经历着无数的沧桑变幻，而每一个变化都是城市发展的延续。历史保护是在这种发展演变中，通过人为的手段保证城市发展中文化及精神的延续，从这个角度出发，城市的文化遗产保护源于城市发展的延续性。

### （二）文化遗产保护是城市发展的需要

城市是人类社会物质文明和精神文明的结晶，它本身既是一个过程又是一种文化现象。保护具有地方特色的文化遗产环境，保存街巷空间的记忆，保持城市景观的时间和空间的延续性是人类文明发展的需要，也是延续世世代代生活在城市中的人们的精神纽带。

纵观历史，我们可以发现人类的社会结构、价值观念不可能产生像技术发展那样快的改变，城市的社会、文化、环境等方面需要一定程度的延续性，一个长久保持的记忆将促进城市精神的形成和发展。

城市的文化遗产是一种无可替代的社会、文化和经济资源，在旅游观光活动方面起到的作用同样不可忽视。适当的旅游开发，良好的城市定位和宣传可以为城市带来新的活力。开发历史环境的旅游资源一般有两种：一是举办活动，即按照古老传统，每年在一定时候举办民风民俗活动，以此吸引游客；二是以文化遗产环境吸引游客参观文物古迹、古建，观赏地域风光，了解风土人情、风俗习惯，以此带动旅游业。

前者比较突出的例子有潍坊风筝会，山东潍坊自古就以风筝、年画等闻名，但以前这些传统文化均没有得到很好的开发与利用，使得传统的民俗文化逐渐地被遗忘，甚至面临着消失、断代的危险。自 1984 年开始，潍坊每年举行风筝节庆活动，吸引了非常多的游客到潍坊及其周边地区旅游，特别是在每年的风筝会期间，潍坊市内的游客更是呈现出明显的增长趋势，为潍坊当地的经济增长做出了非常大的贡献。后者比较突出的例子有云南丽江古城，丽江古城在 1996 年以前一直陷入保护不力的困境，民居建筑破败不堪，大型古建沦为机关大院，古城的发展陷入死角。1996 年，丽江大地震之后，政府和民间投入资金 4 亿多元对古城进行修复，重新整合丽江旅游资源，并且在恢复重建中加大了旅游基础设施的比重，保存了丽江古城大部分建筑、文化元素、民族习俗、自然环境和生活生产方式，使丽江这个名不见经传的边陲小镇逐渐成为在国内外享有盛誉的精品旅游胜地，旅游经济成为当地主要的经济来源。由此可见，文化遗产的保护可以带动城市旅游业的发展，为地方带来经济收益。

当今世界，全球化已成为国家或地区发展必须要考虑的背景，它给地区经济、社会、文化等交流带来了前所未有的机会，但同时也带来挑战。从文化方面看，文化的发展有"趋同"之势，但这种趋同并非对每种文化都是平等的，往往表现为弱势文化受到强势文化的激烈冲击。在这个过程中，只有加强地方文化特色，增加城市文化活力才能立于不败之地。

## （三）正确平衡发展与保护的关系

城市的保护和更新是不断变化、交替进行的，也是城市基本而持续的生长活动，好的城市规划应该取得多样性和同一性的均衡，使城市能够协调共生，有机成长。片面鼓励新形式的开发而牺牲城市文化遗产，或者过分强调保护旧建筑而牺牲城市的舒适性和创新性都是不应该的。

在高速发展的城市中，保护城市的文化遗产必然面临很多的困境，从过去的经验和国外成功的例子我们发现，在城市发展过程中做好城市的文化遗产保护工作，必须要政府、专家和公众的共同参与。政府通过立法、执法和行政的手段规范城市发展和城市文化遗产的保护，同时通过行政手段，以异地补偿等方式，使地方文化遗产保护与更新项目达成经济上的良性运作。专业人士应提高自己的专业水平和职业道德，使城市文化遗产保护工作得到技术上的支撑，并保证保护工作严谨、细致地完成。同时，作为城市居住的主体，公众有权参与城市文化遗产的保护，并且通过有效的组织手段监督政府和专家的作为，提供广泛意见。从当今的发展情况看，我们同样还需要广大房地产企业的责任感。也就是说，企业应把保护城市个性、保持城市肌理作为判断一个项目是否成功的重要标准。只有当我们同时具备了政府的规范、专家的技术、公众的参与、开发商的责任，才能保证不因为发展中的失误而导致文化遗产的缺失，在发展中做好文化遗产保护的工作。

一个历史阶段城市风貌特征的形成，与当时的社会文化背景、科学技术水平密切相关，一些城市或地区虽然不具有悠久的历史，但是其产生和发展具有时代特色和风貌。从发展的观点看，这样的城市也具有文化遗产保护的意义，文化遗产保护也应该具有发展观，体现出不同时代的特征。比如，在中国改革开放背景下诞生的深圳，虽然历史很短，但其规划理念、城市功能、空间形象和发展速度等，都体现出我国改革开放形势下新兴城市的时代特征。这样的城市在百年之后，有可能会作为中国社会经济发展史上重要的代表，成为具有研究价值的历史名城。还有一些城市或地区在不同的历史时期，保留着各异的城市记忆，在文化遗产保护中也应该以发展的观点，体现出多元化的时代特征。比如哈尔滨的花园街，虽然是中国半封建半殖民地时期建设的俄罗斯农庄式街区，但随着时间的流逝，在一个多世纪的变迁中，原来的街区已经不仅仅是单纯的殖民地时期建筑，还有解放前后修建供红军办公用的房屋，甚至一些解放后修建的具有苏联时期建筑风格的红砖房，这些建筑保留了各个发展时期历史的痕迹，再现了不同阶段的历史信息。在做规划时，除了保留俄罗斯农庄式建筑，还应对其他时期的建筑都进行整治、保护，使各个阶段的风格都得以体现，保证地方记忆的完整延续和文化的多元性。真正的保护本身需要与发展相协调，它的目的并不是要重现已逝去的旧时风貌，而是要保留现存的美好环境，避免具有吸引力的生活场所遭受不适当的改变和破坏，防止社会生活频繁、过度变迁，实现社会稳定和持续的发展。

文化遗产保护工作应该以动态、全面的方式进行，做到以下几点，立足于为了今天和明天的发展而尊重过去。

（1）积极的动态保护。历史保护规划应该作为总体规划的一个有机部分，与城市的整体发展相协调，在总体规划、城市设计中充分注意保护文化遗产传统，维护并发扬城市的格局特色，而不该以消极、静态的方式把城市文化遗产保护规划仅仅看作是以保护文物古迹、风景名胜及其环境为主的专项规划。

（2）全面的复合性保护。应该认识到文化遗产保护不仅是城市中的一个文物古建的保护，还包括对城市经济、社会和文化结构中各种积极因素的保护与利用。全面地分析城市的结构，找到值得保护的对象，使其得到有效的保护，才能使潜在的经济效益得到发挥，从而有利于城市的长远发展。

（3）避免理论与实际相脱节。理论与实践脱节，一是指理论没有超前性，不能适应瞬息万变的城市发展；二是指理论对规划、建设中出现的许多问题未能深入研究；三是规划与建设各行其是。一旦基础理论不能指导实践，必然导致保护规划与实际发展建设脱节。

# 二、市场经济中文化遗产保护的机遇与挑战

改革开放30多年来，我国历史遗产保护工作有了很大的发展，历史保护已成为全社会关注的焦点和政府必要的政务工作。然而，随着工业化、现代化和城市化进程的加快，历史遗产保护与社会经济发展的矛盾也日益突出。当前我国正处于经济社会的转型时期，市场经济已成为影响历史遗产保护与发展的一个非常重要的因素，它深刻地影响着这个时代及社会的变革，既给历史遗产保护工作带来了机遇，同时也带来巨大的挑战。

## （一）文化遗产保护的机遇

在市场经济的背景下，我国历史遗产保护的机遇主要体现在以下三方面：

（1）文化遗产资源得到妥善保存。近些年来，随着经济的快速发展，社会价值观念逐渐开始转变，政府和公众对历史文化遗产的价值认识程度逐步深化，对文化遗产资源的保护也越来越重视，对文物保护单位、历史街区、历史建筑和优秀近代建筑保护的力度逐渐加大。在我国多数历史城市，特别是在北京、上海、南京、杭州等经济发达和文化遗产悠久的大城市中，现存的重要文化遗产资源基本得到妥善保存，如北京故宫、颐和园；上海外滩、豫园；南京夫子庙、中山陵；杭州灵隐寺、西泠印社等。在政策层面、技术层面、资金层面乃至观念层面都获得了强大的保护支持，在保护城市遗产资源的观念上，目前社会各界基本

达成了一致的共识。

（2）伴随经济发展的文化得以复兴。国际经验表明，当一个国家和地区人均 GDP 超过 3000 美元以后，居民消费类型和行为也会发生重大转变，我国人均 GDP 于 2008 年超过 3000 美元，2012 年人均 GDP 超过 5000 美元，2015 年人均 GDP 更是超过 8000 美元，随着经济的发展，居民对精神文化方面的需求快速增长。为了与之相适应，近年来各种大型的艺术馆、博物馆、影剧院等文化建筑如雨后春笋般在全国许多城市的中心地段拔地而起，成为城市文明的新标志，各种文化休闲场所逐渐开始聚集大量的人气。伴随经济的发展，文化已经开始逐渐走上复兴之路，在文化升温的氛围下，从普通市民到地方政府，全国上下进一步认识到遗产的文化价值及其经济价值，从而推动了历史遗产的保护工作。

（3）遗产保护理论基本成熟。目前，我国在城市历史遗产保护，特别是物质空间的保护和实践层面的理论已经较成熟。在对不可移动的有形遗产的保护上，从过去只注重单体文物建筑的保护，到 20 世纪 80 年代文化遗产名城体系的建立，至 90 年代后期"文化遗产街区"保护制度的出台，我国目前已构建出一套适合国情的多层次的完善的城市历史遗产保护体系。吴良镛、罗哲文、王瑞珠、单霁翔、阮仪三、王景慧、张松等众多学者从文化遗产名城、历史街区、历史建筑等不同层面，在理论方法和实践等方面，进行了综合的研究和探索，形成了一整套较为完善的保护理论和方法。

## （二）文化遗产保护的挑战

在新的市场环境和时代背景下，历史遗产保护工作也面临着一系列的挑战。

（1）经济快速发展对遗产保护观念的挑战。随着经济的迅猛发展，城市建设飞速扩张，加快了旧城改建速度，城市面貌迅速改观。许多文化遗产名城像其他城市一样，已经或正面临着大规模的"旧城改造"、城市基础设施建设、房地产开发和环境改造。经济发展在给文化遗产保护带来资金、人才、思路的同时，也带来了很大的冲击。在市场经济条件下人们往往会注重于具有市场价值、能够给自身带来可观利润的东西，而忽视那些无市场价值或缺乏利润的事物。许多人会片面地把"发展"理解为"经济指标增长"，忽视社会的统筹发展；片面地追求经济层面的短期利益，缺乏对文化财产的真正重视，造成历史遗产保护与追求经济效益之间的矛盾凸显。一些城市在经济建设、房地产开发和旅游发展中采取大拆大建的开发方式，实施过度的商业化运作，致使一片片积淀丰富人文信息的历史街区被夷为平地、一座座具有地域文化特色的传统建筑被无情摧毁、一处处文物保护单位被拆除破坏。例如，2010 年 2 月经媒体调查发现，广州市文物保护单位——建于 1924 年的广州黄埔军校同学会旧址早已被人擅自改造成夜总会经营,地面被挖出一个深逾 1 米的大水池,地基裸露,严重影响建筑结构和基础,而且内部地面和结构被改变,严重破坏文物的历史面貌。

(2)快速城市化对传统城市肌理、格局的冲击。随着市场经济的快速发展,我国的城市化水平已经有了大幅提升,进入城市化加速发展时期,城市的大规模建设活动日益加快,建设用地日趋紧张,不少城市提出了大规模旧城改造思路,在城市建设中无所顾忌地大拆大建,致使城市原有的社会组织结构、社会网络及居民间邻里关系被破坏,从而带来一系列犯罪率高、人际疏远等问题。并且为了体现现代化,盲目追求大体量的建筑、大尺度的广场,特别是在许多历史悠久的城市中心区,为了满足现代城市中高速、便捷的机动交通的需要,随意改变历史城市的格局、肌理和风貌,甚至直接拆除或迁移文物古迹,造成了不可挽回的损失。另外,随着城市化向城市周边的乡村地区推进以及大规模的区域基础设施建设,身处郊野的历史聚落和文物古迹也逐渐遭到侵蚀、破坏。淹没于水库之下的历史村镇,消失在高速道路下的旧街道,被现代制造业冲击和肢解得七零八落的传统手工业场镇,城市化热潮中逐渐沦为贫民窟的历史街区,等等,一切"旧物"皆在开发和进步的名义下,一个一个地被消灭了。

(3)全球化对城市历史风貌与地域文化的影响。随着全球经济一体化进程的推进,世界文化的融合和冲突进一步加剧,地域文化面临新的冲击,更多国家的、地区的、种族的、宗教的、文化的界限被打破,文化的同一性越来越强。并且,由于电视与网络的普及,北京、上海等大城市发生的事,可以立即传播到过去交通和信息闭塞的乡镇,信息的交流、对时尚的追求以及旧貌换新颜思想观念,造成了盲目跟风的"现代性建设"。

在全球化的影响下,现代建筑在功能、结构与材料运用上的趋同,使新建筑已经失去了传统的地域特色,许多城镇原有的风貌逐渐消失,"千城一面"的现象十分普遍。全国各地城市几乎都是相同的住宅、相同的工厂、相同的街道和商铺。以历史格局、历史街区、历史建筑为标志的城市特色和民族文化特色已经而且正在被吞噬。此外,在历史物质环境遭受全面冲击的同时,众多文化遗产传统及其他非物质遗产也逐渐消失没落。

(4)制度落后的隐患。尽管我国已经建立起历史文物建筑、历史街区、历史城镇保护的多层次保护体系,但由于制度、管理、资金、方法等方面的原因,保护目标难以落实,"建设性破坏"与"破坏性建设"仍有增无减。北京市前门鲜鱼口地区呈鱼骨状排列的胡同,因古河道走势形成,是北京旧城内罕见的景观。该地区在 2002 年由北京市政府批准的《北京旧城二十五片文化遗产保护区保护规划》中被划定为重点保护区,明确指出要采取"微循环式"的改造模式,"循序渐进、逐步改善","积极鼓励公众参与"。但在 2006 年 2 月 8 日贴出的

《崇文区前门东片地区解危排险工程公告》中，却以拆迁管理的办法将整片地区内居民全部迁出，政府再进行全新的开发建设。另外，文化遗产保护的资金及人才短缺、相应法律法规不健全也是当前历史遗产保护中的突出矛盾，明显地阻碍了保护工作的推进。进一步完善我国的历史遗产保护制度是当务之急。

# 三、文化遗产的保护和经营利用

文化遗产保护是一个长期不断完善的动态过程，在对其保护传承城市文化的同时，也可以为社会创造巨大的物质财富，但其利用必须以保护为前提，以积极的态度使遗产保护融入城市经济社会和文化的发展中，将文化遗产资源的妥善保护和持续利用，与城市经济社会发展有机地结合起来，才能为文化遗产的保护提供支撑和动力。

## （一）精准的战略定位和政策制定

城市发展定位是城市总体发展战略的关键和前提。准确把握城市发展的目标、性质与发展方向，是城市宏观决策首先关注的问题，起主导作用的城市政府扮演着"裁判员"的角色，它需要按照市场经济规律制定规则，以使"运动员"合理有序地经营和利用文化遗产资源。

（1）准确把握城市发展定位。从城市竞争的角度看，城市定位是指城市为了实现最大化收益，根据自身条件、竞争环境、消费需求等动态因素，确定自身各方面发展的目标、占据的空间、扮演的角色、竞争的位置。准确的城市定位能给城市带来战略发展高度的优势和先机。就我国的历史城市而言，目前普遍存在着城市产业同构、重复建设盛行、区域城市之间恶性竞争、城市建设面貌雷同等问题。为此，需要准确把握城市发展定位，在寻求区域整体效益的基础上开展区域性的分工合作，各个城市在整体分工下应该扮演不同的角色，突出不同的功能，努力挖掘自身不可替代的资源和特色，寻求文化的复兴与地域差异化发展，避免城市化、工业化过程中同质化的城市经营和发展模式。如苏州市依托其丰厚的文化遗产资源，坚持以文化为核心，找准城市的发展方向。尽管近年来苏州经济社会的发展取得了令人瞩目的成就，但其始终以"文化苏州"作为城市发展定位的基础，强调旅游商贸的城市发展方向，将城市文化遗产资源的保护作为所有发展的第一顺序，使得"平江古城"、"苏州园林"等文化遗产保护逐渐转化为助推城市发展的文化软实力，让"文化苏州"熠熠生辉。

（2）完善遗产保护与利用的公共政策。面对日益复杂的城市历史保护工作，政府除了加强编制文化遗产保护规划等各项规划外，还需要努力完善包括政治、社会、经济调控机制在内的各项公共政策，界定好文化遗产资源经营中各利益群体的权、责、利及其相互关系。法律法规是公共政策的核心，对历史遗产保护与利用来说，既有国家层面的法律法规，如《文物保护法》、《城乡规划法》等，这些法律法规在宏观上为文化遗产资源的保护和利用提供了依据，明确了方向；还包括地方的行政规章与管理条例，如《浙江省文化遗产名城保护条例》、《上海市文化遗产风貌区和优秀历史建筑保护条例》等，这些规章条例结合地方遗产资源自身的特点与现存情况，将保护措施具体化，为遗产的保护与发展提供规范准则。各个层次和类型的城市规划作为引导与调控城市建设行为的法律文件，为历史遗产保护、利用与经营提供了针对性、具体化的政策导向。

随着城市经济社会的发展、外部环境的变化、对遗产资源认识的深入，历史遗产保护与利用的公共政策也会发生相应变化。政府通过总结既往的案例与经验，可以根据客观需求进行适当的灵活调整。

（3）突出保护项目的经济分析。城市历史保护规划的编制过程需要加强策划方面的内容，以便与市场经济的运行规律相衔接，保障规划的可实施性和可操作性。城市的任何发展都无法回避经济范畴内的抉择，文化遗产资源保护同样需要从经济学角度加以理性地对待。随着保护主体及保护方式的多元化，运用市场机制开展保护工作已经成为必然。因此对于任何一个保护开发项目，只有加强项目策划内容，突出经济可行性分析，做好市场前期调研和成本评估，才能取得实践的成功。

## （二）有效整合资源并保护利用

文化遗产资源由于数量有限而具有稀缺性特点，所以对其利用的根本前提是保护。同时，由于文化遗产资源具有整体性和多样性的特点，只有对其进行有效整合才能最大限度地发挥它的功能和价值。

（1）有效整合文化遗产资源。在一般历史城市中，历史街区、历史建筑及文物古迹分布零散，这些历史要素是孤立的、彼此间缺乏联系和呼应，就如一个个斑块镶嵌在整个城市的复杂肌理之中。由于有限的历史资源被隔离，它们的价值不仅没有得到体现，而且大大削弱了历史城市的整体文化遗产氛围。因此，在积极保护文化遗产资源的同时应该强调它们的整合，使之形成系统合力。如突破行政界限，加强区域整合，对在文化传统与风貌气韵上具有一致性的历史名城、名镇，通过合作，共同保护和利用文化遗产资源。

（2）积极合理的资源利用。随着人们生活水平的不断提高，社会对休闲、文化旅游等精神生活需求越来越大，这为文化遗产资源的经营提供了广阔的市场前景。充分挖掘、有效保护和利用文化遗产资源，有利于塑造城市的形象和品牌，促进文化产业、旅游业及相关产业的发展，不仅会为城市带来巨大的社会价值，还能够带来可观的经济收益。因此，对文化遗产环境、文化遗产遗存仅仅施以静态的保护是不够的，还必须与时俱进，在保护的基础上进行合理的开发利用。例如，对于文物古迹及历史建筑，可以延续它的原有用途和功能，或作为旅游参观的对象，也可以将其作为博物馆、学校、图书馆或其他文化、行政机构设施；对于保护等级较低的历史建筑，还可以作为旅馆、餐馆或结合城市公园建设。

## （三）依托发展旅游和文化产业

文化遗产资源的经营利用，不能仅仅发挥其商业消费功能，应从更高的层次挖掘其文化价值及其衍生出的社会价值和经济价值，结合当前旅游业和文化产业发展趋势和需求，推动城市经济、社会和文化的全面发展。

（1）实施多样化的旅游开发模式。旅游发展是历史城市保护的重要策略，它为文化遗产资源经营与城市经济社会发展的结合提供了有效途径。对于文化遗产资源集中且保存较为完好的城市可以采取开辟新区，旧城整体发展旅游，即将古城整体保护发展旅游，逐步疏散老城区人口密度，提升老城的文化遗产环境品质，提高旧城旅游吸引力。对原始商业性质的历史街区，可采取延续强化原有功能发展商业文化旅游，即通过保护维修历史建筑、改善交通条件、完善基础设施，延续或恢复原有的商业功能并加以强化，积极发展商业文化旅游。对有自己独特的文化遗产，保存下来的历史街区、历史地段、历史建筑等可采取综合整治修复，发展文化遗产主题旅游。

（2）走出"文化搭台，经济唱戏"的旧思路。经济发展和文化发展是城市发展的两个方面，在城市发展的初级阶段，经济发展显得比较重要，但当城市的经济发展到一定繁荣的程度，文化的地位将越来越突出。改革开放的30多年中，我国尚处于市场经济发展初期，城市发展以经济发展为中心，人们的思维方式受到经济规则的影响，"文化搭台，经济唱戏"的观念十分普遍。文化遗产资源常常只被看作是拉动经济增长的媒介，其开发和利用都需服从追逐利润的需要，造成许多历史建筑和历史街区更新项目完全被开发商和相关利益团体所左右。为此，在经营文化产业、利用遗产资源的过程中，必须改变旧有的观念，以"文化挂帅"，或至少将文化和经济置于同等地位，做到经济发展与文化发展及遗产保护的平衡，从遗产的本体价值中挖掘文化意义并使之产生经济和社会价值，而不能仅仅将其作为一种文化符号的噱头，应使文化产业的发展成为城市经济发展和文化发展相结合的重要途径。

（3）树立文化资源向文化资本转化的新理念。通过文化遗产资源的重组以及与相关产业的结合，并通过市场营销等手段，就可以形成文化产业和文化品牌，使其向所谓的"文化资本"转化，使其成为一种文化生产力。上海苏州河沿岸、北京"798"近现代工业建筑群等，通过对工业遗产的积极保护和利用，将厂房改造为艺术家工作室、艺术展览馆与陈列室、咖啡厅等，形成城市的创意文化中心，从而将文化遗产资源转化为一种文化资本，给市的文化经济发展带来巨大的推动。

### （四）多种经济手段提供资金支撑

文化遗产资源的经营作为一种市场行为，城市政府应运用市场机制调动和优化配置社会资源，引导历史遗产的保护、利用和发展。

（1）发挥经济杠杆的调控作用。由于政府投入的保护资金有限，文化遗产资源的经营应该积极运用经济、税收等各种优惠政策促进和协调历史遗产的保护及利用。如通过各种类型、面向不同阶层和群体的遗产保护税优惠，带动各社会力量投入遗产保护，兼顾公正与公平，适当保护弱势群体。

（2）建立多渠道的融资方式。缺乏资金是文化遗产保护中最为突出的问题之一，仅仅依靠国家及地方政府财力远远不够，随着市场经济体制的不断完善，保护主体的日益多元化，文化遗产保护资金的筹集渠道也呈现出多元化的趋势。如发行股票债券、发行保护类彩票奖券等方式进行融资。目前，历史城市保护资金筹集较为成熟的方式是合理利用旅游经营收入，从旅游收入中提取相应的经费进行遗产保护，如丽江古城从 2001 年起向游客征收每人 80 元的丽江古城维护费，其 40% 作为古城贷款还款准备金，另外 30% ~ 50% 划拨给古城区政府，作为古城环境整治及治理的专项资金，为丽江古城进行环境整治提供了强有力的资金支持。

### （五）完善法律体系提供政策保障

为引导和规范文化遗产的保护和利用，必须建立和健全相关法律法规体系，以保障文化遗产资源的有效经营和公益性方向，避免出现"市场失灵"。

（1）国家立法。目前，《文物保护法》和《城乡规划法》是我国保护历史文化遗产的两部主干法，但其对未列入文物保护单位的历史文化遗产的保护未作出明确规定。建议制定综合性的涵盖历史文化遗产各个范畴的"国家历史文化遗产保护法"（参照美国的《国家历史保护法》）；或参照英国和日本的法律体系，将历史文化名城、历史文化街区和历史建筑纳入《城乡规划法》的保护范畴，形成《文物保护法》对指定文物的保护和《城乡规划法》对城市历史风貌的保护相辅相成的平行法律体系。

（2）地方立法。相对于国家立法，地方立法更符合各城市历史遗产自身特点和经济社会水平的要求，也更能适应地方对于城市历史遗产管理的需要，成为国家立法的重要补充。地方立法应充分考虑以下两个方面：一是符合"上位法"的原则要求。法律保护体系上下位相互配合、形成完整的历史遗产法律框架，才能使历史遗产法规体系走向规范化、成熟化，更有利于国家对于城市历史遗产保护实践的相互比较和宏观控制。二是加强实施详则的制定。国家立法只是对历史保护的一些原则性规定，地方立法应考虑地方实际情况，在国家立法的原则下进行深化，如在城市保护纳入财政预算资金的比例、监督管理办法中的具体罚则、监督反馈机构的设置与运行程序、鼓励社会投资历史遗产保护的具体激励措施等方面进行完善，使地方立法满足国家立法的原则下更有效地规范和促进地方历史保护工作的开展，提高可操作性、明确市场预期。

（执笔人：李斌）

**参考文献**

［1］李和平，肖竞. 城市历史文化资源保护与利用［M］. 北京：科学出版社，2014.

［2］任志远. 解读城市文化［M］. 北京：中国电力出版社，2015.

［3］陆祖鹤. 文化产业发展方略［M］. 北京：社会科学文献出版社，2006.

［4］单霁翔. 从"功能城市"走向"文化城市"［M］. 天津：天津大学出版社，2007.

［5］杨宏烈. 城市历史文化保护与发展［M］. 北京：中国建筑工业出版社，2005.

［6］易介中. 中国城市文化脸皮书［M］. 北京：中国青年出版社，2014.

［7］段松廷. 从"丽江现象"到"丽江模式"［J］. 规划师，2002（6）.

［8］李建平. "经营城市"与北京历史文化名城的保护、利用［J］. 北京联合大学学报，2003，17（1）.

［9］龙藏. 资本运营：创新古镇旅游开发模式［J］. 中国旅游报，2004（1）.